제3개정증보판

도서편목법

— K4·A2·KORMARC (통합서지용) —

김남석 지음

계명대학교출판부

2007

Third Edition

BOOKS CATALOGUING HANDBOOK

-- K4·A2·KORMARC --

by

NAM SEUK KIM

2007

Keimyung University Press

김남석

도서편목법 : K4·A2·KORMARC(통합서지용) = Books cataloging handbook : K4·A2·KORMARC / 김남석 지음. — 제3개정증보판. — 대구 : 계명대학교 출판부, 2007.

ISBN 978-89-8585-385-2 93020

1. 024.3. I. 표제: Books cataloging handbook. II. 표제.

서 문

정보는 성서에서 말하는 밀알과 같이 옥토에 떨어져 잘 관리될 때 많은 열매를 맺을 수 있다. 자료기관의 관리정도에 따라 그 가치를 더해갈 수 있고 영원히 살아서 대대로 공유할 수 있는 정보로 거듭나게 된다. 이러한 기능을 수행하기 위한 영역이 정보기관의 자료조직이다.

필자가 1975년『도설도서편목』을 발간할 당시에는 현장 사서들에게 적당한 지침서가 없었기 때문에 예상과는 달리 좋은 반응을 얻게 되었다. 이를 바탕으로 1983년『도서편목법』으로 표제를 바꾸어 1978년 *A2*와 1983년 *K3*, 1990년 *K31*, 1977년 IFLA의 *UNIMARC*개발, 1993년 국립중앙도서관의 *KORMARC*(단행본용), 1988년 *A2R* 발간 등의 개정된 이론을 받아들여 1995년 개정판, 1999년 개정증보판을 발간하면서 목록영역의 변화에 대처해 왔기 때문에 지금까지 현장 사서와 교육기관의 교재로 많은 사랑을 받아왔다.

그간 목록계는 2000년 LC의 *M21* 발간, 2003년 한국도서관협회의『한국목록규칙』4판 발행, 2006년 *KORMARC(통합서지용)* 제정 발행 등에 많은 변화가 있었다. 특히 KORMARC에 대한 변화는 그간 단행본, 연속간행물, 비도서자료, 고서용 등 독립적으로 규정된 것을 *M21*을 근간으로 통합한 것이기 때문에 지금까지 도서관의 자료정리에 사용된 목록기술에 변화가 불가피하게 되었다.

본서는 1999년 이후 지금까지 발간된 제 규칙과 MARC이론을 수용한 개정판이다.

내용은 *KORMARC*(통합서지용)을 근간으로 개정증보판의 체제와 형식을 완전히 바꾸어 MARC의 format에 필요한 목록규칙을 연결 적용시켜 설명을 부가하는 형식으로 편성하였다. 표목부는 *A2*의 이론을 적용하고, 기술부는 *한국목록규칙* 4판(*K4*)과 *영미목록규칙*(*A2*)을 적용하여 설명부분에 규칙 조문을 함께 제시하였다.

서 문

편성은 제1장 목록기술과 KORMARC, 제2장 인명표목, 제3장 단체명표목, 제4장 회의명표목, 제5장 통일표제표목, 제6장 표제줄머리잡기로 하였다. KORMARC의 리더, 디렉토리, 제어필드에 관한 사항은 도식으로 상술하고, 그리고 목록의 각종 기술사항들에 필요한 기술정보를 면수의 공간을 이용해 표로 제시하여 사서들의 실무와 자료조직을 공부하는 학생들에게 실제에서 자료로 활용될 수 있도록 하였다.

본서의 기획과 편집과정 내내 많은 시간과 노력으로 최선을 다했다고 생각하고 있으나 완성이라기보다는 또 한번의 개정으로 보다 나은 저작을 위한 노력에 불과한 것임에 이해를 구하고자 한다.

본 개정서는 많은 분의 도움으로 가능할 수 있었다. *KORMARC통합서지용* 규칙을 제공해 준 국립중앙도서관의 기민도 선생님, 각종 Sample을 위해 애써준 계명대학교 동산도서관의 조현길, 박춘화, 최진순, 김숙찬 선생님, 교정과 편집에 함께한 조도희 선생님, 계명대학교 출판부의 관계자와 특히 편집을 맡아 준 우은욱 선생님에게 감사를 드린다.

2007년 3월

김 남 석 識

차 례

IV. 회의명표목 ▸ 213

V. 통일표제표목 ▸ 223

VI. 표제줄머리잡기 ▸ 267

표 목차

사용된 약어표

M = 필수(Mandatory): 해당 내용의 유무에 관계없이 반드시 적용해야 하는 Tag
A = 해당시 필수(Mandatory of Applicable): 해당 내용이 있는 경우 반드시 적용해야 하는 Tag
O = 재량(Optional): 해당 내용이 있는 경우에도 적용여부를 재량으로 정할 수 있는 Tag
ƀ : 공백(blank) = 해당 없음 또는 미정의: 자료에 적용하지 않은 지시기호나 식별기호
R = 반복(Repeatability code): 표시기호나 식별기호의 반복 사용가능
NR = 반복불가(Nonrepeatability code): 표시기호나 식별기호의 반복 사용불가
❶ : **제1지시** = 제1지시기호
❷ : **제2지시** = 제2지시기호
식별 = 식별기호
K도 = *KORMARC – 단행본용*. 1993년 발행(KS C 5867)
K비 = *KORMARC – 비도서자료용*: 1996년 발행(KS C 5969)
K연 = *KORMARC – 연속간행물용*. 1995년 발행(KS C 5795)
K통 = *KORMARC – 통합서지용*. 2006년 발행(KS X 6006-0)
K2 = **KCR2** : *한국목록규칙*. 수정판. 서울 : 한국도서관협회, 1966
K3 = **KCR3** : *한국목록규칙*. 제3.1판. 서울 : 한국도서관협회, 1990
K4 = **KCR4** : *한국목록규칙*. 제4판. 서울 : 한국도서관협회, 2003
A1 = **AACR1** : *Anglo-American Cataloguing Rules*. Chicago : ALA., 1967
A2 = **AACR2** : *Anglo-American Cataloguing Rules*. 2nd edition. Chicago : ALA., 1978
A2R = **AACR2R** : *Anglo-American Cataloguing Rules*. 2nd edition, 1988 revision. Chicago : ALA., 1989
A22 : *Anglo-American Cataloguing Rules*. 2nd edition, 2002 revision. Ottawa : CLA ; London : LA Publishing Ltd. ; Chicago : ALA., 2002
A24 : *Anglo-American Cataloguing Rules*. 2nd edition, 2004 revision. Ottawa : CLA ; London : LA Publishing Ltd. ; Chicago : ALA., 2004
J2 = **JCR2** : *日本目錄規則*. 新版 豫備版. 東京 : 日本圖書館協會, 1977
I(M) = ISBD(M) : *International Standard Bibliographic Description (Monograph)*. IFLA., 1974
UM = **USMARC** : *USMARC format for bibliographic data*. Library of Congress, 1994
M21 = **MARC21** : *MARC21 Concise Format for Bibliographic Data*. 2002 concise edition. Library of Congress, 2002

* 통일표목 : 통일표제표목을 문장에 따라 혼용

I. 목록기술과 KORMARC

1. 총 칙

1) 기술사항별 정보원(K4.2.0.3.1/2)

(a) 표제와 책임표시사항: 표제지, 판권지, 이표제지, 표지

(b) 판사항; 발행사항: 표제지, 판권지, 표지, 약표제지, 권두, 책등

(c) 형태사항; 총서사항: 상기한 정보원과 서문, 후기, 본문, 부록 등 해당 도서 자체

(d) 주기사항; 표준번호 및 입수조건사항: 해당 도서자체와 도서 이외의 정보원

2) 국제표준서지기술(I(M))의 기술사항과 구두법[1](K4.2.0.4;A2.1.0B1)

(a) 표제와 책임표시사항(Title and statement of responsibility area)

본표제, 별표제(Title proper)

[] 자료유형표시(General material designation) (단행본은 해당 없음)

= 대등표제(Parallel title)

: 표제관련정보(Other title information)

. 권차, 회차, 연차표시

/ 첫 번째 저자표시(Statements of responsibility First statement)

, 두 번째 이하의 공저자

; 역할을 달리한 저자표시(Statements of responsibility Subsequent statement)

(b) 판사항(Edition area)

. — 판(차)표시(Edition statement)

= 대등판표시(Parallel edition statement)

/ 특정판의 첫 번째의 책임표시(Statements of responsibility relating to the edition First

---

1) IFLA, *I(M): International Standard Bibliographic Description for Monographic Publications,* First standard edition revised (London : IFLA International office for UBC, 1978). 7-9.

statement)

; 특정판에 관련된 역할을 달리한 저자표시(Statements of responsibility relating to the edition Subsequent statement)

, 부가판차표시(Additional edition statement)

/ 부가판차표시의 첫 번째 책임표시(Statements of responsibility following an additional edition statement First statement)

; 부가판차표시의 역할을 달리한 저자표시(Statements of responsibility following an additional edition statement Subsequent statement)

(c) 자료특성영역(Material(or type of publication) specific area)(단행본은 해당 없음)

(d) 발행사항(Publication, distribution, etc. area)

. — 첫 번째의 발행지(Place of publication and/or distribution First place)

; 두 번째의 발행지(Place of publication and/or distribution Subsequent place)

: 발행처(사) 또는 공급자(Name of publisher and/or distributor)

[] 발행처(사) 또는 공급자의 기능(Statement of function of publisher and/or distributor)

, 발행년(Date of publication and/or distribution)

(인쇄지(Place of printing)

: 인쇄자(Name of printer)

,) 인쇄년(Date of printing)

(e) 형태사항(Physical description area)

. — 쪽수(면수: page), 장수 또는 권책수(Specific material designation and extent)

: 삽도표시(Illustration statement)

; 크기(Dimensions)

\+ 딸림자료(Accompanying material statement)

(f) 총서사항(Series area)

. — (총서의 본표제(Title proper of series)

= 총서의 대등표제(Parallel title of series)

: 총서의 표제관련정보(Other title information of series)

/ 총서의 첫 번째 책임표시(Statements of responsibility relating to the series First statement)

; 총서의 역할을 달리한 책임표시(Statements of responsibility relating to the series Subsequent statement)

, 총서의 ISSN(International Standard Serial Number of series)

; 총서표제의 권. 호(Numbering within series)

. 하위총서표제(Enumeration and/or title of sub-series)

= 하위총서의 대등표제(Parallel title of sub-series)

; 하위총서표제의 권. 호(Numbering within sub-series)

(g) 주기사항(Note area)

(h) 표준번호 및 입수조건사항(International Standard Book Number and terms of availability area)

. — 표준번호(International Standard Book Number(ISBN))

= Key-title

: 입수조건표시(정가: Terms of availability and/or price)

3) 기술의 언어와 문자(K4.1.0.5.2/3/4/5)

(a) 기술의 언어와 문자는 정보원의 문자를 그대로 적는다.

(b) 형태사항, 주기사항, 입수조건사항은 정보원의 문자에 상관없이 한국어로, 양서는 영어로, 고서와 고문서는 한자로 적는다.

(c) 로마자의 대소문자 구분은 기술되는 언어의 관용법을 따른다.

(d) 표제와 책임표시사항의 숫자는 정보원의 문자로 기재하고, 권차, 회차, 연차는 식별상 필요한 경우 이외는 아라비아숫자로 통일해서 적는다.

(e) 그 외 고유명사를 제외한 기술사항의 서수는 아라비아 숫자에 서수를 나타내는 문자를 앞 또는 뒤에 덧붙여 기술한다(K4.1.0.5.5).

서양어 서수를 가리키는 문자: nd, t, st, er, ére, e 등

한국어 서수를 가리키는 문자: 第, 제, 첫째 등

(f) 오자나 탈자는 그대로 기재하고 [!] 또는 [sic]를 부기하거나 '실은' 또는 'i.e.'로 바른 꼴을 [ ]로 보기한다. 확인할 수 없는 것은 빠진 글자의 수만큼 '?'를 [ ]로 표시한다 (K4.1.0.5.6).

(g) 으뜸정보원에서 옮겨 적은 문구는 자료의 띄어쓰기를 그대로 적는 것을 원칙으로 한다 (K4.1.0.5.7).

(h) 상기한 원칙에도 불구하고 자료기관에서는 열람자의 수준에 따라 한국어나 영어 등 하나 또는 두 개의 언어와 문자를 통일해서 기술하기도 한다.

2. 기본표목(기본기입)

기본표목은 기본기입으로 알려져 왔는데 MARC의 표시기호 1XX에 의해 표목부에 속한다는 의미에서 기본표목으로 명명되었다. 기본표목은 목록의 으뜸되는 기술사항으로 자료의 내용에 대한 책임이 있는 저자명(편집자명 제외)이나 무저자명 자료의 통일표제(고전의 통일표재)가 그 대상이 된다. 목록규칙에서 정한 기본표목은 인명(100), 단체명(110), 회의명(111), 통일표제(130)로 구분하여 MARC에서는 표시기호(Tag)로 식별하고 있다. 기재는 해당 도서관에서 사용하는 표목어(한국어나 영어가 주로 사용)로 하고, 기본표목 되는 각 사항은 ISBD에서 정한 구두법과 MARC의 해당 식별기호로 기술한다.

┌❶─ 0−성으로 시작하지 않은 이름　1−성으로 시작하는 이름　3−가계명

100 ❶ƀ ▾a인명저자, ▾d생몰년

└ ▾a−개인명.　▾b−이름에 포함된 세계를 칭하는 숫자　▾c−이름과 관련된 정보(R)
▾d−생몰년　▾e−역할어(R)　▾f−저작 연도　▾g−기타정보　▾j−속성 한정어(R)
▾k−형식부표목(R)　▾l−저작의 언어　▾n−책.권차, 편차(R)　▾p−저작의 편제(R)
▾q−이름의 완전형　▾t−저작의 표제　▾u−소속　▾4−역할어 부호(R)
▾8−필드 링크와 일련번호(R)

110 ƀƀ ▾a단체명

└ ▾a−기본요소(기관명이나 상위기관명)　▾b−하위기관명(하위단체명)(R)
▾c−회의 개최지　▾d−회의일자나 조약체결일자(R)　▾e−역할어(R)　▾f−저작 연도
▾g−기타정보　▾k−형식부표목(R)　▾l−저작의 언어　▾n−분과 및 부회의 회차(R)
▾p−저작의 편제(R)　▾t−저작의 표제　▾u−소속　▾4−역할어 부호(R)
▾8−필드 링크와 일련번호(R)

110 ƀƀ ▾a단체명. ▾b회의명 ▾n(회차 : ▾d회기 : ▾c회의장소)

111 ƀƀ ▾a회의명 ▾n(회차 : ▾d회기 : ▾c회의장소)

└ ▾a−회의명　▾c−회의장소　▾d−회의일자　▾e−하위단위(R)　▾f−저작 연도
▾g−기타정보　▾k−형식부표목(R)　▾l−저작의 언어　▾n−분과 및 부회의 회차(R)
▾p−회차표제(R)　▾t−저작의 표제　▾u−소속　▾4−역할어 부호(R)
▾8−필드 링크와 일련번호(R)

┌❷: 0－그대로 인쇄　1－원괄호를 제외하고 인쇄

130 ƀ❷0 ▾a통일표목. ▾p권차표제. ▾l언어. ▾s판. ▾k형식표목. ▾f발행년

└ ▾a－통일표제　▾d－조약체결일자(R)　▾f－저작 연도　▾g－기타정보
▾h－자료유형표시　▾k－형식부표목(R)　▾l－저작의 언어　▾m－연주수단(R)
▾n－권차(R)　▾o－편곡　▾p－권차표제(R)　▾r－음악자료의 장조
▾s－판　▾t－저작의 표제　▾8－필드 링크와 일련번호(R)

3. 표제와 표제관련필드

1) 통일표제

저자가 있는 한 자료가 수 개의 명칭으로 발행되고 있을 때는 통일된 하나의 표목어로 통일표제를 기재한다.

┌❶: 0－표제를 출력하지 않음　1－표제를 출력함
│ ┌❷: 0－그대로 인쇄　1－원괄호를 제외하고 인쇄

240 ❶❷ ▾a통일표목. ▾p권차표제. ▾l언어. ▾s판. ▾k형식표목. ▾f발행년

└ ▾a－통일표제　▾d－조약체결일자(R)　▾f－저작 연도　▾g－기타정보
▾h－자료유형표시　▾k－형식부표목(R)　▾l－저작의 언어　▾m－연주수단(R)
▾n－권차(R)　▾o－편곡　▾p－권차표제(R)　▾r－음악자료의 장조　▾s－판
▾8－필드 링크와 일련번호(R)

· 통일표제는 자료에 수록된 언어에 상관없이 하나의 언어로 기재한다.

· MARC 240필드로 기재된 통일표제는 []로 자동출력된다.

2) 표제와 책임표시사항

┌❶: 0－표제 부출 않음　1－표제 부출함　2－관칭을 포함 표제를 부출함
│ ┌❷: 0－그대로 인쇄　1－원괄호를 제외하고 인쇄

245 ❶❷ ▾a본표제 :▾b표제의 잡정보 /▾d첫 번째 저자, ▾e두 번째 저자
│ ;▾e역할을 달리한 저자

└ ▾a－본표제(R)　▾b－표제관련정보　▾d－첫 번째 책임표시　▾e－두 번째 이하 책임표시
▾f－수집된 자료의 전체 포괄연도　▾g－수집된 자료 중 대다수 자료의 포괄연도
▾h－자료유형표시　▾k－형식(R)　▾n－권차 또는 편차(R)　▾p－권차 또는 편제(R)
▾s－판　▾x－대등표제(R)　▾8－필드 링크와 일련번호(R)

3) 여러 형태의 표제

여러 형태의 표제는 개별표제와 관련된 표제를 기술하는 것으로 다양한 표제를 가진 자료에서 본표제와 다른 개별표제와 관련된 자료를 식별하는 데 도움이 되는 표제를 기술한다.

(1) 한 저작만 있는 경우, 본표제의 다양한 형식의 표제, (2) 종합표제가 있는 둘 또는 그 이상의 저작인 경우, 이들 표제를 246필드로 기술한다.

246필드는 KORMARC에서 연속간행물에 적용된 것을 KORMARC—통합서지용에서는 전 자료에 적용하게 하였기 때문에 여기에 보다 상세히 기술하였다.

```
┌❶: 0－주기함, 표제부출 않음  1－주기와 표제부출함  2－주기와 표제부출 않음
│   3－주기 않음, 표제부출함
│ ┌❷: 아래 제2지시기호 참조
246 ❶❷ ▾i설명어구 표시: ▾a본표제▾h[GMD] :▾b표제관련정보.▾n권차,
     │  ▾p권제
     └ ▾a－본표제/간략표제  ▾b－표제관련정보  ▾f－권·연차표시  ▾g－기타정보
       ▾h－GMD  ▾i－설명어구 표시  ▾n－권차·편차(R)  ▾p－권제·편제(R)
       ▾5－필드적용기관  ▾8－필드 링크와 일련번호(R)
```

제2지시기호

ᵬ— 표출어를 생성하지 않음(No type specified): 제2지시기호가 제공하는 형식화된 표출어가 없는 경우 식별기호 '▾i'로 표출어를 직접 입력할 때 지시한다.

0— **검색을 위한 부분표제**(Portion of title): 저작의 일부를 나타내는 표제(▾p), 별표제, 본표제의 일부분으로 검색이 필요한 경우 적용한다. 이때는 제2지시기호 '0'에 의해 '검색을 위한 부분표제'라는 표출어가 자동 생성된다.

1— **대등표제**(Parallel title): 대등표제를 주기하거나 부표목할 때 제2지시기호 '1'로 기술하여 '대등표제'라는 표출어가 자동 생성되게 한다. 2개 이상의 대등표제가 있을 경우는 246필드를 반복 기술한다.

2— **식별표제**(Distinctive title): 개별자료의 정식표제에 부가되어 나타난 특별표제 즉 특정 주제의 특집호가 발간되는 연보, 연감, 회의록 등을 제2지시기호 '2'로 기술하여 '식별표제'라는 표출어가 자동 생성되게 한다.

*대부분 호에 식별표제가 있는 연속간행물은 246필드 대신 500필드로 주기한다.

3– **기타표제**(Other title): 기타표제는 약표제, 제본자표제, 판권기표제, 발행인란의 표제, 출판 이전의 도치된 형태의 표지표제 등으로 하나의 제2지시기호로 지시되지 않거나 '▼i'로 특정표출어가 사용되지 않는 표제를 기술한다. 이때는 제2지시기호 '3'에 의해 '기타표제'라는 표출어가 자동 생성된다.

4– **표지표제**(Cover title): 표제지표제와 상이한 표지표제를 제2지시기호 '4'로 기술하여 '표지표제'라는 표출어가 자동 생성되게 한다.

5– **부표제지표제**(Added title page title): 표제지표제와 상이한 부표제지표제를 제2지시기호 '5'로 기술하여 '부표제지표제'라는 표출어가 자동 생성되게 한다.

6– **권두표제**(Caption title): 표제지표제와 상이한 권두표제를 제2지시기호 '6'으로 기술하여 '권두표제'라는 표출어가 자동 생성되게 한다.

7– **난외표제**(Running title): 표제지표제와 상이한 난외표제(각 페이지의 상단 또는 하단에 나타나 있는 표제)를 제2지시기호 '7'로 기술하여 '난외표제'라는 표출어가 자동 생성되게 한다.

8– **책등표제**(Spine title): 표제지표제와 상이한 책등표제를 제2지시기호 '8'로 기술하여 '책등표제'라는 표출어가 자동 생성되게 한다.

9– **원표제**(Original title): 번역서, 복제물, 개정, 대역간행물 등의 원본표제를 제2지시기호 '9'로 기술하여 '원표제'라는 표출어가 자동 생성되게 한다. *M21*에서는 500필드에 'Original title'라는 표출어로 기재한다.

4. 판사항

판사항은 내용에 개정이 있는 판차, 서지의 특성을 나타낸 특수판표시로 생각할 수 있다. 한 저작의 판차표시는 항상 목록기입에 포함(A1.135;K4.1.2.0)하여 KORMARC에서는 250필드에 기술하였다.

250 bb ▾a판표시 / ▾b개정자

└ ▾a－판표시 ▾b－해당판의 저작자 표시 등 (원판의 저자와 다른 개정자)
▾8－필드 링크와 일련번호(R)

5. 발행사항

발행사항은 자료의 발행(출판, 필사), 배포(공개, 발매), 인쇄로 구분하여 KORMARC의 260필드에 해당 식별기호로 기술한다. 단행본의 경우는 주로 발행을 중심으로 기재하고 배포나 인쇄에 관한 사항은 필요한 경우에만 기재한다.

┌❶: b－적용 불가/제공되는 정보 없음/최초 발행처 2－중간 발행처 3－현행/최근 발행처

260 ❶b ▾a발행지 : ▾b발행자(사), ▾c발행년 ▾e(인쇄지 : ▾f인쇄사, ▾g인쇄년)

└ ▾a－발행지, 배포지 등(R) ▾b－발행처, 배포처 등(R) ▾c－발행년, 배포년 등(R)
▾e－제작지 또는 인쇄지(R) ▾f－제작처 또는 인쇄처(R) ▾g－제작년 또는 인쇄년(R)
▾3－자료 범위지정 ▾8－필드 링크와 일련번호(R)

6. 형태사항

형태사항은 자료의 물리적인 특성인 면수, 삽도, 크기, 딸림자료 등에 관한 사항을 KORMARC의 300필드에 해당 식별기호로 기술한다.

300 bb ▾a면수 : ▾b기타 형태사항 ; ▾c크기 + ▾e딸림자료

└ ▾a－특정자료 종별과 수량(R) ▾b－기타 물리적 특성 ▾c－크기(R) ▾e－딸림자료
▾f－단위의 유형(R) ▾g－단위의 크기(R) ▾3－자료 범위지정
▾8－필드 링크와 일련번호(R)

1) 면수

한 책으로 완결된 단권본은 쪽수와 장수를 기재하고, 두 책 이상으로 된 다권본은 권책수를 기재함을 원칙으로 한다.

(a) 단권본

· 쪽수나 장수는 자료의 마지막 쪽수나 장수를 아라비아숫자로 기재하고(K4.2.5.1.2.1), 구별을 위한 로마숫자는 자료에 표시된 대로 기재한다.

· 쪽수와 장수의 단위명칭은 다음과 같다.

쪽수(page): 각 장의 양 측면에 표시된 출판물은 '면'이나 '쪽', 'p.'를 면수에 기재한다

(I(M).5.1.2.2; K4.2.5.1.2.1)가;A2.2.5B2)

예: 386 p. xxiii, 337 p.

장수(leaves): 각 장의 한쪽 면 또는 접은 부분에 순서가 표시된 것은 그 단위명칭으로 '장', 'leaves', 'broadside', 'sheet', 'portfolio'로 기재한다(I(M).5.1.2.2; K4.2.5.1.2.1)가;A2.2.5B2)

예: 316 leavs 1 sheet

단수(column): 한 면이 2단 이상으로 되어 있고 면수 매김이 단의 순서로 된 출판물은 그 단위명칭으로 '단', 'column'으로 기재한다(I(M).5.1.2.3;K4.2.5.1.2.1)가;A2.2.5B2). 필요한 경우는 단수에 면수를 [ ]에 보기하기도 한다.

예: 831단 678 columns
765단[255 p.] 520 columns [260 p.]

*쪽(면), 장 또는 단을 단위로 한 도서의 지면이 동장본과 같이 겹장으로 된 것은 '겹장' 또는 'double leaves'란 말을 ( )에 묶어 쪽수나 장수 다음에 보기한다(K4.2.5.1.2.1)가)).

예: 320장(겹장) 157 p. (double leaves)

첩장본(folder): 첩장본, 폴더(folder) 또는 선풍엽본은 '면', '첩', 'p.', '장'을 단위명칭으로 기재하고, 장정관계를 ( )에 보기한다(K4.2.5.1.2.1)가)).

예: 38 p.(첩장본) 6 p. (folder)
1첩(6 p.) 1 folder (6 p.)

권자본(roll): '권', 축으로 된 권자본은 '축'을 단위명칭으로 기재하고, 양서는 'roll(s)'로 기재하고 장정관계는 ( )에 보기한다(K4.2.5.1.2.1)가)).

예: 1권(권자본) 1축(족자) 1 roll

낱장물(sheet): 낱장물은 '매', 'sheet'를 단위명칭으로 기재하고, ( )에 낱장물임을 보기한다(K4.2.5.1.2.1)가)).

예: 1매(낱장물) 1 sheet

가제식(loose): 가제식으로 된 자료는 '책', 'v.'를 단위명칭으로 기재하고, ( )에 '가제식', 'lease-leaf'란 장정관계를 보기한다(A2R.2.5B9;K4.2.5.1.2.1)라)).

예: 1책(가제식) 1 v. (loose-leaf)

기타형태: 상기한 이외의 기타형태의 자료는 그 형태의 명칭을 단위명칭으로 기재한다(K4.2.5.1.2.1)가)).

예: 1 브로드사이드 1 broadside 1 portfolio

· 제본되지 않은 케이스, 질갑, 봉투들이의 도서는 쪽수나 장수에 '케이스들이', '질갑들이', '봉투들이'란 말을 ( )로 묶어 보기한다(K4.2.5.1.2.1)가)).

· 아라비아숫자나 로마숫자는 출판물에 표시된 문자의 면수를 기재한다(I(M).5.1.2.4; K4.2.5.1.2.1)가)).

· 면수 매김의 숫자배열이 로마숫자와 아라비아숫자로 혼합하면서 연속적인 것은 최종면수만 기재한다(A2R.2.5B5;(K4.2.5.1.2.1)마)).

· 로마자로 된 단위명칭 'p., v., leaves, cm, mm' 등은 숫자와 단위명칭 사이를 띄어 쓰고, 한글로 된 단위명칭 '면, 장, 책, 센치, 미리' 등은 숫자와 단위명칭 사이를 붙여 쓴다(K4.1.0.5.8).

· 문자로 표시된 면수 매김은 처음문자와 끝 문자를 단위명칭을 앞세워 기재한다(A2.2.5B2).

예: p. 子-亥 p. a-k

· 잘못된 면수는 출판물에 나타난 대로 적고 [ ]에 '실은', 'i.e.'로 정정면수를 보기한다(I(M).5.1.2.5;A2R.2.5B4;K4.2.5.1.2.1)나)).

예: xiv, 923 p.[실은 932 p.] xi, 633 p.[i.e. 933 p.]

· 면수표시가 없는 것은 기록하지 않는다. 그러나 기재가 필요한 경우는 면수를 헤아려 [ ]에 기재한다(I(M).5.1.2.6;K4.2.5.1.2.1)카);A2.2.5B7).

예: xv, [92] p. [88]장 [88] leaves

· 일부지면만 쪽수와 장수 매김이 없는 것은 필요한 경우 쪽수와 장수를 세어서 [ ]로 보기하거나 대충 헤아린 쪽수나 장수를 '약', 'ca'로 기재한다(K4.2.5.1.2.1)차;A2.2.5B3).

예: 53, [54]장 [18], 55 p. 20, 약 300 p.

· 출판물의 마지막 부분이 결손되어 완전한 매수를 확인할 수 없는 낙장본은 나타난 최종면수에 '+'를 부기한다. 그리고 결손된 사실을 주기한다(A2R.2.5B16;K4.2.5.1.2.1)타;A2.2.5B16).

예: xi, 179+ p. 245+ p. p. 245장 이후는 낙장

· 본문면수에 포함되지 않은 도판면수는 '도판'이라는 어구로 도판면수를 기재한다(JCR'87. 2.5.1.2G;K4.2.5.1.2.1)파)).

예: 245 p., 도판 57 p. 323 p., [19] p. of plates

· 면수매김이 복잡하거나 불확실한 경우는 [ ]에 대충되는 면수를 '약', 'ca.'를 앞세워 기재한다(KCR3.1.4.1.12;A2.2.5B7;A2.2.5B10).

예: 9, 약500, 70 p. 9, ca. 500, 70 p.

· 한 자료가 2개 내지 3개로 구분되어 면수가 매겨진 것은 각각의 면수를 기재한다(K4.2.5.1.2.1)나);A2.2.5B8).

예: 14장, 350 p. 14 leaves, 350 p. 116, 185, 128 p.
329 p., 144단[72 p.] 329p., 144 columns [26 p.]

· 한 자료의 4개 이상으로 구분된 면수 매김은 다음 중 한 가지 방법으로 기재한다(I(M).5.1.2.7;A2R.2.5B8;K3.1.4.1.5).

모두 합산한 면수를 적고 ()에 '면수복잡'이라 보기한다.

예: [930] p.(면수복잡) [930] p. in various pagings

주된 부분의 면수를 적고 나머지는 합산한 면수를 []에 묶어 기재한다.

예: 280, [82] p.

책수를 표시하고, ()에 '면수복잡', 'various paging'이라 보기한다.

예: 1책(면수복잡) 1 v. (various paging)

· 좌우양면에 동일한 면수 매김이 중복된 것은 양쪽의 면수를 각각 기재하고, 이 사실을 주기한다(K4.2.5.1.2.1)아)).

예: xv, 54, 54 p. 좌우양면에 동일한 면수 매김임

· 2개의 언어로 된 자료가 반대방향으로 번호가 매겨져 있을 때는 표제면측을 먼저 기재하고 다음에 반대방향의 면수를 기재한다(A2R.2.5B15;K4.2.5.1.2.1)자);A2.2.5B15).

예: xi, 155, 127, xi p.

· 출판물의 한 부분만을 나타낸 면수는 처음과 마지막 면수를 단위명칭을 앞세워 기재한다(I(M).5.1.2.9;A2.2.5B6;K4.2.5.1.2.1)바)).

예: p. 273-297 장81-93 Leaves 81-93

· 도판의 단위명칭은 면수 매김에 '도판', 'of plates'를 부기한다(I(M).5.1.2.10;A2R.2.5B10;KCR3.1.4.1.15).

예: 462 p., 도면 20장 462 p., 20 leaves of plates
246 p., 도판 12면 246 p., 12 p. of plates
xii, 24 p., 212, [43] leaves of plates

· 접지로 된 자료는 자료의 매수를 기재하고 '접지', 'folded leaves'란 어구를 ()에 보기한다(K4.2.5.1.2.1)하;A2.2.2B11).

예: 12장(접지) 12 folded leaves

130 p., 도판 25장(일부접지)

130 p., 25 leaves of plates (some folded)

· 케이스들이, 질갑들이, 봉투들이의 자료는 면수표시 다음에 ( )에 그 형태를 보기한다(K3.1.4.1.17).

예: 120장(케이스들이) 250 p.(봉투들이)

(b) 다권본

· 다권본은 구성된 물리적인 형태에 따라 단위명칭을 '권(volume, roll)', '부(part)', '책(voume, pamphlets)', '장(pieces)', '함', '갑(case)', '첩(folder)', '브로드사이드(broadside)', '축(roll)', '씨트(sheet)', 'portfolio' 등을 기재한다(I(M).5.1.3.1;A2R.2.5B17/18;K4.2.5.1.2.2).

· 2책 이상으로 구성된 자료는 그 구성단위로 된 명칭을 기재한다. 이때 딸림자료는 책수에 포함하지 않는다(I(M).5.1.4.1).

· 권수 매김의 표현이 숫자적으로 차이가 있을 때는 그 사실을 주기한다. 그러나 내용주기에서 그 사실이 주기될 때는 일반주기에서는 생략한다(I(M).5.1.4.2).

· 다권본의 면수가 앞 책의 것을 계속하는 경우는 책수표시 다음에 ( )로 면수를 보기한다(I(M).5.1.4.3;A2R.2.5B20;K4.2.5.1.2.2)나).

예: 5책(804 p.) 5 v. (804 p.)

· 다권본에 대한 각각의 면수를 표시할 필요가 있을 때는 각각의 면수를 ( )에 보기한다(I(M).5.1.4.4;A2R.2.5B21;K4.2.5.1.2.2)나).

예: 5책(231, 233, 230, 240, 250 p.)

3 v. (v, 339; vi, 232; iii, 244 p.)

· 서지적인 권수와 물리적인 책 수가 다를 때는 이를 함께 기재한다(A2R.2.5B19;K4.2.5.1.2.2)가)).

예: 5冊8卷 8 v. in 5 15冊5函 15 v. in 5 cases

· 발행 중에 있는 다권본이나 전체 권수를 확인할 수 없는 자료는 권장수의 단위명칭을 3자(space) 공간을 두고 기재한다(K4.2.5.1.2.2)다).

· 면수에 대한 주기의 예:

각장의 단면인쇄임 Verses of leaves blank

각장의 양면인쇄임 Leaves printed on both sides

권차수가 1.2A, 2B, 2C, 3으로 매겨져 있음

Volumes numbered: 1, 1A, 2B, 2C, 3

면수표시가 321-401로 되어 있음

Pages also numbered 321-401

가제식으로 매년 추가 갱신됨　　　Loose-leaf, undated annually

· 자료에 포함된 삽도표시로 '삽도', 'ill.', 'illus.'를 기재한다((I(M).5.2.2;A2R.2.5C1).

2) 기타 형태사항

형태세목은 자료의 내용과 관계된 삽도사항을 300필드에 ISBD부호 ':'과 '▼b'로 기술한다.

· 도서의 삽도류는 특별히 규정한 것을 제외하고는 '삽도', 'ill.'로 기술한다(K4.2.5.2.2).

· 삽도를 각각의 명칭으로 표시할 때는 한국어 명칭은 '견본', '계보', '도표', '문장', '사진', '설계도', '악보', '양식', '영인도판', '지도', '초상', '해도' 등의 문자순으로 기재하고(K3.1.4.2.2), 영어명칭은 'charts', 'coats of arms', 'facsimiles', 'forms', 'genealogical tables', 'maps', 'music', 'plans', 'portraits', 'samples' 등의 문자순으로 기재한다(A2R.2.5C2).

· 특정 삽도명을 표시할 때는 먼저 '삽도', 'ill.'를 기재하고, 특정 삽도명을 문자순으로 기재한다(K4.2.5.2.2.1);A2.2.5C2).

· 특정 삽도명을 '삽도', 'ill.'에 대체하여 바로 기재하기도 한다(I(M).5.2.4;K4.2.5.2.2.1)).

· 삽도류가 번호 매김되어 있거나 목차가 있어 쉽게 매수를 확인할 수 있을 때는 삽도수를 함께 기재할 수도 있다(I(M).5.2.5;A2R.2.5C4;K4.2.5.2.2.3);A2.2.5C4).

예: 492 p. : 삽도 31매　　　492 p. : 31 ill.

330 p. : 지도 12매　　　330 p. : 12 maps

: 삽도(11圖), 지도(6圖), 초상(3圖) (NCR'87.2.5.2)

· 천연색 삽도류는 '천연색' 또는 'col.'이란 용어를 종류명 앞뒤에 적절히 덧붙여서 기술한다(I(M).5.2.6;A2R.2.5C3;K4.2.5.2.2.2)).

예: : 색채삽도　　　: col. ill.

: 삽도, 색채지도 31매　　　: ill., 31 col. maps

· 자료의 전부 또는 대부분이 삽도로 이루어져 있을 때는 '주로삽도', '전부삽도', 'all ill.', 'chiefly ill.'와 같은 적절한 용어로 표시한다(I(M).5.2.7;A2R.2.5C6;K4.2.5.2.2.6)).

예: : 전부삽도　: all ill.　　　: 주로 지도　: chiefly maps

· 포켓에 들어 있는 삽도는 기타형태사항에 기재하고, 수량과 그 위치를 주기한다(A2R.2.5C7;K4.2.5.2.2.5).

예: : 삽도, 천연색지도
2절 지도 4매가 포켓 속에 들어 있음
Four maps on 2 folded leaves in pocket

3) 크기

도서의 크기는 표지의 세로를 cm나 inch 단위로 300필드에 ISBD부호 ';'으로 구분하여 식별기호 '▼c'로 기술한다(K4.2.5.3.2).

· 책의 크기는 표지의 세로 길이를 cm단위로 기재한다. 이때 cm단위 이하는 올려서 기재한다.
· 책의 가로가 세로의 반 이하이거나 세로보다 큰 경우는 '세로 x 가로 cm'로 기재한다(A2R.2.5D2;K4.2.5.3.2.1)).
· 책의 크기가 10 cm 이하인 것은 소수점 이하 한 단위까지 기재한다(JCR'87.2.5.3.2A; K4.2.5.3.2).
· 다권본으로 크기가 다를 때는 '최소의 것-최대의 것'의 크기로 기재한다(A2R.2.5D3; K4.2.5.3.2.2)).
· 접은 자료로 된 낱장물은 '낱장의 크기(세로x가로)와 접은 상태의 크기를 '접은면' 또는 'folded to'라는 어귀를 앞세워 '세로 x 가로 cm'로 함께 기재한다(A2R.2.5D4;K4.2.5.3.2.5)).
· 크기가 다른 자료의 합본은 제본된 상태의 크기를 기재한다(K3.1.4.3.4).
· 권자본이나 족자 등의 권축물은 전체의 크기를 '세로 x 가로'로 기재한다(K4.2.5.3.2.6)).

4) 딸림자료[2)]

딸림자료는 본자료와 함께 분리 발행된 자료로 모체물과 함께 사용되도록 간행된 자료이다(K4.1.5.4.1). KORMARC은 300필드에 ISBD의 구분기호 '+'를 앞세워 '▼e'로 기술한다.

· 딸림자료는 딸림자료의 유형과 수량을 '+'를 앞세워 크기 다음에 기재한다(I(M).5.4.2; K4.1.5.4.2;A2.2.5F).

예: + 가격표 + price list + 지도 3매 + 3 maps

---

2) 딸림자료는 출판물과 함께 간행된 부속자료로 본 자료와 함께 사용되도록 물리적인 연계성을 가진 자료를 말한다(I(M).5.4.1). 딸림자료에는 해답서, 교과용지침서, 지도책 등으로 모체자료의 내용과 연계된 자료로 모체자료의 전체매김과 관계없이 함께 딸려나온 자료를 말한다(K3.1.4.4.1).
딸림자료의 목록은(A2R.1.5E1)
· 딸림자료를 단독으로 목록하는 방법.
· 모체자료의 주기로 기재하는 방법.
· 다단계 기술방법
· 딸림자료명을 형태기술에 기재하는 방법

· 딸림자료의 형태기술사항을 기술할 필요가 있을 때는 ( )에 형태사항의 기재형식으로 기술한다(I(M).5.4.3;A2.1.5E1;K4.1.5.4.2).

예: + 지도(1매 : 색채 ; 65 x 40 cm).
+ 1 map (col. ; 65 x 40 cm)
+ 음반(16분) (33⅓회전, 스테레오 ; 17.5 cm).

· 딸림자료의 기술내용이 길 때는 간략히 기술하고, 상세한 내용은 주기한다(K4.1.5.4.2.2)).

· 모체자료의 표제 안쪽 포켓에 들어 있는 것은 그 소재를 주기한다(K4.1.5.4.2.3)).

· 부록, 별책, 특별호와 같이 내용상 독립성이 있는 책자형태의 독립된 자료는 개별표제를 본표제로 목록하고(K4.1.5.4.2.4)), 모체자료와의 관계를 주기한다.

7. 총서사항

총서에 속한 자료를 개별자료로 정리할 때 총서표제는 총서사항으로 ( )에 묶어 기재한다. 이때 KORMARC은 자동 부출되는 총서표제는 440필드, 부출되지 않거나 다르게 부출되는 총서표제는 490필드로 구분하여 정해진 ISBD의 구분부호와 식별기호로 기술한다.

┌❶: 0－총표제를 부출함 1－관제를 포함 총표제를 부출함
│ ┌❷: 0－그대로 인쇄 1－원괄호를 제외하고 인쇄
440 ❶❷ ▾a총표제 또는 하위총표제 ;▾n본총서의 편번호,▾p본총서의 편명
│ ;▾v총서번호
└ ▾a－총서표제 ▾n－총서표제의 편차(R) ▾p－총서표제의 편제(R)
▾s－ISSN ▾v－총서번호 ▾x－대등총표제 ▾8－필드 링크와 일련번호(R)

┌❶: 0－부출되지 않은 총서표제 1－다르게 부출되는 총서표제
│ ┌❷: 0－그대로 인쇄 1－원괄호를 제외하고 인쇄
490 ❶❷ ▾a총서표제 또는 하위총서표제 ;▾n본총서의 편번호,▾p본총서의 편명
│ ;▾v총서번호
└ ▾a－총서사항(R) ▾s－ISSN ▾v－총서번호(R) ▾8－필드 링크와 일련번호(R)

8. 주기사항

1) 일반주기

일반주기는 표시기호 501-580필드까지의 주기사항에 해당되지 않은 주기사항을 기술한다.

500 ƀƀ ▾a일반주기

ㄴ ▾a－일반주기 ▾3－자료 범위지정 ▾5－필드 적용 기관 ▾8－필드 링크와 일련번호(R)

· 자료의 성격이나 범위 또는 예술적 표현양식에 관한 주기(K4.1.7.3.1;A2.1.7B1;2.7B1)
· 본문이나 초록의 언어, 번역이나 개작, 번안 등에 관한 주기(K4.1.7.3.2;A2.1.7B2;2.7B2)
· 본표제의 정보원에 관한 주기(K4.1.7.3.3;A2.1.7B3;2.7B3)
· 상이한 표제에 관한 주기(K4.1.7.3.4;A2.1.7B4;2.7B4)
· 대등표제와 표제관련정보에 관한 주기(K4.1.7.3.5;A2.1.7B5;2.7B5)
· 책임표시에 관한 주기(K4.1.7.3.6;A2.1.7B6;2.7B6)
· 판표시와 서지적 내력에 관한 주기(K4.1.7.3.7;A2.1.7B7;2.7B7)
· 자료의 특성에 관한 주기(K4.1.7.3.8;A2.1.7B8;2.7B8)
· 발행과 배포에 관한 주기(K4.1.7.3.9;A2.1.7B9;2.7B9)
· 형태사항에 관한 주기(K4.1.7.3.10;A2.1.7B10;1.10C2;2.7B10)
· 딸림자료에 관한 주기(K4.1.7.3.11;A2.1.7B11;2.7B11)
· 총서사항에 관한 주기(K4.1.7.3.12;A2.1.7B12;2.7B12)

2) 합철주기(K4.1.7.3.20;A2.1.7B21;2.7B21)

합철은 각각 출판된 2개 이상의 자료를 합철한 경우로 합철된 저작의 표제, 저자표시, 판차, 발행사항 등을 기입체의 기재형식에 준해 주기하고 부표목한다.

501 ƀƀ ▾a합철본표제 / 저자명. — 발행지 : 발행자, 발행년

ㄴ ▾a－합철주기 ▾c－표제(R) ▾d－첫 번째 책임표시 ▾e－두 번째 이하 책임표시(R) ▾g－기타정보(R) ▾n－판사항(R) ▾p－발행사항(R) ▾q－형태사항(R) ▾t－총서사항(R) ▾x－대등표제(R) ▾5－필드 적용 기관(R) ▾8－필드 링크와 일련번호(R)

3) 학위논문주기(K4.1.7.3.13;A2.1.7B13;2.7B13)

학위논문은 석사나 박사학위를 받기 위해 제출된 논문으로 미공간자료로 학위명, 수여대학명, 전공학과명, 수여년도 등을 주기한다.

┌❶: 0−석사학위논문 1−박사학위논문

502 ❶b̸ ▾a학위논문사항 ▾b학위수여기관 : ▾c학과 및 전공, ▾d수여년도

└ ▾a−학위논문의 종류 ▾b−학위수여기관 ▾c−학과 및 전공 ▾d−학위수여연도
▾8−필드 링크와 일련번호(R)

4) 서지 등 주기(K4.1.7.3.17)

자료에 수록된 참고자료목록이나 인용자료목록을 주기한다.

504 b̸b̸ ▾a서지주기

└ ▾a−서지 등 주기 ▾b−참고문헌의 수 ▾8−필드 링크와 일련번호(R)

5) 내용주기(K4.1.7.3.18;A2.1.7B18;2.7B18)

내용주기는 자료가 수 개의 저작을 내용으로 수록하고 있을 때 내용에 포함된 각각의 저작에 관한 사항을 주기한 것이다.

┌❶: 0−완전한 내용주기 1−불완전한 내용주기 2−부분 내용주기 8−표출어 생성 않음
│ ┌❷: b̸−기본형 0−확장형

505 ❶❷ ▾a내용주기

└ ▾a−형식화된 내용주기 ▾d−첫 번째 책임표시(R) ▾e−두 번째 이하 책임표시(R)
▾n−권차(R) ▾t−표제(R) ▾g−기타정보(R) ▾u−URI(R)
▾8−필드 링크와 일련번호(R)

· 자료에 포함된 내용표제의 권차, 표제, 저자명을 기입체의 기재형식에 준해 주기하고 각각을 부표목한다.
· 단행본의 내용주기는 내용표제 사이를 '—'로 구분하여 기재한다.
· 다권본의 내용주기는 권과 권 사이를 '—'로 구분하고, 동일 권내의 내용표제 간에는 '.'로 구분한다.

6) 요약, 초록, 해제 주기(K4.1.7.3.16;A2.1.7B17;2.7B17)

목록되는 자료에 대한 해제, 초록, 요약이 필요한 경우는 이들 사항을 제1지시기호로 구분하여 주기한다.

┌❶: ƀ–요약　0–주제　1–평론　2–범위와 내용　3–초록　4–해제　8–표출어 생성 않음

520 ❶ƀ ▾a요약주기

└ ▾a–요약 등 주기　▾b–추가요약 정보　▾u–URI　▾3–자료 범위지정
▾8–필드 링크와 일련번호(R)

7) 이용가능한 다른 형태의 자료에 관한 주기(K4.1.7.3.15)

목록된 자료에 이용가능한 다른 형태자료가 있을 때 이를 주기한다.

530 ƀƀ ▾a이용가능한 다른 형태자료 주기

└ ▾a–이용가능한 다른 형태자료　▾b–이용가능 정보원　▾c–이용가능 조건　▾d–주문번호
▾u–URI(Uniform Resource Identifier)(R)　▾3–자료 범위지정　▾8–필드 링크와 일련번호(R)

8) 연관저록 (76X—78X)

연관저록 필드는 관련자료가 개별 레코드로 각각 존재할 때 서지 레코드간을 기계적으로 연결시키기 위한 것이다.

580 ƀƀ ▾a연관저록 설명주기

└ ▾a–연관저록 설명주기　▾8–필드 링크와 일련번호(R)

다른 레코드와의 복합적인 관계를 자유스런 형식으로 주기한다. 580필드는 연관저록필드 765-787필드에 기술된 관련자료에 연계시켜 주기한다.

┌❶: 0–주기로 표시한다　1–주기로 표시하지 않는다
│ ┌❷: ƀ–원저자료(Translation of)　8–표출어를 생성하지 않음

765 ❶❷ ▾a기본표목. ▾t표제

└ ▾a–기본표목　▾b–판차　▾c–부가적 식별정보　▾d–발행지, 발행처, 발행년
▾g–관계표시(R)　▾h–형태기술　▾i–출력문장　▾k–관련자료의 총서사항(R)
▾m–대상자료별 세부사항　▾n–주기(R)　▾o–기타식별기호(R)　▾r–보고서 번호(R)
▾s–통일표제　▾t–표제　▾u–표준기술보고서번호　▾w–레코드제어번호(R)　▾x–ISSN
▾y–CODEN표시　▾z–ISBN(R)　▾7–제어관련 식별기호　▾8–필드 링크와 일련번호(R)

해당 자료가 수평적 관계에 있는 번역자료일 때 원저자료에 관한 사항을 기술한다.

┌❶: 0-주기로 표시한다 1-주기로 표시하지 않는다
│ ┌❷: ␢-번역자료(Translated as) 8-표출어를 생성하지 않음
767 ❶❷ ▾a기본표목. ▾t표제
└ 식별기호는 765필드와 동일

해당 자료가 수평적 관계에 있는 원저일 때 번역자료에 관한 사항을 기술한다.

┌❶: 0-주기로 표시한다 1-주기로 표시하지 않는다
│ ┌❷: ␢-부록/보유자료(Has supplement) 8-표출어를 생성하지 않음
770 ❶❷ ▾a기본표목. ▾t표제
└ 식별기호는 765필드와 동일

해당 자료의 별도 레코드로 작성되는 보유판이나 특별호에 관한 사항을 기술한다.

┌❶: 0-주기로 표시한다 1-주기로 표시하지 않는다
│ ┌❷: ␢-본편(Supplement to) 0-모체자료(Parent) 8-표출어를 생성하지 않음
772 ❶❷ ▾a기본표목. ▾t표제
└ 식별기호는 765필드와 동일

해당 자료가 별도 레코드로 작성되는 보유판, 별책부록, 특별호일 때 수직관계에 있는 모체에 관한 사항을 기술한다.

9) 부록에 관한 주기(K4.1.7.3.21;A2.1.9;2.9)

별도의 레코드로 목록(770필드)을 작성하지 않은 부록이나 특별호에 관한 사항을 주기한다.

525 ␢␢ ▾a부록주기
└ ▾a-부록주기 ▾8-필드 링크와 일련번호(R)

10) 기금정보에 관한 주기(K4.1.7.3.23)

단체의 후원이나 연구비로 발간한 경우 그 후원단체나 연구비에 대한 사항을 기술한다.

536 ␢␢ ▾a기금정보 주기
└ ▾a-기금정보주기 ▾b-계약번호(R) ▾c-교부금 번호(R) ▾d-고정번호(R)

▾e－프로그램요소 번호(R)　▾f－프로젝트번호(R)　▾g－과제번호(R)
▾h－업무단위부서 번호(R)　▾8－필드링크와 일련번호(R)

11) 수상에 관한 주기(K4.1.7.3.24)

기술된 자료의 수상에 관한 사항을 주기한다. 수상내용이 많을 때는 필드를 반복하여 기재한다.

┌❶: ƀ－수상　8－표출어를 생성하지 않음

586 ❶ƀ ▾a수상 주기

└ ▾a－수상 주기　▾3－자료 범위지정　▾8－필드 링크와 일련번호(R)

12) 소장에 관한 주기(K4.1.7.3.25)

자료기관이 소장하고 있는 자료에 대한 소장사항을 기재한다.

980 ƀƀ ▾a로컬정보 － 소장표시

└ ▾a－소장권책·권호차(연월일)

9. 표준번호사항(K4.1.8.1;A2.1.8B;2.8B)

표준번호사항에는 ISBN, ISSN 등 국제적인 표준번호와 구득조건인 가격 등에 관한 사항을 주기한다.

┌❶: ƀ－낱권 번호　1－세트 번호

020 ❶ƀ ▾a국제표준도서번호 ▾g부가기호: ▾c입수조건

└ ▾a－국제표준도서번호　▾b－입수조건　▾g－부가기호
▾z－취소/사용 않는 ISBN(R)　▾8－필드 링크와 일련번호(R)

┌❶: ƀ－세분하지 않음　0－국제수준의 계속자료　1－국제수준의 계속자료가 아님

022 ❶ƀ ▾a국제표준연속간행물번호

└ ▾a－국제표준연속간행물번호　▾y－부정확한 ISSN(R)
▾z－취소/사용 않는 ISSN(R)　▾8－필드 링크와 일련번호(R)

10. 부표목

부표목은 정리기관에서 정한 표목어로 기술한다. 부표목의 선정은 자료의 중요도에 따라 이용에 적합한 표목사항을 목록자가 정하여 통일된 형식으로 일관성 있게 기술해야 한다.

1) 부출표목(6XX, 7XX, 8XX)

주제명표목 (6XX)

- 주제명표목은 [ ]나 하선 또는 진하게 기술하여 다른 표목과 구분되게 한다.
- 주제명표목은 주제명 설정에 필요한 표목표를 중심으로 작성해야 한다. 기관 자체에서 독자적으로 작성하는 경우는 작성된 주제명을 표로 작성하여 일관성 있는 주제명이 작성되게 한다.
- 주제명의 기술: 600, 610, 611, 630필드는 제1지시기호를 기본표목 100, 110, 111, 130필드와 동일하게 적용하고, 제2지시기호는 주제명 작성에 적용한 주제명표/시소러스의 번호를 적용한다.

저자명부출표목(개인명/단체명(저자, 편저자, 번역자, 내용저자, 삽도자 등), 회의명, 통일표제)(700-71X)

- 저자명부출표목은 기본표목 이외의 개인명, 단체명, 회의명, 통일표제를 검색될 수 있게 표목한다.
- 개인명부출표목은 역할어를 생략한 저자명을 100필드의 기재내용과 형식에 준해 기술한다.
- 단체명부출표목은 상하위 단체명으로 110필드의 기재내용과 형식에 준한다.
- 회의명부출표목은 111필드의 기재내용과 형식에 준한다.
- 통일표제부출표목은 130필드의 기재내용과 형식에 준한다.
- 저자명부출표목의 기술: 700, 710, 711, 730필드는 제1지시기호를 기본표목 700, 710, 711, 730필드와 동일하게 적용하고, 제2지시기호는 해당필드의 지시기호를 적용한다.

표제부출표목(별표제, 대등표제, 부분표제, 부표제, 주기된 표제(내용표제, 원표제, 정보원에 따라 상이한 표제 등))(246, 740)

- 표제부출표목은 검색이 필요한 각종 표제를 검색어로 표목한다.
- MARC의 표제부출표목은 제1지시기호나 제2지시기호로 자동 부표목이 지시되지 않은 표제를 246필드나 740필드로 부표목 기술한다.

총서표제부출표목(주기된 총서표제와 다르게 부출되는 총서표제)(8XX)

- 총서표제는 표목의 필요여부에 따라 주기하고 부표목한다.

· MARC의 총서표제부출표목에 관한 사항은 440필드나 490필드에 준한다.

2) 분출표목(7XX)

· 분출표목은 내용주기된 저자명과 표제를 부표목으로 기술한 것이다. 필요에 따라 합철주기나 일반주기된 사항 중 저자와 표제를 짝지어 부표목할 경우에도 적용한다.

저자명분출표목 (개인명/단체명(저자, 편저자, 번역자, 내용저자, 삽도자 등), 회의명, 통일표제)(700-71X)

· 분출표목은 내용주기된 개인명, 단체명, 회의명, 통일표목을 부출표목형식으로 기재하되, 해당 표제가 있을 경우 이를 짝지어 기술한다.

· 저자명분출표목의 기술: 700, 710, 711, 730필드는 제1지시기호를 기본표목 700, 710, 711, 730필드와 동일하게 적용하고, 제2지시기호는 해당필드의 지시기호를 적용한다.

표제분출표목 (별표제, 대등표제, 부분표제, 부표제, 주기된 표제(내용표제, 원표제, 정보원에 따라 상이한 표제 등))(246, 740)

· 표제분출표목은 저자가 없는 내용주기된 표제를 740필드의 기재내용과 형식으로 부표목한다.

· 표제분출표목의 기술: 740필드는 제1지시기호를 '미정의'로, 제2지시기호는 해당필드의 지시기호를 적용한다.

카드목록과 MARC format

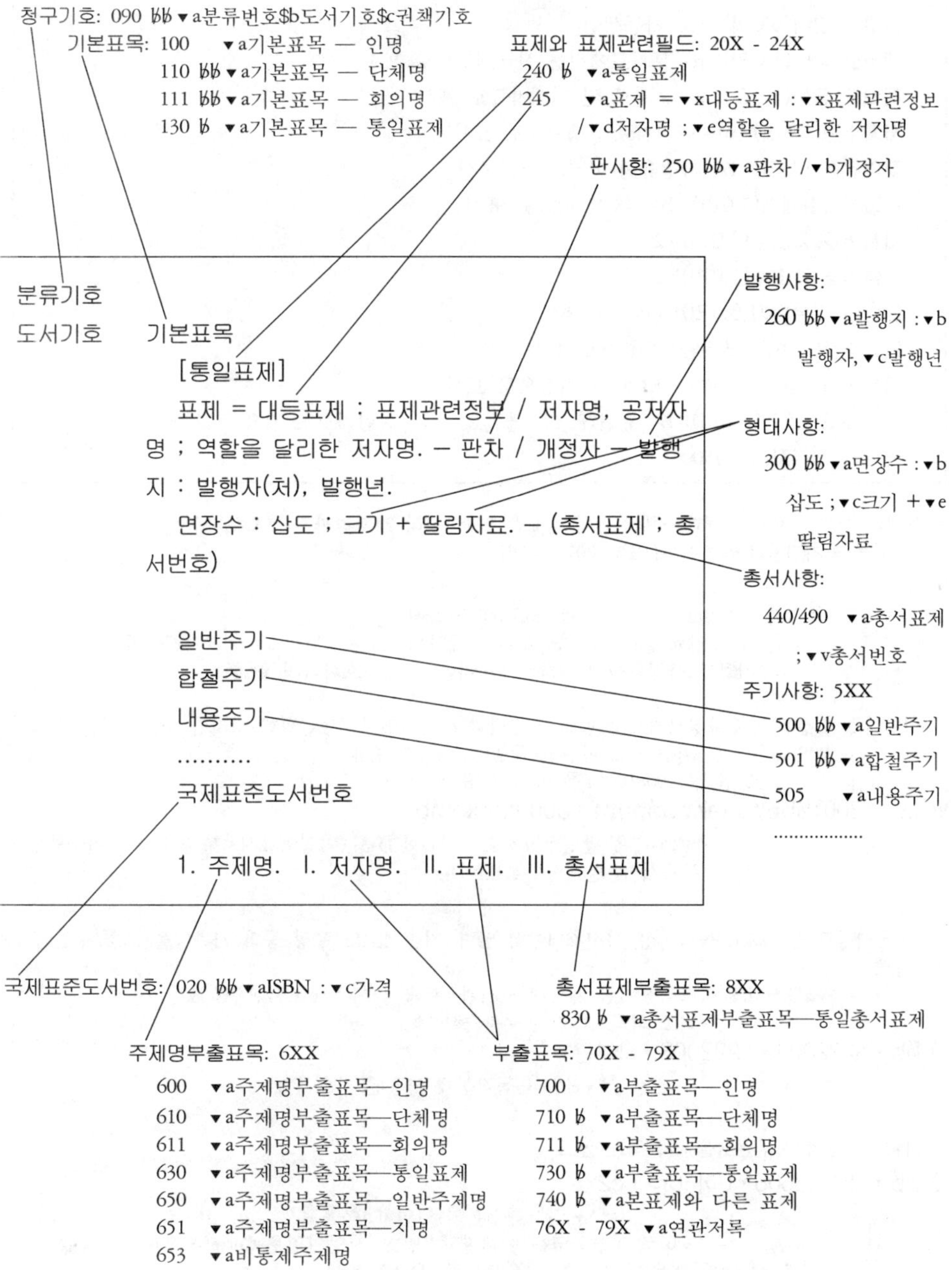

본자료에 적용된 공통적인 기술사항

리더

레코드 길이(5자리): ///// 자동생성
레코드 상태(1자리): n—본자료에서는 신규레코드로 표시
레코드 유형(1자리): a—문자로 된 인쇄자료로 표시
서지수준(1자리): m—단일자료/단행자료로 표시
제어유형(1자리): ƀ—특정유형 아님. a—문서
문자부호화체계(1자리): ƀ—KS X 1001로 표시
지시기호 자리수(1자리): 2
식별기호 자리수(1자리): 2
데이터 기본번지(5자리): ///// 자동생성
입력수준(1자리): ƀ—완전수준으로 표시
목록기술형식(1자리): c—KCR3판 이상으로 표시
연관레코드조건(1자리): ƀ—관련레코드 불필요. r—관련레코드 필요
엔트리 맵(4자리): 4500

┌ 형태기술필드: 자료의 형태사항에 관한 정보를 2자리부터 23자리까지 부호로 제시
| ┌ 't'는 문자자료(Text)의 범주표시 007/00자리
007 ta
└ 'a'는 특정자료 종별표시 '일반인쇄자료' 007/01자리
a－일반 인쇄자료 b－큰 활자 인쇄자료 c－점자자료 d－가제식자료
u－자료를 특정화하지 않음 z－기타 |－부호화하지 않음

┌ 40자리로 고정된 부호화정보필드로 레코드 전반과 서지적인 특성에 관한 정보를 부호화하는 필드
| ┌ 008/06은 's'(단일연도)로 단권의 발행년도일 때 표시
| | ┌ 단일연도는 008/11-14를 ƀƀƀƀ로 표시
008 ......s2001ƀƀƀƀulkaƀƀƀƀƀƀƀƀƀƀ000fƀƀkorƀƀ
└ 008/15-17은 발행국명부호 <부속서 1. 발행국부호표>
└ 008/35-37은 언어표시<부속서 3. 언어구분부호표>

┌ 목록작성근거로 최초 목록작성, MARC데이터 입력, 기존레코드 수정 등의 기관명을 부호로 입력하는
| 필드
| ┌ '▾a'는 최초 목록작성기관 계명대 도서관<부속서 7. 한국도서관부호표>
| | ┌ '▾c'로 목록입력기관 <부속서 7>
040 ƀƀ ▾a222003 ▾c222003 ▾eK4판
└ '▾e'로 목록작성에 사용된 기술규칙

┌ 자체도서관의 청구번호를 기술하는 필드
090 ƀƀ ▾a811.3608 ▾b이36ㅇ ▾c2
| | └ '▾c'는 다권본의 권연차, 복복표시
| └ '▾b'로 동양인명은 이재철저자번호, 서양인명은 Cutter-Sanborn저자번호
└ '▾a'로 KDC분류번호(단 설명이 필요한 경우 DDC 응용)

II. 인명표목

인명표목의 대상은 저자(단행본), 작곡자(음악), 예술가(조각가, 화가), 사진작가, 서지편찬자, 지도제작자, 창작자(전자자원) 등이 포함된다(A2R.23A1).

인명표목은 저자명기본기입 원칙에 의해 저작에 책임이 있는 개인명을 기본표목으로 기재한다. 1인 저서에서 3인 공저서는 개인명을 100필드에 기본표목으로 기술하고, 4인 이상의 공저서는 표제줄머리잡기로 245필드에 기술하였다.

기본표목되는 인명은 성이 없이 이름으로만 된 인명, 성(단일성, 복합성)으로 시작하는 인명, 가계명으로 구분하여 제1지시기호로 식별되게 하였다.

<table>
<tr><td>제1지시</td><td>0–성으로 시작하지 않은 이름(forename)
1–성으로 시작하는 이름(surname)
2–가계명(family name)</td><td>제2지시</td><td>ƀ–미정의 [100/700/800]
해당 필드 참조 [600/700]</td></tr>
<tr><td>식별</td><td colspan="3">[공통적용 식별기호]
▾a–개인명(성과 이름)
▾b–이름에 포함되어 세계를 칭하는 숫자
▾c–이름과 관련된 정보(직위, 칭호, 역조, 국명, 중국의 세계)(R)
▾d–생몰년
▾e–역할어(R)
▾f–저작연도
▾g–기타정보
▾j–속성 한정어(R)
▾k–형식부표목(R)
▾l–저작의 언어
▾n–책·권차, 편차(R)
▾p–회차 또는 권차 표제(R)
▾q–이름의 완전형
▾t–저작의 표제
▾u–소속
▾4–역할어 부호(R)
▾8–필드 링크와 일련번호(R)

[선택적용 식별기호]
▾h–자료유형표시[600/700/800]
▾m–연주수단(R)[600/700/800]
▾o–편곡[600/700/800]
▾r–음악자료의 장조[600/700/800]
▾s–판[600/700/800]
▾v–권차/순차표시[800]
▾x–ISSN[700]
▾v–형식세목(R)[600]
▾x–일반세목(R)[600]
▾y–시대세목(R)[600]
▾z–지리세목(R)[600]
▾2–주제명표/시소러스[600]
▾3–자료 범위지정[600/700]
▾5–필드 적용기관[700]</td></tr>
</table>

┌ 100필드는 인명을 위한 기본표목 필드(가계명 포함)
│ ┌ 인명은 기관에서 정한 표목어(한국어나 영어)로 성부터 기재

100 ❶ ƀ ▾a인명 ▾b世系지칭숫자, ▾c이름과 관련된 칭호, ▾d생몰년

└ 제1지시기호는 인명표목의 종류(이름, 성+이름, 가계명)에 따른 숫자로 지시

100 1ƀ ▾a이순신, ▾d1545-1598

└ 제1지시기호 '1'은 성으로 시작하는 동양인명, '성, 이름'의 형식으로 도치되는 서양인명, 이름 없이 성으로 알려진 인명을 기본표목할 때 지시

┌ 기본표목되는 익명이 성과 이름으로 된 경우는 제1지시기호를 '1'로 지시

100 1ƀ ▾a조지훈, ▾c[익명]

└ '조지훈'은 필명이기 때문에 이름과 관련된 칭호를 []로 부기

┌ '▾d'는 생몰년을 위한 식별기호

100 0ƀ ▾a고종, ▾c고려, 제23대왕, ▾d1192-1259

│ └ '▾c'는 직위, 칭호 및 기타 명칭, 역조, 국명, 한국 및 중국의 세계 등 이름과 관련된 직함이나 기타 관련어를 기술하기 위한 식별기호

└ 제1지시기호 '0'은 성이 포함되지 않는 이름: 정형화된 단어, 약어, 독립된 문자, 숫자로 된 인명, 필명, 호, 자, 법명, 법휘, 묘호, 시호, 봉호, 추호, 궁호 등을 기본표목할 때 지시
'고종'이라는 궁호(성이 없는)로 시작하기 때문에 제1지시기호를 '0'으로 지시

┌ 약어나 숫자로 표시된 인명은 정보원의 문자로 기본표목

100 0ƀ ▾aDr. X.

100 0ƀ ▾a110908

┌ 인명에 대한 기본표목은 외국인명이나 한국인명 모두 성부터 기재
│ ┌ 서양인명이나 영어화한 한국인명은 성 다음에 ','로 구분

100 1ƀ ▾aAllen, Frederic Sturges, ▾d1861-1920

└ 인명표목이 식별이 필요할 때는 생몰년, 역조, 이름과 관련된 칭호, 세계지칭 숫자 등을 해당 식별기호로 부기

생몰년:	1958-	(생존자나 사망년 미상)
	1938-2003	(확인된 생몰년)
	1911?-1947	(추정되는 출생년)
	1912-ca.1958	(대략적인 사망년)
	b. 1933	(사망년 미상)
	d. 1910	(출생년 미상)
	fl. 1342-1451	(생몰년 미상. 활약시기)
	15 cent.	(세기 표시: 생몰년과 활약시기 미상)

┌ 이름이 없이 성만 있는 인명은 제1지시기호 '1'을 지시

100 1ƀ ▾aSeuss, ▾cDr.

┌ 가문에 의한 저작일 때는 가계명으로 기본표목

100 3ƀ ▾aFarquhar family

└ 3-가계명: 가문의 이름, 종중, 왕조명, 가계명, 이와 유사한 집단의 이름

┌ '▼a'로 표목된 인명의 확인된 완전명을 '▼q'로 ()에 기재

100 0ƀ ▼a단테 ▼q(Date Alighieril)

100 1ƀ ▼aTolkien, J. R. R. ▼q(John Roland Reuel), ▼d1892-1973

100 1ƀ ▼aBach, Johann S. ▼q(Johann Sebastian), ▼d1685-1750

└ 이름에 대한 완전명을 모두 기재

100 1ƀ ▼aShakespeare, William, ▼d1564-1616
=100 1ƀ ▼a셰익스피어, 윌리엄, ▼d1564-1616

└ 외국인명을 한국어로 기재할 때는 '성, 이름' 형식으로 기재
외국인명은 발행사에 따라 번자에 차이가 있기 때문에 기본표목되는 인명은 통일된 명칭으로 기재

100 1ƀ ▼a손길영
=100 1ƀ ▼aSon, Kil-Yong

└ 영어로 표현된 한국인명은 영어어법에 따라 '성, 이름' 형식으로 기재

1. 단일성의 저자명

이문열 중단편전집 4
우리들의 일그러진 영웅

우리들의 일그러진 영웅

1994년 11월 15일 초판 1쇄 발행 (동지출판사) - 2000년 5월 30일 17쇄 발행
2001년 7월 3일 2판 1쇄 발행

저자 | 이문열
펴낸이 | 황근식
펴낸곳 | (주) 아침나라

출판등록 | 1999년 5월 13일 제 16-1888호
주소 | 136-034 서울시 성북구 동소문동 4가 260 신성통상빌딩 701호
http://www.achimnara.com
E-mail | book@achimnara.com
전화 | (02)924-4114 팩스 | (02)929-7337

ⓒ 2001 아침나라
ISBN 89-88959-69-8 04810
ISBN 89-88959-68-X 04810 (세트)

* 잘못된 책은 바꾸어 드립니다

레코드 길이: ..... 레코드 상태: n 레코드 유형: a 서지수준: m 제어유형: ƀ 문자부호화체계: ƀ_ 지시기호 자리수: 2 식별기호 자리수: 2 데이터 기본번지: ..... 입력수준: ƀ 목록기술형식: c 연관레코드조건: ƀ 엔트리 맵: 4500[3]

```
007 ta
         ┌ 008/06: ‘s’(단일연도)로 단권의 발행년도일 때 표시
         |      ┌ 단일연도는 008/11-14자리에 ‘ƀƀƀƀ’로 표시
008 ......s2001ƀƀƀƀulkaƀƀƀƀƀƀƀƀƀƀ000fƀƀkorƀƀ
                  └ 008/15-17: 발행국부호      └ 008/35-37: 언어표시<부속서 3. 언어구분
                <부속서 1의 발행국부호표>        부호표>

     ┌ 제1지시기호 ‘ƀ’은 단행본에 대한 ISBN을 위한 지시기호
     |                 ┌ 부가기호를 구분부호 없이 ‘▾g’로 기재
     |                 |          ┌ 가격은 ‘:▾c’로 단위명과 함께 기재
020 ƀƀ ▾a8988959698 ▾g04810 : ▾c₩5000
020 1ƀ ▾a898895968X ▾g04810 (세트)
     |                           └ 세트나 권표시 등은 ()로 부기
     └ 제1지시기호 ‘1’은 세트(총서)의 ISBN을 기재할 때 지시
```

3) **리더/형태기술필드/부호화정보필드**: 이들 필드는 고정장필드로 자수위치에 따른 순서로 자동으로 생성되는 사항과 목록자가 입력해야 할 사항을 MARC에서는 입력시트로 제시하고 있다. 본서에서는 자동생성되는 사항은 ‘.....’로 표시하였다.

<출력> ISBN 89-889-5969-8 04810 : ₩5000
ISBN 89-889-5968-X 04810 (세트)
└ 020필드는 출력시 ISBN, 대쉬, 띄어쓰기로 자동 생성

┌ 최초 목록작성기관 계명대 도서관<부속서 7. 한국도서관부호표>
| ┌ '▾c'로 목록입력기관 <부속서 7>
| | ┌ '▾e'로 목록작성에 사용된 기술규칙
040 ƀƀ ▾a222003 ▾c222003 ▾eK4판
090 ƀƀ ▾a811.3608 ▾b이36ㅇ
| └ '▾b'는 동양인명은 이재철저자번호.
| 서양인명은 Cutter-Sanborn저자번호
└ '▾a'는 KDC분류번호(단 설명이 필요한 경우 DDC 응용)

┌ 제1지시기호 '1'은 성(복합성 포함)과 이름으로 된 저자명의 지시
| ┌ '▾a'는 기본표목된 인명을 위한 식별기호
100 1ƀ ▾a이문열 ┌ '/▾d'는 책임표시의 ISBD부호와 식별기호
245 10 ▾a우리들의 일그러진 영웅 / ▾d이문열 저
|| └ '▾a'는 본표제를 위한 식별기호 └ 정보원의 저자명과 역할어 기재
|| 본표제는 표제지의 문자의 크기와 순서로 결정 기재
|└ 제2지시기호 '0'은 본표제를 입력된 대로 인쇄할 것을 지시
└ 제1지시기호 '1'은 '▾a'로 기재된 본표제의 자동 부표목을 지시
260 ƀƀ ▾a서울 : ▾b아침나라, ▾c2001
300 ƀƀ ▾a383 p. ; ▾c21 cm
440 00 ▾a이문열 중단편전집 ; ▾v4

┌ 500필드로 서지내력을 위한 동일 판의 다른 판들과의 관계를 주기
| ┌ 본자료는 2001년 17판을 기술하였기 때문에 초판의 발행년을 주기
500 ƀƀ ▾a초판은 1994년 둥지출판사에서 발행, 2판은 2001년 아침나라에서 발행.
┌ 504필드는 자료에 수록된 참고자료목록이나 인용자료목록을 수록
| ┌ 수록자료명 ┌ 수록면수를 기술
504 ƀƀ ▾a이문열작품연보: p. 379-383
650 ƀ4 ▾a한국소설

The Hours

MICHAEL CUNNINGHAM

Picador USA
Farrar, Straus and Giroux
New York

.....namƀƀ22.....ƀcƀ4500
007 ta
008 ......s2002ƀƀƀƀusƀaƀƀƀƀƀƀƀƀƀƀ000aƀ
ƀengƀƀ ← /15-17: United States의 부호 'usƀ'로 기재 <부속서 1. 발행국명부호표.>

020 ƀƀ ▾a0374172897 (hc) ← hc: hard cover의 약자로 제본형식을 ISBN에 ( )로 부기
020 ƀƀ ▾a0312305060 (pbk) : ▾c$13.00 ← pbk: paperback의 약자로 종이표지로 된 간이 제본표시
090 ƀƀ ▾a843 ▾bC973h
| └ 본표제의 관사를 제외한 'Hours'의 처음문자(소문자)
└ 기본표목된 'Cunningham, ...'의 성(처음문자 대문자)과 저자번호
100 1ƀ ▾aCunningham, Michael
245 11 ▾a(The) Hours / ▾dMichael Cunningham
┌ 2개 이상의 발행처는 ': ▾b'를 반복 기재
260 ƀƀ ▾aNew York : ▾bPicador : ▾bFarrar, Straus and Giroux, ▾c2002.
300 ƀƀ ▾a229 p. ; ▾c21 cm.
┌ 발행자(처)에 관한 필요한 설명적 주기는 500필드로 기술
500 ƀƀ ▾aPicador is a U.S. registered trademark and is used by Farrar, Straus and Giroux under license from Pan Books Limited
500 ƀƀ ▾aNow a major motion picture from Paramount Pictures and Miramax Films, directed by Stephen Daldry
┌ 제1지시기호 8(표출어 생성 않음)은 정형화되지 않는 표출어 입력시 지시
| ┌ '수상명, 수상년도'의 형식으로 기재
586 8ƀ ▾aAwards: Winner of the Pulitzer Prize, 1981
650 ƀ0 ▾aFiction

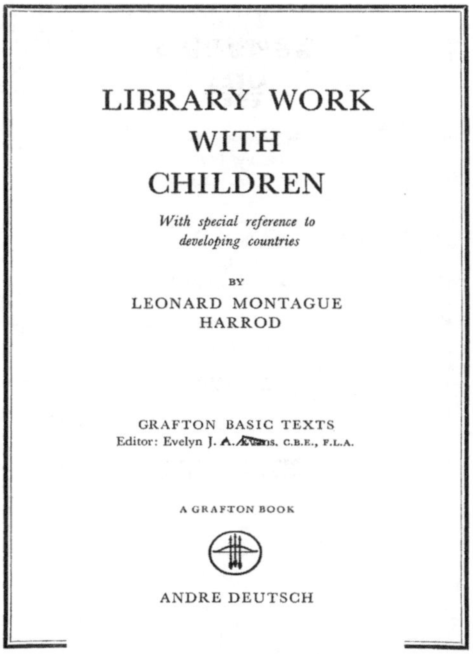
LIBRARY WORK
WITH
CHILDREN

With special reference to developing countries

BY

LEONARD MONTAGUE HARROD

GRAFTON BASIC TEXTS
Editor: Evelyn J. A. Evans, C.B.E., F.L.A.

A GRAFTON BOOK

ANDRE DEUTSCH

FIRST PUBLISHED 1969 BY
ANDRE DEUTSCH LIMITED
105 GREAT RUSSELL STREET
LONDON WC1
COPYRIGHT © 1969 BY L. M. HARROD
ALL RIGHTS RESERVED
PRINTED IN GREAT BRITAIN BY
C. TINLING & CO LTD
LIVERPOOL, LONDON AND PRESCOT
SBN 233 95994 7

.....namƀƀ22.....ƀcƀ4500
007 ta
008 ......s1969ƀƀƀƀukƀaƀƀƀƀƀƀƀƀƀ000 aƀƀ engƀƀ

↓ /15-17: United Kingdom의 부호 'ukƀ'로 기재 <부속서 1>
↙ /18-21: 삽도표시 'a'와 세 자리는 'ƀƀƀ'로 표시
↑ /35-37은 내용의 언어부호 <부속서 3>

090 ƀƀ ▾a027.9 ▾bH324ℓ

기본표목된 'Harrod, ...'의 성(처음문자 대문자)과 저자번호
저작표시 'L'을 1과 구분되게 필기체로 기재

100 1ƀ ▾aHarrod, Leonard Montague

└ 제1지시기호 '1'은 성과 이름으로 된 인명의 기본표목을 위한 지시
└ 100필드는 인명(성이 없는 인명, 성을 가진 인명, 복합성으로 된 인명)의 기본표목을 위한 필드

┌ 제1지시기호 '1'은 1XX가 있을 때 245필드 '▾a'로 기재된 본표제의 자동부표목을 지시
┌ 제2지시기호 '0'은 입력된 본표제를 그대로 출력할 것을 지시

245 10 ▾aLibrary work with children : ▾bwith special reference to developing countries / ▾dby Leonard Montague Harrod ; ▾eed. [by] Evelyn J. A. Evans

└ '; ▾e'는 역할을 달리한 저자명 기술
'/ ▾d'는 처음 저자명을 기술, 영어 형식은 역할어를 저자명 앞에 기재, 저자명은 정보원의 순서로 기재

260 ƀƀ ▾aLondon : ▾bFandre Deutsch, ▾c1969

┌ '▾a'는 단권의 면수나 다권본의 권책수를 기재
┌ 서문면수는 로마숫자 소문자, 본문면수는 아라비아숫자로 기재
┌ ': ▾b'는 형태적인 세목인 삽도사항을 기술

300 ƀƀ ▾ax, 215 p. : ▾bill.; ▾c22 cm

└ '; ▾c'는 크기표시로 정상적인 자료는 세로 cm로 기재
└ 삽도는 illustration의 약자인 'ill.', 'illus.'로 기재

┌ 245필드의 책임표시에 기재되지 않은 편저자는 정보원의 사항을 " "으로 일반주기

500 ƀƀ ▾a"Crafton basic texts, editor: Evelyn J. A. Evans"
504 ƀƀ ▾aBibliography and Index: p. 210-215
700 1ƀ ▾aEvans, Evelyn J. A. ← 500필드로 주기된 편저자의 부출표목

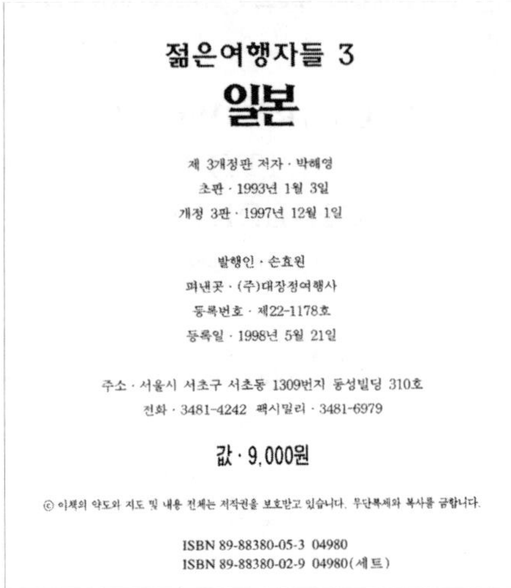

젊은여행자들 3

일본

제 3개정판 저자 · 박해영
초판 · 1993년 1월 3일
개정 3판 · 1997년 12월 1일

발행인 · 손효원
펴낸곳 · (주)대장정여행사
등록번호 · 제22-1178호
등록일 · 1998년 5월 21일

주소 · 서울시 서초구 서초동 1309번지 동성빌딩 310호
전화 · 3481-4242 팩시밀리 · 3481-6979

값 · 9,000원

ⓒ 이책의 약도와 지도 및 내용 전체는 저작권을 보호받고 있습니다. 무단복제와 복사를 금합니다.

ISBN 89-88380-05-3 04980
ISBN 89-88380-02-9 04980(세트)

```
.....namƀƀ22.....ƀcƀ4500
007 ta
008 ......s1997ƀƀƀƀulkaƀƀƀƀƀƀƀƀƀƀ000aƀƀkorƀƀ
020 ƀƀ ▾a8988380053 ▾g04980 : ▾c₩9,000
020 ƀƀ ▾a8988380029 ▾g04980(세트)
<출력> ISBN 89-88380-05-3 04980 : ₩9,000
       ISBN 89-88380-02-9 04980(세트)
043 ƀƀ ▾aa-ja- -   ← 지역과 관계되는 자료일 때 지역부호 입력
           |     └ 지역구분부호는 7자리로 사용되지 않은 자리는 '-'로 표시
           └ 외국은 <부속서 6. 외국지역구분부호표>의 알파벳문자부호로 기술
             한국은 <부속서 5. 한국지역구분부호표>의 숫자순부호로 기술
                   ┌ 기본표목된 '박해영'의 성과 저자번호
                   |    ┌ 도서기호의 판차는 저작표시 다음에 아라비아숫자로 표시
090 ƀƀ ▾a913 ▾b박93o3
           ┌────┘     └ 본표제 '일본'의 처음문자(초성)
100 1ƀ ▾a박해영
                   ┌ '= ▾x'는 대등표제를 위한 ISBD부호와 식별기호
                   | ┌ 언어를 달리한 표제는 대등표제로 해당 어법을 준용 기재
                   | |    ┌ '/ ▾d'는 첫 번째 책임표시의 구분부호와 식별기호
                   | |    |      ┌ 한국어형식은 역할어를 인명 후부에 기재
245 10 ▾a일본 = ▾xJapan / ▾d배해영 지음
```

┌ 246필드는 본표제와 다른 표제에 대한 주기와 표목을 기술하는 필드
| ┌ 제1지시기호 '3'은 245필드에 대등표제로 기재되어 있기 때문에 주기 않고 부표목할 것을 지시
| |┌ 제2지시기호 '1'은 '대등표제'라는 표출어 생성을 위한 지시
246 31 ▾aJapan

<출력> 대등표제: Japan

260 bb ▾a서울 : ▾b대장정여행사, ▾c1997

300 bb ▾a445 p. : ▾b삽도, 사진, 지도 ; ▾c21 cm

└ '▾b'로 기재되는 형태사항은 '삽도', 'ill.'를 먼저 기재하고, 다음에 삽도에 대한 필요한 세부명칭을 한국어는 한글 자모순, 영어는 알파벳순으로 기술

┌ 주기되는 총서표제가 그대로 부표목될 때 기술하는 필드
| ┌ 총서번호는 ';'으로 구분하여 식별기호 '▾v'로 정보원의 문자로 기재
440 00 ▾a젊은 여행자들 ; ▾v3

<출력> 젊은 여행자들 ; 3

┌ 제1지시기호 '0'은 자료에서 직접 주기한 완전한 내용주기일 때 '내용'이라는 표출어 생성을 지시
|┌ 제2지시기호 'b'(기본형)는 내용주기되는 각사항을 식별기호 없이 기술할 때 지시
505 0b ▾a동경 — 하코네 — 닛코 — 후지산 — 요코하마 — 오사카 — 나라 — 교토 — 나고야...

<출력> 내용: 동경 — 하코네 — 닛코 — 후지산 — 요코하마 — 오사카 — 나라 — 교토 — 나고야...

*주기된 내용표제는 필요한 경우 부표목하고, 그 외는 주기로만 기재한다.

2. 복합성의 저자명(A2R.34C)

복합성은 두 개의 성을 복합한 성으로 USMARC와 KORMARC에서는 이를 제1지시기호를 '1'과 '2'로 분리 지시하였으나 M21에서와 KORMARC-통합에서는 성과 이름을 가진 성으로 지시기호 '1'로 함께 지시하였다.

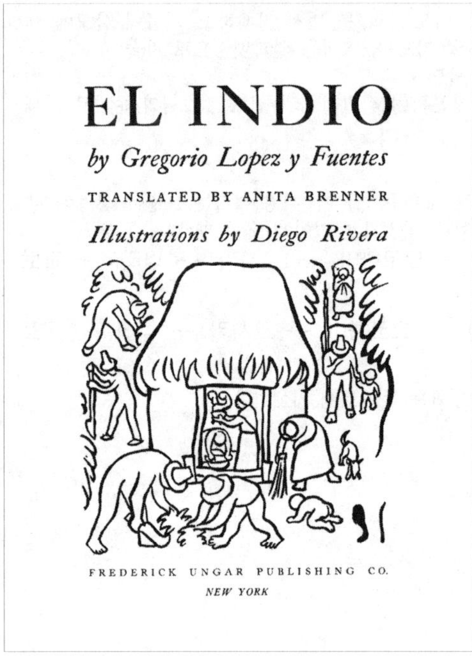

EL INDIO
by Gregorio Lopez y Fuentes
TRANSLATED BY ANITA BRENNER
Illustrations by Diego Rivera

FREDERICK UNGAR PUBLISHING CO.
NEW YORK

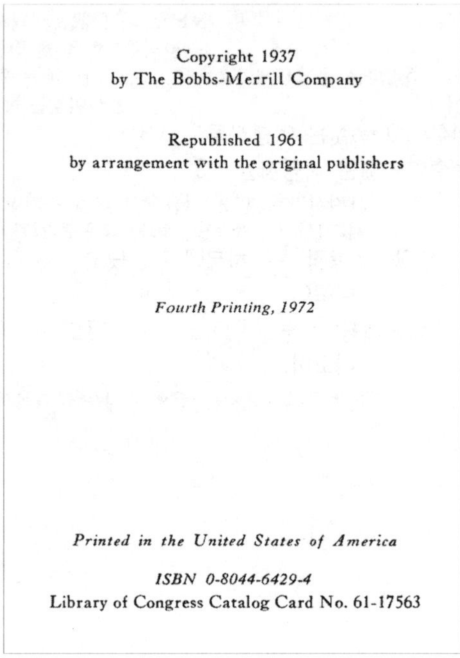

Copyright 1937
by The Bobbs-Merrill Company

Republished 1961
by arrangement with the original publishers

Fourth Printing, 1972

Printed in the United States of America

ISBN 0-8044-6429-4
Library of Congress Catalog Card No. 61-17563

```
.....namƀƀ22.....ƀcƀ4500
007 ta
008 ......s1972ƀƀƀƀusƀaƀƀƀƀƀƀƀƀƀƀ000aƀƀengƀƀ
          ┌───────────────────────────┘ └ 번역도서의 언어
041 1ƀ ▾aeng▾hsem
          |       └ 원저작 언어의 식별기호와 언어구분부호<부속서 3. 언어구분부호표>
          └ 번역도서 본문의 식별기호와 언어구분부호<부속서 3. 언어구분부호표>
          ┌ 분류기호는 원자료의 국가 문학에 분류
          |        ┌ 원저자명 Lopez y ...'의 성(처음문자 대문자)과 저자번호
          |        |    ┌ 'e'는 원표제 'El indio'의 처음문자(소문자)
          |        |    | ┌ 'E'는 번역된 국어표시 English를 대문자로 표시
090 ƀƀ ▾a897.2▾bL864eEb
          ┌──────┘        └ 번역자 'Brenner, ...'성의 처음문자(소문자)
100 1ƀ ▾aLopez y Fuentes, Gregorio
  |    |        └ 2개의 성을 연결하는 접속표시
  |    └ 복합성을 그대로 기재
  └ 복합성이나 단일성에 대한 구분 없이 성을 가진 인명은 제1지시기호 '1'을 지시
```

┌ 번역표제를 본표제로 기재
| ┌ '/▾d'는 표제와 처음 저자명 사이의 구분기호와 식별기호로 원저자명을
| | 정보원에 나타난 대로 이름 성 순으로 기재
245 10 ▾aEl indio / ▾dby Gregorio Lopez y Fuentes ; ▾etrans. by Anita Brenner ; ▾eillus. by Diego Rivera
└──────┴ '; ▾e'는 역할을 달리한 저자명의 구분기호와 식별기호, 영어자료의 역할어는 저자명 앞에 기재
260 ƀƀ ▾aNew York : ▾bFrederick Ungar Pub. Co., ▾cc1972
300 ƀƀ ▾a256 p. : ▾billus. ; ▾c21 cm
546 ƀƀ ▾aTranslated from the Semitic language
└ 041필드와 연계한 언어의 서술적 주기
┌ 100필드에 기재되지 않은 역할을 달리한 저자명(인명)의 부출표목
700 1ƀ ▾aBrenner, Anita ← 번역자명의 부출표목
700 1ƀ ▾aRivera, Diego ← 삽도자명의 부출표목

<표 1> 복합성

붙임표로 연결되어 있는 성	Williams-Ellis, Amabal	
붙임표로 연결되지 않은 성	Bonacci Brunamonti, Alinda	
	Strauss und Torney, Lulu	
접두어를 가진 성(영어)	De Mornay, Rebecca	L'Amour, Louis
	Van Alstyne, Carol	Von Braun, Wernher
(불어)	Le Bordays, Christiane	Des Rosiers, Rachel
	Du Guillet, Pernette	
(독어)	Am Ende, Eva	Zum Wald-Mertens, Wera
(이태리어)	D'Amato, Nicola	Da Caprile, Nello
(스페인어)	Las Heras, Elvira	
(그 외)	Abu Jaber, Kamel	O'Casey, Sean

디 · 마아틴 로이드-죤즈 著

영적 침체

유영기/오성종 공역

새 순 출 판 사

영 적 침 체

1977년 11월 15일 발 행
1995년 6월 25일 2판15쇄

펴낸곳/새 순 출 판 사
등록 제5-82호(1978. 11. 9)
지은이/D. M. 로이드-죤즈
옮긴이/유 영 기 · 오 성 종
펴낸이/문 영 탁
주소/135-100 · 서울 강남구 청담동 78-16
전 화 546-5063/FAX 511-3920

ISBN 89-7808-014-6 정가 8,500원

●총판처 : 크리스챤서적(대표 : 임만호)
전화 544-3468, 3469

.....namƀƀ22.....ƀcƀ4500
007 ta
008 ......s1995ƀƀƀƀulkaƀƀƀƀƀƀƀƀƀƀ000aƀƀkorƀƀ
020 ƀƀ ▾a89780080146 : ▾c₩8500
041 1ƀ ▾akor ▾heng
546 ƀƀ ▾a영어판 원작을 한국어로 번역 ← 번역서의 언어에 대한 설명적 주기
090 ƀƀ ▾a231 ▾bL793sK○
|| └ 공역자 중 처음 역자 '유영기'의 성(초성)
|└ 'K'는 Korean의 약자로 번역된 국어표시
└ 's'는 원표제 'Spiritual ...'의 처음문자(소문자)
100 1ƀ ▾aLloyd-Jones, D. Martyn
| └ 복합성은 저자명으로 표시된 순서와 문자로 기재
└ 제1지시기호 '1'은 성과 이름으로 된 인명(단일성과 복합성 포함)을 위한 지시
245 10 ▾a영적 침체 / ▾d디. 마아틴 로이드-죤즈 著 ; ▾e유영기, ▾e오성종 공역
700 1ƀ ▾a로이드-죤즈, 디. 마아틴
700 1ƀ ▾a유영기
700 1ƀ ▾a오성종

245 10 ▾a영적 침체(靈的沈滯) / ▾d디. 마아틴 로이드-죤즈 著 ; ▾e...
└ 한글표제에 한자표제를 ( )에 부기한 경우는 500필드로 일반주기 않음

┌ 제1지시기호 1(주기함, 표제를 부출함)은 다른 기술사항에 기재되지 않은 경우 지시
| ┌ 제2지시기호 '0'은 '원표제'라는 표출어 생성을 지시
246 19 ▾aSpiritual depression, its course and cure.
<출력> 원표제: Spritual depression, its course and cure

> **[원표제를 765필드로 주기와 표목]**
>
> ┌ 번역자료목록에서 원저자료를 246필드에 기술치 않고 765필드로 할 때
> | ┌ 제1지시기호 '0'는 기재된 사항의 주기표시를 지시
> | | ┌ 제2지시기호 'b̸'는 '원저자료'라는 정형화된 표출어 출력을 지시
> 765 0b̸ ▾tSpiritual depression, its course and cure
> <출력> 원저자료: Spritual depression, its course and cure

┌ 제2지시기호 '4'는 '표지표제'라는 표출어 생성 지시
246 14 ▾a영적침체의 원인과 치료
<출력> 표지표제: 영적침체의 원인과 치료
260 b̸b̸ ▾a서울 : ▾b새순출판사, ▾c1995
300 b̸b̸ ▾a454 p. ; ▾c23 cm
500 b̸b̸ ▾a한자표제: 靈的沈滯 ← 한자표제가 함께 있을 때 표출어와 함께 500필드에 주기
700 1b̸ ▾a로이드-죤즈, 디. 마아틴 ← 원저자명의 번자명은 필요한 경우 '성, 이름' 형식으로 기술
700 1b̸ ▾a유영기 ← 번역자명의 부출표목
700 1b̸ ▾a오성종 ← 공역자명의 부출표목

3. 성을 포함하지 않은 저자명

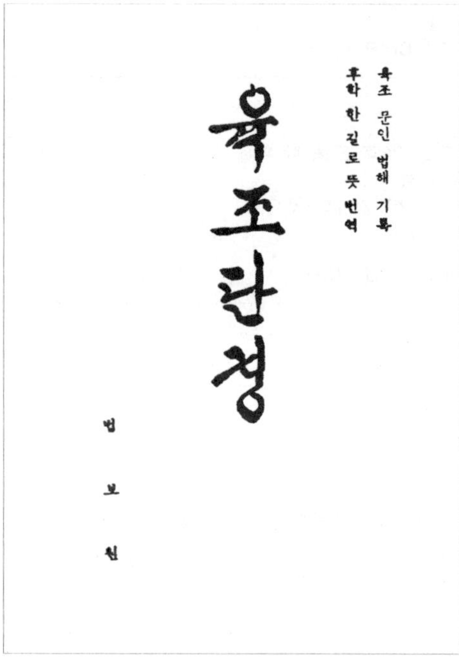

고대인의 성명이나 익명의 경우는 성을 포함하고 있지 않고 이름으로만 된 경우가 많다. 이때는 이름을 그대로 기본표목으로 기재하고 이름에 관련된 단어나 어구들을 포함시킨다(A2R.36). MARC에서는 이름으로만 된 성명을 제1지시기호 0으로 지시하고 있다.

```
.....namƀƀ22.....ƀcƀ4500
007 ta
008  ......s1966ƀƀƀƀulkaƀƀƀƀƀƀƀƀƀƀ000aƀƀ
     korƀƀ
                    ↓      ↘ ↑ ↙
090 ƀƀ ▾a220.4 ▾b혜197ㅇKㅎ
    ↓ 기본표목된 이름(익명) '혜능'의 처음문자와 저자번호
    ↘ 'ㅇ'은 표제 '육조단경'의 처음문자(초성)
    ↑ 한자에서 한글로 번역한 경우 'K'로 국어표시
    ↙ 'ㅎ'은 번역자 '한길로'의 성(초성)
100 0ƀ ▾a혜능 ▾c[법명], ▾d638-713
   |    |   |       └ '▾d'는 생몰년으로 '출생년-사망년'을 기재
   |    |   └ '▾c'는 익명이 승명이기 때문에 []에 '법명'으로 익명임을 부기
   |    └ 법명으로 된 인명을 정보원에 나타난 대로 기재
   └ 제1지시기호 '0'은 기본표목 되는 인명이 성 없이 이름으로만 되어 있을 때 지시
245 10 ▾a육조단경 / ▾d법해 [法名] 기록 ; ▾e한길로 뜻 번역
260 ƀƀ ▾a부산 : ▾b법보원, ▾c1966
300 ƀƀ ▾a182, 81 p. ; ▾c20 cm
           |  └ 면수와 면수 사이는 콤마 빈칸으로 기재하고, 마지막에 'p.'를 부기
           └ 한 자료의 독립된 2개 이상의 면수는 각각의 면수를 기재
           ┌ 표출어 '附' 는 자료에 나타나 있은 대로 기재하거나 '권말부록'으로 기재
           |   ┌ 부록의 표제를 정보원의 문자로 기재
           |   |                ┌ 독립된 부록 면수는 전체 면수를 표시
525 ƀƀ ▾a附: 六祖法寶檀徑(原文), 81 p.
500 ƀƀ ▾a慧能은 慧能和尙, 六祖大師라고도 함
700 0ƀ ▾a법해 ▾c[법명]  ← 기록자명의 부출표목
700 1ƀ ▾a한길로  ← 번역자명의 부출표목
740 ƀƀ ▾a육조법보단경  ← 일반주기된 부록표제는 필요에 의해 740필드로 부출표목
```

Dante's
PURGATORY

TRANSLATED
with Notes and Commentary by
MARK MUSA

Illustrated by Richard M. Powers

INDIANA UNIVERSITY PRESS
Bloomington

.....namƀƀ22.....ƀcƀ4500
007 ta
008 // ////s1981ƀƀƀƀusƀaƀƀƀƀƀƀƀƀƀƀ000aƀƀ
engƀƀ
020 ƀƀ ▾a0253179262
041 1ƀ ▾aeng ▾hita
↓ ↘ ↑ ↙
090 ƀƀ ▾a881 ▾bD192pEm
↓ 이름으로만 된 'Dante'의 처음문자와 저자번호
↘ 통일표제 'Purgatorio'의 처음문자(소문자)
↑ 이태리어에서 영어로 번역: 'E'는 번역된 국어표시
↙ 번역자 'Musa, Mark' 성의 처음문자(소문자)
100 0ƀ ▾aDante Alighieri, ▾d1265-1321
| └ 이름만으로 된 인명을 그대로 기재
└ 제1지시기호 '0'은 기본표목되는 인명이 성 없이 이름만 기재될 때 지시

*이름에 관련되는 단어나 어구를 포함한 예
Bryher　　Margaret, Princess, Countess of Snowdon
John, the Baptist　　John XXIII, Pope
Mary, Queen of Scots　　Teresa, of Avila, Saint

┌ 발행자나 언어에 따라 여러 가지로 명명되는 표제는 통일표제를 작성
240 10 ▾aPurgatorio. ▾lEnglish.
|| └ '▾l'은 자료자체의 언어표시를 위한 식별기호
|└ 제2지시기호 '0'은 기재된 통일표제를 그대로 인쇄할 것을 지시
└ 제1지시기호 '1'은 통일표제의 부출표목을 지시

┌ 저작자명으로 된 관제는 그대로 본표제로 기재
| ┌ 번역자의 처음책임표시 때는 '/▾d'로 기재
245 10 ▾aDante's Purgatory / ▾dtranslated with notes and commentary by Mark Musa ; ▾eillustrated by Richard M. Powers
└ ';▾e'는 두 번째 이하 또는 역할을 달리한 저자명의 구분부호와 식별기호
246 3ƀ ▾iPortion of title: ▾aPurgatory
260 ƀƀ ▾aBloomington : ▾bIndiana University Press, ▾c1981
300 ƀƀ ▾avii, 373 p. : ▾billus. ; ▾c22 cm
500 ƀƀ ▾a"The book is a translation of Purgatorio from the author's Divine Commedia"
504 ƀƀ ▾aBibliography: p. 369-373
546 ƀƀ ▾aTranslated from the Itarian ← 041필드와 연계한 언어의 서술적 주기
┌ 제2지시기호 '0'은 LCSH(미국국회도서관주제명표목표)에 의해 작성된 주제명지시
650 ƀ0 ▾aPurgatory ▾xPoetry
700 1ƀ ▾aMusa, Mark ← 기본표목되지 않은 역자명의 부출표목
700 1ƀ ▾aPowers, Richard M. ← 본표목되지 않은 삽도자명의 부출표목
740 ƀƀ ▾aDivine Commedia ← 일반주기된 표제에 대한 부출표목

4. 익명으로 된 저자명[4)]

익명은 필명, 속명, 성직명, 법명, 구명, 예명, 자, 호, 개명 등이 있다. 익명에 의한 저작은 본명으로 기본표목하는 것이 원칙이나 익명으로 더 잘 알려진 이름이나 본명을 알 수 없을 때는 익명으로 한다. 본예는 두 가지 경우를 함께 제시하였다.

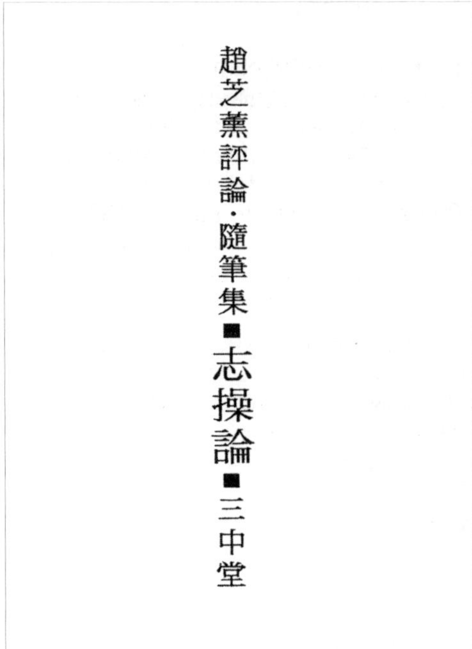

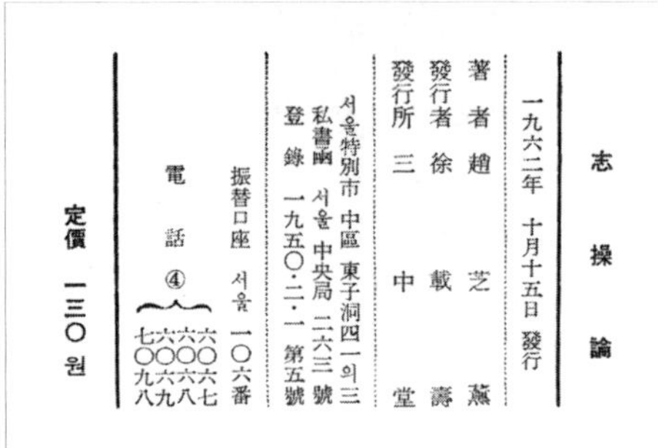

.....namɓɓ22.....ɓcɓ4500

007 ta

008 ......s1962ɓɓɓɓulkaɓɓɓɓɓɓɓɓɓɓ000aɓɓ korɓɓ

090 ɓɓ ▾a814 ▾b조78ㅈ

└ 'ㅈ'은 본표제 '志操論'의 처음문자(초성)

기본표목된 익명 '조지훈'의 성과 저자번호

100 1ɓ ▾a조지훈 ▾c[익명]

└ '▾c'는 익명이 표목될 때 [ ]로 익명임을 부기

└ 익명으로 더 잘 알려진 것은 익명을 기본표목

└ 성 이름으로 된 익명은 제1지시기호 '1'을 지시

┌ 저자명이 포함된 표제관련정보를 정보원의 문자로 기재

┌ 표제에 포함된 인명도 책임표시에 기재

245 10 ▾a志操論 : ▾b趙之薫評論·隨筆集 / ▾d趙之薫[익명] [著]

책임표시에 기재되는 익명은 [ ]에 익명임을 부기

정보원에 나타나 있지 않은 책임표시의 역할어는 [ ]로 기재

┌ 제2지시기호 ɓ(표출어를 생성 않음)는 '▾i'로 정형화되지 않은 표출어 입력 지시

┌ '▾i'는 정형화되지 않은 표출어를 목록자가 입력할 때 사용하는 식별기호

246 3ɓ ▾i기타표제: ▾a조지훈평론·수필집

260 ɓɓ ▾a서울 : ▾b三中堂, ▾c1962

300 ɓɓ ▾a312 p. ; ▾c19 cm

700 1b ▾a조동탁 ← 익명이 기본표목될 때는 본명을 부출표목

4) 익명은 필명, 속명, 성직명, 법병, 구명, 예명, 자, 호, 개명전의 성명 등 다양하게 사용되고 있다.

THE
AMERICAN CLAIMANT
AND
OTHER STORIES AND SKETCHES

BY MARK TWAIN

ILLUSTRATED

NEW YORK AND LONDON
HARPER & BROTHERS PUBLISHERS
1905

Copyright, 1892, by S. L. CLEMENS
Copyright, 1892, by CHARLES L. WEBSTER & Co.
Copyright, 1893, by S. L. CLEMENS

Copyright, 1896 and 1899, by HARPER & BROTHERS

.....namƀƀ22.....ƀcƀ4500
007 ta
008 ......s1905ƀƀƀƀusƀaƀƀƀƀƀƀƀƀƀƀƀ000aƀ
ƀengƀƀ
090 ƀƀ ▾a823 ▾bT969a
└ 표제 'American ...'의 처음문자(소문자)
기본표목된 익명 'Twain, Mark'의 처음문자(대문자)와 저자번호
100 1ƀ ▾aTwain, Mark ▾c[pseud.]
*익명은 pseudonym의 약자인 'pseud.'를 []로 부기
245 11 ▾a(The) American claimant, and other stories and sketches / ▾dby Mark Twain [pseud.]

↓ 제2지시기호 '1'은 '▾a'의 표제 앞에 ()로 입력된 관사를 제외한 부출표목 지시 ↖
↙ 표제 앞의 관사(관제)는 9자까지 ()로 기재, AACR은 9자리까지 기재
↘ 대표표제에 붙은 '외', '등', 'and others'는 그대로 본표제로 기재
↑ '/▾d'는 정보원의 문자와 순서로 저자명을 기재
↖ 익명으로 기재된 저자명은 'pseud.'를 []로 부기

250 ƀƀ ▾aHarper & Brothers edition
260 ƀƀ ▾aNew York : ▾bP. F. Collier & Son Co., ▾c1905
300 ƀƀ ▾a397 p. : ▾billus. ; ▾c21 cm
505 8ƀ ▾aContents: The merry tales -- The £1,000,000 bank-note, and other stories -- About all kinds of ships -- The curious book, complete -- Playing courier -- The German Chicago -- A petition to the queen of England -- A majestic literary fossil
700 1ƀ ▾aClemens, Samuel Langhorne ← 저자의 본명을 부출표목
740 ƀ2 ▾aMerry tales ← 내용주기된 작품명을 관사를 제외한 명칭으로 분출표목
740 ƀ2 ▾a£1,000,000 bank-note, and other stories
740 ƀ2 ▾aAbout all kinds of ships
740 ƀ2 ▾aCurious book, complete
740 ƀ2 ▾aPlaying courier
740 ƀ2 ▾aGerman Chicago
740 ƀ2 ▾aPetition to the queen of England
740 ƀ2 ▾aMajestic literary fossil
└ 내용주기된 표제는 필요에 따라 740필드에 제2지시기호 '2'로 분출표목

5. 외래어로 표기된 인명

으뜸정보원에 저작자의 이름이 본명의 문자가 아닌 외래어로 되어 있을 때 기본표목은 본명의 문자로 기술하고, 외래어로 된 인명은 245/▾d로 책임표시에 기술한다.

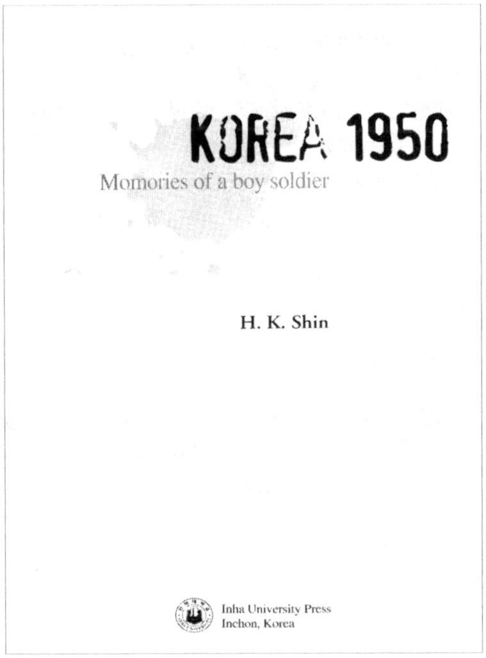

KOREA 1950
Momories of a boy soldier

H. K. Shin

Inha University Press
Inchon, Korea

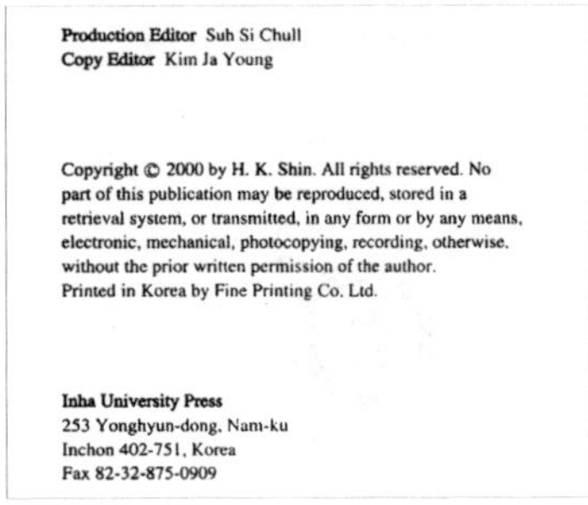

Production Editor Suh Si Chull
Copy Editor Kim Ja Young

Printed in Korea by Fine Printing Co. Ltd.

Inha University Press
253 Yonghyun-dong, Nam-ku
Inchon 402-751, Korea
Fax 82-32-875-0909

.....namƀƀ22.....ƀcƀ4500
007 ta
008 ......s2000ƀƀƀƀickaoƀƀƀƀƀƀƀƀƀƀ000aƀƀengƀƀ
020 ƀƀ ▾a8974070979 ▾g03810 : ▾c₩10,000
<출력> ISBN 89-7407-097-9 03810 : ₩10,000
└ 부가번호는 띄어쓰기로 구분 출력됨
└ ISBN과 '-'는 입력하지 않아도 출력시 020필드에 의해 자동 출력
┌ 외래어로 된 한국인명은 본명의 문자로 기본표목. 정보원 이외에서 채기한 것은 [ ]로 기재
100 1ƀ ▾a[신현규]
┌ 저작표시는 본표제 'Korea 1950'의 처음문자(소문자)
090 ƀƀ ▾a330 ▾b신94k
┌ 표제관련정보는 ': ▾b'로 기재하고 246필드로 부표목
245 10 ▾aKorea 1950 : ▾bmomories[i.e. memories] of a boy soldier / ▾dH. K. Shin [著]
└ 정보원의 표제가 오자일 때는 그대로 전사하고, 'i.e.'로 바른체를 [ ]로 부기하거나 'momories [sic]' 또는 'm[e]mories'로 기재한다(A2R.1.0F1)
*표제와 책임표시사항은 정보원의 문자로 기재하고, 목록자가 입력한 사항은 [ ]로 기재

┌─ 제1지시기호 '3'은 245필드에 기재된 부표제를 주기하지 않고 부출표목할 것을 지시
│┌─ 제2지시기호 'ᵬ'은 '검색을 위한 부분표제'라는 영어형 표출어 입력을 위한 지시
││ ┌─ '▾a'는 부표목되는 표제를 기재.

246 3ᵬ ▾iPortion of title: ▾aMomories[i.e. memories] of a boy soldier

<출력> Portion of title: Momories[i.e. memories] of a boy soldier

260 ᵬᵬ ▾aInchon : ▾bInha University Press, ▾c2000

300 ᵬᵬ ▾a253 p. : ▾billus., photos. ; ▾c23 cm

700 1ᵬ ▾aShin, H. K. ▾q(Hyung Kyu)

│ └ 인명이 약어로 된 경우 완전명을 '▾q'로 ()로 부기
└ 100필드에 본명의 언어로 기재된 정보원의 영어명을 '성, 이름'의 형식으로 부출표목

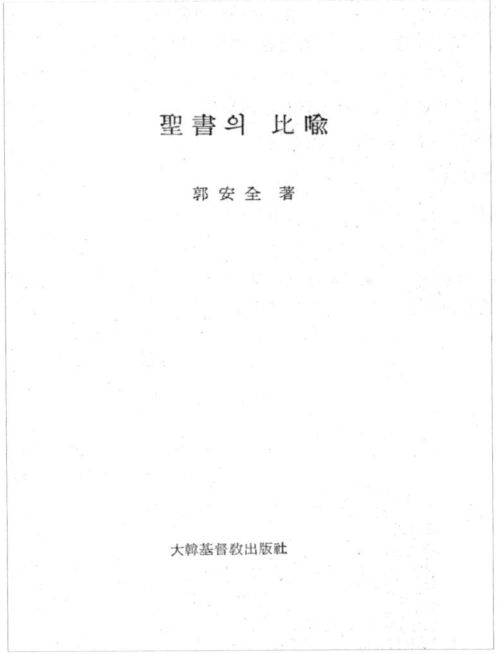

聖書의 比喩

郭安全 著

大韓基督敎出版社

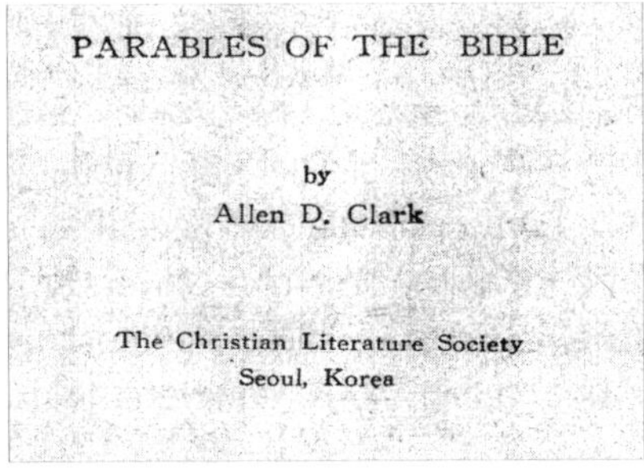

PARABLES OF THE BIBLE

by
Allen D. Clark

The Christian Literature Society
Seoul, Korea

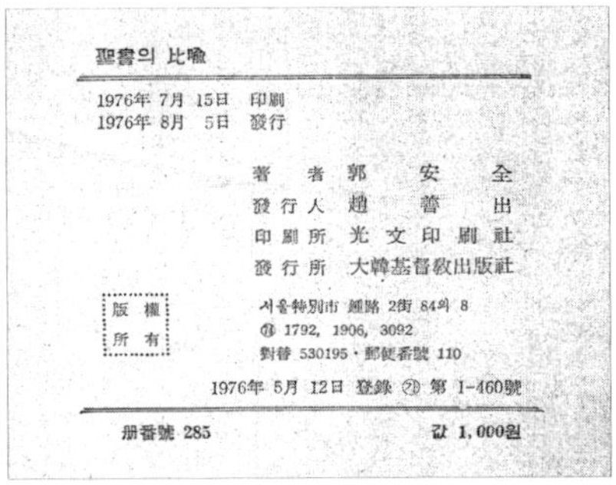

聖書의 比喩

1976年 7月 15日 印刷
1976年 8月 5日 發行

著者 郭安全
發行人 趙善出
印刷所 光文印刷社
發行所 大韓基督敎出版社

版權所有

서울特別市 鍾路 2街 84의 8
☎ 1792, 1906, 3092
對替 530195・郵便番號 110

1976年 5月 12日 登錄 ㉮ 第 1-460號

冊番號 285　값 1,000원

.....namƀƀ22.....ƀcƀ4500
007 ta
008 ......s1976ƀƀƀƀulkaƀƀƀƀƀƀƀƀƀƀ000aƀƀkorƀƀ
020 ƀƀ ▾c₩6000
┌ 기본표목된 'Clark, ...'의 성(처음문자 대문자)과 저자번호
090 ƀƀ ▾a233.01 ▾bC592ㅅ
└ 본표제 '聖書의 ...'의 처음문자(초성)
100 1ƀ ▾aClark, Allen D. ← 영어로 된 본명은 '성, 이름'으로 기본표목
245 10 ▾a聖書의 比喩 =▾xParables of the Bible / ▾d郭安全 著
| 책임표시는 정보원의 인명을 전사 ┘
└ ='▾x'로 본표제와 다른 언어의 대등표제를 기재
└ 본표제는 정보원의 문자의 크기와 순서로 결정 기재
┌ 245필드 '▾x'로 기재된 대등표제는 제1지시기호 '3'(주기 않고, 표제부출)으로 지시
246 31 ▾aParables of the Bible
<출력> 대등표제: Parables of the Bible
└ '대등표제'라는 표출어는 제2지시기호 '1'에 의해 자동 생성
260 ƀƀ ▾a서울 : ▾b大韓基督敎出版社, ▾c1976
300 ƀƀ ▾a292 p. ; ▾c20 cm
500 ƀƀ ▾a저자의 본명: Allen D. Clark
650 ƀ4 ▾a성경 ▾x이야기

700 1ƀ ▾a곽안전 ← 100필드에 기재되지 않은 언어인 번자 인명은 700필드로 부출표목
| └ 부출표목되는 인명은 자료기관이 정한 표목어(한글)로 기재
└ 제1지시기호 '1'은 성과 이름으로 된 인명을 위한 지시

[영어표제를 주기한 예]

100 1ƀ ▾a곽안전
245 10 ▾a聖書의 比喩 / ▾d郭安全 著
┌ '영어표제와 저자'라는 표출어로 주기
| ┌ 표출어 구분을 위한 ':'은 앞 사항에 붙여 기재
| | ┌ 책임표시는 245필드 형식을 준용
500 ƀƀ ▾a영어표제와 저자: Parables of the Bible / by Allen D. Clark
700 12 ▾aClark, Allen D. ▾tParables of the Bible
└ 주기된 영어표제와 저자명이 각각 검색될 수 있게 분출표목

6. 표제에 포함된 저자명

저자명이 표제로 되어 있거나 일부 또는 표제관련정보에 포함된 경우 책임표시에 기재되는 사항과 동일한 문자와 순서로 된 인명은 책임표시에서 생략할 수 있으나 문자나 순서가 상이한 경우는 책임표시에 기술해야 한다. 그러나 MARC에서는 포함여부에 상관없이 책임표시에 기재한다.

未完의 밤　　값 500 원

1976년 3월 15일 인쇄
1976년 3월 20일 발행

著　者：申 瞳 集
發行人：全 現 圭
企　劃：詩 文 學 社
發行處：新羅出版社
서울・中區忠武路 3 街51의 7
☎ 26－4980 番
登錄 1975. 5. 23. No. 제 2－239號

版權 本社 所有

印刷處：일신정판사
서울・중구인현동 1 가124의 2
登錄 제 2－148호

.....namƀƀ22.....ƀcƀ4500

007 ta

008 ......s1976ƀƀƀƀulkaƀƀƀƀƀƀƀƀƀƀ000abƀ
korƀƀ

040 ƀƀ ▾b₩500

090 ƀƀ ▾a811.36 ▾b신25ㅁ

↓ 기본표목된 저자명 '申瞳集'의 성과 저자번호
↙ 본표제 '未完의 밤'의 처음문자(초성)

100 1ƀ ▾a신동집

┌ 저자명이 포함된 표제관련정보는 정보원의 문자로 기재
┌ 표제에 포함된 경우에도 책임표시에 기재
┌ 정보원에 없는 역할어는 []로 부기

245 10 ▾a未完의 밤 : ▾b申瞳集詩選 / ▾d申瞳集 [著]

└ ': ▾b'는 표제관련정보를 위한 구분부호와 식별기호
└ 본표제는 정보원의 문자를 그대로 전사하는 것이 원칙

┌ 245/ ▾b(표제관련정보)로 기재된 사항은 제1지시기호 '3'으로 부표목만을 지시

246 30 ▾a신동집시선　　<출력> 검색을 위한 부분표제: 신동집시선

└ 제2지시기호 '0'(검색을 위한 부분표제)에 의해 표출어 자동 생성

260 ƀƀ ▾a서울 : ▾b新羅出版社, ▾c1976

300 ƀƀ ▾a109 p. ; ▾c21 cm

440 00 ▾a韓國現代詩人選集

└ 주기되는 총서표제는 정보원의 문자로 채기
└ 제2지시기호 '0'은 '▾a'로 기재된 총서표제를 그대로 인쇄를 지시
└ 제1지시기호 '0'은 '▾a'로 기재된 총서표제의 자동부표목 지시
└ 440필드는 주기되는 총서표제를 그대로 부표목할 때 기술하는 필드

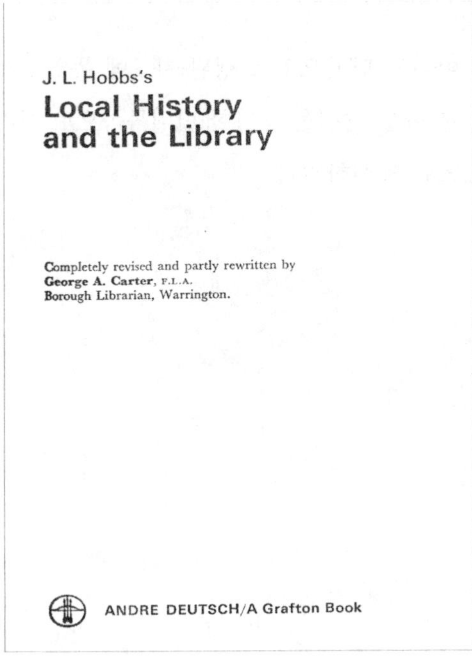
J. L. Hobbs's

Local History and the Library

Completely revised and partly rewritten by
George A. Carter, F.L.A.
Borough Librarian, Warrington.

ANDRE DEUTSCH/A Grafton Book

.....namƀƀ22.....ƀcƀ4500
007 ta
008 ......s1973ƀƀƀƀulkaƀƀƀƀƀƀƀƀƀƀ000aƀ
ƀengƀƀ
040 ƀƀ ▾a222003 ▾c222003 ▾eK4판

090 ƀƀ ▾a020.9 ▾bH682j2

| |└ '2'는 개정된 판차의 회차를 아라비아숫자로 표시
| └ 본표제 'J. L. Hobbs's ...'의 처음문자(소문자)
└ 기본표목된 'Hobbs, ...'의 성(처음문자 대문자)과 저자번호

100 1ƀ ▾aHobbs, J. L. ▾q(John L.)

└ 저자의 약어를 완전명으로 ()에 보기

┌ 제2지시기호 '0'은 식별기호 '▾a'로 기재된 본표제를 그대로 인쇄할 것을 지시
| ┌ 인명을 관제로 한 표제는 관제를 포함한 표제를 본표제로 기재

245 10 ▾aJ. L. Hobbs's local history and the library / ▾d[by] J. L. Hobbs

인명이 표제에 포함된 경우에도 책임표시에 기재 ┘

┌ '245/▾a'에 본표제로 기재된 사항은 제1지시기호 '3'으로 주기하지 않고 부표목 출력을 지시

246 3ƀ ▾iPortion of title: ▾aLocal history and the library

<출력> Portion of title: Local history and the library

┌ 판차는 식별이 가능한 범위에서 간략히 기재
| ┌ 저자와 다른 개정자는 판차사항에 '/'로 구분하여 '▾b'로 기재

250 ƀƀ ▾a2nd revised ed. / ▾bcompletely revised and partly rewritten by George A. Carter
260 ƀƀ ▾aLondon : ▾bAndre Deutsch Ltd., ▾c1973
300 ƀƀ ▾a344 ; ▾c22 cm
500 ƀƀ ▾a"First published in 1962" ← 정보원을 전사하는 주기는 " "로 기재
700 1ƀ ▾aCarter, George A. ← 개정자의 부출표목

7. 속편자료

속편은 계속 간행을 전제로 한 계획된 저작이 아니고 단권으로 발행된 자료에 동일표제로 '속'과 같은 문자나 연속번호로 발행한 자료이다. 본 예는 속편을 포함한 단일목록으로 정리한 방법과 각각의 자료를 분리해서 목록하는 방법으로 제시하였다.

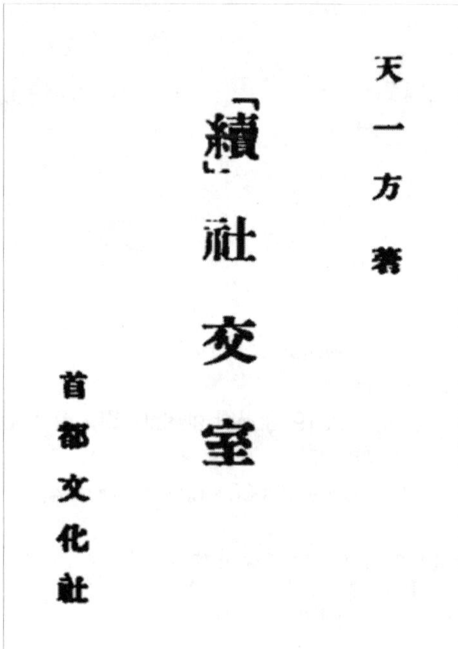


```
 .....namƀƀ22.....ƀcƀ4500
007 ta
008 ......m19531954ulkaƀƀƀƀƀƀƀƀƀƀ000aƀƀkorƀƀ
          | |     └ /11-14: 마지막권의 발행년도    └ /35-37: 내용의 언어표시
          | └ /7-10: 최초권의 발행년도
          └ 2년 이상에 걸쳐 발행된 다권본의 발행년 유형은 'm'(복수년도)로 표시
090 ƀƀ ▾a025.3 ▾b천68ㅅ
                   |    └ 본표제 '社交室'의 처음문자(초성)
                   └ 기본표목된 '천일방'의 성과 저자번호
100 1ƀ ▾a천일방
245 10 ▾a社交室 / ▾d天一方 著
                          ┌ 서기년도 이외의 기년은 자료의 년도를 기년명과 함께 기재
                          |    ┌ 최초권의 발행년도와 해당 서기년도
260 ƀƀ ▾a서울 : ▾b首都文化社, ▾c檀紀 4286[1953]/4287[1954]
                   계속권은 '-', 독립권은 '/'로 표시 ┘ └ 마지막권의 발행년과 해당 서기년도
```

┌ 속편을 포함한 두 책이기 때문에 ()에 그 관계를 부기
300 ꞗꞗ ▾a2冊(並續) ; ▾c19 cm
└ 두 책 이상으로 된 다권본은 책 수를 표시

┌ 속편표제는 '속편표제'라는 표출어로 일반주기
500 ꞗꞗ ▾a속편표제: 續社交室
740 ꞗ0 ▾a속사교실 ← 500필드로 일반주기된 속편표제의 부출표목

[속편을 분리해서 정리할 때]

007 ta
┌ 발행년 유형을 's'(단일년도)로 표시
|┌ /7-10: 해당 자료의 발행년도
008 ......s1954ꞗꞗꞗꞗulkaꞗꞗꞗꞗꞗꞗꞗꞗꞗꞗ000aꞗꞗkorꞗꞗ
└ /11-14: 단일 자료일 때 마지막권의 발행년도는 ꞗꞗꞗꞗ로 표시

┌ 본편자료의 청구기호(분류번호와 도서기호)로 한 곳에 배열
| ┌ '속'은 '▾c'로 권차표시로 기재
090 ꞗꞗ ▾a025.3 ▾b천68ㅅ ▾c속
100 1ꞗ ▾a천일방. └ 본표편의 표제 '社交室'의 처음문자(초성)
┌ 제1지시기호 '2'는 관제를 포함한 표제와 제외한 표제로 각각 부표목을 지시
|┌ 제1지시기호가 '2'일 때는 제2지시기호는 언제나 '0'으로 지시
|| ┌ '續'은 관제로 ()에 묶어 본표제로 기재
245 20 ▾a(續)社交室 / ▾d天一方 著
<출력> (續)社交室
<표목> 속사교실
사교실
260 ꞗꞗ ▾a서울 : ▾b首都文化社, ▾c檀紀 4287[1954]
300 ꞗꞗ ▾a179 p. ; ▾c19 cm ← 정리되는 자료자체의 형태기술사항을 기재

8. 합저서

합저서는 각각의 저자가 저작한 작품을 함께 모아 발행한 자료로 공저서와 달리 내용에 대한 책임이 자료별로 분산되어 있을 때 합저로 목록하되 목록방법은 공저자와 동일한 형식으로 기술하고, 역할어를 '합저'로 기재한다.

三人隨筆集

散文散策

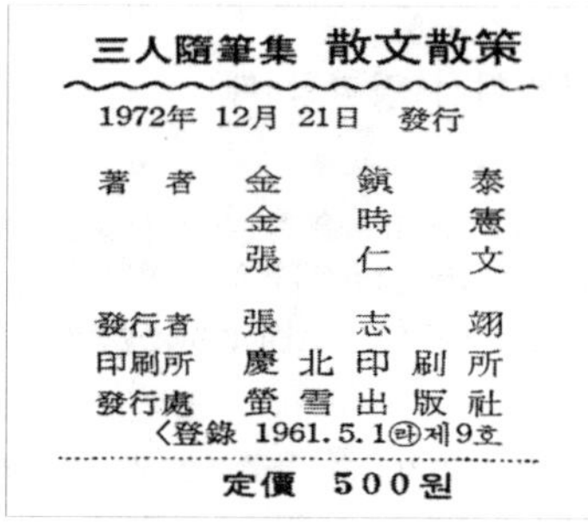

三人隨筆集 散文散策

1972年 12月 21日 發行

著者 金 鎭 泰
金 時 憲
張 仁 文

發行者 張 志 翊
印刷所 慶 北 印 刷 所
發行處 螢 雪 出 版 社
〈登錄 1961. 5. 1㉣제9호

定價 500원

.....namƀƀ22.....ƀcƀ4500
007 ta
008 ......s1972ƀƀƀƀulkaƀƀƀƀƀƀƀƀƀƀ000aƀƀkorƀƀ

090 ƀƀ ▾a814 ▾b김78ㅅ
└ 본표제인 종합표제 '散文散策'의 처음문자(초성)
└ 3인까지는 처음작품의 저자명으로 작성. '김진태'의 성과 저자번호

100 1ƀ ▾a김진태 ← 정보원에 처음에 표시된 저자명이나 처음작품의 저자명으로 기본표목

┌ ': ▾b'로 표제관련정보를 기재
┌ 첫 번째 인명은 '/ ▾d'로 기재하고 2번째 이하의 저자명은 ', ▾e'를 반복하여 기재

245 10 ▾a散文散策 : ▾b三人隨筆集 / ▾d金鎭泰, ▾e金時憲, ▾e張仁文 [合著]
역할어는 마지막에 정보원의 '합저'로 기재 ┘

260 ƀƀ ▾a大邱 : ▾b螢雪出版社, ▾c1972
300 ƀƀ ▾a217 p. : ▾b삽도 ; ▾c21 cm
700 1ƀ ▾a김시헌 ← 두 번째 합저자의 부출표목
700 1ƀ ▾a장인문 ← 세 번째 합저자의 부출표목
└ 3인까지의 합저자는 기본표목되지 않은 저자명을 700필드를 반복하여 각각 부출표목

Biomedical Engineering

J. H. U. BROWN, PH.D.

Associate Director, National Institute of General Medical Sciences, National Institutes of Health, Bethesda, Maryland

JOHN E. JACOBS, PH.D.

Executive Director, Biomedical Engineering Center, Northwestern University, Evanston, Illinois

LAWRENCE STARK, M.D.

Professor of Physiological Optics and of Engineering Science, University of California, Berkeley, California

F. A. DAVIS COMPANY · PHILADELPHIA

Manufactured in the United States of America
Library of Congress Catalog Card Number 76-95227

ISBN 0-8036-1290-7

.....nam␢␢22.....␢c␢4500

007 ta

008 ......s1971␢␢␢␢us␢a␢␢␢␢␢␢␢␢␢␢000a␢␢ eng␢␢

020 ␢␢ ▾a0803612907

090 ␢␢ ▾a025.3 ▾bB878b

↓ 기본표목된 처음저자명 'Brown, ...'의 성(처음문자 대문자)과 저자번호

↙ 본표제 'Biomedical ...'의 처음문자(소문자)

100 1␢ ▾aBrown, J. H. U.

└ 3인까지는 정보원에 처음표시된 저자명을 기본표목으로 기재

┌ 영어표제의 기재는 영어어법에 따라 표제의 처음문자와 고유명사의 처음문자를 대문자로 기재

245 10 ▾aBiomedical engineering / ▾d[by] J. H. U. Brown, John E. Jacobs [and] Lawrence Stark

└ 영어형식의 책임표시를 서술형식으로 기재할 때는 두 번째 이하의 저자에 '▾e'를 사용하지 않고, 합저자나 공저자는 마지막 저자 앞에 'and'를 기재하고, 목록자가 작성 기재한 것은 [ ]로 표시

260 ␢␢ ▾aPhiladelphia : ▾bF. A. Davis Co., ▾c1971

300 ␢␢ ▾axvi, 435 p. : ▾bill. ; ▾c24 cm

500 ␢␢ ▾aIncludes index

┌ 제1지시기호 '8'은 형식화되지 않은 표출어를 '▾a'로 입력하기 위한 지시

┌ 제2지시기호 ␢(기본형)는 내용의 각 사항을 식별기호 없이 기재할 때 지시

┌ 내용표제와 저작표시는 245필드의 기재형식을 준용

505 8␢ ▾aContents: Adaptation / by Gyan C. Agarwal and Lawrence Stark -- Examples of transducers and amplifiers used in research / by John E. Jacobs -- Instrument development / by J. H. U. Brown

700 12 ▾aAgarwal, Gyan C. ▾tAdaptation ← 내용주기된 표제와 저자명분출

700 12 ▾aStark, Lawrence. ▾tAdaptation

700 12 ▾aJacobs, John E. ▾tExamples of transducers and amplifiers used in research

700 12 ▾aBrown, J. H. U. ▾tInstrument development

└ 제2지시기호 '2'는 내용표제와 저자명에 대한 분출표목 작성을 위한 지시기호

└ 저자와 표제가 있는 내용분출은 700필드에 '▾a'로 저자명, '▾t'로 표제를 짝지어 기재

9. 개정서

개정서는 자료의 내용을 변개하여 제작한 도서로 저자가 개정한 것과 다른 사람에 의해 개정된 경우가 있고, 개정의 회차를 문자나, 숫자, 년도 등 다양한 형식으로 표시하고 있다. 목록에서는 이들 사항을 250필드에 판차와 개정자를 기술한다.

1) 저자에 의한 개정

韓國目錄規則

3. 1版

記述·標目올림指示篇

韓國圖書館協會 制定

서 울

韓國圖書館協會

1990

KOREAN CATALOGUING RULES
for DESCRIPTION

Edition 3.1, Corrected and Revised

Prepared by the KOREAN LIBRARY ASSOCIATION
Cataloguing Committee

Edited by LEE Jai Chul

Published by the KOREAN LIBRARY ASSOCIATION
Seoul, January 1990

.....namƀƀ22.....ƀcƀ4500
007 ta
008 ......s1990ƀƀƀƀulkaƀƀƀƀƀƀƀƀƀƀ000aƀƀkor
ƀƀ

090 ƀƀ ▾a025.3 ▾b한16ㅎ3.1
↓ 기본표목된 단체명 '한국도서관...'의 처음문자와 저자번호
↘ 본표제 '韓國目錄...'의 처음문자(초성)
↙ 정보원의 판차를 아라비아숫자 '3.1'로 표시
110 ƀƀ ▾a한국도서관협회 ← 기본표목은 표목어로 기재
245 10 ▾a韓國目錄規則. ▾p記述·標目올림指示篇 / ▾d韓國圖書館協會 制定
책임표시는 정보원의 문자와 순서로 기재 ┘

┌ 제1지시기호 3(주기 않음, 표제부출)은 '245/▾p'로 기재된 사항으로 표목부출 지시
│┌ 제2지시기호 ƀ(표출어 생성 않음)은 '▾i'로 해당 표출어를 입력할 때 지시
246 3ƀ ▾i편제: ▾a記述·標目올림指示篇 <출력> 편제: 記述·標目올림指示篇

┌ 제1지시기호 '1'은 '▾a'로 기재된 표제를 주기하고, 부표목할 것을 지시
246 11 ▾aKorean cataloguing rules for description
<출력> 대등표제: Korean cataloguing rules for description
└ 제2지시기호 '1'에 의해 '대등표제'라는 표출어 자동생성
250 ƀƀ ▾a3.1版(3版의 校正修正版) ← 정보원의 판차표시를 그대로 기재
└ 판차에 대한 설명적인 문구는 ( )로 보기
260 ƀƀ ▾a서울 : ▾b韓國圖書館協會, ▾c1990
300 ƀƀ ▾a101 p. ; ▾c25 cm

<표 2> 저자명에 부기되는 역할어

ar. : Arranger : 정리자
auth. : Author : 저자
bibli. : Bibliographer : 서지학자
booksell. : Bookseller : 서적상
col. : Collector : 수집자
comp. : Compiler : 편찬자
ed. : Editor : 편자
ill. : illus. : Illustrator : 삽도자
jt. auth. : Joint author : 공저자
jt. ed. : Joint editor : 공편자
jt. trans. : Joint translator : 공역자
paint. : Painter : 화가
photo. : Photographer : 사진사
pub. : Publisher : 출판업자
re. : Reviser : 개정자
tran. : Transcriber : 복사자, 등사자
tr. : Translator : 역자
writ. : Writer : 기록자

<표 3> 서양 언어별 월명표

English	German	French	Italian	Spanish	Latin
Jan.	Jan.(Jän.)	jan.	genn.	enero	Ian
Feb.	Feb.	fév.	febbr.	feb.	Febr.
Mar.	März	mars	mar.	marzo	Mart.
Apr.	Apr.	avril	apr.	abr..	Apr.
May	Mai	mai	magg.	mayo	Mai.
June	Juni	juin	giugno	jun.	Iun.
July	Juli	juil.	luglio	jul.	Iul.
Aug.	Aug.	août	ag.	agosto	Aug.
Sept.	Sept.	sept.	sett.	set.	Sept.
Oct.	Okt.	oct.	ott.	oct.	Oct.
Oov.	Nov.	nov.	nov.	nov.	Nov.
Dec.	Dez.	déc.	dic.	dic	Dec.

2) 번역자료의 개정

THE MEANING OF PHILOSOPHY
— *A survey of the problems of philosophy and the opinion of philosophers*
by JOSEPH GERARD BRENNAN

哲學의 意味

J.G.브렌넌 著
郭 江 濟 譯

傳 英 社

哲學의 意味

初版印刷 1982年 7月 10日
初版發行 1982年 7月 15日

定價 6,800원

破本은 바꿔 드립니다

著者略歷
1910년 보스톤 출생
보스톤대학과 하버드대학(M.A.)에서 수학 후, 컬럼비아대학에서 박사 학위 취득
뉴우로셀대학(1937~1947)을 거쳐, 1947년 이후 컬럼비아대학교 버나드대학 철학교수
1953년~65년 동 대학 철학과 주임교수 역임
미국철학회 상임연구이사 역임
철학자들의 모임인 「Phi Beta Kappa」의 창립자

著 書
Thomas Mann's World, 1942
A Handbook of Logic, 1957
Three Philosophical Novelist, 1964

譯者略歷
전북대학교 문과대학 철학과 졸업
전북대학교 대학원 철학과 졸업
동 대학원 박사과정 수료
현재 전북대학교 문과대학 조교수

譯 書
自然科學哲學(C.G. Hempel, 양영각, 1981)
論理學(W.C. Salmon, 박영사, 1982)

論 文
칸트의 範疇演繹에 관한 小考
럿셀의 論理的 原子論에 있어서 存在의 形式的 處理
科學的 說明과 理論化의 逆說
分析哲學의 方法 외 다수

著　者　조셉 G. 브렌넌
譯　者　郭 江 濟
發行者　安 洹 玉 / 安 鍾 萬
組版所　民衆印刷公社

發行處　傳 英 社
서울特別市鍾路區貫鐵洞 18의 4
登 錄 : 1952. 11. 18. No. 가 1-93
對替計座 502732. 電(724)4790·3790

```
.....namƀƀ22.....ƀcƀ4500
007 ta
008 ......s1982ƀƀƀƀulkaƀƀƀƀƀƀƀƀƀƀ000aƀƀkorƀƀ
041 1ƀ ▾akor ▾heng
          |     └ 원저작 언어의 식별기호와 영어부호<부속서3 언어구분부호표>
          └ 번역도서 본문의 식별기호와 한국어부호<부속서3 언어구분부호표>
                              ┌ 원작품명 'Meaning of ...'의 처음문자(소문자)
                              | ┌ 한국어로 번역된 자료는 K(Korean)를 국어표시로 채기
090 ƀƀ ▾a104 ▾bB837mK¬2
                  |           | └ 번역서 자체의 개정으로 판차를 아라비아숫자로 표시
          ┌───────┘           └ 번역자 '곽강제'의 성(초성)
100 1ƀ ▾aBrennan, Joseph Gerard   ← 원저자명(원어명)을 기본표목
          └──────────────────────────┐
245 10 ▾a哲學의 意味 / ▾dJ. G. 브렌넌 著 ; ▾e郭江濟 譯
          |          |                    └ '; ▾e'는 역할이 다른 번역자 기재
          |          └ '/ ▾d'로 원저자명을 정보원의 문자로 기재
          └ 본표제는 정리되는 자료의 정보원 표제(번역표제)를 기재
      ┌ 제1지시기호 '1'은 '▾a'로 기재된 원표제를 주기하고, 부출표목을 위한 지시
      |┌ 제2지시기호 '9'는 '원표제'라는 표출어를 위한 지시
      ||  ┌ '▾a'로 기재된 원표제는 245필드의 기재형식을 준용
246 19 ▾aMeaning of philosophy : ▾bA survey of the problems of philosophy and the opinions
    of philosophers.
```

<출력> 원표제: Meaning of philosophy : A survey of the problems of philosophy and the opinions of philosophers

[원표제를 765필드로 주기와 표목한 예]

┌ 번역자료목록에서 원저자료를 246필드에 기술하지 않고 765필드로 할 때
| ┌ 제1지시기호 '0'는 기재된 사항의 주기표시를 지시
| |┌ 제2지시기호 'ɓ'는 '원저자료'라는 정형화된 표출어 출력을 지시
765 0ɓ ▾tMeaning of philosophy : A survey of the problems of philosophy and the opinions of philosophers

<출력> 원저자료: Meaning of philosophy : A survey of the problems of philosophy and the opinions of philosophers

250 ɓɓ ▾a改訂版 ← 정보원의 판차를 그대로 기재
260 ɓɓ ▾a서울 : ▾b博英社, ▾c1982
300 ɓɓ ▾aix, 520 p. ; ▾c23 cm
500 ɓɓ ▾a본서는 번역판 자체를 다시 개정한 것임
└ 개정에 대한 구체적인 설명이 필요한 경우 그 관계를 일반주기
500 ɓɓ ▾a색인 수록
546 ɓɓ ▾a영어로 된 원본을 한국어로 번역 ← 언어의 설명적 주기
700 1ɓ ▾a브렌넌, J. G. ▾q(Joseph Gerard) ← 번자된 원저자명의 부출표목
700 1ɓ ▾a곽강제 ← 번역자의 부출표목

3) 저자와 다른 개정자

Dewey Decimal Classification
and Relative Index

Devised by Melvil Dewey

EDITION 20

Edited by
John P. Comaromi, Editor
Julianne Beall, Assistant Editor
Winton E. Matthews, Jr., Assistant Editor
Gregory R. New, Assistant Editor

VOLUME 1

Introduction ▪ Tables

FOREST PRESS
A Division of
OCLC Online Computer Library Center, Inc.
ALBANY, NEW YORK
1989

Copyright 1876, 1885, 1911, 1913, 1915, 1919
by Melvil Dewey
Copyright 1888, 1891, 1894, 1899
by Library Bureau
Copyright 1922, 1927, 1932, 1942, 1952, © 1958
by Lake Placid Club Education Foundation
Copyright 1951, © 1965, 1971
by Forest Press, Inc.
Vol. 2 © 1967 by Forest Press, Inc.
© 1979 by Forest Press
A Division of the Lake Placid Education Foundation
© 1989
OCLC Online Computer Library Center, Inc.

All rights reserved. No part of this publication may be reproduced, stored in a retrieval system, or transmitted, in any form or by any means, electronic, mechanical, photocopying, recording or otherwise, without the prior written permission of the publisher.

DDC, FOREST PRESS, DEWEY DECIMAL CLASSIFICATION, and DEWEY DECIMAL CLASSIFICATION, ADDITIONS, NOTES AND DECISIONS are registered trademarks of OCLC Online Computer Library Center, Inc.

Library of Congress Cataloging-in-Publication Data
Dewey, Melvil, 1851-1931.
Dewey decimal classification and relative index / devised by Melvil Dewey. -- Ed. 20 / edited by John P. Comaromi, Julianne Beall, Winton E. Matthews, Jr., Gregory R. New.
Contents: v. 1. Introduction. Tables -- v. 2-3. Schedules -- v.4. Relative index. Manual.
1. Classification, Dewey decimal. I. Comaromi, John P. (John Phillip), 1937- . II. Beall, Julianne, 1946- . III. Matthews, Winton E. IV. New, Gregory R. V. Forest Press. VI. Title.
Z696.D519 1989 025.4'31--dc19 88-24629

The paper used in this publication meets the minimum requirements of American National Standard for Information Science - Permanence of Paper for Printed Library Materials. ANSI Z39.48-1984.

ISBN: (set) 0-910608-37-7; v. 1 0-910608-38-5; v. 2 0-910608-39-3; v. 3 0-910608-40-7; v. 4 0-910608-41-5

```
.....nam␢␢22.....␢c␢4500
007 ta
008 ......s1989␢␢␢␢us␢a␢␢␢␢␢␢␢␢␢␢␢000a␢␢eng␢␢
                    |                             └ 내용의 언어표시 English의 부호
                    └ 발행국부호 United States의 표시
020 ␢␢ ▾a0910608385 (v. 1)
020 ␢␢ ▾a0910608393 (v. 2)
020 ␢␢ ▾a0910608407 (v. 3)
020 ␢␢ ▾a0910608415 (v. 4)
020 ␢␢ ▾a0910608377 (set)
                    ┌ 기본표목된 'Dewey, ...'의 성(처음문자 대문자) 표시
                    | ┌ '519'는 'Dewey, ...의 저자번호<Cutter-Sanborn표>
                    | |  ┌ 본표제 'Dewey decimal...'의 처음문자(소문자) 표시
 090 ␢␢ ▾a025.3 ▾bD519d20
      ┌────┘          └ 판차는 저작표시와의 구분을 위해 아라비아숫자로 표시
100 1␢ ▾aDewey, Melvil, ▾d1851-1931
                       └ 저자의 식별을 위한 생몰년을 기재
245 10 ▾aDewey decimal classification and relative index / ▾ddevised by Melvil Dewey
                       정보원에 나타난 역할어를 그대로 기재 ─┘
```

┌ 정보원의 'Edition 20'을 간략형으로 표시
250 ƀƀ ▾a20th ed. / ▾bedited by John P. Comaromi ... and others
└ 저자와 상이한 4인 이상의 개정자명을 '/▾b'로 대표 개정자명이나 처음표시된 개정자명을 역할어와 함께 기재하고, 'and others'로 두 번째 이하의 개정자는 생략. 이때 기재된 개정자명을 740필드로 부출표목

┌저자와 상이한 개정자명을 '/▾b'로 역할어와 짝지어 4인 이상을 모두 기재한 예
250 ƀƀ ▾aEd. 20 / ▾bedited by John P. Comaromi, Julianne Beall, Winton E. Matthews, Jr., Gregory R. New

260 ƀƀ ▾aNew York : ▾bForest Press, ▾c1989
300 ƀƀ ▾a4 v. ; ▾c26 cm
┌ 제1지시기호 '8'은 정형화되지 않은 'Contents:'라는 표출어를 입력할 때 지시
505 8ƀ ▾aContents: v.1. Introduction. Tables -- v. 2-3. Schedules -- v. 4. Relative index. Manual
└ 내용사항이 검색어(표목)로 적합하지 않을 때는 제2지시기호 'ƀ'로 사항별 식별기호를 사용하지 않고 기재
650 ƀ0 ▾aClassification, Dewey decimal
┌ 700필드는 100필드의 기재형식을 준용하여 기본표목되지 않은 인명을 부출표목
| ┌ 제1지시기호 '1'은 성과 이름으로 된 저자명의 지시
| | ┌ 인명이 표목 될 때 영어형식의 인명은 '성, 이름'으로 기재
| | | ┌ 저자의 완전명은 '▾q'로 ()에 보기
700 1ƀ ▾aComaromi, John P. ▾q(John Phillip) ← 처음개정자의 부출표목
*저자와 상이한 개정자명은 대표개정자나 처음표시된 개정자 이외는 통상적으로 부출표목하지 않는다.

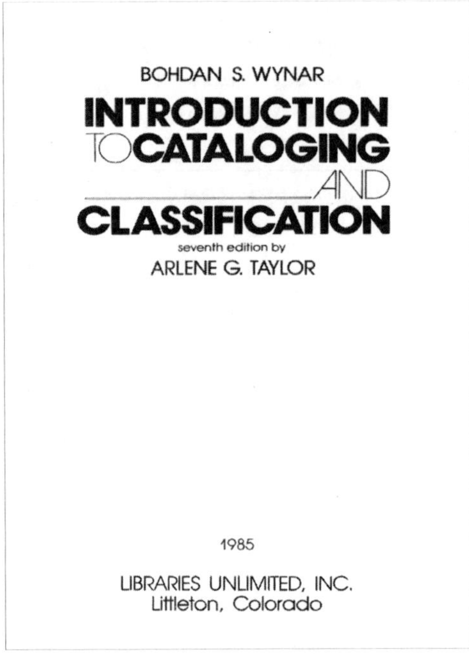

BOHDAN S. WYNAR

INTRODUCTION TO CATALOGING AND CLASSIFICATION

seventh edition by

ARLENE G. TAYLOR

1985

LIBRARIES UNLIMITED, INC.
Littleton, Colorado

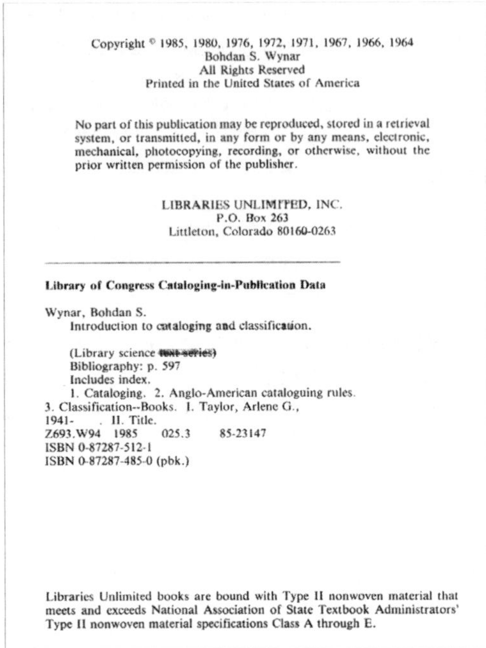

LIBRARIES UNLIMITED, INC.
P.O. Box 263
Littleton, Colorado 80160-0263

Library of Congress Cataloging-in-Publication Data

Wynar, Bohdan S.
Introduction to cataloging and classification.

(Library science text series)
Bibliography: p. 597
Includes index.
1. Cataloging. 2. Anglo-American cataloguing rules.
3. Classification--Books. I. Taylor, Arlene G.,
1941- . II. Title.
Z693.W94 1985 025.3 85-23147
ISBN 0-87287-512-1
ISBN 0-87287-485-0 (pbk.)

Libraries Unlimited books are bound with Type II nonwoven material that meets and exceeds National Association of State Textbook Administrators' Type II nonwoven material specifications Class A through E.

.....namƀƀ22.....ƀcƀ4500
007 ta
008 ......s1985ƀƀƀƀusƀaƀƀƀƀƀƀƀƀƀƀ000aƀƀengƀƀ
020 ƀƀ ▾a0872875121
020 ƀƀ ▾a0872874850 (pbk.)
┌ 090필드는 자료의 청구번호로 분류번호(▾a)와 도서기호(▾b)로 구성
090 ƀƀ ▾a025.3 ▾bW985i7
└ '7'은 판차표시 'Seventh ed.'를 아라비아숫자로 표시
100 1ƀ ▾aWynar, Bohdan S.
245 10 ▾aIntroduction to cataloging and classification / ▾d[by] Bohdan S. Wynar
246 3ƀ ▾iPortion of title: ▾aCataloging
246 3ƀ ▾iPortion of title: ▾aClassification.
└ 제2지시기호 'ƀ'는 형식화되지 않은 표출어를 '▾i'로 기술할 때 지시
┌ 판차표시는 Seventh edition을 간략형으로 표시
250 ƀƀ ▾a7th ed. / ▾bby Arlene G. Taylor.
700 1ƀ ▾aTaylor, Arlene G. ──┘ ← 개정자의 부표목은 '성, 이름'으로 기술
┌ 지명만으로 식별되지 않을 때 상위지명을 ','로 구분 부기
260 ƀƀ ▾aLittleton, Colorado : ▾bLibraries Unlimited, Inc., ▾c1985
300 ƀƀ ▾axvi, 641 p. : ▾bill. ; ▾c23 cm
440 00 ▾aLibrary science text series
504 ƀƀ ▾aBibliography and index: p. 597-641

<표 4> 판에 관한 사항

「내용 개변에 의한 판」	「장정에 의한 판」
abridge edition, abridgement : 생략판, 적요	cabinet edition : 장식소형판
adaptation : 번안판, 개작판	cheap edition : 가판
dramatization : 각색판	library edition : 도서관판
edition : 판차	limited edition : 한정판
epitome : 경개, 초록판	pocket edition : 포켓판
expurgated edition : 삭제판	popular edition : 보급판
	schulausagabe : 교과서판
	textbook edition : 교과서판
	trade edition : 점매판
	volksausgabe : 보급판

<표 5> 판표시관계 약어

edition : ed.	nuovamente : nouv.(이탈리아)
Auflage : Aufl.	preliminary : prelim.
Ausgabe : Ausg.	revised : rev.
édition : éd.	átdolgozott : átdolg.(헝가리)
kiadàs : diad.(헝가리)	bearbeitet : bearb.
oplag : opl.(덴마아크)	Bearbeitung : Bearb.
opplag : oppl.(노르웨이)	javitott : jav.(헝가리)
udgave : udg.(덴마아크)	omarbeidet : omarb.(노르웨이)
uitgaaf : uitg.(오스트리아)	opracowane : oprac.(폴란드)
upplaga : uppl.(스웨덴)	oversatt : overs.(덴마아크)
utgave : utg.(노르웨이)	översatt : övers.(스웨덴)
wydani : wyd.(체코슬로바키아)	przerobione : przerob.(폴란드)
wydanie : wyd.(폴란드)	reviderade : revid.(스웨덴)
issue	riveduto : riv.(이탈리아)
naklad : nakl.(폴란드)	umgearbeitet : umgearb.
new	verbesserte : verb.
nouveau, nouvelle : nouv.	zapracoval : zaprac.(체코슬로바키아)

4) 총서의 판차

A MODERN
ENGLISH GRAMMAR

ON HISTORICAL PRINCIPLES

OTTO JESPERSEN

Part I

SOUNDS AND SPELLINGS

GEORGE ALLEN & UNWIN LTD　EJNAR MUNKSGAARD
LONDON　COPENHAGEN

GERMANISCHE BIBLIOTHEK

HERAUSGEGEBEN VON

WILHELM STROTBAND

I. SAMMLUNG

GERMANISCHER ELEMENTAR UND HANOSOCHER

I. REIHE: GRAMMATIKEN

NEUNTER BAND

A MODERN ENGLISH GRAMMAR

BY

OTTO JESPERSEN

PART I

SOUNDS AND SPELLINGS

HEIDELBERG 1928

CARL WINTERS UNIVERSITÄTSBUCHHANDLUNG

.....namƀƀ22.....ƀcƀ4500
007 ta
008 ......s1928ƀƀƀƀxxƀaƀƀƀƀƀƀƀƀƀƀƀ000aƀƀengƀƀ
　└ 발행지불명으로 발행국명을 알 수 없을 때는 008/15-17자리를 'xxƀ'로 기재
020 ƀƀ ▾a0872875121
　┌ 다권본 각책의 상이한 판차는 도서기호에 표시하지 않고 일반주기
090 ƀƀ ▾a745 ▾bJ58m
　┌───┘ └ 본표제의 관사를 제외한 'Modern ...'의 처음문자(소문자)
100 1ƀ ▾aJespersen, Otto
245 11 ▾a(A) Modern English grammar : ▾bon historical principles / ▾d[by] Otto Jespersen
　┌ 'V.p.'는 발행지가 복잡하여 various place의 약자로 기재
　│ ┌ 'v.p.'는 발행처가 복잡하여 various publisher의 약자로 기재
260 ƀƀ ▾a[V.p.] : ▾b[v.p.], ▾c1928
└ 발행지나 발행처가 복잡할 때는 제1권의 지명이나 발행처를 기재하기도 함
300 ƀƀ ▾a4 v. ; ▾c21 cm

```
┌ 복잡한 발행사항은 500필드에 정보원을 표출어로 일반주기
|           ┌ 정보원을 표출어로 권차, 판다, 발행사항을 짝지어 기재
|           |          ┌ 처음권의 권차표시
|           |          |      ┌ 처음권의 판차표시
|           |          |      |         ┌ 처음권의 발행사항
500 ƀƀ ▾aOn cover: pt. 1. 4th ed., Heidelberg, Carl Winters Universitåtsbuchhandlung. pt.
          2-1. 3rd ed., London, George Allen & Unwin Ltd.
          |     |        |         └ 두 번째 권의 발행자
          |     |        └ 두 번째 권의 발행지명
          |     └ 두 번째 권의 판차 표시
          └ 두 번째 권의 권차 표시

    ┌ 제1지시기호 '8'은 형식화되지 않은 표출어를 입력할 때 지시
    |┌ 제2지시기호 'ƀ'는 내용주기의 각 사항을 식별기호 없이 기재할 때 지시
    ||  ┌ 제2지시기호가 ƀ(기본형)로 지시된 경우 입력되는 표출어는'▾a'로 기재
505 8ƀ ▾aIncomplete contents: pt. 1. Sounds and spellings -- pt. 2-1. Syntax
                                         |       └ 권차와 함께 권차표제를 기재
                                         └ 권차부호는 정보원의 표시 문자 part의 약자를 그대로 기재
740 ƀ2 ▾aSounds and spellings. ▾npt. 1  ← 내용주기된 표제의 분출표목
740 ƀ2 ▾aSyntax. ▾npt. 2-1
    |              └ 권차는 '▾n'으로 505필드에 주기된 권차를 기재
    └ 제2지시기호 '2'는 505필드에 기재된 내용주기의 분출표목을 위한 지시
```

10. 개인에 대한 연구서

한 개인에 대한 연구서는 전기서와 동일한 목록방법으로 연구자를 기본표목하고, 연구의 대상이 된 연구자는 600필드로 주제부출한다.

정약용과 실천의 철학
—다산 철학의 근대성 탐구—

장승구 지음

서광사

정약용과 실천의 철학
—다산 철학의 근대성 탐구—

장승구 지음

펴낸이 ‖ 김신혁
펴낸곳 ‖ 서광사
출판등록일 ‖ 1977. 6. 30
출판 등록 번호 ‖ 제5-34호

130-820 서울 동대문구 용두2동 119-46
대표전화 ‖ 924-6161 팩시밀리 ‖ 922-4993 천리안 ‖ phil6161
http://www.seokwangsa.co.kr

© 서광사, 2001

지은이와의 합의하에 인지는 생략합니다.

제1판 제1쇄 펴낸날 ‖ 2001년 3월 30일

ISBN 89-306-4007-9 93150

```
.....namƀƀ22.....ƀcƀ4500
007 ta
008 ......s2001ƀƀƀƀulkaƀƀƀƀƀƀƀƀƀƀƀ000aƀƀkorƀƀ
                    |                          └ 자료내용의 문자부호 Korean
                    └ 한국의 발행국부호(3자리)는 도나 광역시 단위의 표시로 'ulk'는 서울의 부호
020 ƀƀ ▾a8930640079 ▾g93150 : ▾c₩12,000
                            └ 가격은 정가로 하고, 고서나 현재 사용되는 화폐단위가 아닌 자료는
                              수입가격
                    ┌ 연구의 대상이 된 인명 '정약용'의 성
                    |┌ '62'는 '정약용'의 저자번호<이재철저자기호표>
090 ƀƀ ▾a181.115 ▾b정62ㅈ
       ┌────────────┘└ 'ㅈ'은 기본표목 된 저자 '장승구'의 성(초성)
100 1ƀ ▾a장승구 ─────────────────────────┘
245 10 ▾a정약용과 실천의 철학 : ▾b다산철학의 근대성 탐구 / ▾d장승구 지음
       |                      └ ': ▾b'는 표제관련정보의 구분부호와 식별기호
       └ 인명이 포함된 표제는 그대로 본표제로 기재
```

┌ 제2지시기호 ȸ(표출어 부출 않음)는 '▾i'로 정형화되지 않은 표출어를 입력할 때 지시
│ ┌ '▾a'는 표목될 표제관련정보를 기재
246 3ȸ ▾i부표제: ▾a다산철학의 근대성 탐구
<출력> 부표제: 다산철학의 근대성 탐구
<표목> 다산철학의 근대성 탐구
260 ȸȸ ▾a서울 : ▾b서광사, ▾c2001
300 ȸȸ ▾a348 p. ; ▾c22 cm
504 ȸȸ ▾a참고문헌 및 찾아보기: p. 317-328, 335-348
504 ȸȸ ▾a다산에 관한 박사학위논문목록: p. 329-332
┌ 해당 자료에 수록된 참고자료나 인용자료의 목록, 연표 등을 기재
│ ┌ 수록자료의 제명 ┌ 수록면수는 'p'를 앞세워 기재
504 ȸȸ ▾a다산의 사상관련 주요저작목록: p. 333
┌ 연구 대상이 된 개인명을 인명표목형식에 따라 주제명부출표목 작성
│ ┌ '▾x'는 일반세목을 위한 식별기호
600 14 ▾a정약용 ▾x연구
<출력> 정약용--연구
└ '--'는 출력시 자동 생성
┌ 제1지시기호 '0'은 성이 없이 이름으로만 된 인명일 때 지시
700 0ȸ ▾a다산 ▾c[익명]
└ '▾c'는 익명과 관련된 칭호인 '익명', '법명' 등을 부기

Kant and the Mind

ANDREW BROOK

Professor of Philosophy
Carleton University

CAMBRIDGE
UNIVERSITY PRESS

Published by the Press Syndicate of the University of Cambridge
The Pitt Building, Trumpington Street, Cambridge CB2 1RP
40 West 20th Street, New York, NY, 10011-4211, USA
10 Stamford Road, Oakleigh, Melbourne 3166, Australia

© Cambridge University Press 1994

First published 1994

Printed in the United States of America

Library of Congress Cataloging-in-Publication Data
Brook, Andrew.
Kant and the mind / Andrew Brook.
p. cm.
Includes bibliographical references and index.
ISBN 0-521-45036-5 (hard)
1. Kant, Immanuel, 1724–1804 – Contributions in philosophy of mind.
2. Philosophy of mind – History – 19th century. I. Title.
B2799.M52B76 1994
128'.2'092 – dc20 93-22703
CIP

A catalog record for this book is available from the British Library.

ISBN 0-521-45036-5 hardback

.....namƀƀ22.....ƀcƀ4500
007 ta
008 ......s1994ƀƀƀƀusƀaƀƀƀƀƀƀƀƀƀƀƀ000aƀ
ƀengƀƀ
020 ƀƀ ▾a0521450365(hard)

┌ 연구의 대상이 된 인명 'Kant'의 성(처음문자 대문자)
│ ┌ '16'은 'Kant'의 저자번호<Cutter-Sanborn표>
090 ƀƀ ▾a165.12 ▾bK16b
└ 기본표목된 저자 'Brook, ...' 의 성(처음문자 소문자)
100 1ƀ ▾aBrook, Andrew
245 10 ▾aKant and the mind / ▾d[by] Andrew Brook
└ 목록자가 기재한 역할어는 []로 기술
└ 인명이 포함된 표제는 그대로 본표제로 기재

┌ 제1지시기호 3(주기 않고, 표목부출)은 245필드에 기술된 사항일 때 지시
│ ┌ 제2지시기호 ƀ(표출어 부출 않음)는 '▾i'로 해당 표출어를 입력할 때 지시
246 3ƀ ▾iPortion of title: ▾aMind
└ '▾a'는 표목될 부분표제를 기재
└ 표제의 일부를 'Portion of title:'라는 표출어로 부출표목으로 기재

260 ƀƀ ▾aNew York : ▾bCambridge University Press, ▾c1994
300 ƀƀ ▾axii, 327 p. ; ▾c22 cm
504 ƀƀ ▾aBibliography and index: p. 295-327
└ 자료에 수록된 참고자료나 인용자료 목록, 연표 등의 제명과 수록면수를 기재

┌ 연구 대상이 된 개인명은 600필드로 주제명부출표목
600 14 ▾aKant, Immanuel, ▾d1724-1804 ▾xContribution in philosophy of mind.
└ 생몰년 └ 주제명에 대한 일반세목
<출력> Kant, Immanuel, 1724-1804--Contribution in philosophy of mind

흑백문제와
Mark Twain의 작품세계

정 정 미 著

KSI 한국학술정보(주)

흑백문제와 Mark Twain의 작품세계

- 초판 인쇄 2004년 10월 8일
- 초판 발행 2004년 10월 9일

- 지 은 이 정정미
- 펴 낸 이 채종준
- 펴 낸 곳 한국학술정보(주)
  경기도 파주시 교하읍 문발리
  파주출판문화정보산업단지 526-2
  전화 031) 908-3181(대표) · 팩스 031) 908-3189
  홈페이지 http://www.kstudy.com
  e-mail(e-Book사업부) ebook@kstudy.com
- 등 록 제일산-115호(2000. 6. 19)
- 가 격 16,000원

ISBN 89-534-2110-1 93840 (paper book)
89-534-2111-X 98840 (e-book)

.....namɓɓ22.....ɓcɓ4500
007 ta
008 ......s2004ɓɓɓɓggkɓɓɓɓɓɓɓɓɓɓ000aɓɓ
korɓɓ
020 ɓɓ ▾a8953421101 ▾g93840 (paper book):
▾c₩16,000
020 ɓɓ ▾a895342111X ▾g98840 (e-book)

┌ 연구의 대상이 된 인명 'Twain, Mark'의 성(처음문자 대문자)
│ ┌ '969'는 'Twain, Mark'의 저자번호<Cutter-Sanborn표>
090 ɓɓ ▾a823 ▾bT969ㅈ
└ 기본표목된 저자 '정정미' 의 성(초성)
100 1ɓ ▾a정정미
245 10 ▾a흑백문제와 Mark Twain의 작품세계 / ▾d정정미 著
└ 일반도서로 저자명을 책임표시로 기재
└ 인명이 포함된 표제는 그대로 본표제로 기재

┌ 제1지시기호 3(주기 않고, 표목부출)은 245필드에 기술된 사항일 때 지시
246 30 ▾aMark Twain의 작품세계
│ └ '▾a'는 표목될 부분표제를 기재
└ 제2지시기호 '0'에 의해 표제의 일부를 '부분검색을 위한 표제:'라는 표출어로 출력

<출력> 부분검색을 위한 표제: Mark Twain의 작품세계
260 ɓɓ ▾a파주(경기도) : ▾b한국학술정보, ▾c2004
300 ɓɓ ▾a295 p. ; ▾c23 cm

┌ 연구 대상이 된 개인명은 600필드로 주제명부출표목
│ ┌ 익명은 []로 익명(pseudonym)의 약자를 부기
600 14 ▾aTwain, Mark ▾c[pseud.], ▾d1835-1910
<출력> Twain, Mark [pseud.],1835-1910

11. 평주서

평주서는 하나의 작품에 대한 평주일 때는 원작자를 기본표목하고, 개인의 작품경향에 대한 평주일 때는 평주자를 기본표목으로 기술한다.

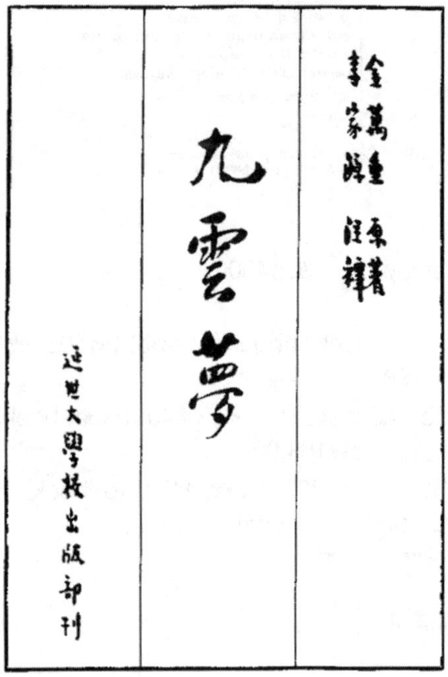


```
.....namƀƀ22.....ƀcƀ4500
007 ta
008 ......s1970ƀƀƀƀulkaƀƀƀƀƀƀƀƀƀƀƀ000aƀƀkorƀƀ
020 ƀƀ ▾ c₩17,000
        └ ISBN이 없는 자료는 '▾c'로 화폐의 단위표시와
          함께 가격(정보원의 정가)을 기술

               ┌ 기본표목된 원저자 '김만중'의 성
               │ ┌ '32'는 '김만중'의 <이재철식저자번호>
               │ │ ┌ 평주의 대상이 된 원작품명 '구운몽'의 처음문자(초성)
               │ │ │ ┌ Y는 평주표시 기호: 해당 작품의 뒤에 배열될 수 있게 알파벳문자의
               │ │ │ │ 맨 뒤에 있는 문자 식별을 위해 대문자로 표시
090 ƀƀ ▾ a813.5 ▾ b김32ㄱYo
                        └ 평주자 '李家源'의 성(초성): 동일작품의 평주서가 평주자순으로 배열
100 1ƀ ▾ a김만중
     └ 한 작품에 대한 평주는 원저자명을 기본표목으로 기재(A2R.B2d)
     ┌ 정보원의 평주표제를 본표제로 기재. 평주표제와 다른 원표제는 246필드로 기재
     │        ┌ 원저자명을 '/▾d'로 역할어와 함께 먼저 기재
     │        │            ┌ ';▾e'는 역할이 다른 평주자명을 기재
245 10 ▾ a九雲夢 / ▾ d金萬重 原著 ; ▾ e李家源 註釋
700 1ƀ ▾ a이가원 ─────────────┘
     └ 기본표목되지 않은 평주자는 700필드로 부출표목
260 ƀƀ ▾ a[서울] : ▾ b延世大學校 出版部, ▾ c1970
300 ƀƀ ▾ a332 p. ; ▾ c22 cm
```

구운몽에 내포된 역학사상 탐구

배영희

민속원

구운몽에 내포된 역학사상 탐구

2004년 11월 30일 초판1쇄 인쇄
2004년 12월 10일 초판1쇄 발행

지은이 배영희
만든이 홍기원
만든곳 민속원
서울 금천구 시흥5동 220-33 한광빌딩 B-1호
제18-1호
02) 805-3320, 806-3320 (Tel)
02) 802-3346 (Fax)
minsok1@chollian.net

값 23,000원

ISBN 89-5638-202-6 93380

.....namƀƀ22.....ƀcƀ4500
007 ta
008 ......s2004ƀƀƀƀulkaƀƀƀƀƀƀƀƀƀƀ000aƀƀkorƀƀ
020 ƀƀ ▾a8956382026 ▾g93380 : ▾c₩23,000

┌ 원저작의 분류번호(KDC)
│ ┌ 연구의 대상이 된 '김만중'의 성과 저자번호
│ │ ┌ 연구의 대상이 된 작품명 '九雲夢'의 처음문자(초성)

090ƀƀ ▾a813.5 ▾b김32ㄱㅂ

└ 연구자 '배영희'의 성(초성)

100 1ƀ ▾a배영희

└ 한 작품에 대한 평주가 아니고 연구서이기 때문에 연구자명를 기본표목(A2R.B2d)

┌ 정보원의 연구표제를 본표제로 기재 ┌ 일반도서와 같이 연구자명을 책임표시로 기재

245 10 ▾a구운몽에 내포된 역학사상 탐구 / ▾d배영희 지음
260 ƀƀ ▾a[서울] : ▾b민속원, ▾c2004
300 ƀƀ ▾a438 p. : ▾b삽도, 그림, 사진 ; ▾c24 cm

┌ 연구 대상이 된 원작명과 원저자명을 '원작'이라는 표출어로 주기

500 ƀƀ ▾a원작: 九雲夢 / ▾d金萬重 原著

└ 원작의 주기는 245필드(표제저자사항)의 기재형식을 준용

500 ƀƀ ▾a영문초록: Analysis of the divination's in nine cloud dream. p. 421-425
504 ƀƀ ▾a참고문헌 및 찾아보기: p. 411-438
700 1ƀ ▾a김만중. ▾t구운몽

└ 본표제와 원작명이 동일하므로 원저자명과 원작명을 짝지어 원저자명으로 부출표목

원전총서
孔子世家·仲尼弟子列傳

司馬遷 지음 ― 김기주·황지원·이기훈 역주

공자세가·중니제자열전

사마천의 『사기』 속에 비친 공자와 그 제자들의 행적

예문서원

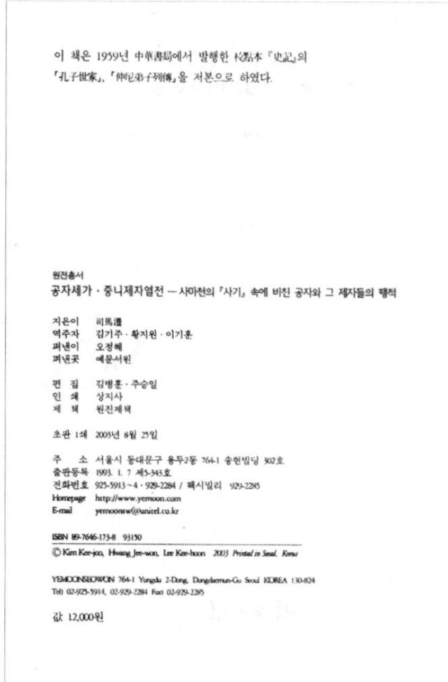

이 책은 1959년 中華書局에서 발행한 校點本 『史記』의 「孔子世家」, 「仲尼弟子列傳」을 저본으로 하였다.

원전총서
공자세가·중니제자열전 — 사마천의 『사기』 속에 비친 공자와 그 제자들의 행적

지은이 司馬遷
역주자 김기주·황지원·이기훈
펴낸이 오정혜
펴낸곳 예문서원

편 집 김병훈·주승일
인 쇄 상지사
제 책 원진제책

초판 1쇄 2003년 8월 25일

주 소 서울시 동대문구 용두2동 764-1 송현빌딩 302호
출판등록 1993. 1. 7 제5-343호
전화번호 925-5913~4·929-2284 / 팩시밀리 929-2285
Homepage http://www.yemoon.com
E-mail yemoonsw@unitel.co.kr

ISBN 89-7646-173-8 93150
© Kim Kee-joo, Hwang Jee-won, Lee Kee-hoon 2003 Printed in Seoul, Korea

YEMOONSEOWON 764-1 Yongdu 2-Dong, Dongdaemun-Gu Seoul KOREA 130-824
Tel) 02-925-5914, 02-929-2284 Fax) 02-929-2285

값 12,000원

.....namѢѢ22.....ѢcѢ4500
007 ta
008 ......s2003ѢѢѢѢulkaѢѢѢѢѢѢѢѢѢѢ000aѢѢkorѢѢ
020 ѢѢ ▾a8976461738 ▾g93150 ▾c₩12,000

┌ 번역도서 본문의 식별기호와 한국어부호<부속서 3. 언어구분부호표>
│ ┌ 원저작 언어의 식별기호와 중국어부호<부속서 3. 언어구분부호표>

041 1Ѣ ▾akor ▾hchi
546 ѢѢ ▾a중국어로 된 원본을 한국어로 번역 ← 041필드와 연계된 언어의 서술적 주기

┌ 기본표목된 원저자 '사마천'의 성과 저자번호
│ ┌ 처음 수록된 원표제 '孔子世家'의 처음문자(초성)
│ │ ┌ 'Y'는 평주표시의 임의부호

090 ѢѢ ▾a152.212 ▾b사32ㄱYㄱ

└ 공역자 중 처음 역주자 '김기주'의 성(초성)

100 1Ѣ ▾a사마천

└ 처음 수록된 저작의 원저작자명을 기본표목으로 기재(A2R.27B1c)

종합서명이 없는 것은 '▾a'를 반복 ';'으로 구분 기재 '▾a'의 첫 번째
'▾a'의 첫 번째 표제는 제1지시기호 '1'에 의해 자동 부출표목

245 10 ▾a공자세가 ; ▾a중니제자열전 : ▾c사마천의 『사기』 속에 비친 공자와 그 제자들의 행적 / ▾d司馬遷 지음 ; ▾e김기주, ▾e황지원, ▾e이기훈 역주

'/▾d'로 원저자를 정보원의 문자로 역할어와 짝지어 기재 ┘
└ ';▾e'로 역할이 다른 첫 번째 역주자, ',▾e'를 반복 두 번째 이하 공역주자 기재

┌ 제1지시기호 '2'는 본표제와 동일한 표제로 주기와 부출표목이 불필요할 때 지시
│┌ 제2지시기호 '9'는 '원표제'라는 표출어 생성을 지시
246 29 ▾a孔子世家
<출력> 원표제: 孔子世家
246 39 ▾a仲尼弟子列傳
<출력> 원표제: 仲尼弟子列傳
┌ 제1지시기호 '3'(주기하지 않고, 표제부출)은 245필드에 기재된 사항일 때 지시
│┌ 제2지시기호 'ƀ'는 '▾i'로 정형화되지 않은 표출어를 기술하기 위한 지시기호
246 3ƀ ▾i부표제: ▾a사마천의 『사기』 속에 비친 공자와 그 제자들의 행적
<출력> 부표제: 사마천의 『사기』 속에 비친 공자와 그 제자들의 행적
260 ƀƀ ▾a서울 : ▾b예문서원, ▾c2003
300 ƀƀ ▾a220 p. : ▾b삽도 ; ▾c23 cm
490 00 ▾a원전총서
│ └─ 제1지시기호 '0'는 검색어로 부적합한 총서표제를 부표목 않고 주기로만 표시할 때 지시
└─ 490필드는 검색어로 부적합하여 부표목하지 않거나 다르게 총서표제를 부출표목할 때 적용
500 ƀƀ ▾a漢韓對譯本
┌ 정보원에 있는 사항을 그대로 일반주기할 때는 " "로 기술
500 ƀƀ ▾a"이 책은 1959년 中華書局에서 발행한 校鮎本「史記」의 「孔子世家」,「仲尼弟子列傳」을 저본으로 하였다"
504 ƀƀ ▾a공자제자표: p. 213-216
500 ƀƀ ▾a색인 수록
740 ƀƀ ▾a사기(史記)
└─ 검색어로 쉽게 식별되지 않을 때 한자나 기타 식별어를 ()로 보기
700 1ƀ ▾a김기주 ← 역주자의 부출표목
700 1ƀ ▾a황지원 ← 공역주자의 부출표목
700 1ƀ ▾a이기훈 ← 공역주자의 부출표목

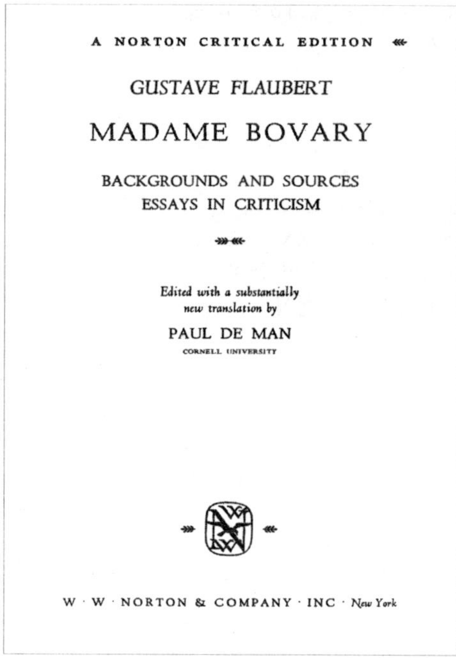

A NORTON CRITICAL EDITION

GUSTAVE FLAUBERT

MADAME BOVARY

BACKGROUNDS AND SOURCES
ESSAYS IN CRITICISM

Edited with a substantially new translation by

PAUL DE MAN

CORNELL UNIVERSITY

W · W · NORTON & COMPANY · INC · *New York*

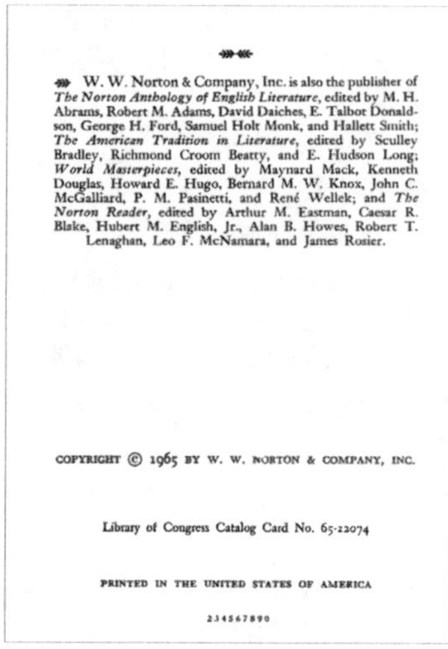

W. W. Norton & Company, Inc. is also the publisher of *The Norton Anthology of English Literature*, edited by M. H. Abrams, Robert M. Adams, David Daiches, E. Talbot Donaldson, George H. Ford, Samuel Holt Monk, and Hallett Smith; *The American Tradition in Literature*, edited by Sculley Bradley, Richmond Croom Beatty, and E. Hudson Long; *World Masterpieces*, edited by Maynard Mack, Kenneth Douglas, Howard E. Hugo, Bernard M. W. Knox, John C. McGalliard, P. M. Pasinetti, and René Wellek; and *The Norton Reader*, edited by Arthur M. Eastman, Caesar R. Blake, Hubert M. English, Jr., Alan B. Howes, Robert T. Lenaghan, Leo F. McNamara, and James Rosier.

COPYRIGHT © 1965 BY W. W. NORTON & COMPANY, INC.

Library of Congress Catalog Card No. 65-22074

PRINTED IN THE UNITED STATES OF AMERICA

234567890

.....namƀƀ22.....ƀcƀ4500
007 ta
008 ......s1965ƀƀƀƀusƀaƀƀƀƀƀƀƀƀƀƀ000aƀƀ
engƀƀ

090 ƀƀ ▾a863 ▾bF587mYd
| | | └ 평주자 'de Man. Paul'의 성(소문자)
| | └ 평주의 대상이 된 원표제 'Madame ...'의 처음문자(소문자)
| └ 기본표목된 원저자 'Flaubert, ...'의 성(처음문자 대문자)과 저자번호
└ 원작품인 불란서소설로 분류번호 작성
100 1ƀ ▾aFlaubert, Gustave ← 한 작품의 평주는 원저자명을 기본표목(A2R.27B2d)
┌ 정보원의 평주서 표제를 본표제로 기재
| ┌ 평주표제에 대한 표제관련정보를 '▾b'로 기재
245 10 ▾aMadame Bovary : ▾bbackgrounds and sources essays in criticism / ▾d[by] Gustave Flaubert ; ▾eedited and a substantially new translation by Paul de Man └ 원저자명을 '/ ▾d'로 기재하고, 평주자는 '; ▾e'로 역할을 달리한 저자로 기재
┌ 제1지시기호 2(주기와 표목 않음)은 원표제가 본표제와 동일한 경우 지시
| ┌ 제2지시기호 'ƀ'는 '▾i'로 'Original title'이라는 표출어를 기술하기 위한 지시
246 2ƀ ▾iOriginal title: ▾aMadame Bovary
250 ƀƀ ▾aA Norton critical edition
260 ƀƀ ▾aNew York : ▾bW. W. Norton & Company Inc., ▾cc1965
= 260 ƀƀ ▾aNew York : ▾bNorton, ▾cc1965
300 ƀƀ ▾axiii, 462 p. ; ▾c22 cm
| └ 본문면수는 아라비아숫자로 기재하고 면수표시 말미에 'p.'를 부기
└ 서문면수는 정보원에 나타난 로마숫자 소문자로 기재
504 ƀƀ ▾aBibliography: p. 459-462
700 1ƀ ▾aDe Man, Paul ← 번역자의 부출표목
└ 복합성을 갖인 인명일 경우도 제1지시기호 '1'로 지시

AVERROES'
MIDDLE COMMENTARY
ON ARISTOTLE'S
POETICS

TRANSLATED, WITH
INTRODUCTION AND NOTES, BY
Charles E. Butterworth

Princeton University Press

Published by Princeton University Press
41 William Street
Princeton, New Jersey 08540
ISBN 0-691-07302-3.

.....namƀƀ22.....ƀcƀ4500

007 ta

008 ......s1986ƀƀƀƀusƀaƀƀƀƀƀƀƀƀƀƀ000aƀƀ engƀƀ

041 1ƀ ▾aeng ▾hlat

└ '▾a': 번역서 영어부호, '▾h': 원저작의 라틴어부호<부속서3. 언어구분부호표>

↓ ↘ ↑ ↙

090 ƀƀ ▾a160.24 ▾bA953pYa

↓ 원저자 'Aristotle'의 처음문자(대문자)와 저자번호
↘ 주석의 대상이 된 원표제 'poetics'의 처음문자(소문자)
↑ Y는 평주표시 기호
↙ 평주자 'Averroes'의 성(소문자)

100 0ƀ ▾aAverroes

| └ 평주자를 전기서와 동일한 방법으로 기본표목(A2R.27B1b)
└ 평주자명이 성이 없는 이름으로 되어 있기 때문에 제1지시기호를 '0'으로 지시

┌ 평주자명이 포함된 정보원의 번역표제를 본표제로 기재

245 10 ▾aAverroes' middle commentary on Aristotle's poetics / ▾dAverroes ; ▾etranslated, with introduction and notes, by Charles E. Butterworth

└ 평주자명이 표제에 포함되어 있는 경우에도 책임표시에 '/ ▾d'로 기재하고, 번역자는 정보원의 문자와 순서로 '; ▾e'로 기재

260 ƀƀ ▾aPrinceton, N.J. : ▾bPrinceton University Press, ▾cc1986

300 ƀƀ ▾axvi, 161 p. ; ▾c23 cm

504 ƀƀ ▾aBibliography: p. [143]-150

└ 정보원에 표시되지 않은 면수는 목록자가 확인하여 []로 묶어 기재

┌ 041필드와 연계한 언어의 서술적인 주기

546 ƀƀ ▾aTranslated from the Latin.

600 00 ▾aAristotle ▾xPoetics <출력> Aristotle--Poetics

└ 개인의 작품은 인명에 문학형식을 주제명의 형식세목으로 기재

650 ƀ0 ▾aPoetry ▾xEarly works to 1800

700 1ƀ ▾aButterworth, Charles E.

└ 번역, 서문과 노트를 쓴 저자명은 그 중요 정도에 따라 부출표목(A2R.27Bb)

┌ 부표목되는 인명이 특정표제와 관계된 경우는 '▾t'로 표제를 짝지어 기술

700 02 ▾aAristotle. ▾tPoetics

└ 표제와 저작자를 연계한 각각의 부출표목은 제2지시기호 '2'로 분출표목

12. 개인전집

한 사람이 저작한 2개 이상의 자료를 한 질로 발행한 경우는 저작자인 개인명을 기본표목으로 기술한다.

어떤 나들이
1
박완서 단편소설 전집
문학동네

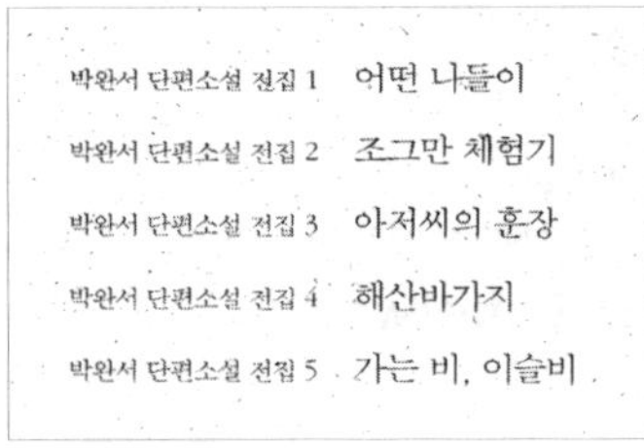
박완서 단편소설 전집 1 어떤 나들이
박완서 단편소설 전집 2 조그만 체험기
박완서 단편소설 전집 3 아저씨의 훈장
박완서 단편소설 전집 4 해산바가지
박완서 단편소설 전집 5 가는 비, 이슬비

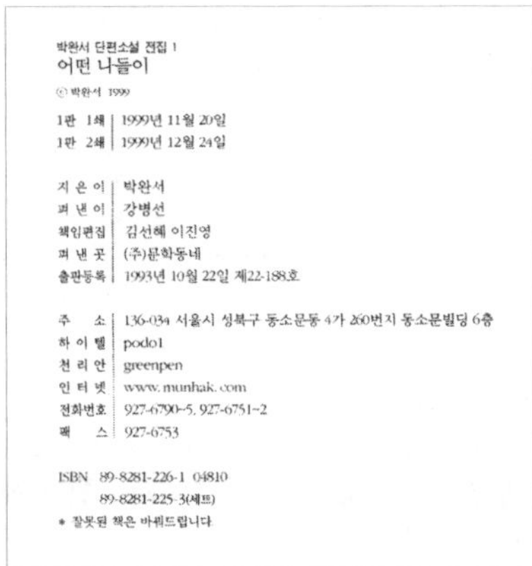
박완서 단편소설 전집 1
어떤 나들이
ⓒ 박완서 1999

1판 1쇄 | 1999년 11월 20일
1판 2쇄 | 1999년 12월 24일

지 은 이 | 박완서
펴 낸 이 | 강병선
책임편집 | 김선혜 이진영
펴 낸 곳 | (주)문학동네
출판등록 | 1993년 10월 22일 제22-188호

주 소 | 136-034 서울시 성북구 동소문동 4가 260번지 동소문빌딩 6층
하 이 텔 | podo1
천 리 안 | greenpen
인 터 넷 | www.munhak.com
전화번호 | 927-6790~5, 927-6751~2
팩 스 | 927-6753

ISBN 89-8281-226-1 04810
89-8281-225-3(세트)
* 잘못된 책은 바꿔드립니다

```
.....namƀƀ22.....ƀcƀ4500
007 ta
008 ......s1999ƀƀƀƀulkaƀƀƀƀƀƀƀƀƀƀ000aƀƀkorƀƀ
020 1ƀ ▾a8982812261 ▾g04810 (제1권)
020 1ƀ ▾a898281227X ▾g04810 (제2권)
020 1ƀ ▾a8982812288 ▾g04810 (제3권)
020 1ƀ ▾a8982812286 ▾g04810 (제4권)
020 1ƀ ▾a898281230X ▾g04810 (제5권)
020 1ƀ ▾a8982812253(세트)
                              ┌ 개인전집의 저자 '박완서'의 성과 저자번호
090 ƀƀ ▾a813.6 ▾b박65ㄱ1
                                └ 'ㄱ1'은 특수구분기호(ㄱ1-ㄱ2)로 한국어 자료의 개인작품
                                  전집을 표시하여 개인 전집이 맨 먼저 한 곳에 모이게 작품표시
100 1ƀ ▾a박완서    ← 기본표목되는 인명은 자료기관에서 사용하는 언어(한국어)로 기재
243 10 ▾a전집    ← 전집이나 선집은 '전집', 'Works'. '선집', 'Selections'를 통일표제로 기재
```

┌ 본표제는 정보원의 전집명을 전사
| ┌ 정보원의 문자로 역할어와 함께 기재
245 10 ▾a박완서 단편소설 전집 / ▾d박완서 지음

┌ 제1지시기호 '3'은 245필드에 기재된 사항이므로 주기하지 않고 부출표목을 지시
246 30 ▾a단편소설 전집
<출력> 검색을 위한 부분표제: 단편소설 전집
└ 제2지시기호 '0'에 의해 '검색을 위한 부부표제'라는 표출어 생성

260 ␢␢ ▾a서울 : ▾b문학동네, ▾c1999
300 ␢␢ ▾a5책 : ▾b삽도, 사진 ; ▾c23 cm
| └ '삽도'를 먼저기재하고 삽도의 세부명은 그 다음에 문자순으로 기재
└ 2책 이상의 다권본은 면수 대신 권, 책수를 표시

┌ 제2지시기호 ␢(기본형)은 내용의 각 사항을 식별기호 없이 기술할 때 지시
| ┌ 권차는 내용표제 앞에 기재, 내용표제와는 '.'로 구분
| | ┌ 내용표제는 정보원의 문자로 기재
505 0␢ ▾a1. 어떤 나들이 -- 2. 조그만 체험기 -- 3. 아저씨의 훈장 -- 4. 해산바가지 -- 5. 가는비 이슬비
                                   └ 권 사이는 '-'로 구분

┌ 제1지시기호 '0'에 의해 '내용'이라는 표출어 자동생성
<출력> 내용: 1. 어떤 나들이 -- 2. 조그만 체험기 -- 3. 아저씨의 훈장 -- 4. 해산바가지 -- 5. 가는비 이슬비

> ┌ 제2지시기호 0(확장형)은 내용의 각 사항을 해당식별기호로 기술할 때 지시
> | ┌ 권차는 '▾n'으로, 내용표제는 '▾t'로 구분기재
> 505 00 ▾n1. ▾t 어떤 나들이 -- ▾n2. ▾t 조그만 체험기 -- ▾n3. ▾t 아저씨의 훈장 -- ▾n4. ▾t 해산바가지 -- ▾n5. ▾t 가는비 이슬비

┌ '▾a'는 일반주제명을 위한 식별기호
| ┌ '▾x'는 형식세목을 위한 식별기호
650 ␢4 ▾a한국 ▾x소설
<출력> 한국--소설
└ '-'는 세목간의 구분으로 자동출력

┌ 제2지시기호 2(분출표목)는 내용주기된 사항의 분출표목을 지시
740 ␢2 ▾a어떤 나들이. ▾n1 ← 내용표제의 분출표목
740 ␢2 ▾a조그만 체험기. ▾n2
740 ␢2 ▾a아저씨의 훈장. ▾n3
740 ␢2 ▾a해산바가지. ▾n4
740 ␢2 ▾a가는비 이슬비. ▾n5
| └ 내용표제와 권차를 연계시켜 '▾n'으로 기재
└ 내용주기된 내용표제의 분출은 740필드로 기술

THE COMPLETE WORKS OF **O. HENRY**

FOREWORD BY HARRY HANSEN

VOLUME I

DOUBLEDAY & COMPANY, INC. GARDEN CITY, N.Y.

Library of Congress Catalog Card Number: 53-6098

Copyright, 1899, 1901, 1902, 1903, 1904, 1905, 1906, 1907, 1908. 1909, 1910, 1911, 1953, by Doubleday & Company, Inc.

Copyright, 1903, 1904, 1905, 1906, by The Ridgway-Thayer Co.; 1902, by The Era; 1902, 1903, by John Wanamaker; 1902, by Brandur's Magazine; 1903, by William Sydney Porter; 1904, 1907, by Associated Sunday Magazine; 1903, by The Pilgrim; 1909, by Hampton's Magazine, Inc.; 1910, by Semi-Monthly Magazine Section.

ALL RIGHTS RESERVED

Designed by Diana Klemin

PRINTED IN THE UNITED STATES OF AMERICA BY THE HADDON CRAFTSMEN, SCRANTON, PA.

.....namƀƀ22.....ƀcƀ4500

007 ta

008 ......s1910ƀƀƀƀusƀaƀƀƀƀƀƀƀƀƀƀ000aƀƀengƀƀ

090 ƀƀ ▾a843 ▾bO37w1

　　　　　| 　|└ 통일표제의 식별을 위한 수입순 번호
　　　　　| 　└ 서양의 개인전집은 해당 저자의 작품 중 맨 뒤에 배열될 수 있게 통일
　　　　　| 　　표제 'works'의 처음문자(소문자)로 표시
　　　　　└ 기본표목된 'O.Henry'의 처음문자(대문자)와 저자번호

100 0ƀ ▾aO.Henry ▾c[pseud.], ▾d1862-1910

　　　| 　　└ 익명은 pseudonym의 약자를 [ ]로 부기
　　　└ 익명으로 더 잘 알려진 경우는 익명으로 기본표목

243 10 ▾aWorks

<출력> [Works]

　　└ 전집이나 선집은 '전집', 'Works'. '선집', 'Selections'를 통일표제로 기재하여 다작 저자의 저작을 한 곳에 모이게 한다.

245 11 ▾a(The) Complete works of O.Henry / ▾dO.Henry [pseud.] ; ▾eforeword by Harry Hansen

260 ƀƀ ▾aGarden City, N.Y. : ▾bDoubleday & Company, Inc., ▾c1910

300 ƀƀ ▾a2 v. (xiii, 1692 p.) ; ▾c22 cm

　　　　└ 2책의 자료가 면수를 1권에서 2권까지 연속하고 있기 때문에 이를 ( )에 표시

500 ƀƀ ▾a"Printed in the United States of America by The Haddon Craftsmen, Scranton, PA"

　┌ 제1지시기호 8은 한국어 이외의 표출어 'Contents:'를 직접 입력하기 위한 지시

505 8ƀ ▾aContents: vol. 1. The four million. Heart of the west. The gentle grafter. Roads of

Destiny. Cabbages and kings. Options -- vol. 2. Sixes and sevens. Rolling stones. Poems. Whirligigs. The voice of the city. The trimmed lamp. Strictly business. Waifs and strays

*동일 권 내의 표제 간은 '.'로 구분, 권과 권 사이는 '—'로 구분

┌ 제2지시기호 '0'은 내용사항을 해당 식별기호로 기술

505 80 ▾aContents: ▾nvol. 1. ▾tThe four million. ▾tHeart of the west. ▾tThe gentle grafter. ▾tRoads of Destiny. ▾tCabbages and kings. ▾tOptions -- ▾nvol. 2. ▾tSixes and sevens. ▾tRolling stones. ▾tPoems. Whirligigs. ▾tThe voice of the city. ▾tThe trimmed lamp. ▾tStrictly business. ▾tWaifs and strays

700 1b ▾aHansen, Harry ← 서문저자의 부출표목

700 1b ▾aPorter, William S., ▾d1862-1910

└ 익명이 기본표목(익명)된 저자의 본명은 700필드로 부출표목

┌ 표목이 필요한 내용표제는 740필드에 권차번호와 함께 분출표목

┌ 내용표제 앞의 정관사(관제)는 분출표목에서는 생략

740 b2 ▾aFour million. ▾nvol. 1 ← 내용표제의 분출표목

740 b2 ▾aHeart of tghe west. ▾nvol. 1

740 b2 ▾aGentle grafter. ▾nvol. 1

740 b2 ▾aRoads of Destiny. ▾nvol. 1

740 b2 ▾aCabbages and kings. ▾nvol. 1

740 b2 ▾aOptions. ▾nvol. 1

740 b2 ▾aSixes and sevens. ▾nvol. 2

740 b2 ▾aRolling stones. ▾nvol. 2

740 b2 ▾aPoems. ▾nvol. 2

740 b2 ▾aWhirligigs. ▾nvol. 2

740 b2 ▾aVoice of the city. ▾nvol. 2

740 b2 ▾aTrimmed lamp. ▾nvol. 2

740 b2 ▾aStrictly business. ▾nvol. 2

740 b2 ▾aWaifs and strays. ▾nvol. 2

13. 권차와 편제

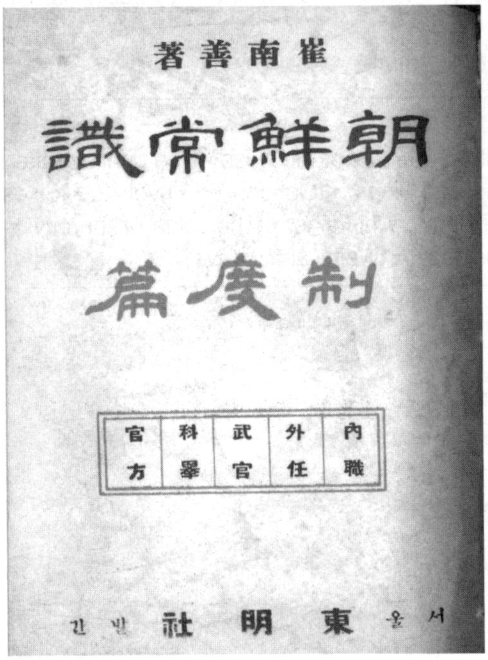
崔南善 著

朝鮮常識

制度篇

內職	外任	武官	科擧	官方

서울 東明社 발간

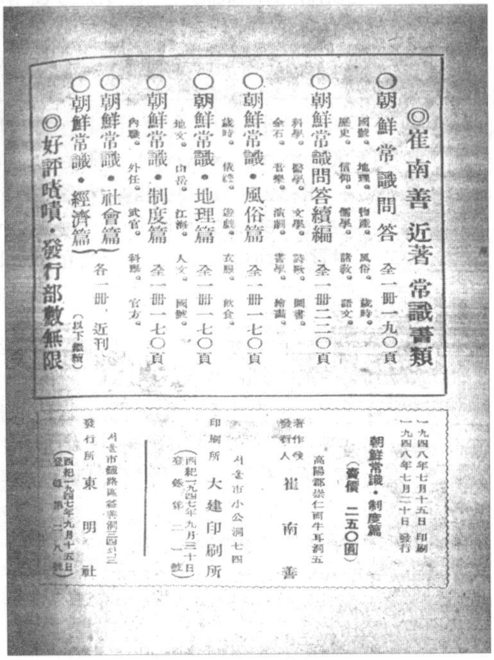
◎崔南善 近著 常識書類

◎朝鮮常識問答 全一冊一九〇頁
國號。地理。物產。風俗。歲時。歷史。信仰。儒學。諸敎。語文。

◎朝鮮常識問答續編 全一冊二二〇頁
科學。醫學。文學。詩歌。圖書。金石。音樂。演劇。書學。繪畫。

◎朝鮮常識・風俗篇 全一冊一七〇頁
歲時。儀禮。遊戱。衣服。飮食。

◎朝鮮常識・地理篇 全一冊一七〇頁
地文。山岳。江海。人文。國號。

◎朝鮮常識・制度篇 全一冊一七〇頁
內職。外任。武官。科擧。官方。

◎朝鮮常識・社會篇
◎朝鮮常識・經濟篇 各一冊，近刊 (以下續刊)

◎好評嘖嘖・發行部數無限

一九四八年七月十五日 印刷
一九四八年七月二十日 發行

朝鮮常識・制度篇 (賣價 二五〇圓)

著作兼發行人 崔南善
高陽郡崇仁面牛耳洞五

印刷所 大建印刷所
서울市小公洞七四
(西紀一九四七年九月三十日 登錄 第二一號)

發行所 東明社
서울市鐘路區

(西紀一九四七年九月十五日 登錄 第二八號)

.....namƀƀ22.....ƀcƀ4500

007 ta

008 ......s1948ƀƀƀƀulkaƀƀƀƀƀƀƀƀƀƀ000aƀƀkorƀƀ

020 ƀƀ ▾a ▾c50圓

┌ 기본표목된 저자 '최남선'의 성과 저자번호

090 ƀƀ ▾a911.0096 ▾b최192ㅈ

└ 본표제 '朝鮮常識'의 처음문자(초성)

100 1ƀ ▾a최남선

┌ 본표제는 정보원의 문자를 그대로 기재

┌ '▾p'는 권제의 식별기호. 본표제와 권제는 '.'로 구분

245 10 ▾a朝鮮常識. ▾p制度篇 / ▾d崔南善 著

246 3ƀ ▾i편제: ▾a制度篇

└ 권제는 검색이 가능하도록 246필드에 '▾i'로 부표목

└ 제2지시기호 'ƀ'는 '▾i'로 정형화되지 않은 표출어를 기재할 때 지시

260 ƀƀ ▾a서울 : ▾b東明社, ▾c1948.

300 ƀƀ ▾a172 p. ; ▾c18 cm.

500 ƀƀ ▾a정보원의 기술사항이 왼쪽에서 오른쪽으로 나타나 있음

└ 정보원의 특이한 사항을 500필드로 일반주기

505 0ƀ ▾a內職 -- 外任 -- 武官 -- 科擧 -- 官方

└ 제2지시기호 'ƀ'로 내용주기하고, 필요한 내용표제는 740필드로 부표목

세계체제론 I

새로운 국제질서의 모색

세계정치경제연구소 편역

들녘

들녘 신서7

세계체제론 연구

- 초판인쇄 : 1991년 4월 20일
- 초판발행 : 1991년 4월 30일
- 지 은 이 : 월러스타인外
- 엮고 옮긴이 : 세계정치경제연구소
- 펴 낸 이 : 이 정 원
- 펴 낸 곳 : 들 녘
- 등록번호 : 10-156
- 주 소 : 서울시 마포구 용강동 115-20
  ☎(02) 702-7841
- 값 5,000원

.....namƀƀ22.....ƀcƀ4500

007 ta

008 ......s1991ƀƀƀƀulkaƀƀƀƀƀƀƀƀƀƀ000aƀƀkorƀƀ

020 ƀƀ ▾c₩5,000.

090 ƀƀ ▾a342.3 ▾b세14

└ 표제줄머리잡기의 본표제 '세계체제론'의 처음문자와 저자번호

┌ '. ▾n'는 권차 식별기호.

245 00 ▾a세계체제론. ▾nI, ▾p새로운 국제질서의 모색 / ▾d세계정치경제연구소 편역

└ '▾p'는 권제 식별기호. 권차와 권제는 콤마, 본표제와 권제는 마침표

└ 표제줄머리잡기는 제1지시기호를 '0'으로 지시

┌ 제1지시기호 '3'은 245필드에 기재된 내용일 때 주기 않고 표목으로만 지시

246 3ƀ ▾i편제: ▾a새로운 국제질서의 모색, ▾n1

└ 제2지시기호 'ƀ'는 '▾i'의 정형화되지 않은 표출어 입력시 지시

└ 권제는 검색이 가능하도록 246필드로 권차와 연계시켜 부출표목

246 1ƀ ▾i판권기표제: ▾a세계체계론연구

246필드의 '▾a', '▾b', '▾h', '▾n', '▾p'는 245필드의 기술형식을 준용

260 ƀƀ ▾a서울 : ▾b들녘, ▾c1991

300 ƀƀ ▾a299 p. ; ▾c22 cm

440 00 ▾a들녘 신서 ; ▾v7

710 ƀƀ ▾a세계정치경제연구소

└ 단체명은 편역자이므로 기본표목하지 않고 710필드로 부출표목

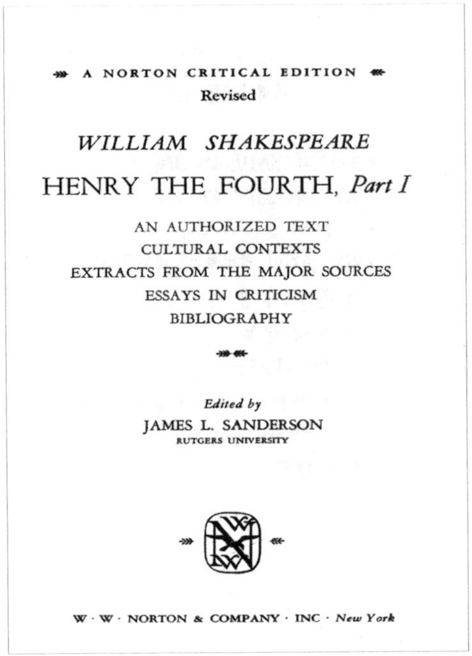

A NORTON CRITICAL EDITION
Revised

WILLIAM SHAKESPEARE

HENRY THE FOURTH, *Part I*

AN AUTHORIZED TEXT
CULTURAL CONTEXTS
EXTRACTS FROM THE MAJOR SOURCES
ESSAYS IN CRITICISM
BIBLIOGRAPHY

Edited by
JAMES L. SANDERSON
RUTGERS UNIVERSITY

W · W · NORTON & COMPANY · INC · *New York*

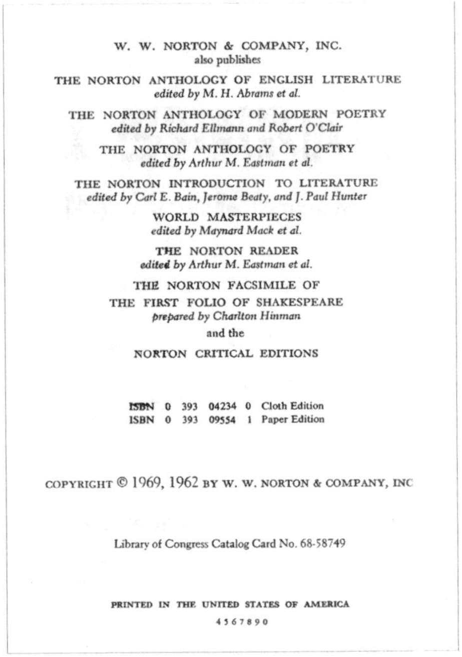

W. W. NORTON & COMPANY, INC.
also publishes

THE NORTON ANTHOLOGY OF ENGLISH LITERATURE
edited by M. H. Abrams et al.

THE NORTON ANTHOLOGY OF MODERN POETRY
edited by Richard Ellmann and Robert O'Clair

THE NORTON ANTHOLOGY OF POETRY
edited by Arthur M. Eastman et al.

THE NORTON INTRODUCTION TO LITERATURE
edited by Carl E. Bain, Jerome Beaty, and J. Paul Hunter

WORLD MASTERPIECES
edited by Maynard Mack et al.

THE NORTON READER
edited by Arthur M. Eastman et al.

THE NORTON FACSIMILE OF
THE FIRST FOLIO OF SHAKESPEARE
prepared by Charlton Hinman
and the
NORTON CRITICAL EDITIONS

ISBN 0 393 04234 0 Cloth Edition
ISBN 0 393 09554 1 Paper Edition

COPYRIGHT © 1969, 1962 BY W. W. NORTON & COMPANY, INC

Library of Congress Catalog Card No. 68-58749

PRINTED IN THE UNITED STATES OF AMERICA
4 5 6 7 8 9 0

.....namƀƀ22.....ƀcƀ4500
007 ta
008 ......s1969ƀƀƀƀusƀaƀƀƀƀƀƀƀƀƀƀ000aƀƀengƀƀ

┌ DDC의 Shakespeare개인 저작을 위한 분류번호
│ ┌ 'W'는 'Henry the fourth'의 도서번호(DDC분류표 참조)
│ │ ┌ '2'는 'Henry the fourth'의 DDC분류번호 중 평론/평주 번호

090 ƀƀ ▾a822.33 ▾bW2s

└ 's'는 평주자 'Sanderson'의 성(처음문자 소문자)

100 1ƀ ▾aShakespeare, William

└ 한 작품의 평주서는 원작자를 기본표목

┌ '▾a'는 본표제를 위한 식별기호로 자료 자체의 표제
┌ '.▾n'는 권차의 구분부호와 식별기호. 편차나 권차는 정보원의 문자로 기재
┌ 내용주기와 동일한 표제관련정보는 생략이 가능

245 10 ▾aHenry the fourth. ▾npart I : ▾ban authorized text, cultural contexts, extracts from the major sources, essays in criticism, bibliography / ▾d[by] William Shakespeare ; ▾eedited by James L. Sanderson

└ '; ▾e'는 저자와 역할이 다른 평주자를 기술
'/ ▾d'는 원저자의 역할어와 성명 ┘

┌ 제1지시기호 2(주기 않고, 표제 부출 않음)는 원표제와 본표제가 동일한 경우 지시
│┌ 제2지시기호 'ƀ'는 '▾i'로 정형화 지 않은 표출어를 입력할 때 지시

246 2ƀ ▾iOriginal title: ▾aHenry the fourth, ▾npart. I
250 ƀƀ ▾aRevised ← 정보원의 문자를 그대로 기재

260 ␢␢ ▾aNew York : ▾bW. W. Norton & Co., Inc., ▾c1969
=260 ␢␢ ▾aNew York : ▾bNorton, ▾c1969
└ 발행처(사)명은 식별이 가능한 간략형으로 기재 가능

300 ␢␢ ▾axii, 413 p. ; ▾c21 cm
500 ␢␢ ▾aA Norton critical edition
└ 250필드에 판차가 기술될 때는 특별판표시는 500필드로 일반주기

504 ␢␢ ▾aBibliography: p. 408-413
┌ 제1지시기호 8은 정형화되지 않은 'Contents:'라는 표출어 입력을 위한 지시
505 8␢ ▾aContents: The text of Henry the fourth, part I -- Cultural contexts -- Extracts from the major sources -- Essays in criticism

┌ 제2지시기호 '0'(확장형)은 내용사항을 해당 식별기호로 기술할 때 지시
505 80 ▾aContents: ▾tThe text of Henry the fourth, part I -- ▾tCultural contexts -- ▾tExtracts from the major sources -- ▾tEssays in criticism

<출력> Contents: The text of Henry the fourth, part I -- Cultural contexts -- Extracts from the major sources -- Essays in criticism
700 1␢ ▾aSanderson, James L. ← 평주자의 부출표목
740 ␢2 ▾aText of Henry the fourth, part I
└ 740필드로 분출되는 표제의 표목은 관사를 제외한 검색어로 기술

740 ␢2 ▾aCultural contexts ← 내용표제의 분출표목
740 ␢2 ▾aExtracts from the major sources ← 내용표제의 분출표목
740 ␢2 ▾aEssays in criticism ← 내용표제는 필요한 부분을 선정 부표목
<출력> Essays in criticism

14. 관칭, 관제

> 日帝下
> # 公共圖書館의 社會敎育活動
> 金 南 碩 著
>
> 啓明大學校出版部

> 日帝下 公共圖書館의 社會敎育活動
>
> 1991年 2月 15日 印刷 〈값 6,000원〉
> 1991年 2月 20日 發行
>
> 著 者 金 南 碩
> 發行人 申 一 熙
> 發行處 啓 明 大 學 校 出 版 部
> 대구직할시 남구 대명동 2139 ☎ 624-5213
> 등 록 : 1970년 9월 1일 대구 4-28

.....namƀƀ22.....ƀcƀ4500

007 ta

008 ......s1991ƀƀƀƀtgkaƀƀƀƀƀƀƀƀƀƀ000aƀƀ korƀƀ

020 ƀƀ ▾c₩6,000 ← ISBN이 없을 때는 화폐단위표시와 함께 가격만을 '▾c'로 기재

090 ƀƀ ▾a026 ▾b김19ㅇ

100 1ƀ ▾a김남석

245 20 ▾a(日帝下) 公共圖書館의 社會敎育活動 / ▾d金南碩 著

↙ '日帝下'와 같이 특정시대를 나타낸 관제는 포함한 표제로도 부출표목

↓ 제1지시기호 '2'는 ()의 관제를 포함한 표제와 제외한 표제로 각각 자동 부표목을 지시

<출력> 日帝下 公共圖書館의 社會敎育活動 / 金南碩 著

└ 관제의 좌우의 괄호가 제외된 상태로 출력

<표목> 일제하 공공도서관의 사회교육활동 ← 관제를 포함한 표제표목

공공도서관의 사회교육활동 ← 관제를 제외한 표제표목

┌ 제1지시기호 '1'은 245필드에 기재되지 않은 대등표제를 246필드로 주기와 표제부출을 지시

│┌ 제2지시기호 '1'은 '대등표제'라는 표출어 생성을 위한 지시

246 11 ▾aPublic libraries in contexts of adult education under the Japanese occupation

<출력> 대등표제: Public libraries in contexts of adult education under the Japanese occupation

260 ƀƀ ▾a大邱 : ▾b啓明大學校出版部, ▾c1991

300 ƀƀ ▾axiii, 301 p. : ▾b삽도 ; ▾c22 cm

500 ƀƀ ▾a색인 수록

504 ƀƀ ▾a참고문헌: p. 233-243

┌ 2개 이상의 권말부록은 부록명을 연번과 짝지어 순차적으로 기재하거나 525필드를 반복하여 각각 기술

525 ƀƀ ▾a권말부록: 1. 설립연도별 공공도서관 일람; 2. 도별 공공도서관 설립현황; 3. 관명별 공공도서관 일람; 4. 조선도서관 일람; 5. 1932년도 관공사립 공공도서관 열람인원상황; 6. 조선관공사립 공개도서관 일람; 7. 충청남도 순회문고 규정; 8. 조선도서관 연구회 규칙

650 ƀ4 ▾a도서관 ▾z한국

740 ƀƀ ▾a조선도서관 연구회 규칙 ← 검색을 위한 부록명의 부출표목

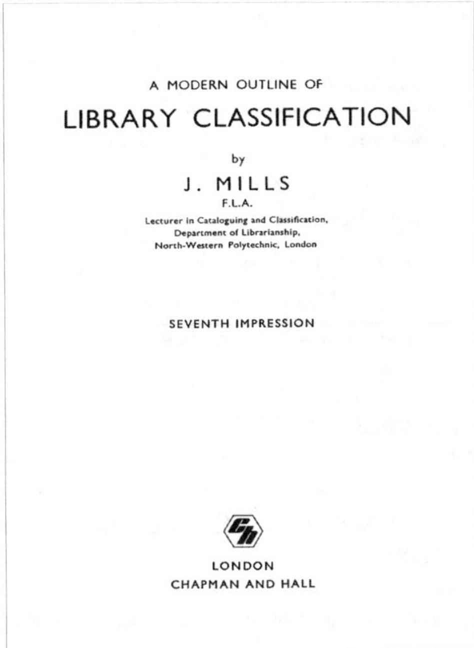

A MODERN OUTLINE OF

LIBRARY CLASSIFICATION

by

J. MILLS

F.L.A.

Lecturer in Cataloguing and Classification,
Department of Librarianship,
North-Western Polytechnic, London

SEVENTH IMPRESSION

LONDON
CHAPMAN AND HALL

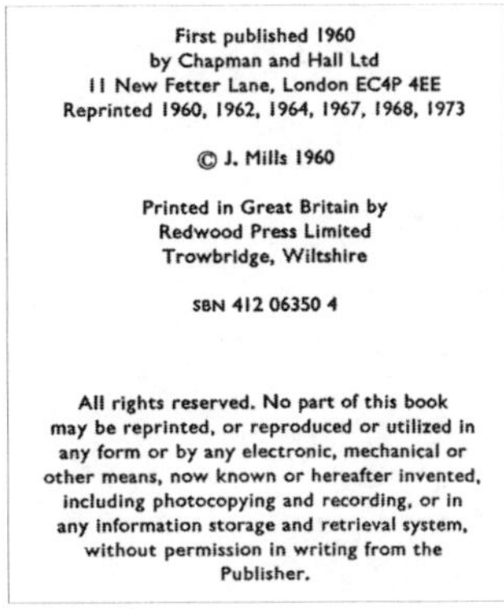

First published 1960
by Chapman and Hall Ltd
11 New Fetter Lane, London EC4P 4EE
Reprinted 1960, 1962, 1964, 1967, 1968, 1973

© J. Mills 1960

Printed in Great Britain by
Redwood Press Limited
Trowbridge, Wiltshire

SBN 412 06350 4

All rights reserved. No part of this book may be reprinted, or reproduced or utilized in any form or by any electronic, mechanical or other means, now known or hereafter invented, including photocopying and recording, or in any information storage and retrieval system, without permission in writing from the Publisher.

.....namƀƀ22.....ƀcƀ4500
007 ta
008 ......s1973ƀƀƀƀulkaƀƀƀƀƀƀƀƀƀƀ000aƀƀ engƀƀ

↓ ↑

090 ƀƀ ▾a025.42 ▾bM657m

↓ 기본표목된 'Mills, ...'의 성(처음문자 대문자)과 저자번호

↑ 본표제의 관사 다음 배열기준이 된 'Modern ...'의 처음문자 (소문자)

100 1ƀ ▾aMills, J.

└ 제1지시기호 '1'은 성을 가진 인명일 때 지시(복합성 포함)

┌ 제2지시기호 '1'은 ()로 입력된 관사를 제외한 표제표목을 지시

| ┌ 본표제 앞의 관사는 부표목될 때 제외될 수 있게 제2지시기호 '1'과 연계시켜 ()로 기술

245 11 ▾a(A) Modern outline of library classification / ▾dby J. Mills

> 090 ƀƀ ▾a025.42 ▾bM657ℓ
> 100 1ƀ ▾aMills, J. └ 'ℓ'은 본표제로 기재된 처음문자(소문자)
> ┌ 관제가 9자 이상이므로 표제관련정보로 기재, 이때 제2지시기호는 '0'로 지시
> | ┌ 관제는 ': ▾b'에 표제관련정보로 기재
> 245 10 ▾aLibrary classification : ▾ba modern outline of / ▾dby J. Mills

┌ 제1지시기호 '3'은 245필드에 입력된 사항을 주기 않고 부표목 지시

|┌ 제2지시기호 'ƀ'(표출어 생성 않음)는 '▾i'로 표출어를 입력할 때 지시

246 3ƀ ▾iPortion of title: ▾aLibrary classification : ▾ba modern outline of

└ 표목될 표제는 '▾a'로 기술

250 ƀƀ ▾a7th impression

└ 개정이 아닌 인쇄사항이 정보원에 분명히 표시된 경우는 이를 250필드나 500필드로 기재하나, 090필드의 도서기호에는 판차표시를 안함

260 ƀƀ ▾aLondon : ▾bChapman and Hall, ▾c1973

300 ƀƀ ▾avii, 196 p. ; ▾c23 x 18 cm ← 크기가 비정상형인 자료는 '세로 x 가로 cm'로 기재

15. 영인본

거름신서 34

조선교육사 I

이만규 지음

기획출판 거 름

조선교육사 I 거름신서 34

1988년 2월 10일 인쇄
1988년 2월 20일 발행

지은이 이 만 규
펴낸이 유 대 기
펴낸곳 기획출판 거 름

주소 서울시 종로구 사직동 210번지 동천빌딩 301호
전화 738-7957(편집부), 736-6882(영업부)
등록 제 7-11호(1979.6.28)

•잘못된 책은 바꿔 드립니다. 값 3,500 원

.....namƀƀ22.....ƀcƀ4500
007 ta

008 ......r19881947ulkaƀƀƀƀƀƀƀƀƀƀƀ000aƀƀ korƀƀ

↓ 'r'은 복간년도를 위한 유형부호
↙ '1988'은 복제본의 발행년도로 008/7-10자리 발행년1에 기재
↑ 1947은 원본 발행년도로 008/11-14자리 발행년2에 기재

020 ƀƀ ▾c₩3,500(I), ₩4000(II)
└ ISBN이 없는 다권본의 가격은 ','로 구분하여 함께 기재하거나 500필드로 일반주기
090 ƀƀ ▾a370.911 ▾b이32ㅈ
└ 본표제 '조선교육사'의 처음문자(초성)
100 1ƀ ▾a이만규
245 10 ▾a조선교육사 / ▾d이만규 지음
┌ 정리되고 있는 복제본의 발행사항을 해당 식별기호로 기재
260 ƀƀ ▾a서울: ▾b거름, ▾c1988
300 ƀƀ ▾a2책 (286, 318 p.) ; ▾c23 cm
└ 필요한 각 책의 면수는 ','으로 구분하여 ( )로 부기
└ 2책 이상으로 된 다권본은 책수나 권수를 기재
440 00 ▾a거름신서 ; ▾v34-35
500 ƀƀ ▾a초판 제1권은 1947년, 제2권은 1949년에 출판되었음
└ 동일 저작의 다른 판들과의 관계는 500필드로 일반주기
┌ 영인본과 상이한 원본발행사항을 해당 식별기호와 구분기호로 기재
┌ '▾c'는 원본의 출판사항을 ISBD형식을 준용 기재
534 ƀƀ ▾p원본발행사항: ▾c서울 : 大同社, 1947-1949
└ '▾p'는 원본에 관련된 설명적 문구를 위한 식별기호
└ 2년 이상에 걸쳐 발행된 자료는 '처음권 발행년-마지막권 발행년'형식으로 기재
650 ƀ4 ▾a교육 ▾z한국 <출력> 교육-한국

> A MODERN
> ENGLISH GRAMMAR
> ON HISTORICAL PRINCIPLES
>
> OTTO JESPERSEN
>
> Part I
> SOUNDS AND SPELLINGS
>
> GEORGE ALLEN & UNWIN LTD — LONDON
> EJNAR MUNKSGAARD — COPENHAGEN

> *This book is copyright under the Berne Convention. Apart from any fair dealing for the purposes of private study, research, criticism or review, as permitted under the Copyright Act 1956, no portion may be reproduced by any process without written permission. Enquiries should be addressed to the publishers*

.....namƀƀ22.....ƀcƀ4500
007 ta
008 ......m19611965ukƀaƀƀƀƀƀƀƀƀƀƀƀ000aƀ
ƀengƀƀ
*복수년도는 발행년 유형을 'm'으로 최초발행년과 마지막 발행년을 기재

090 ƀƀ ▾a745 ▾bJ58m
└ 다권본 각책의 상이한 판차는 도서기호에 표시하지 않고 일반주기로만 기술

100 1ƀ ▾aJespersen, Otto

245 11 ▾a(A) Modern English grammar on historical principles / ▾d[by] Otto Jespersen

┌ 영인본은 자료자체의 영인본발행사항인 발행지, 발행처, 발행년을 기재
260 ƀƀ ▾aNorthampton : ▾bJohn Dickens and Co., ▾c1961-1965
2년 이상 발행된 자료는 '처음 발행년-마지막 발행년'형식으로 기재 ┘

300 ƀƀ ▾a7 v. ; ▾c21 cm

┌ 원판의 발행사항은 500필드로 '원판발행'이라는 표출어로 주기
┌ 발행사항을 260필드의 기재형식으로 기재
500 ƀƀ ▾aOriginally Published: London : George Allen & Unwin Ltd. ; Copenhagen : Ejnar Munksgaard, 1956
└ 두 번째 발행처 └ 발행년은 마지막에 기재
발행지가 두 개 이상일 때는 ';'으로 구분기재 ┘

┌ 제1지시기호 '8'은 형식화되지 않은 표출어를 입력할 때 지시
┌ 제2지시기호 'ƀ'(기본형)는 내용주기의 각 사항을 식별기호 없이 기재할 때 지시
505 8ƀ ▾aContents: v. 1. Sounds and spellings -- v. 2-5,7. Syntax -- v. 6. Morph
여러 권으로 된 동일표제는 권표시를 함께 모아 기재 ┘

700 12 ▾aSounds and spellings. ▾nv. 1 ← 내용표제의 분출표목

700 12 ▾aSyntax. ▾nv. 2-5,7 ← 내용주기된 제2권-5권, 제7권의 내용표제 분출표목

700 12 ▾aMorphology. ▾nv. 6 ← 내용주기된 제6권 표제의 분출표목

16. 종합표제가 없는 자료

1) 1인 저서

한국문학대표작선집 ⑩

무정·꿈

■

이 광 수

■

작품 해설

조선 천지를 진동시킨 《무정》

구인환

시련과 형성의 2중주

이재선

《무정》과 소설적 근대성

서영채

(주) 문학사상사

*

한국문학대표작선집 ⑩ 무정·꿈

*

초판 발행 — 1992년 3월 30일

8판 발행 — 1995년 2월 1일

*

지은이 — 이 광 수

펴낸이 — 박 공 근

펴낸곳 — 주식회사 문학사상사

서울특별시 종로구 적선동 80 적선현대빌딩

*

편집부 — 736-9468 · 736-9469

영업부 — 736-9467 · 735-4303

*

우편대체 계좌번호 : 010017-31-1088871

지로구좌 : 3006111

팩시밀리 : (02)723-7386 · 738-2997

등록 : 1973년 3월 21일 제1-137호

*

잘못 제본된 책은 구입하신 서점이나 본사에서 바꾸어 드립니다.

*

값은 표지 뒷면에 표시되어 있습니다.

```
.....namɓɓ22.....ɓcɓ4500
007 ta
008 ......s1995ɓɓɓɓulkaɓɓɓɓɓɓɓɓɓɓɓ000aɓɓkorɓɓ
           ┌ 기본표목은 저자명을 표목어인 한국어로 기재
           │               ┌ 확인되지 않은 생몰년 부분은 '?'나 공란으로 표시
100 1ɓ ▾a이광수, ▾d1892-?
           └──────┐    ┌ 본표제로 기재되는 처음표제 '무정'의 처음문자(초성)
090 ɓɓ ▾a811.3 ▾b이15ㅁ
           ┌────────┘           ┌ 목록자가 부기한 역할어는 []로 기재
245 10 ▾a무정 ; ▾a꿈 / ▾d이광수 [지음]
    │        │ │    └ '/▾d'는 정보원의 문자로 저자명 기재
    │        │ └ 본표제가 2개 이상일 때는 '▾a'를 반복하여 ';'으로 구분 기재
    │        │   두 번째 이하 '▾a'로 기재된 표제는 직접부출되지 않고 740필드에 자동 생성을
    │        │   위한 용도로 사용
    │        └ 한 저자가 지은 2개 이상의 표제 사이는 ';'으로 구분
    └ 제1지시기호 '1'은 첫 번째 '▾a'로 입력된 본표제의 자동 부표목을 지시
260 ɓɓ ▾a서울 : ▾b문학사상사, ▾c1995
300 ɓɓ ▾a501 p. ; ▾c23 cm
```

440 00▾a한국문학대표작선집 ;▾v10

|　　　　　　　　　　　└ ';▾v'는 총서번호를 위한 구분부호와 식별기호

└ 440은 주기된 총서표제를 그대로 표목할 때 적용하는 필드

504 ƀƀ▾a이광수연보 수록

┌ 자료에 포함된 부록은 '권말부록' 또는 '부록'이라는 표출어로 부록표제와 저자명을
| 포함한 관계사항을 기재

525 ƀƀ▾a권말부록(작품해설): 조선천지를 진동시킨<무정> / 구인환. p. 467-473; 시련과 형성의 2중주 / 이재선. p. 474-484; <무정>과 소설적 근대성 / 서영채. p. 485-501

700 12▾a구인환. ▾t조선천지를 진동시킨<무정>　← 권말부록의 분출표목

700 12▾a이재선. ▾t시련과 형성의 2중주

700 12▾a서영채. ▾t<무정>과 소설적 근대성

└ 부록표제와 저자명이 함께한 경우는 내용주기와 같이 각각 부표목 될 수 있게 분출표목으로 기술

740 ƀƀ▾a꿈

└ 245필드에 '▾a'로 입력된 두 번째 이하의 본표제의 부출표목(자동부표목될 때는 별도로 부표목하지 않음)

<표 6> 표제의 도치가 필요한 용어

A book of ...	Guide to ...	Principles of ...
Completes ...	Handbook of ...	A short history of ...
A completes manual of ...	History of ...	The story of ...
Complete works of ...	Introduction to ...	Studies in ...
Elementary of ...	Manual of ...	Survey of ...
The essentials of ...	The natural of ...	A textbook of ...
Fundamentals of ...	Outline of ...	The works of ...

THE STORY OF
THE GLITTERING
PLAIN
&
CHILD
CHRISTOPHER

William Morris

WITH A NEW INTRODUCTION BY
NORMAN TALBOT

THOEMMES PRESS

This edition published by Thoemmes Press, 1996

Thoemmes Press
11 Great George Street
Bristol BS1 5RR
United Kingdom

ISBN 1 85506 461 8 : Paperback

The William Morris Library Second Series
Six-volume set : Hardback : ISBN 1 85506 456 1

This is a reprint of the 1912 and 1913 editions

CONTENTS

.....namƀƀ22.....ƀcƀ4500
007 ta
008 ......s1996ƀƀƀƀukƀaƀƀƀƀƀƀƀƀƀƀ000aƀƀ engƀƀ
020 ƀƀ ▾a1855064618 (paperback)
090 ƀƀ ▾a843 ▾bM877s
100 1ƀ ▾aMorris, William

┌ 제1지시기호 '1'은 '▾a'로 기재된 본표제의 자동 부표목 지시
│┌ 제2지시기호 '1'은 ()로 기재된 관사를 제외한 표제의 부표목 지시
││ ┌ 2개의 표제가 합쳐진 정보원의 표제를 그대로 본표제로 전사

245 11 ▾a(The) Story of the glittering plain & Child Christopher / ▾dWilliam Morris ; ▾ewith a new introduction by Norman Talbot

* ';▾a'로 반복 기재되는 동일 저자의 두 번째 이하의 표제는 740필드에 자동생성을 위한 용도로 사용

<출력> The Story of the glittering plain & Child Cristopher

└ ()로 기재된 관제의 좌우 괄호를 제외한 표제 출력

<표목/색인> Story of the glittering plain & Child Cristopher

└ 제2지시기호 '1'에 의해 검색어가 아닌 () 내의 관사를 제외한 표목으로 출력

┌ 제2지시기호 'ƀ'는 식별기호 '▾i'로 정형화되지 않은 표출어 기재를 지시

246 3ƀ ▾iPortion of title: ▾aChild Cristopher

└ 246필드는 표제 앞부분의 관사 'The'를 생략 표목되는 표제만 기재

260 ƀƀ ▾aBristol, United Kingdom : ▾bThoemmes Press, ▾c1996

└ 발행지명(도시명)의 식별을 위한 상위지명이나 국명을 기재

┌ 서문면수는 정보원의 문자(로마숫자 소문자)로 기재
| ┌ 본문은 아라비아 숫자로 인쇄된 마지막 면수를 기재

300 ƀƀ ▾axxxvii, 261, 54 p. ; ▾c23 cm

└ 부록이나 첨부자료의 독립된 면수는 각각의 면수를 ','로 구분하여 기재

500 ƀƀ ▾aThe Story of the Glittering Plain was first printed in the English Illustrated Magazine vol. 7, 1890

500 ƀƀ ▾aChild Christoper and Goldilind the Fair was first printed in Morris's Chaucer Type, July 1895

504 ƀƀ ▾aBibliographical note: p. i-xxxvii

504 ƀƀ ▾aNotes and glossary by Norman Talbot: p. i-liv

└ 부록으로 수록된 참고서지사항을 수록면수와 함께 기재

┌ 제1지시기호 '8'은 정형화 되지 않은 표출어를 기재하는 경우 지시
|┌ 제2지시기호 'ƀ'(기본형)은 각 사항을 식별기호 없이 기재할 때 지시

505 8ƀ ▾aContents: The Story of the Glittering Plain, or the Land of Living men -- Child Christopher and Goldilind the Fair

*'245/▾a'로 기재된 본표제와 내용표제가 상이한 부분이 있기 때문에 내용주기하고, 상이한 부분의 표제를 분출표목

700 1ƀ ▾aTalbot, Norman ← 서문저자의 부출표목

740 ƀ2 ▾aChild Christopher and Goldilind the fair

└ 246필드에 기재된 두 번째 표제와 상이한 내용주기된 표제의 분출표목

740 ƀ2 ▾aLand of living men ← '245/▾a'에 기재된 본표제의 별표제의 분출표목

.....namƀƀ22.....ƀcƀ4500
008 ......s1976ƀƀƀƀulkaƀƀƀƀƀƀƀƀƀƀ000aƀƀkorƀƀ
041 1ƀ ▾akor ▾hger

└ '▾a'는 번역서의 한국어부호, '▾h'는 원저작의 독일어부호<부속서3. 언어구분부호표>

┌ 원표제 'Essays ...'의 처음문자(소문자)
│┌ 번역된 국어표시 Korean의 'K'를 대문자로 기재

090 ƀƀ ▾a164.12 ▾bB128eKo

└ 번역자 '李鍾求'의 성(초성)

100 1ƀ ▾aBacon, Francis, ▾d1561-1626

┌ 제1지시기호 '1'은 '▾a'로 입력된 첫 번째 본표제의 부표목를 지시
┌ 2개 이상의 본표제는 '▾a'를 반복하여 ';'으로 구분기재
┌ '/▾d'는 원저자명을 정보원의 문자로 기재

245 10 ▾a베이컨隨筆 ; ▾a學問의 進步 / ▾d프란시스 베이컨 저 ; ▾e李鍾求 譯

'; ▾e'는 역할을 달리한 번역저자명을 기재 ┘

┌ 2개 이상의 원표제는 246필드를 반복하여 기술
│ ┌ 제1지시기호 '1'은 원표제를 주기하고 부표목할 것을 지시
│ │┌ 제2지시기호 '9'는 '원표제'라는 표출어를 위한 지시(M21은 500필드로 주기)

246 19 ▾aEssays, civil and moral <출력> 원표제: Essays, civil and moral
246 19 ▾aDe Augmentis Scientiarum <출력> 원표제: De Augmentis Scientiarum

[원표제를 765필드로 주기와 표목한 예]

┌ 번역자료목록에서 원저자료를 246필드에 기술치 않고 765필드로 할 때
│ ┌ 제1지시기호 '0'는 기재된 사항의 주기표시를 지시
│ │┌ 제2지시기호 'ƀ'는 '원저자료'라는 정형화된 표출어 출력을 지시

765 0ƀ ▾tEssays, civil and moral <출력> 원저자료: Essays, civil and moral.
765 0ƀ ▾tDe Augmentis Scientiarum
<출력> 원저자료: De Augmentis Scientiarum

260 ƀƀ ▾a서울 : ▾b東西文化社, ▾c1976
300 ƀƀ ▾a542 p. : ▾b삽도(사진) ; ▾c21 cm

┌ '= ▾x'는 대등총서표제를 위한 구분부호와 식별기호

440 00 ▾a世界文學思想全集 = ▾xGreat books
500 ƀƀ ▾a책등 대등총서표제: World's great books, 67

└ 정보원에 따라 총서표제가 다를 때는 정보원을 표출어로 해당 총서표제를 기재

504 ƀƀ ▾a年譜: p. 535-540
504 ƀƀ ▾a해제: p. 1-17
546 ƀƀ ▾a독일어로 된 원본을 한국어로 번역 ← 041필드와 연계하여 언어의 서술적 주기
700 1ƀ ▾a이종구 ← 번역자명의 부출표목
700 1ƀ ▾a베이컨, 프란시스 ← 원저자의 한국어명을 '성, 이름'형식으로 부출표목

┌ 245필드에 '▾a'로 입력된 두 번째 이하의 본표제의 부출표목

740 ƀƀ ▾a학문의 진보
740 ƀƀ ▾aGreat books ← 500필드로 주기된 대등 총서표제의 부출표목
740 ƀƀ ▾aWorld's great books. ▾n67 ← 일반주기된 총서표제부출표목

2) 저자가 다른 2개 이상의 저서

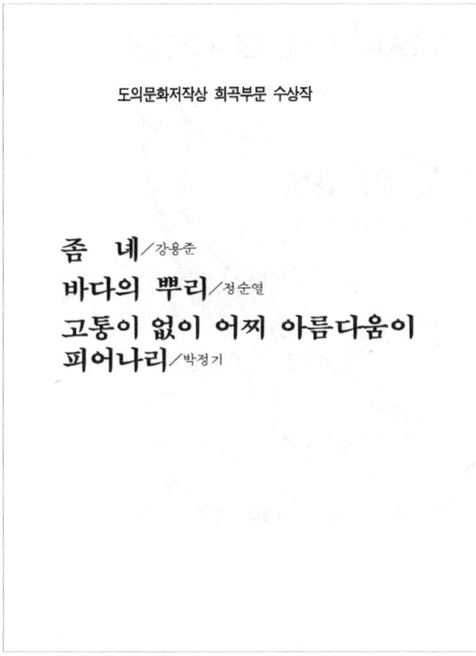
도의문화저작상 희곡부문 수상작

좀 네/강용준

바다의 뿌리/정순열

고통이 없이 어찌 아름다움이 피어나리/박정기

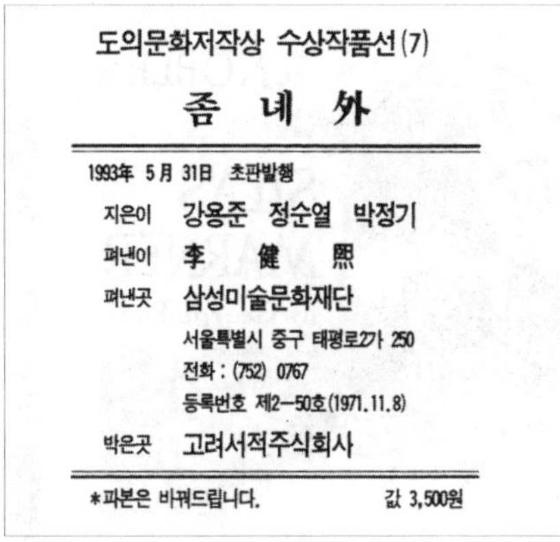
도의문화저작상 수상작품선(7)

좀 네 外

1993年 5月 31日 초판발행

지은이 강용준 정순열 박정기

펴낸이 李 健 熙

펴낸곳 삼성미술문화재단

서울특별시 중구 태평로2가 250

전화 : (752) 0767

등록번호 제2-50호(1971.11.8)

박은곳 고려서적주식회사

*파본은 바꿔드립니다. 값 3,500원

.....namƀƀ22.....ƀcƀ4500

007 ta

008 ......s1993ƀƀƀƀulkaƀƀƀƀƀƀƀƀƀƀƀ000aƀƀ korƀƀ

020 ƀƀ ▾c₩3,500

090 ƀƀ ▾a812.6 ▾b강65ㅈ

└ 처음작품의 본표제 '좀네'의 처음문자(초성)

└ 기본표목된 처음 작품의 저자 '강용준'의 성과 저자번호

100 1ƀ ▾a강용준 ← 처음작품의 저자명을 기본표목

┌ 제1지시기호 '1'은 '▾a'로 기재된 첫 번째 본표제의 자동 부표목를 지시

┌ 저자가 다른 저작 사이는 '.'로 구분

245 10 ▾a좀네 / ▾d강용준 [저]. ▾a바다의 뿌리 / ▾d정순열 [저]. ▾a고통이 없이 어찌 아름다움이 피어나리 / ▾d박정기 [저]

└ 저작자는 '/▾d'를 반복 해당 표제와 짝지어 기재, 두 번째 이하의 표제와 저자명은 7XX로 분출표목

┌ 제1지시기호 '1'은 '▾a'로 기재된 사항의 주기와 표제부출을 지시

┌ 제2지시기호 'ƀ'는 '▾i'로 정형화되지 않은 표출어를 기재하기 위한 지시

┌ 본표제와 상이한 판권기 표제를 전사

246 1ƀ ▾i판권기표제: ▾a좀네 外

260 ƀƀ ▾a서울 : ▾b삼성미술문화재단, ▾c1993

300 ƀƀ ▾a261 p. ; ▾c23 cm

440 00 ▾a도의문화저작상 수상작품선 ; ▾v7

500 ƀƀ ▾a판권기표제: 좀네 外

700 12 ▾a정순열. ▾t바다의 뿌리 ← 245필드의 두 번째 저작의 분출표목

700 12 ▾a박정기. ▾t고통이 없이 어찌 아름다움이 피어나리

└ 기본표목되지 않은 두 번째 이하의 작품명과 저자명은 '▾a'와 '▾t'로 짝지어 분출표목

The Pearl is reprinted by arrangement with the Viking Press, Inc., copyright 1945 by John Steinbeck. Grateful acknowledgement is made to the British Travel Association, Universal Pictures for their many splendid photographs used to illustrate *Silas Marner* and to RKO Radio Pictures and the Pan American Airways for those used in *The Pearl*.

Copyright, ©1953, 1965
By NOBLE AND NOBLE, Publishers, Inc.
Printed in the United States of America

All rights reserved. No part of this book may be reproduced in any form, or by any mechanical means, including duplicating machine and tape recorder, without permission in writing from the publisher.
N700-1-4

.....namƀƀ22.....ƀcƀ4500
007 ta
008 ......s1965ƀƀƀƀusƀaƀƀƀƀƀƀƀƀƀƀƀ000aƀƀeng ƀƀ

↓ ↘
090 ƀƀ ▾a843.8 ▾bE42s
↓ 기본표목된 저자 'Eliot'의 성(처음문자 대문자)과 저자번호
↘ 처음작품명 'Silas ...'의 처음문자(소문자)
100 1ƀ ▾aEliot, George ← 처음작품의 저자명을 기본표목

┌ 제1지시기호 '1'은 '▾a'로 입력된 첫 번째 본표제의 자동 부표목을 지시
| ┌ 첫 번째 표제 ┌ 첫 번째 작품의 저자명 ┌ '/▾d'를 반복 기재
245 10 ▾aSilas Marner / ▾dby George Eliot. ▾aThe Pearl / ▾dby John Steinbeck ; ▾eedited by Jay E. Greene └ 두 번째 작품의 표제는 '▾a'를 반복 기재
└ 역할을 달리한 저자명을 기재
260 ƀƀ ▾aNew York : ▾bNoble and Noble, Publishers, ▾cc1965
┌ 서문면수는 정보원의 로마숫자 소문자로 기재
| ┌ 본문면수는 아라비아숫자로 기재
| | ┌ 자료의 도표, 그림, 사진 등은 '삽도', 'illus.'라고 기재
300 ƀƀ ▾axxviii, 451 p. : ▾billus. ; ▾c20 cm
440 00 ▾aNoble's comparative classics
700 12 ▾aSteinbeck, John. ▾tPearl ← 두 번째 작품명과 저자명의 분출표목
700 1ƀ ▾aGreene, Jay E. ← 역할을 달리한 편저자명의 부출표목

韓國名著大全集

李重煥 · 朴齊家

擇里志 □ 北學議

訳 / 盧道陽 · 李錫浩

□ 大洋書籍

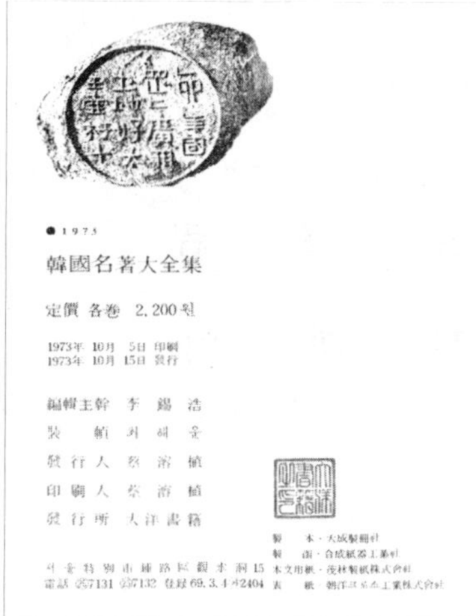

●1973

韓國名著大全集

定價 各卷 2,200원

1973年 10月 5日 印刷
1973年 10月 15日 發行

編輯主幹 李錫浩

發行所 大洋書籍

서울特別市 鍾路區 觀水洞 15

.....nam$\not b\not b$22.....$\not b$c$\not b$4500

007 ta

008 ......s1973$\not b\not b\not b\not b$ulka$\not b\not b\not b\not b\not b\not b\not b\not b\not b\not b$000a$\not b$
$\not b$kor$\not b\not b$

020 $\not b\not b$ ▾c₩2,200.

090 $\not b\not b$ ▾a813 ▾b이76ㅌ

　　　　　　│　└ 처음작품의 본표제 '擇里志'의 처음문자(초성)

　　　　　　└ 기본표목된 처음 작품의 저자 '이중환'의 성과 저자번호

100 1$\not b$ ▾a이중환

　　　└ 처음작품의 저자명을 기본표목

┌ 제1지시기호 '1'은 '▾a'로 기재된 첫 번째 본표제의 자동 부표목를 지시

│　┌ 245필드에 기재되는 2개 이상의 본표제는 '▾a'를 반복하여 기재

│　│　　　┌ 각 저작의 저자는 '/▾d'를 반복 해당 표제와 짝지어 기재

245 10 ▾a擇里志 / ▾d李重煥 [著] ; ▾e盧道陽 譯. ▾a北學議 / ▾d朴齊家 [著] ; ▾e李錫浩 譯

　　　　　　각 표제의 번역자는 ';▾e'를 반복하여 해당 저작과 짝지어 기재 ┘

260 $\not b\not b$ ▾a서울 : ▾b大洋書籍, ▾c1973

300 $\not b\not b$ ▾a408 p. : ▾b삽도, 사진 ; ▾c23 cm

440 00 ▾a韓國名著大全集

504 $\not b\not b$ ▾a年譜: p. 407-408

700 1$\not b$ ▾a노도양 ← 기본표목된 작품의 번역자명 부출표목

┌ 두 번째 이하의 저자명과 작품명은 각각 표목될 수 있게 분출표목

│　　　　　　┌ 식별상 필요한 작품명은 한자를 ( )로 보기

700 12 ▾a박제가. ▾t북학의(北學議)

700 1$\not b$ ▾a이석호. ▾t북학의

　　　└ 두 번째 이하의 작품에 대한 번역자는 해당 작품명과 짝지어 부출표목

世界思想教養全集 4

죤 번 얀
天 路 歷 程
토머스 모어
유 토 피 아

朱耀燮 譯

乙酉文化社

.....namЫЫ22.....ЫcЫ4500
007 ta
008 ......s1963ЫЫЫЫulkaЫЫЫЫЫЫЫЫЫЫЫ000aЫЫ korЫЫ

090 ЫЫ ▾a080 ▾bB942pKㅈ

↓ 처음 작품의 저자 'Bunyan, ...'의 성(처음문자 대문자) 저자번호
↘ 처음작품의 원표제 'Pilgrim's progress' 처음문자(소문자)
↙ 번역자 '朱耀燮'의 성(초성)

100 1Ы ▾aBunyan, John

└ 처음작품의 저자명을 기본표목

┌ '▾a'는 첫 번째 본표제(정보원의 번역표제)를 정보원의 문자로 기술
┌ 역할을 달리한 저자는 ';'로 구분

245 10 ▾a天路歷程 / ▾dJohn Bunyan [著] ; ▾e朱耀燮 譯. ▾a유토피아 / ▾dThomas Moore [著] ; ▾e朱耀燮 譯

└ 두 번째 표제, 저자명, 번역자명을 짝지어 기재

[번역자를 한 번만 기재한 예]

245 10 ▾a天路歷程 / ▾dJohn Bunyan [著]. ▾a유토피아 / ▾dThomas Moore [著] ; ▾e朱耀燮 譯

[원표제를 246필드로 기재한 예]

246 19 ▾aPilgrim's progress	<출력> 원표제: Pilgrim's progress
246 19 ▾aUtopia	<출력> 원표제: Utopia

260 ЫЫ ▾a서울 : ▾b乙酉文化社, ▾c1963
300 ЫЫ ▾a393 p. ; ▾c23 cm
440 00 ▾a世界思想教養全集 ; ▾v4
700 12 ▾aMoore, Thomas. ▾t유토피아

┌ 번역자료목록에서 원저자료를 246필드에 기술하지 않고 765필드로 할 때
│ ┌ 제1지시기호 '0'는 기재된 사항의 주기표시를 지시
│ │┌ 제2지시기호 'ƀ'는 '원저자료'라는 정형화된 표출어 출력을 지시
765 0ƀ ▾tPilgrim's progress ← 기본표목된 저자의 원표제는 표제를 부출표목
765 0ƀ ▾aMore, Thomas. ▾tUtopia ← 두 번째 저작은 저자명과 원표제를 식별기호로 짝지어 기재
<출력> 원저자료: Pilgrim's progress
원저자료: More, Thomas. Utopia
700 1ƀ ▾a주요섭 ← 전체작품의 번역자명 부출표목

<표 7> 간별의 종류

일간(日刊) : daily : d (1일 1회 발간)	연 8회간(年8回刊) : semi-quaterly : s-q (연 8회 발간)
주간(週刊) : weekly : w (주 1회 발간)	반년간(半年刊) : semi-annually : s-a (연 2회 발간)
주2회간(週2回刊) : semi-weekly : s-w (주 2회 발간)	연간(年刊) : annually : a (연 1회 발간)
격주간(隔週刊) : fortnightly : bi-weekly : b-w (2주 1회 발간)	2년간(2年刊) : biennial (2년에 1회 발간)
월간(月刊) : monthly : m (월 1회 발간)	3년간(3年刊) : triennial (3년에 1회 발간)
순간(旬刊) : decadely : every ten days (10일마다 1회 발간)	7년간(7年刊) : septennial (7년에 1회 발간)
반월간(半月刊) : semi-monthly : s-m (월 2회 발간)	10년간(10年刊) : decadal
격월간(隔月刊) : bi-monthly : b-m (2개월에 1회 발간)	기타: 3 no. a month; monthly (except May-Aug.); monthly (bimonthly Apr. to Sept.)
계간(季刊) : quarterly : q (연 4회 발간)	부정기(不定期) : irregular : ir

17. 종합표제 및 대표표제

한국문학대표작선집 20

혈의 누 외

이 인 직

작품 해설

●김윤식

'정치 소설'의 결여 형태로서의 신소설

●정호웅

'먹을 것 다툼 없이' 사는 세상

문학사상사

*

한국문학대표작선집 20 혈의 누 외

*

찍은날 — 1995년 6월 15일

펴낸날 — 1995년 6월 20일

*

지은이 — 이 인 직

펴낸이 — 박 공 근

펴낸곳 — 주식회사 문학사상사

서울특별시 종로구 적선동 80 적선현대빌딩 8층

*

ISBN : 89-7012-156-0 03810

.....nam𝒷𝒷22.....𝒷c𝒷4500

007 ta

008 ......s1995𝒷𝒷𝒷𝒷ulka𝒷𝒷𝒷𝒷𝒷𝒷𝒷𝒷𝒷𝒷𝒷(00a

kor𝒷𝒷

020 𝒷𝒷 ▾a8970121560 ▾g03810

090 𝒷𝒷 ▾a813.6 ▾b이68ㅎ

↓ 기본표목된 대표표제의 저자 '이인직' 성과 저자번

↘ 본표제로 기재된 대표표제 '혈의 누'의 처음문자(초

100 1𝒷 ▾a이인직

└ 대표표제의 저자명을 기본표목

┌ 대표표제를 본표제로 기재할 때 함께 붙은 '외'를 본표제로 기술

245 10 ▾a혈의 누, 외 / ▾d이인직 [저]

└ 본표제의 저자명을 기재, 정보원 이외에서 채기한 역할어는 []로 기재

260 𝒷𝒷 ▾a서울 : ▾b문학사상사, ▾c1995

300 𝒷𝒷 ▾a385 p. ; ▾c23 cm

440 00 ▾a한국문학대표작선집 ; ▾v20

504 𝒷𝒷 ▾a작품해설: '정치 소설'의 결여 형태로서의 신소설 / 김윤식. '먹을 것 다툼 없이'사는 세상 / 정호웅

└ 표제와 저자로 된 사항의 주기는 245필드의 기재형식을 준용하여 기술

504 𝒷𝒷 ▾a이인직 연보: p 384-385

┌ 기본표목된 저자명과 '245/▾a'에 기재된 작품명 '혈의 누'는 자동 표목됨으로 분출하지 않음

505 0𝒷 ▾a혈의 누 -- 귀의 성 -- 은세계

<출력> 내용: 혈의 누 -- 귀의 성 -- 은세계

└ 동일 권에 수록된 작품과 작품 사이는 '—'로 구분

┌ 504필드로 주기된 표제와 저자가 각각 표목될 수 있게 700필드로 짝지어 분출표목

700 12 ▾a김윤식. ▾t'정치 소설'의 결여 형태로서의 신소설

700 12 ▾a정호웅. ▾t'먹을 것 다툼 없이'사는 세상

740 𝒷2 ▾a귀의 성 ← 기본표목된 저자의 작품에 대한 내용주기는 표제를 분출표목

740 𝒷2 ▾a은세계 ← 기본표목된 저자의 내용표제는 740필드로 내용표제를 분출표목

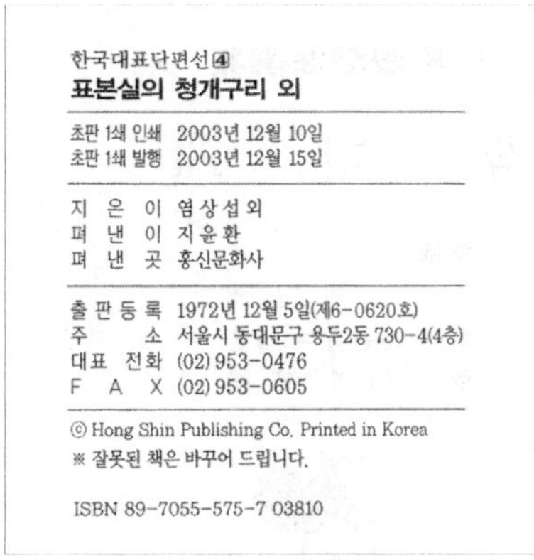

한국대표단편선④
표본실의 청개구리 외

초판 1쇄 인쇄 2003년 12월 10일
초판 1쇄 발행 2003년 12월 15일

지 은 이 염상섭 외
펴 낸 이 지윤환
펴 낸 곳 홍신문화사

출판등록 1972년 12월 5일(제6-0620호)
주 소 서울시 동대문구 용두2동 730-4(4층)
대표 전화 (02) 953-0476
F A X (02) 953-0605

ⓒ Hong Shin Publishing Co. Printed in Korea
※ 잘못된 책은 바꾸어 드립니다.

ISBN 89-7055-575-7 03810

.....namɓɓ22.....ɓcɓ4500
007 ta
008 ......s2003ɓɓɓɓulkaɓɓɓɓɓɓɓɓɓ000aɓɓ
korɓɓ
020 ɓɓ ▾a8970555757 ▾g03810
090 ɓɓ ▾a813.6 ▾b염52ㅍ
| └ 대표표제 '표본실의 ...'의 처음문자(초성)
└ 기본표목된 대표표제의 저자 '염상섭'의 성과 저자번호
100 1ɓ ▾a염상섭 ← 대표표제의 저자명을 기본표목
┌ 대표표제를 본표제로 기재할 때 본표제에 붙은 '외'를 함께 기술
245 10 ▾a표본실의 청개구리, 외 / ▾d염상섭 [저]
260 ɓɓ ▾a서울 : ▾b홍신문화사, ▾c2003
300 ɓɓ ▾a270 p. ; ▾c23 x 14 cm
└ 책의 크기가 비정상적인 것은 '세로 x 가로 cm'로 기재
440 00 ▾a한국대표단편선 ; ▾v04
┌ 수록된 작품명과 저자명을 짝지어 기재: 기본표목된 저자명과 '245/▾a'에 기재된 첫 번째
| 작품명은 자동 표목되므로 별도로 분출하지 않음
505 0ɓ ▾a표본실의 청개구리 ; 두 파산(破産) / 염상섭 -- 민촌 ; 서화(鼠火) / 이기영
└ 내용주기는 245필드의 형식 | └ 작가별 작품 간에는 '—'로 구분
과 동일한 방법으로 기재 └ ';'는 동일저자의 작품과 작품 간의 구분
700 12 ▾a이기영. ▾t민촌 ← 내용주기된 두 번째 저작의 작품명과 저자명 분출표목
700 12 ▾a이기영. ▾t서화(鼠火)
| | └ 내용의 저자명과 표제를 '▾a'와 '▾t'로 연계시켜 기재
| └ 제2지시기호 '2'는 내용에 주기된 작품명과 저자명에 대한 분출표목을 지시
└ 표시기호는 '▾a'로 기재되는 저자명의 성격에 따라 700(인명), 710(단체명), 711(회의명), 730(통일표제)필드를
사용
740 ɓ2 ▾a두 파산(破産)
└ 기본표목된 저자의 내용주기된 두 번째 작품명은 740필드로 분출표목

李萬澤戱曲選集

무 지 개

◆暖 流
◆무 지 개
◆그 많은 낮과 밤을
◆人 間 交 響 樂

成 文 閣

.....nam***b̸b̸***22.....***b̸***c***b̸***4500
007 ta
008 ......s1968***b̸b̸b̸b̸***ulka***b̸b̸b̸b̸b̸b̸b̸b̸b̸b̸***000a***b̸b̸***
kor***b̸b̸***

090 ***b̸b̸*** ▾a812.6 ▾b이32ㅁ

↓ 본표제로 기재된 대표표제의 저자 '이만택'의 성과 저자번호

↘ 본표제로 기재된 대표표제 '무지개'의 처음문자(초성)

100 1***b̸*** ▾a이만택

┌ 대표표제를 본표제로 기재. 다른 작품의 표제는 505필드로 내용주기

┌ 표제관련정보는 정보원의 문자로 기재

┌ 표제관련정보에 포함된 저자명의 경우도 책임표시 기재

245 10 ▾a무지개 : ▾b李萬澤戱曲選集 / ▾d李萬澤 [著]

└ 목록자가 기재한 역할어는 [ ]로 기재

246 30 ▾a이만택희곡선집

<출력> 검색을 위한 부분표제: 이만택희곡선집

└ 제2지시기호 '0'에 의해 정형화된 '검색을 위한 부분표제:'라는 표출어 생성

260 ***b̸b̸*** ▾a서울 : ▾b成文閣, ▾c1968

300 ***b̸b̸*** ▾a286 p. ; ▾c19 cm

┌ 제1지시기호 0(완전 내용주기)은 '내용:'이라는 표출어 생성을 지시

┌ 제2지시기호 ***b̸***(기본형)는 식별기호 없는 내용주기를 지시

┌ 내용주기는 정보원의 문자로 기재

┌ 작품명과 작품명 사이는 [빈칸 대쉬 빈칸]으로 구분

505 0***b̸*** ▾a暖流 -- 무지개 -- 그 많은 낮과 밤을 -- 人間交響曲

<출력> 내용: 暖流 -- 무지개 -- 그 많은 낮과 밤을 -- 人間交響曲

┌ 검색어로 표목되는 내용표제는 기관에서 정한 표목어(한글이나 영어)로 기술

740 ***b̸***2 ▾a난류 ← 505필드로 내용주기된 작품명의 분출표목

740 ***b̸***2 ▾a그 많은 낮과 밤을

740 ***b̸***2 ▾a인간교향곡

└ 505필드에 주기된 본표제 외의 표제는 제2지시기호 '2'로 분출표목 지시

THREE PLAYS

THE RAT TRAP
THE VORTEX
FALLEN ANGELS

By NOEL COWARD

WITH THE AUTHOR'S REPLY TO HIS CRITICS

LONDON: ERNEST BEN N LIMITED

1925

.....namƀƀ22.....ƀcƀ4500

007 ta

008 ......s1925ƀƀƀƀukƀaƀƀƀƀƀƀƀƀƀƀ000aƀ ƀengƀƀ

090 ƀƀ ▾a843.8 ▾bC874t

↓ 기본표목된 저자명 'Coward, ...'의 처음문자(대문자)와 저자번호

↘ 본표제로 기재된 대표표제 'Three ...'의 처음문자(소문자)

100 1ƀ ▾aCoward, Noel

└ 한 사람의 3개 작품을 수록하고 있기 때문에 저자명을 기본표목으로 기재

┌ 종합표제를 본표제로 기재, 각각의 표제는 505필드로 내용주기

┌ 본표제의 설명적 어구는 표제관련정보로 기술

245 10 ▾aThree plays : ▾bwith the author's reply to his critics / ▾dby Noel Coward

<출력> Three plays : with the author's reply to his critics / by Noel Coward

260 ƀƀ ▾aLondon : ▾bErnest Benn Ltd., ▾c1925

┌ 서문면수는 정보원에 표시된 로마숫자 소문자로 기재

┌ 본문면수는 자료의 마지막 면에 표시된 면수를 아라비아숫자로 기재

300 ƀƀ ▾axii, 277 p.: ▾billus., port. ; ▾c23 cm

└ 삽도는 'illus.'라는 용어를 먼저 기재, 다음에 해당 삽도명의 문자순으로 기재

=500 ƀƀ ▾a"With the author's reply to his critics"

└ 본표제에 대한 설명적 어구가 길 때에는 245필드에 표제관련정보로 기재하지 않고 500필드로 일반주기, 설명적 어구를 전사할 때는 인용부호" "으로 기재

┌ 제1지시기호 '8'은 정형화되지 않은 'Contents:'라는 표출어를 기재하기 위한 지시

┌ 제2지시기호 'ƀ'(기본형)는 사항별 식별기호 없이 내용주기사항을 기재할 때 지시

505 8ƀ ▾aContents: The rat trap -- The vortex -- Fallen angeles

<출력> Contents: The rat trap -- The vortex -- Fallen angeles

740 ƀ2 ▾aRat trap ← 관사로 시작하는 작품명은 관사를 제외한 작품명으로 분출표목

740 ƀ2 ▾aVortex ← 내용주기된 두 번째 작품명의 분출표목

740 ƀ2 ▾aFallen angeles ← 내용주기된 세 번째 작품명의 분출표목

└ 제2지시기호 '2'는 내용주기된 표제의 분출표목을 지시

18. 공저서

3인까지의 공저서는 저자명기본기입원칙에 따라 대표저자명이나 처음 표시된 저자명을 기본표목하고, 4인 이상은 표제줄머리잡기로 기술한다.

1) 2인 공저서

> **비도서자료의 조직이론**
>
> 김 남 석
> 조 도 희 지음
>
> 계 명 대 학 교 출 판 부

> **NONBOOK MATERIALS**
>
> by Nam-Seuk Kim
> and
> Do-Hi Cho

> 비도서자료의 조직이론
>
> 2000년 6월 15일 초판1쇄 발행 <값 17,000원>
> 2001년 8월 10일 초판2쇄 인쇄
> 2001년 8월 15일 초판2쇄 발행
>
> 저 자 김남석·조도희
> 발행인 신 일 희
> 발행처 계명대학교출판부
> 등록 1970년 9월 1일 대구 제7-44호
> 대구광역시 달서구 신당동 1000번지
> 전화 580-6232 팩스 583-5213
>
> ISBN 89-7585-191-5 93020
>
> ○ 잘못된 책은 바꾸어 드립니다.

.....namƀƀ22.....ƀcƀ4500
008 ......s2001ƀƀƀƀtgkaƀƀƀƀƀƀƀƀƀƀ000aƀƀkorƀƀ
020 ƀƀ ▾a8975851915 ▾g93020 : ▾c₩17,000
┌ 공저자명의 처음저자명 '김남석'의 성과 저자번호
090 ƀƀ ▾a024.35 ▾b김19ㅂ
└ 본표제 '비도서자료의 ...'의 처음문자 초성
100 1ƀ ▾a김남석 ← 공저서는 대표저자나 정보원에 처음 표시된 저자명을 기본표목
245 10 ▾a비도서자료의 조직이론 = ▾xNonbook materials / ▾d김남석, ▾e조도희 지음
2번째 이하의 공저자명은 ', ▾e'로 기재하고 700필드로 부출표목 ┘
246 31 ▾aNonbook materials <출력> 대등표제: Nonbook materials
└ '대등표제'라는 정형화된 표출어는 제2지시기호 '1'에 의해 자동 생성
260 ƀƀ ▾a대구 : ▾b계명대학교 출판부, ▾c2001
300 ƀƀ ▾ax, 421 p. : ▾b삽도 ; ▾c27 cm
700 1ƀ ▾a조도희 ← 기본표목되지 않은 2번째 공저자명의 부출표목

Geographic Information Systems for Group Decision Making

Towards a participatory, geographic information science

Piotr Jankowski and Timothy Nyerges

London and New York

First published 2001
by Taylor & Francis
11 New Fetter Lane, London EC4P 4EE

Simultaneously published in the USA and Canada
by Taylor & Francis Inc
29 West 35th Street, New York, NY 10001

Taylor & Francis is an imprint of the Taylor & Francis Group

© 2001 Piotr Jankowski and Timothy Nyerges

Typeset in Times by Wearset, Boldon, Tyne and Wear
Printed and bound in Great Britain by TJ International, Padstow, Cornwall

All rights reserved. No part of this book may be reprinted or reproduced or utilized in any form or by any electronic, mechanical, or other means, now known or hereafter invented, including photocopying and recording, or in any information storage or retrieval system, without permission in writing from the publishers.

British Library Cataloguing in Publication Data
A catalogue record for this book is available from the British Library

Library of Congress Cataloging in Publication Data
A catalogue record for this book has been requested

ISBN 0-7484-0932-7

.....namƀƀ22.....ƀcƀ4500
008 ......s2001ƀƀƀƀukƀaƀƀƀƀƀƀƀƀƀƀ000aƀƀengƀƀ
020 ƀƀ ▾a0748409327
┌ 공저자(3인까지)는 대표저자나 처음 저자명을 '성, 이름'으로 기본표목
100 1ƀ ▾aJankowski, Piotr
┌ 본표제 'Geographic ...'의 처음문자(소문자)
090 ƀƀ ▾a910.285 ▾bJ33g
245 10 ▾aGeographic information systems for group decision making : ▾btowards a participatory, geographic information science / ▾dPiotr Jankowski and Timothy Nyerges
2번째 이하의 공저자명을 식별기호 없이 'and'로 기재 ┘
260 ƀƀ ▾aLondon : ▾bTaylor & Francis, ▾cc2001
┌ 서문면수는 로마숫자 소문자로 기재, 본문면수는 아라비아숫자로 기재
┌ 삽도의 일부가 천연색인 경우 ( )로 부기
300 ƀƀ ▾axiv, 273 p. : ▾billus.(some col.) ; ▾c24 cm
440 00 ▾aResearch monographs in GIS series
500 ƀƀ ▾aIncludes index
700 1ƀ ▾aNyerges, Timothy ← 2번째 이하의 공저자명은 700필드로 부출표목

2) 3인 공저서

생물 시스템 시뮬레이션

•
•
•
•
•

金榮福, John S. Cundiff, 宋鉉甲

생물시스템 시뮬레이션

경상대학교 출판부, 2000
지은이 ■ 김 영 복
펴낸날 ■ 2000. 2
펴낸이 ■ 박 충 생
펴낸곳 ■ 경상대학교 출판부
찍은곳 ■ 가람출판사
주 소 ■ 660-701 경남 진주시 가좌동 900
전 화 ■ (0591) 751-6154, 5139
팩 스 ■ (0591) 752-8002
등 록 ■ 1989년 1월 7일, 제16호

ISBN 89-86001-36-5 93520
※지은이와 협의하여 인지를 생략합니다.

값 13,000원

.....namƀƀ22.....ƀcƀ45000
007 ta
008 ......s2000ƀƀƀƀtgkaƀƀƀƀƀƀƀƀƀƀ000aƀƀ
korƀƀ

*한국의 발행국명표시는 도시명으로 'tgk'는 대구광역시의 부호(3자리) <부속서 1. 발행국 부호표>
외국의 발행국명부호는 2자리로 뒷부분 1자리는 'ƀ'로 표시 <부속서 1>

020 ƀƀ ▾a8986001365 ▾g93520 : ▾c₩13,000
<출력> ISBN 89-860-0136-1 93520 : ▾c₩13,000
090 ƀƀ ▾a472.028 ▾b김64ㅅ
  └ 본표제로 기재된 '생물시스템 ...'의 처음문자(초성)
└ 3인공저서의 기본표목된 처음저자 '김영복'의 성과 저자번호

┌ 3인 까지의 공저서는 대표저자나 처음 저자명을 기본표목
┌ 정보원의 순서와 문자로 2번째 이하의 공저자명을 ', ▾e'를 반복 기재
100 1ƀ ▾a김영복
245 10 ▾a생물 시스템 시뮬레이션 / ▾d김영복, ▾e송현갑, ▾eJohn S. Cundiff 공저
700 1ƀ ▾a송현갑
700 1ƀ ▾aCundiff, John S.
└ 두 번째 이하의 공저자명은 700필드를 반복하여 한국인명은 '성 이름'으로, 영어형식의 인명은 '성, 이름'으로 기재
*공저자명은 3인까지 기재하는 것을 원칙으로 하여 3인 이상을 모두 기재할 수 있게도 하였다(K4.1.1.6.2.7). 3인까지 기재하는 경우 4인부터는 처음저자명이나 대표저자명을 기재하고 '... 외', '... 등', '... and others', '... et al.'을 부기하고 2번째 이하의 공저자명은 생략한다.

┌ 발행지명은 발행처(사)가 위치한 도시명을 관용명으로 기재
260 ƀƀ ▾a진주 : ▾b경상대학교 출판부, ▾c2000
300 ƀƀ ▾axix, 463 p. : ▾b삽도 ; ▾c26 cm

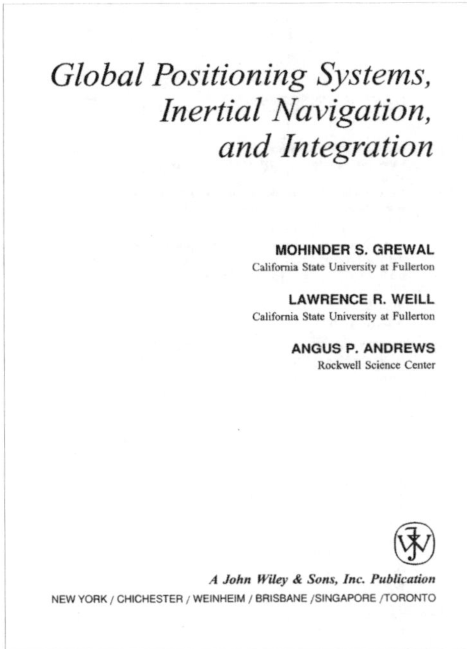

Global Positioning Systems, Inertial Navigation, and Integration

MOHINDER S. GREWAL
California State University at Fullerton

LAWRENCE R. WEILL
California State University at Fullerton

ANGUS P. ANDREWS
Rockwell Science Center

A John Wiley & Sons, Inc. Publication
NEW YORK / CHICHESTER / WEINHEIM / BRISBANE /SINGAPORE /TORONTO

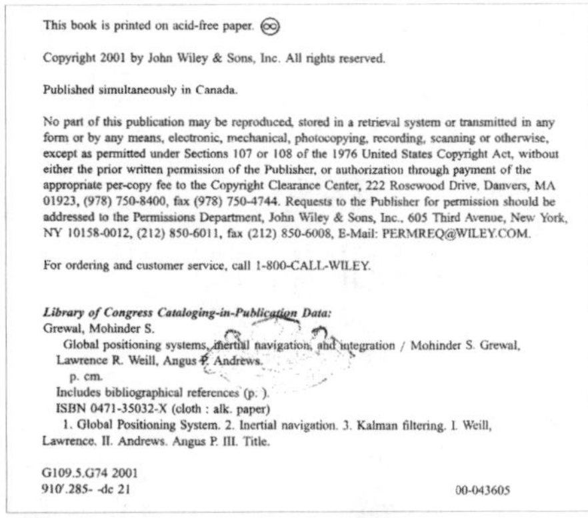

This book is printed on acid-free paper. ♾

Published simultaneously in Canada.

For ordering and customer service, call 1-800-CALL-WILEY.

Library of Congress Cataloging-in-Publication Data:
Grewal, Mohinder S.
Global positioning systems, inertial navigation, and integration / Mohinder S. Grewal, Lawrence R. Weill, Angus P. Andrews.
p. cm.
Includes bibliographical references (p.).
ISBN 0471-35032-X (cloth : alk. paper)
1. Global Positioning System. 2. Inertial navigation. 3. Kalman filtering. I. Weill, Lawrence. II. Andrews. Angus P. III. Title.

G109.5.G74 2001
910'.285- -dc 21 00-043605

.....namƀƀ22.....ƀcƀ4500
007 ta
008 ......s2001ƀƀƀƀusƀaƀƀƀƀƀƀƀƀƀƀƀ000aƀƀengƀƀ
020 ƀƀ ▾a047135032X (cloth: alk. paper)
090 ƀƀ ▾a910.285 ▾bG841g

| └ 본표제 'Global ...'의 처음문자(소문자)
└ 'Grewal, Mohinder S.'의 성(처음문자 대문자)와 저자번호<Cutter-Sanborn표>

100 1ƀ ▾aGrewal, Mohinder S. ← 공저자의 첫 번째 저자명을 '성, 이름'으로 기본표목
245 10 ▾aGlobal positioning systems, inertial navigation, and integration / ▾dMohinder S. Grewal, ▾eLawrence R. Weill, ▾eAngus P. Andrews

└ 두 번째 이하 공저자명은 ', ▾e'를 반복 기재
'/ ▾d'는 첫 번째 책임표시를 위한 구분부호와 식별기호. 책임표시는 정보원에 나타난 대로 이름 성으로 기재

260 ƀƀ ▾aNew York : ▾bJohn Wiley & Sons, Inc., ▾cc2001
=260 ƀƀ ▾aNew York : ▾bWiley, ▾cc2001
300 ƀƀ ▾axix, 392 p. : ▾billus. ; ▾c24 cm + ▾e1 disk

└ '+ ▾e'는 딸림자료의 종별명과 수량을 기재

504 ƀƀ ▾aGlossary: p. 370-373
504 ƀƀ ▾aBibliographical references and index: p. 374-392
700 1ƀ ▾aWeill, Lawrence ← 두 번째 공저자명의 부출표목
700 1ƀ ▾aAndrews, Angus P. ← 세 번째 공저자명의 부출표목

19. 번역서

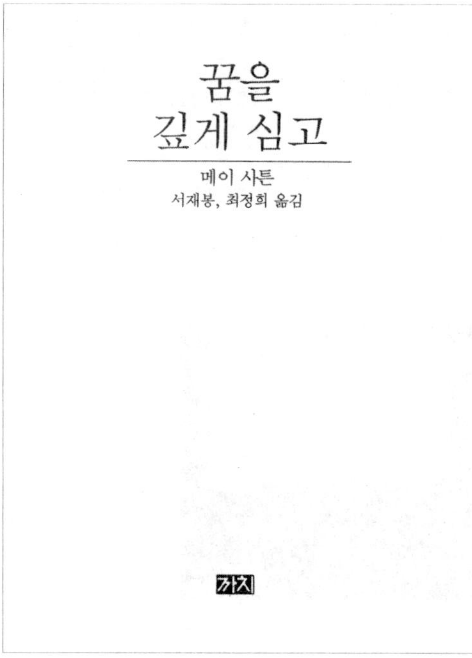

꿈을
깊게 심고

메이 사튼
서재봉, 최정희 옮김

까치

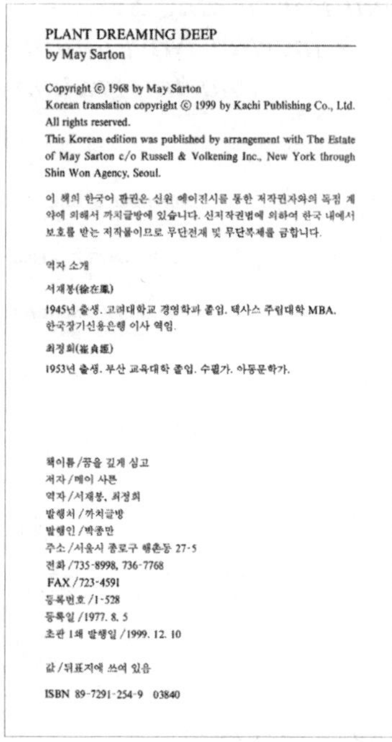

PLANT DREAMING DEEP
by May Sarton

Copyright © 1968 by May Sarton
Korean translation copyright © 1999 by Kachi Publishing Co., Ltd.
All rights reserved.
This Korean edition was published by arrangement with The Estate of May Sarton c/o Russell & Volkening Inc., New York through Shin Won Agency, Seoul.

이 책의 한국어 판권은 신원 에이전시를 통한 저작권자와의 독점 계약에 의해서 까치글방에 있습니다. 신저작권법에 의하여 한국 내에서 보호를 받는 저작물이므로 무단전재 및 무단복제를 금합니다.

역자 소개

서재봉(徐在鳳)

1945년 출생. 고려대학교 경영학과 졸업. 텍사스 주립대학 MBA.
한국장기신용은행 이사 역임.

최정희(崔貞姬)

1953년 출생. 부산 교육대학 졸업. 수필가. 아동문학가.

책이름/꿈을 깊게 심고
저자/메이 사튼
역자/서재봉, 최정희
발행처/까치글방
발행인/박종만
주소/서울시 종로구 행촌동 27-5
전화/735-8998, 736-7768
FAX/723-4591
등록번호/1-528
등록일/1977. 8. 5
초판 1쇄 발행일/1999. 12. 10

값/뒤표지에 쓰여 있음

ISBN 89-7291-254-9 03840

```
.....namƀƀ22.....ƀcƀ4500
007 ta
008 ......s1999ƀƀƀƀulkaƀƀƀƀƀƀƀƀƀƀƀ000aƀƀkorƀƀ
020 ƀƀ ▾a8972912549 ▾g03840
041 1ƀ ▾akor ▾heng
          |      └ 원저작의 언어 영어부호<부속서 3. 언어구분부호표>
          └ 번역도서 본문의 언어 한국어부호<부속서 3>
                 ┌ 기본표목된 원저자 'Sarton, ...'의 성(처음문자 대문자)과 저자번호
                 |    ┌ 원표제 'Plant ...'의 처음문자(소문자)
                 |    |┌ 번역된 국어표시 Korean의 'K'를 대문자로 표시
090 ƀƀ ▾a843 ▾bS251pKㅅ
     ┌───┘          └ 번역자 중 처음 표시된 번역자 '서재봉'의 성(초성)
100 1ƀ ▾aSarton, May
          └ 기본표목은 원저자명의 본명 문자(영어)로 기재
          ┌ 본표제는 으뜸정보원의 번역표제를 기재
          |                 ┌ '/▾d'는 원저자명을 으뜸정보원의 문자로 기재
          |                 |                       ┌ ';▾e'를 반복 역할이 다른 번역자를 기재
245 10 ▾a꿈을 깊게 심고 / ▾d메이 사튼 [저] ; ▾e서재봉, ▾e최정희 옮김
    ┌ '245/▾x'로 기재되지 않은 원표제는 주기하고, 표제부출될 수 있게 제1지시기호 '1'로 지시
    |    ┌ 원표제 앞의 관사 'The'를 제외하여 검색어로부터 부출표목될 수 있게 기재
246 19 ▾aPlant dreaming deep
```

<출력> 원표제: Plant dreaming deep
ㄴ '원표제:'라는 표출어는 제2지시기호 '9'에 의해 자동 생성

> **[원표제를 765필드로 주기와 표목한 예]**
>
> ┌ 번역자료목록에서 원저자료를 246필드에 기술치 않고 765필드로 할 때
> │ ┌ 제1지시기호 '0'는 기재된 사항의 주기표시를 지시
> │ │┌ 제2지시기호 'ᵬ'는 '원저자료:'라는 정형화된 표출어 출력을 지시
> 765 0ᵬ ▾tPlant dreaming deep
> ㄴ 기본표목된 저자명과 문자와 형식이 동일한 경우는 표제로만 기재
> <출력> 원저자료: Plant dreaming deep
> <표목> Plant dreaming deep

260 ᵬᵬ ▾a서울 : ▾b까치, ▾c1999
300 ᵬᵬ ▾a240 p. ▾b삽도, 그림, 사진 ; ▾c21 cm
ㄴ 삽도사항은 '삽도'를 먼저 기재, 다음에 삽도의 명칭을 문자순으로 기재
546 ᵬᵬ ▾a영어 원본을 한국어로 번역
ㄴ 041필드와 연계한 언어의 서술적 주기
650 ᵬ4 ▾a소설
700 1ᵬ ▾a서재봉 ← 번역자의 부출표목
700 1ᵬ ▾a최정희 ← 공역자의 부출표목
700 1ᵬ ▾a사튼, 메이 ← 원저자명의 한국어명은 필요에 의해 700필드로 부출표목
ㄴ 한국어로 번자한 서양인명은 '성, 이름'의 형식으로 기재

보헤미아의 숲 | 숲 속의 오솔길

아달베르트 슈티프터 지음
권영경 옮김

문학과지성사
2004

대산세계문학총서 **034**
보헤미아의 숲 | 숲 속의 오솔길

지은이_아달베르트 슈티프터
옮긴이_권영경
펴낸이_채호기
펴낸곳_(주)문학과지성사

등록_1993년 12월 16일 등록 제10-918호
주소_서울 마포구 서교동 395-2호 (121-840)
전화_편집부 338)7224~5 영업부 338)7222~3
팩스_편집부 323)4180 영업부 338)7221
홈페이지_www.moonji.com

제1판 제1쇄_2004년 7월 14일

ISBN 89-320-1526-0
ISBN 89-320-1246-6(세트)

```
.....namƀƀ22.....ƀcƀ4500
007 ta
008 ......s2004ƀƀƀƀulkaƀƀƀƀƀƀƀƀƀƀ000aƀƀkorƀƀ
020 ƀƀ ▾a8932015268
020 ƀƀ ▾a8932012466 (세트)
041 1ƀ ▾akor ▾hger
          |      └ 원저작의 언어 독일어부호 <부속서 3>
          └ 번역도서 본문의 언어 한국어부호 <부속서 3>
                 ┌ 원저자 'Stifter, ...'의 성(처음문자 대문자)과 저자번호
                 |    ┌ 원표제의 처음작품명 'Der Hochwald'의 처음문자(소문자)
                 |    |┌ 번역된 국어표시 Korean의 'K'를 대문자로 표시
                 |    || ┌ 번역자 '권영경'의 성(초성)
090 ƀƀ ▾a853 ▾bS855dK┐
          ┌──────┘
100 1ƀ ▾aStifter, Adalbert
          └ 기본표목은 원저자명의 본명 문자(영어)로 기재
                        ┌ '▾a'를 반복 두 번째 표제를 으뜸정보원의 문자로 ';'으로 구분기재
245 10 ▾a보헤미아의 숲 ; ▾a숲 속의 오솔길 / ▾d아달베르트 수티프터 지음 ; ▾e권영경 옮김
          ┌ '245/▾x'에 기재되지 않은 원표제는 제1지시기호 '1'로 주기와 부출표목 지시
246 19 ▾aDer Hochwald
246 19 ▾aDer Waldsteig
```

[원표제를 765필드로 주기와 표목한 예]

┌ 번역자료목록에서 원저자료를 246필드에 기술치 않고 765필드로 할 때
765 0ƀ ▾tDer Hochwald <출력> 원저자료: Der Hochwald
765 0ƀ ▾tDer Waldsteig 원저자료: Der Waldsteig

260 ƀƀ ▾a서울 : ▾b문학과지성사, ▾c2004
300 ƀƀ ▾a231 p. ; ▾c23 cm
504 ƀƀ ▾a작가연보: p. 225-229
546 ƀƀ ▾a독일어 원본을 한국어로 번역
650 ƀ4 ▾a소설
700 1ƀ ▾a권영경 ← 번역자의 부출표목
700 1ƀ ▾a수티프터, 아달베르트

世界地圖から歴史を讀む方法

by 武光誠

SEKAI CHIZU KARA REKISHI O YOMU HOHO by TAKEMITSU Makoto
Copyright © 2001 by TAKEMITSU Makoto

All rights reserved.

Korean Translation Copyright © 2001 GoldenBough publishing Co., Ltd.

Originally published in Japan by KAWADE SHOBO SHINSHA, Tokyo.

Korean translation rights arranged with

KAWADE SHOBO SHINSHA, Japan through THE SAKAI AGENCY, INC.

이 책의 한국어판 저작권은 THE SAKAI AGENCY, INC를 통해
KAWADE SHOBO SHINSHA, Tokyo와 독점 계약한
(주)황금가지에 있습니다.

저작권법에 의해 한국 내에서 보호를 받는 저작물이므로
무단 전재와 무단 복제를 금합니다.

세계 지도로
역사를 읽는다

타케미츠 마코토 이정환 옮김

황금가지

세계 지도로 역사를 읽는다

1판 1쇄 찍음 2001년 6월 15일
1판 1쇄 펴냄 2001년 6월 18일

지은이 · 타케미츠 마코토
옮긴이 · 이정환
펴낸이 · 박근섭
펴낸곳 · (주)황금가지

출판등록 1996. 5. 3 (제16-1305호)
135-887 서울 강남구 신사동 506 강남출판문화센터 6층
영업부 515-2000 / 편집부 3446-8773~4 / 팩시밀리 515-2007

값 8,000원

© (주)황금가지, 2001, Printed in Seoul, Korea
ISBN 89-8273-318-3 03900

.....namɓɓ22.....ɓcɓ4500
007 ta
008 ......s2001ɓɓɓɓulkaɓɓɓɓɓɓɓɓɓɓ000aɓɓkorɓɓ
020 ɓɓ ▾a8982733183 ▾g03900 : ▾c₩8000
041 1ɓ ▾akor ▾hjap

| └ 원저작의 언어 일본어부호 <부속서 3>
└ 번역도서 본문의 언어 한국어부호 <부속서 3>

┌ 기본표목된 일본인명(일본가나) '타케미츠 ...'의 한국어 표기명의 처음문자와 저자번호
| ┌ 원표제 '世界...'표시를 처음문자의 한국어 음을 초성으로 표시
090 ɓɓ ▾a902 ▾b타87ㅅKo
└ 번역자 '이정환'의 성(초성)

┌ 일본인명을 한국어 표기명으로 기재할 때는 성에 ','를 사용치 않고 한국어 인명과 같이 기재
100 1ɓ ▾a타케미츠 마코토
└ 외국인명의 한국어 표기는 자료에 따라 다를 수 있기 때문에 언제나 통일된 형식으로 기재

245 10 ▾a세계 지도로 역사를 읽는다 / ▾d타케미츠 마코토 [저] ; ▾e이정환 옮김

┌ 제2지시기호 '9'는 '원표제:'라는 표출어를 위한 지시
| ┌ 원표제는 245필드의 '▾a'로 기재된 본표제와 상이한 원표제를 그대로 기재

246 19 ▾a世界地圖から歷史を讀む方法

<출력> 원표제: 世界地圖から歷史を讀む方法

[원표제를 765필드로 주기와 표목한 예]

┌ ▾7은 제어관련식별정보를 제공하기 위한 식별기호
|┌ ▾7/0(기본표목 유형): 'p'는 개인명이 기본표목되었을 때
|| ┌ ▾7/1(이름의 형식)3: '1'은 7/0의 성으로 시작하는 이름
|| |┌ ▾7/2(레코드유형): 'a'는 문자로 된 인쇄자료
|| ||┌ ▾7/3(서지수준): 'm'는 단일자료/단행자료

765 0ϐ ▾7p1am ▾a武光誠. ▾t世界地圖から歷史を讀む方法

| └ '▾t'로 일본어로 된 원표제를 함께 짝지어 기재
└ 원저자명이 한국어로 번자되어 기본표목되었기 때문에 원명으로 기본표목 기술

<출력> 원저자료: 武光誠. 世界地圖から歷史を讀む方法

260 ϐϐ ▾a서울 : ▾b황금가지, ▾c2001

300 ϐϐ ▾a228 p. : ▾b삽도, 지도 ; ▾c23 cm

┌ 246필드는 원표제만 기술되었기 때문에 500필드에 원저자명을 일반주기
| ┌ 원저자명은 일반주기에 '원저자명:'이라는 표출어로 주기
| | ┌ 기본표목을 한국어로 표기된 인명을 기재하였기 때문에 원저자의 원명을 주기

500 ϐϐ ▾a원저자명: 武光誠

<출력> 원저자명: 武光誠

546 ϐϐ ▾a일본어 원본을 한국어로 번역 ← 041필드와 연계한 서술적 언어주기

700 1ϐ ▾a이정환 ← 번역자의 부출표목

┌ 890필드는 데이터를 변형하여 입력한 경우에 기술

890 ϐϐ ▾h900 ▾x940카라, 오, 무

| └ 940필드에 일본어 'から'를 '카라'로, 'を'를 '오'로, 'む'를 '무'로 입력
└ 900필드에 '武光誠'을 '무광성'으로 전체를 변형 입력

┌ 9XX필드는 로컬필드로 0XX-8XX의 기술사항 이외로 자관의 사정에 따라 독자적으로 사용하는 필드
| 이다. 여기에서는 일본인의 한자이름을 한국어음으로 표목되게 입력하였다.
| ┌ 제1지시기호 '1'은 성과 이름으로 구성된 인명을 위한 지시
| |┌ 제2지시기호 1(부출카드를 인쇄함)은 부출표목를 위한 지시

900 11 ▾a무광성

940 ϐϐ ▾a세계지도카라 역사오 독무 방법

└ 원표제의 한자와 일본가나를 한국어 음으로 표목되게 입력하고, 구분을 위해 일본가나는 밑줄로 표시

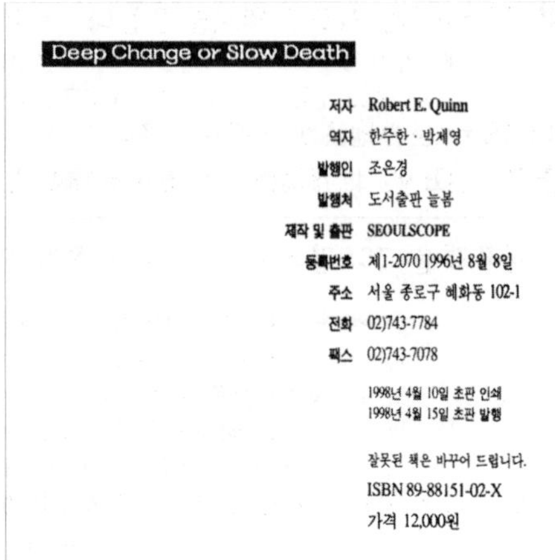

Deep Change or Slow Death

저자 Robert E. Quinn
역자 한주한 · 박제영
발행인 조은경
발행처 도서출판 늘봄
제작 및 출판 SEOULSCOPE
등록번호 제1-2070 1996년 8월 8일
주소 서울 종로구 혜화동 102-1
전화 02)743-7784
팩스 02)743-7078

1998년 4월 10일 초판 인쇄
1998년 4월 15일 초판 발행

잘못된 책은 바꾸어 드립니다.
ISBN 89-88151-02-X
가격 12,000원

.....namƀƀ22.....ƀcƀ4500
007 ta
008 ......s1998ƀƀƀƀulkaƀƀƀƀƀƀƀƀƀƀƀ000aƀ ƀkorƀƀ
020 ƀƀ ▾a898815102X : ▾c₩12000
041 1ƀ ▾akor ▾heng
090 ƀƀ ▾a325.01 ▾bQ7dKㅎ

| | └ 공역자의 처음 번역자 '한주한'의 성(초성)
| └ 원표제 'Deep change ...'의 처음문자(소문자)
└ 기본표목된 'Quinn, ...'의 성(처음문자 대문자)과 저자번호

100 1ƀ ▾aQuinn, Robert E.

└ 번역서의 기본표목은 원저자명을 영어로 기재
┌ 한국어 표제보다 분명하게 표시된 외국어 표제를 본표제로 기재(K4.1.1.1.2)
| ┌ '/ ▾d'는 정보원의 문자로 기재

245 10 ▾aDeep change, or, Slow death / ▾d로버트 E. 퀸 지음 ; ▾e한주한, ▾e박제영 옮김

번역자는 역할을 달리한 저자로 '▾e'를 반복 기재 ┘

246 30 ▾aSlow death <출력> 검색을 위한 부분표제: Slow death

┌ 제2지시기호 'ƀ'(표출어 생성 않음)는 정형화되지 않은 표출어를 '▾i'로 입력할 때 지시
| ┌ '▾i'는 '한국어 표제:'라는 정형화되지 않은 표출어를 기재

246 1ƀ ▾i한국어 표제: ▾a기업과 개인의 혁명적 생존전략 23가지
<출력> 한국어 표제: 기업과 개인의 혁명적 생존전략 23가지
260 ƀƀ ▾a서울 : ▾b늘봄, ▾c1998
300 ƀƀ ▾a278 p. ; ▾c22 cm
440 00 ▾a대우인력개발신서 ; ▾v4
546 ƀƀ ▾a영어판 원작을 한국어로 번역 ← 041필드와 연계된 서술주기
700 1ƀ ▾a퀸, 로버트 E. ← 원저자명의 번역된 한국어명 부출표목
700 1ƀ ▾a한주한 ← 번역자의 부출표목
700 1ƀ ▾a박제영 ← 공역자의 부출표목

<표 8> 미국주명의 약어

Ala. : Alabama	Mass. : Massachusetts	Okla. : Oklahoma
Alaska	Md. : Maryland	Oreg. : Oregon
Ariz. : Arizona	Me. : Maine	Pa. : Pennsylvania
Calif. : California	Mich. : Michigan	R. I. : Rhode Island
Colo. : Colorado	Minn. : Minnesota	SC. : South Carolina
Conn. : Connecticut	Miss. : Mississippi	SD. : South Dakota
Del. : Delaware	Mo. : Missouri	Tenn. : Tennessee
Fla. : Florida	Mont. : Montana	Tex. : Texas
Ga. : Georgia	NC. : North Carolina	Utah
Hawaii	ND. : North Dakota	Vt. : Vermont
Idaho	Nebr. : Nebraska	Va. : Virginia
Ill. : Illinois	Nev. : Nevada	Wash. : Washington
Ind. : India	NH. : New Hampshire	W. Va. : West Virginia
Iowa	NJ. : New Jersey	Wis. : Wisconsin
Kan. : Kansas	NM. : New Mexico	Wyo. : Wyoming
Ky. : Kentucky	NY. : New York	
La. : Louisiana	Ohio	

<표 9> 발행년 기술

서기년도	[1961]	, [1978 아니면 1979]
, 2006	, 1968-	, [1978 or 1979]
두 기원의 병기	, 昭和 57[1982]-	, [1979?]
, 1915(大正 4)	판권년 및 인쇄년	, [1971-1972間]
서기이외의 기원	, c2006	, [between 1971 and 1972]
, 단기 4288[1955]	, 2005인쇄	, [1951頃]
, 5730[1969 or 1970]	, 1980 printing	, [ca. 1951]
발행년의 오기	서문, 발문, 후기년	, [197-]
, 1681[실은 1981]	, 1915 序	, [197- ?]
, 1980[i.e. 1908]	, 1981 跋	, [18 -]
다권본 및 연속간행물 발행년	, introd. 1990	, [18 -?]
, 1988-1990	추정발행년	
, 단기 4290[1957]-4294	, [1980]	

近代科學과 아나키즘
크로포트킨 著
河 岐 洛 譯
현대산업사회와 아나키즘
샘 돌고프 著
박 연 규 譯

도서출판 **新 命**

近代科學과 아나키즘/현대산업사회와 아나키즘
1993年 8月 25日 印刷 [값 5,000원]
1993年 9月 1日 發行

著 者 河 岐 洛
發行者 김 성 필
정 상 봉

發行處 : 도서출판 新 命
釜山 ☎ : (051)244-1119, 255-1119
FAX : (051)255-6908
서울 ☎ : (02) 764-9991-2
大邱 ☎ : (053)632-4049
FAX : (053)631-6145
주소 : 부산직할시 서구 서대신동 2가 288-25
《登錄 : 1993年 4月 8日 ㉮ 제 2-37號》


```
.....namƀƀ22.....ƀcƀ4500
007 ta
008 ......s1993ƀƀƀƀulkaƀƀƀƀƀƀƀƀƀƀƀ000aƀƀkorƀƀ
020 ƀƀ ▾c₩5000
041 1ƀ ▾akor ▾heng
090 ƀƀ ▾a104 ▾bK93mKㅎ
                  |   |  └ 처음작품의 번역자 '하기락'의 성(초성))
                  |   └ 처음 수록된 원표제 'Modern ...'의 처음문자(소문자)
                  └ 기본표목된 'Kropotkin, ...'의 성(처음문자 대문자)과 저자번호
100 1ƀ ▾aKropotkin, Peter
              └ 처음 수록된 작품의 원저자명(영어)을 기본표목
      ┌ 제1지시기호 '1'은 '▾a'로 기재된 첫 번째 본표제를 위한 자동 부표목 지시
      |    ┌ 처음 수록된 본표제인  ┌ 정보원의 문자로 원저자명을 기재
      |    | 번역표제를 기재       |                    ┌─ ';▾e'로 첫 번째 번역자를 기재
245 10 ▾a近代科學과 아나키즘 / ▾d피터 크로포트킨 著 ; ▾e河岐洛 譯. ▾a현대산업사회와 아나키
       / ▾d샘 돌고프 著 ; ▾e박연규 譯                          └ '▾a'를 반복하여 두번
        |                  └ '▾e'로 두 번째 번역자를 기재          작품의 번역표제를 기재
        └ '/▾d'를 반복하여 두 번째 작품의 원저자명을 기재
246 19 ▾aModern science and anarchism
```

<출력> 원표제: Modern science and anarchism
└ 제2지시기호 '9'에 의해 '원표제:'라는 표출어 생성

[원표제를 765필드로 주기와 표목한 예]

┌ ▾7은 제어관련식별정보를 제공하기 위한 식별기호
│ ┌ ▾7/0(기본표목 유형): 'n'은 식별기호 '▾a'로 기재되는 기본표목이 없는 경우
│ │ ┌ ▾7/1(이름의 형식): 'n'은 적용불가
│ │ │ ┌ ▾7/2(레코드유형): 'a'는 문자로 된 인쇄자료
│ │ │ │ ┌ ▾7/3(서지수준): 'm'는 단일자료/단행자료
765 0b̸ ▾7nnam ▾tModern science and anarchism
<출력> 원저자료: Modern science and anarchism

260 b̸b̸ ▾a서울 : ▾b新命, ▾c1993
300 b̸b̸ ▾a166 p. ; ▾c23 cm
┌ 기본표목된 처음 원작자는 원명으로 기재되었기 때문에 2번째 작품의 원작자명의
│ 원어명을 주기
500 b̸b̸ ▾a원저자명: Sam Dolgoff
546 b̸b̸ ▾a영어판 원작을 한국어로 번역
┌ 기본표목된 저작에 관한 사항의 부표목
700 1b̸ ▾a크로포트킨, 피터 ← 기본표목된 저자의 한국어명 부표목
700 1b̸ ▾a하기락 ← 기본표목된 저작의 번역자명 부표목
┌ 제2지시기호 '2'는 '▾a'와 't'로 기재된 사항의 분출표목을 지시
│ ┌기본표목되지 않은 저작은 '▾a'에 저작자명, '▾t'에 표제를 짝지어 기재
700 12 ▾aDolgoff, Sam. ▾t현대산업사회와 아나키즘 ← 원저자와 번역표제의 분출표목
700 1b̸ ▾a돌고프, 샘. ▾t현대산업사회와 아니키즘 ← 원저자의 번자명과 번역표제 부출표목
700 1b̸ ▾a박연규. ▾t현대산업사회와 아니키즘 ← 번역자와 번역표제의 부출표목
└ 번역자는 해당 표제를 연계시켜 부출표목으로 기재

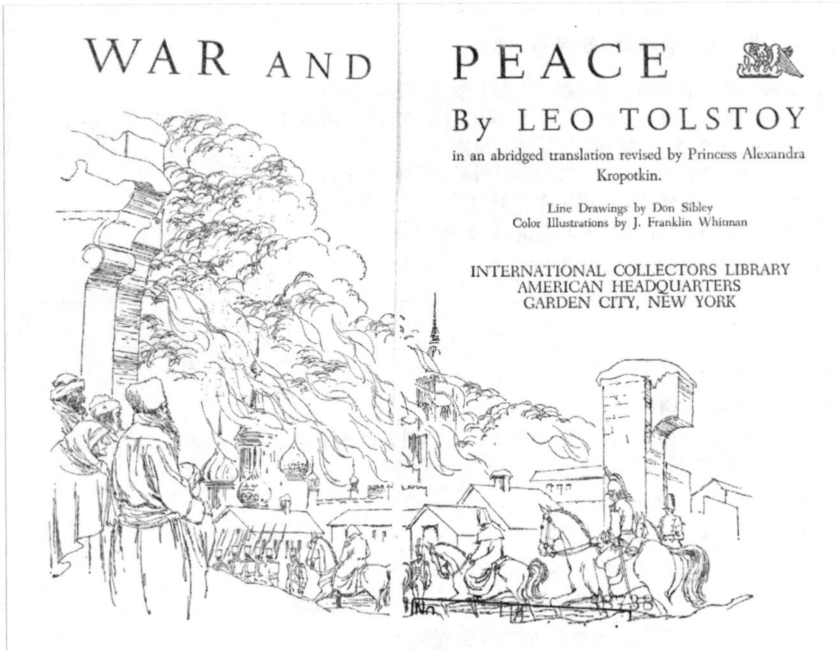

WAR AND PEACE

By LEO TOLSTOY

in an abridged translation revised by Princess Alexandra Kropotkin.

Line Drawings by Don Sibley
Color Illustrations by J. Franklin Whitman

INTERNATIONAL COLLECTORS LIBRARY
AMERICAN HEADQUARTERS
GARDEN CITY, NEW YORK

LINE DRAWINGS COPYRIGHT © 1960 BY
NELSON DOUBLEDAY, INC.
REVISED TRANSLATION COPYRIGHT, 1949, BY
ALEXANDRA KROPOTKIN
OTHER SPECIAL FEATURES
COPYRIGHT, 1949, BY
THE JOHN C. WINSTON COMPANY
COPYRIGHT IN GREAT BRITAIN AND IN
THE BRITISH DOMINIONS AND POSSESSIONS
COPYRIGHT IN THE REPUBLIC OF THE PHILIPPINES

.....namƀƀ22.....ƀcƀ4500
007 ta
008 ......s19uuƀƀƀƀusƀaƀƀƀƀƀƀƀƀƀƀ000aƀƀ engƀƀ

← 발행년의 일부를 확인할 수 없을 때는 'u'로 표시

041 1ƀ ▾aeng ▾hrus
090 ƀƀ ▾a892.8 ▾bT654wEk

| | |└ 번역자 'Kropotkin, ...'의 성(처음문자 소문자)
| | └ 번역된 국어표시(영어로 번역되었으므로 E=English)
| └ 원표제 'War ...'의 처음문자(소문자)
└ 기본표목된 'Tolstoy, ...'의 성(처음문자 대문자)와 저자번호

100 1ƀ ▾aTolstoy, Leo N. ▾q[Leo Nikolaevich], ▾d1828-1910
└ 약어로 된 저자명은 완전명을 '▾q'로 []로 보기

┌ 번역표제를 기재 ┌ 정보원의 문자로 원저자명 기재

245 10 ▾aWar and peace / ▾dby Leo Tolstoy ; ▾ein an abridge translation revised by Princess Alexandra Kropotkin ; ▾eline drawings by Don Sibley ; ▾ecolor illus by J. Franklin Whitman └ 역할이 다른 저자명은 ';▾e'를 반복 기재

*영어형식의 '▾d', '▾e'로 기재되는 책임표시의 저자명은 역할어를 앞세워 기재

260 ƀƀ ▾aGarden City, New York : ▾bInternational Collectors Library American Headquarters, ▾cc19?

└ 발행년을 판권년으로 기재한 경우는 'c'를 앞세워, 확인되지 않은 발행년은 '?'로 표시

300 ƀƀ ▾a696 p. : ▾billus. ; ▾c23 cm

500 ƀƀ ▾a"Line drawings copyright c1960 by Nelson Doubleday, Inc.; Revised translation copyright, 1949, by Alexandra Kropotkin; Other special features copyright, 1949, by The John C. Winston Co."

546 ƀƀ ▾aTranslated from the Russian

700 1ƀ ▾aKropotkin, Princess Alexandra ← 번역자의 부출표목

700 1ƀ ▾aSibley, Don ← 삽도자(선화)의 부출표목

700 1ƀ ▾aWhitman, J. Franklin ← 삽도자의 부출표목

└ 기본표목되지 않은 역할이 다른 저자는 700필드로 각각 부출표목

HANS FALLADA

THE DRINKER

TRANSLATED BY

Charlotte and A. L. Lloyd

INTRODUCTION BY

John Willett

THE MARLBORO PRESS

.....namƀƀ22.....ƀcƀ4500

007 ta

008 ......s1990ƀƀƀƀusƀaƀƀƀƀƀƀƀƀƀƀƀ000aƀƀengƀƀ

020 ƀƀ ▾a091039556X : ▾c$12.50

041 1ƀ ▾akor ▾hger

090ƀƀ ▾a833 ▾bF194dEℓ

└ 번역자의 성 'Lloyd, ...'의 처음문자 'ℓ'을 소문자로 기재

└ 번역된 국어표시(영어로 번역되었으므로 E=English)

└ 원표제 'Der Trinker'의 처음문자(소문자)

└ 기본표목된 'Fallada, ...'의 성(처음문자 대문자)과 저자번호

100 1ƀ ▾aFallada, Hans

└ 원저자명을 기본표목으로 기재

┌ 제2지시기호 '1'은 본표제에 ()로 기재된 관제(관사)를 제외한 표목 지시

245 11 ▾a(The) Drinker / ▾d[by] Hans Fallada ; ▾etranslated by Charlotte and A. L. Lloyd ; ▾eintroduction by John Willett

동일성을 가진 공역자는 성을 생략한 정보원의 인명을 그대로 기재 ┘

┌ 제1지시기호 '1'은 '▾a'로 기재된 원작명의 주기와 부표목 출력을 위한 지시

┌ 제2지시기호 'ƀ'는 형식화되지 않은 'Original title:'이라는 표출어를 '▾i'로 입력할 때 지시

246 1ƀ ▾iOriginal title: ▾aDer Trinker

└ 독일어 표제는 어법에 따라 명사와 표제의 처음문자를 대문자로 기재

└ '▾i'는 형식화되지 않은 표출어를 위한 식별기호

[원표제를 765필드로 주기와 표목한 예]

┌ 제2지시기호 '8'은 정형화되지 않은 표출어를 '▾i'로 입력할 때 지시

765 08 ▾ iTranslation of: ▾ tDer Trinker

<출력> Translation of: Der Trinker

260 ƀƀ ▾ aMarlboro, Vermont : ▾ bThe Marlboro Press, ▾ c1990

300 ƀƀ ▾ axxvii, 282 p. ; ▾ c22 cm

500 ƀƀ ▾ a"Not for sale in the United Kingdom or Commonwealth"

546 ƀƀ ▾ aTranslated from the German

650 ƀ0 ▾ aFiction

700 1ƀ ▾ aLloyd, Charlotte. ← 번역자의 부출표목

700 1ƀ ▾ aLloyd, A. L. ← 공역자의 부출표목

└ 동일성의 공저자명이 정보원에 성을 생략한 형식일 때는 책임표시는 그대로 기재하고, 700필드의 부표목은 완전한 형식으로 기재.

Charlotte and A. L. Lloyd = Charlotte Lloyd and A. L. Lloyd의 완전형식

700 1ƀ ▾ aWillett, John ← 서문저자는 역할이 다른 저자명으로 책임표시에 기재하고 필요한 경우 부출표목

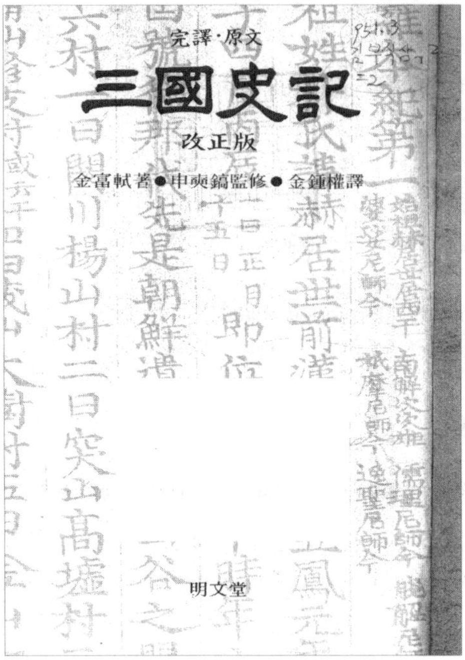

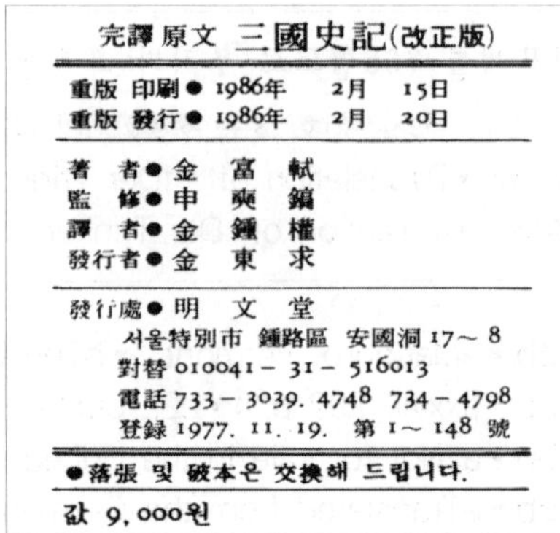

完譯 原文 三國史記(改正版)

重版 印刷● 1986年 2月 15日
重版 發行● 1986年 2月 20日

著 者● 金 富 軾
監 修● 申 奭 鎬
譯 者● 金 鍾 權
發行者● 金 東 求

發行處● 明 文 堂
서울特別市 鍾路區 安國洞 17~8
對替 010041-31-516013
電話 733-3039. 4748 734-4798
登録 1977. 11. 19. 第 1~148 號

●落張 및 破本은 交換해 드립니다.

값 9,000원

.....namƀƀ22.....ƀcƀ4500
007 ta
008 ......s1986ƀƀƀƀulkaƀƀƀƀƀƀƀƀƀƀ000aƀƀ korƀƀ
020 ƀƀ ▾c₩9,000
← ISBN이 없을 때는 가격만을 '▾c'로 기재

090 ƀƀ ▾a951.3 ▾b김46ㅅK ㄱ2
└ 번역서 자체의 개정이므로 번역자 뒤에 표시
└ 번역자 '金鍾權'의 성(초성)
└ 원표제 '三國史記'의 처음문자(초성)
└ 원저자 '金富軾'의 성과 저자번호

100 1ƀ ▾a김부식 ← 기본표목은 원저자명의 본명으로 기재

┌ 본표제는 자료자체의 번역표제를 정보원의 문자로 기재
┌ 관제는 필요에 따라 ': ▾b'에 표제관련정보로 기재

245 10 ▾a三國史記 : ▾b完譯, 原文 / ▾d金富軾 著 ; ▾e金鍾權 譯
250 ƀƀ ▾a改訂版 ← 번역본의 개정판은 250필드로 기재하고 090/▾b에 개정판 표시
260 ƀƀ ▾a서울 : ▾b明文堂, ▾c1986

┌ 2개 이상의 면수는 각 마지막 면수를 ','로 구분 기재, 마지막에 'p.'를 부기

300 ƀƀ ▾a10, 19, 792, 14, 26 p. ; ▾c23 cm
=300 ƀƀ ▾a1책(면수복잡) ; ▾c23 cm
└ 면수가 복잡할 때는 책수를 적고 '면수복잡'이라고 ()에 부기

500 ƀƀ ▾a색인 수록
525 ƀƀ ▾a권말부록: 民族団系表
525 ƀƀ ▾a권말부록: 三國王系便覽
546 ƀƀ ▾a한자로 된 원본을 한글로 번역
└ 한자자료를 한글로 번역한 것은 041필드와 연계시켜 서술적 주기

650 ƀ4 ▾a한국 ▾x역사 ▾y삼국시대 <출력> 한국--역사--삼국시대
700 1ƀ ▾a김종권 ← 번역자의 부출표목

20. 별표제가 있는 도서

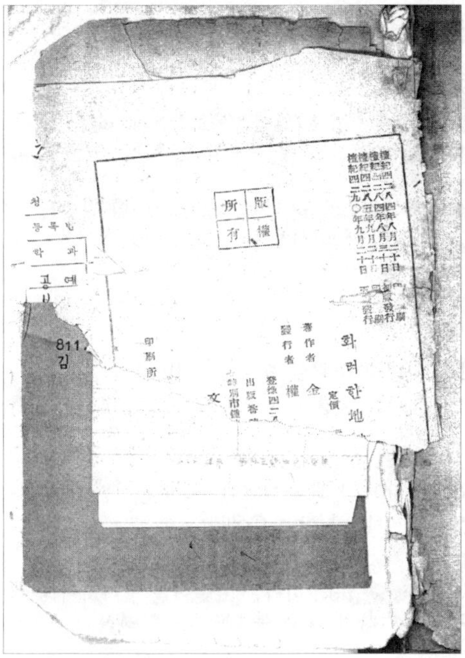

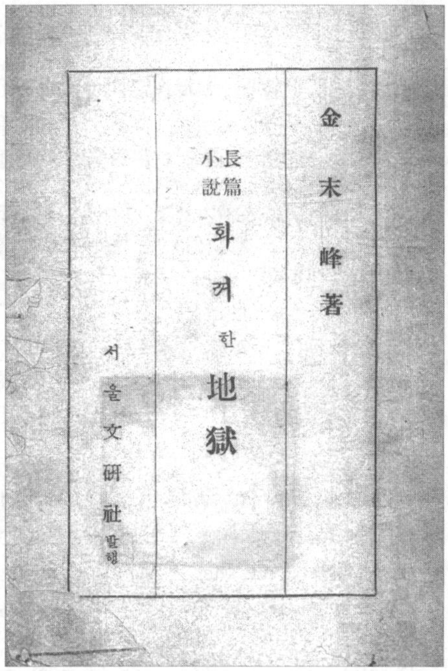

小說 長篇
화려한 地獄
金末峰 著
서울 文硏社 발행

.....namƀƀ22.....ƀcƀ4500
007 ta
008 ......s1957ƀƀƀƀulkaƀƀƀƀƀƀƀƀƀƀ000aƀƀkorƀƀ
090 ƀƀ▾a823▾b김33ㅎ
　　　　| └ 본표제로 기재된 '화려한 지옥'의 처음문자(초성)
　　　　└ 기본표목된 '김말봉'의 성(처음문자)과 저자번호
100 1ƀ▾a김말봉
　┌──┬ 제2지시기호 1은 표제 앞의 ()로 기재된 관제를 제외한 표제표목 지시
　|　|　┌ 별표제는 식별기호 없이 [일명]이라는 용어와 함께
　|　|　| 본표제에 함께 기재
245 11▾a(長篇小說) 화려한 地獄, [一名], 카인의 市場 /▾d金末峰 著
246 3ƀ▾i별표제: ▾a카인의 시장 ──┘
| └ 제2지시기호 'ƀ'는 '▾i'로 정형화되지 않은 '별표제'라는 표출어를 입력시 지시
└ 별표제에 대한 표목은 246필드로 부표목

┌ 발행년이 서기연도가 아닌 것은 정보원의 발행년을 기년명
| 과 함께 기재
260 ƀƀ▾a서울 :▾b文硏社,▾c檀紀 4290[1957]
　　　　└ 해당 서기년도를 []로 부기

300 ƀƀ▾a438 p. ;▾c21 cm

.....nam##22.....#c#4500
007 ta

┌ /18-21(4자리)을 삽화의 4가지 종류까지 표시, 삽화가 없는 것은 '#'로 표시
│ ┌ /35-37(3자리)은 내용의 언어부호 영어<부속서 3>

008 ......s1957####uk#a#########000a##eng##

└ 발행국부호 /15-17(3자리)를 영국<부속서 1. 발행국부호표>의 'uk'와 '#'로 표시

┌ 열람용 전용자료를 간단히 정리하기 위하여 분류번호 대신 별치기호형식으로 Fiction의 약자인 'F'로 표시
│ ┌ 도서기호를 저자번호로 작성치 않고 기본표목의 3자리 문자로 표시. 이 방법은 수명이 짧은 자료나 장서가 많지 않은 도서관에서 주로 사용

090 ## ▾aF ▾bCol

100 1# ▾aCollier, John, 1901-

└ 미확인 생몰년은 확인시 입력할 수 있게 빈칸

┌ 별표제의 구분표시 'or'나 '일명'이 정보원에 나타난 경우는 []를 사용하지 않음
│ ┌ 별표제는 식별기호 없이 본표제와 함께 기재

245 10 ▾aHis monkey wife, [or], Married to a chimp / ▾dby Hohn Collier

<출력> His monkey wife, [or], Married to a chimp / by Hohn Collier

246 3# ▾iAlternative title: ▾aMarried to a chimp ┘

│└ 제2지시기호 '#'는 '▾i'로 정형화되지 않은 'Alternative title:'이라는 표출어를 입력하기 위한 지시
└ 본표제에 기재된 별표제는 제1지시기호 '3'으로 주기하지 않고 부출표목으로 지시

<출력> Alternative title: Married to a chimp

260 ## ▾aLondon : ▾bHart-Davis, ▾c1957

└ 발행처(사)는 식별이 가능한 범위에서 간략히 기재(출판사의 약어 참조)

300 ## ▾a184 p. ; ▾c22 cm

650 #4 ▾aFiction

└ 제2지시기호 '4'는 특정 주제명표목표에 의하지 않고 목록자가 작성한 주제명일 때 지시, 특정 주제명표목표에 의한 것은 해당 표목표의 지시기호를 기재

길은 멀어도

■ 生의 賭博

슬라보미르 라위츠 / 元應瑞 譯

THE LONG WALK

A Gamble for Life
by Slavomir Rawicz
as told to Ronald Downing

copyright 1956
by
HARPER & BROTHERS
NEW YORK

.....namȸȸ22.....ȸcȸ4500
007 ta
008 ......s1964ȸȸȸȸulkaȸȸȸȸȸȸȸȸȸȸȸ000aȸ
ȸkorȸȸ
041 1ȸ ▾akor ▾heng.

↓ ↘ ↑ ↙
090 ȸȸ ▾a992.9 ▾bR257ℓK○
↓ 기본표목된 'Rawicz, ...'의 성(처음문자 대문자)과 저자번호
↘ 본표제 'Long walk'의 처음문자(소문자: 식별을 위한 필기체로 표시)
↑ 번역된 국어표시(한국어로 번역되었으므로 K=Korean)
↙ 번역자 '원응서'의 성(초성)

100 1ȸ ▾aRawicz, Slavomir
245 10 ▾a길은 멀어도, [一名], 生의 賭博 / ▾d슬라부미르 라위즈 [著] ; ▾eRonald Downing [口述]
; ▾e元應瑞 譯
246 3ȸ ▾i별표제: ▾a생의 도박
┌ [or]나 [일명]은 별표제를 위한 구분으로 식별기호 없이 본표제와 함께 기재
246 19 ▾aLong walk, [or], A Gamble for life
246 39 ▾aGamble for life ← 원표제의 별표제를 위한 부출표목
| └ 표제의 관제(관사)를 생략하고 배열에 기준이 되는 단어부터 기재
└ 원표제의 별표제로 주기되었기 때문에 제1지시기호 '3'으로 지시

[원표제를 765필드로 주기와 표목한 예]

┌ 제2지시기호 '8'은 정형화되지 않은 표출어를 '▾i'로 입력할 때 지시
765 08 ▾iTranslation of: ▾tLong walk, [or], A Gamble for life
<출력> Translation of: Long walk, [or], A Gamble for life

260 ȸȸ ▾a서울 : ▾b國制親善꽃씨協會出版部, ▾c1964
300 ȸȸ ▾a370 p. : ▾c삽도, 사진 ; ▾c21 cm
┌ 필요한 원표제에 관한 사항은 서술적인 일반주기
500 ȸȸ ▾a원작: Long walk, [or], A Gamble for life / Slavomir Razicz, as told to Ronald Downing
546 ȸȸ ▾a영어판 원작을 한국어로 번역 ← 041필드와 연계된 언어의 설명적 주기
600 14 ▾aDowning, Ronald ← 피전기자의 주제부출
700 1ȸ ▾a원응서 ← 번역자의 부출표목

21. 학위논문

> **英美 著者記號表 硏究**
>
> 이 論文을 博士學位 論文으로 제출함
>
> 1991年　12月　　日
>
> 中 央 大 學 校 大 學 院
>
> 文獻情報學科 文獻情報學 專攻
>
> 朴　俊　植

```
 .....namƀƀ22.....ƀcƀ4500
007 ta
008 ......s1991ƀƀƀƀulkƀaƀƀƀƀƀƀƀƀƀƀ000aƀƀkorƀƀ
090 ƀƀ ▾a024.53 ▾b박76ㅇ
                    |    └ 정보원의 학위논문명 '英美 著者...'의 처음문자(초성)
                    └ 학위청구자명 '박준식'의 성과 저자번호
100 1ƀ ▾a박준식
          └ 학위논문은 논문을 작성한 청구자명을 기본표목
245 10 ▾a英美 著者記號表  硏究 / ▾d朴俊植
          |                        └ 책임표시에 논문작성자명을 기재
          └ 학위논문명은 정보원의 논문제목을 본표제로 기재
          ┌ 학위논문은 미공간자료이기 때문에 발행사항은 수여년도만을 '▾c'로 기재
260 ƀƀ ▾c1991
300 ƀƀ ▾aiv, 233 p. : ▾b삽도, 표 ; ▾c27 cm
   ┌ 제1지시기호는 학위구분으로 '0'은 석사, '1'은 박사를 지시
   |                   ┌ '▾b'로 수여  ┌ '▾c'로 학과 및 전공명 기재
   |                   | 기관명 기재  |              ┌'▾d'로 수여연도 기재
502 1ƀ ▾a학위논문(박사) – ▾b중앙대학교 : ▾c문헌정보학과, ▾d1991
<출력> 학위논문(박사)—중앙대학교 : 문헌정보학과, 1991
                └ 학위명은 '학위논문'에 '석사' 또는 '박사'를 ()로 묶어 기재
```

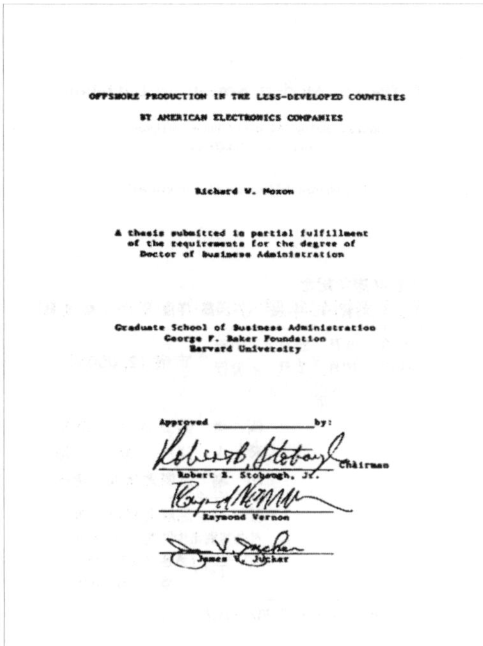

OFFSHORE PRODUCTION IN THE LESS-DEVELOPED COUNTRIES
BY AMERICAN ELECTRONICS COMPANIES

Richard W. Moxon

A thesis submitted in partial fulfillment
of the requirements for the degree of
Doctor of Business Administration

Graduate School of Business Administration
George F. Baker Foundation
Harvard University

Approved ____________ by:

Chairman
Robert B. Stobaugh, Jr.

Raymond Vernon

James V. Jucker

.....namƀƀ22.....ƀcƀ4500

007 ta

008 ......s1973ƀƀƀƀusƀaƀƀƀƀƀƀƀƀƀƀ000aƀƀengƀƀ

090 ƀƀ ▾a325 ▾bM937o

│ └ 학위논문명 'Offshore ...'의 처음문자(소문자)

└ 학위청구자명 'Moxon, ...'의 성(처음문자 대문자)과 저자번호

100 1ƀ ▾aMoxon, Richard Williams

└ 기본표목은 학위논문을 작성한 청구자명으로 기재

┌ 본표제로 기재되는 논문명을 해당 어법에 따른 대소문자로 기술

245 10 ▾aOffshore production in the less-developed countries by American electronics companies / ▾d[by] Richard W. Moxon

└ 책임표시는 학위청구자명을 정보원의 문자와 순서로 역할어와 짝지어 기술

260 ƀƀ ▾c1973 ← 미공간자료로 발행사항은 수여년도만을 '▾c'로 기재

300 ƀƀ ▾aviii, 174 p. (xerox) ; ▾c21 cm

└ 복사본일 때 '복사', 'xerox'를 면수에 ()로 보기

┌ 제1지시기호는 학위의 구분으로 '0'은 석사, '1'은 박사를 지시

│ ┌ '학위논문' 또는 'Thesis'라 용어에 '석사', 'BA' 또는 '박사', 'Ph.D'를 ()로 부기

│ │ ┌ '▾b': 수여기관명 기재 ┌ ': ▾c': 학과/전공명 기재

502 0ƀ ▾aThesis (D.BA.)-- ▾bHarvard University : ▾cGraduate School of Business Administration, ▾d1973

<출력> Thesis (D.BA.)--Harvard University : Graduate School of Business Administration, 1973

22. 미술작품

40 Years of Modern Korean Art Exhibition

Korean Painting · Western Painting · Sculpture · Handicraft · Calligraphy

The National Museum of Modern Art

光復40週年紀念
現代美術40年展 (韓國畵·洋畵·彫刻·工藝·書藝)

1985年 9月 25日 印刷
1985年 10月 2日 發行 定價 12,000원

編 者 國立現代美術館
發行人 許 喆 鍾
印 刷 高麗書籍株式會社

發 行 高麗書籍株式會社
서울特別市中區萬里洞1街62-7
Tel { 直通 (392) 0996 / 交換 (392) 0671~9

登錄 1959.6.27 第2-333號

.....namb̸b̸22.....b̸cb̸4500
007 ta
008 ......s1985b̸b̸b̸b̸ulkb̸ab̸b̸b̸b̸b̸b̸b̸b̸b̸b̸000ab̸b̸korb̸b̸
020 b̸b̸ ▾c₩12,000
090 b̸b̸ ▾a609.11 ▾b현23
│ └ 표제로 작성되는 도서기호는 저작표시가 없음
└ 표제줄머리잡기 '現代美術...'의 처음문자와 저자번호
┌ 정보원의 표제를 본표제로 기재
245 00 ▾a現代美術40年展 :▾b光復40週年紀念 / ▾d國立現代美術館 編
└ 표제줄머리잡기의 경우 관제는 표제관련정보로 기재하는 것을 권장
246 11 ▾a40 years of modern Korean art exhibition
└ 대등표제를 245필드로 기재하지 않고 246필드에 기재할 때는 제1지시기호 '1'로 주기하고 표목부출 지시
<출력> 대등표제: 40 years of modern Korean art exhibition
└ 표출어 '대등표제:'는 제2지시기호 '1'에 의해 자동 생성
260 b̸b̸ ▾a서울 :▾b高麗書籍株式會社, ▾c1985
300 b̸b̸ ▾a188 p. :▾b삽도, 그림(칼라) ;▾c27 x 22 cm
수록된 그림의 매수와 칼라를 ()에 부기┘ └ 비정상인 규격은 '세로 x 가로 cm'로 기재
505 0b̸ ▾a韓國畵 -- 洋畵 -- 彫刻 -- 工藝 -- 書藝
740 b̸2 ▾a한국화
740 b̸2 ▾a양화
740 b̸2 ▾a조각
740 b̸2 ▾a공예
740 b̸2 ▾a서예

> 金基滸 敎授
> 停年記念 個人展
>
> 김기한 교수 정년기념 개인전
>
> • 전시기간 / 2003.1.15(수)-20(월)
>
> • 장소 / 대백프라자 갤러리(10F)

.....namƀƀ22.....ƀcƀ4500

007 ta

008 ......s2003ƀƀƀƀtgkƀaƀƀƀƀƀƀƀƀƀƀ000aƀƀkorƀƀ

090 ƀƀ ▾a665 ▾b김18┐

| └ 본표제로 기재된 '金基滸 敎授...'의 처음문자(초성)

└ 전시목록으로 화가 '金基滸'의 성과 저자번호

100 1ƀ ▾a김기한

└ 전시목록이나 미술도집은 화가의 개인명을 기본표목

┌ 정보원의 전시목록표제를 본표제로 기재

| ┌ 전시기간과 장소는 표제관련정보로 기재

245 10 ▾a金基滸敎授停年記念個人展 : ▾b전시기간 2003.1.15(수)-20(월), 장소 대백프라자 갤러리 / ▾d金基滸 [畵]

└ '▾d'는 화가명을 역할어와 짝지어 기재, 정보원 이외에서 채기한 역할어는 []로 기재

┌ 전시목록은 발행자가 개인이기 때문에 발행년도에 전시년도를 기재

260 ƀƀ ▾c2003

300 ƀƀ ▾a69 p. : ▾b삽도, 그림(50매 칼라) ; ▾c28 x 24 cm

수록된 그림의 매수와 칼라를 ()에 부기┘ └ 비정상인 규격은 '세로 x 가로 cm'로 기재

┌ 수록된 참고자료목록은 자료명과 수록면수를 주기

504 ƀƀ ▾a작가의 약력 및 활동보고서: p. 58-60

└ 정보원의 참고자료명 └ 수록된 면수는 콜론':'으로 구분 기재

TIME-LIFE LIBRARY OF ART

The World of Cézanne

1839-1906

by Richard W. Murphy
and
the Editors of TIME-LIFE BOOKS

TIME-LIFE BOOKS, New York

TIME-LIFE BOOKS

EDITOR
Maitland A. Edey
EXECUTIVE EDITOR
Jerry Korn
TEXT DIRECTOR Martin Mann
ART DIRECTOR Sheldon Cotler
CHIEF OF RESEARCH
Beatrice T. Dobie
PICTURE EDITOR
Robert G. Mason
Assistant Text Directors:
Harold C. Field, Ogden Tanner
Assistant Art Director:
Arnold C. Holeywell
Assistant Chief of Research:
Martha Turner

PUBLISHER
Rhett Austell
General Manager: Joseph C. Hazen Jr.
Planning Director: John P. Sousa III
Circulation Director: Joan D. Manley
Marketing Director: Carter Smith
Business Manager: John D. McSweeney
Publishing Board: Nicholas Benton, Louis Bronzo, James Wendell Forbes

TIME-LIFE LIBRARY OF ART

SERIES EDITOR: Robert Morton
Associate Editor: Diana Hirsh
Editorial Staff for *The World of Cézanne*
Text Editor: Harvey B. Loomis
Picture Editor: Kathleen Shortall
Designer: Paul Jensen
Assistant Designer: Leonard Wolfe
Staff Writers: Marianna Kastner, James MaHood, Bryce Walker
Chief Researcher: Martha Turner
Researchers: Gail Hansberry, Patricia Maye, Ann McLeod, Rosemary O'Connell, Kelly Tasker
Art Assistant: Nancy Earle

EDITORIAL PRODUCTION
Color Director: Robert L. Young
Assistant: James J. Cox
Copy Staff: Marian Gordon Goldman, Muriel Clarke, Laurie LaMartine, Florence Keith
Picture Department: Dolores A. Littles, Suzanne Jaffe, Barbara S. Simon
Traffic: Douglas B. Graham

The following individuals and departments of Time Inc. helped to produce this book: LIFE staff photographers Larry Burrows, Dmitri Kessel; the Chief of the LIFE Picture Library, Doris O'Neil; the Chief of the Time Inc. Bureau of Editorial Reference, Peter Draz; the Chief of the TIME-LIFE News Service, Richard M. Clurman; Correspondents Maria Vincenza Aloisi, Joan Dupont (Paris); Alex des Fontaines (Geneva); Barbara Moir, Margot Hapgood (London); Ann Natanson (Rome); Friso Endt (Amsterdam); Traudl Lessing (Vienna); Elisabeth Kraemer (Bonn).

Library of Congress card catalogue number 68-17688.
School and library distribution by Silver Burdett Company.

.....namƀƀ22.....ƀcƀ4500
007 ta
008 ......s1968ƀƀƀƀusƀƀaƀƀƀƀƀƀƀƀƀƀƀ000aƀƀengƀƀ
090 ƀƀ ▾a664 ▾bC425m
　　└ 자료의 저작자명을 타서전과 동일한 형식으로 저자명 'Murphy, ...'의 성(소문자)
　└ 화가인 'Cézanne'의 성(처음문자 대문자)과 저자번호
100 1ƀ ▾aMurphy, Richard W.
245 11 ▾a(The) World of Cézanne, 1839-1906 / ▾dby Richard W. Murphy and the editors of Time-Life Books
　영어형식의 공저자는 자료에 표시된 대로 'and'로 구분 기재 ┘
260 ƀƀ ▾aNew York : ▾bTime-Life Books, ▾cc1968
300 ƀƀ ▾a192 p. : ▾billus. ; ▾c31 cm
440 00 ▾aTime-life library of art
500 ƀƀ ▾aIncludes index
504 ƀƀ ▾aChronology and bibliography: p. 186-187
┌ 'Cézanne'는 인명을 위한 주제명으로 부표목(타서전에 준함)
　┌ '▾x'는 일반세목을 기재
600 10 ▾aCézanne, Paul ▾xpainting
<출력> Cézanne, Paul--painting
┌ 단체명으로 검색될 수 있게 앞의 수식어를 도치한 표목으로 기재
710 ƀƀ ▾aTime-Life Books, the editors of
　└ 단체명 앞에 붙은 역할관계 용어의 도치

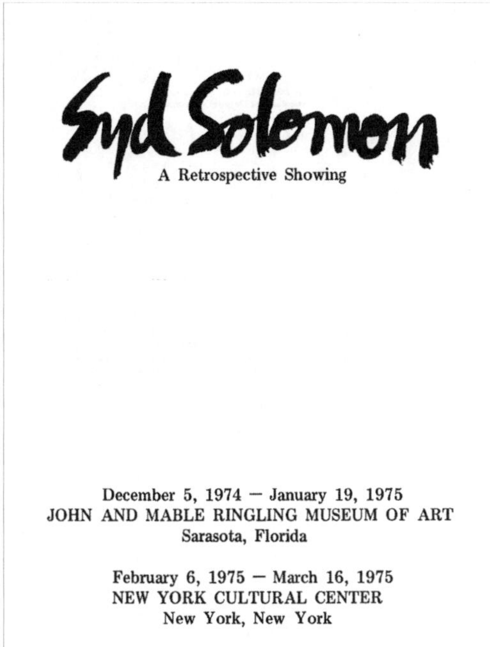

Syd Solomon

A Retrospective Showing

December 5, 1974 — January 19, 1975
JOHN AND MABLE RINGLING MUSEUM OF ART
Sarasota, Florida

February 6, 1975 — March 16, 1975
NEW YORK CULTURAL CENTER
New York, New York

.....namƀƀ22.....ƀcƀ4500

007 ta

008 ......s1975ƀƀƀƀusƀƀaƀƀƀƀƀƀƀƀƀƀ000aƀƀengƀƀ

090 ƀƀ ▾a664 ▾bS689r

| └ 전시목록의 표제명 'Retrospective ...'의 처음문자(소문자)

└ 화가인 'Solomon'의 성(처음문자 대문자)과 저자번호

100 1ƀ ▾aSolomon, Syd

┌ 전시목록의 표제를 본표제로 기재　　┌ 2개 이상의 전시장소와 시기는 '▾b'를 반복 표제관련 정보로 기재

245 11 ▾a(A) Retrospective showing : ▾bDec. 5, 1975-Jan. 19, 1975, John and Mable Ringling Museum of Art, Sarasota, Florida : ▾bFeb. 6, 1975-March 16, 1975, New York Cultural Center / ▾d[paintings by] Syd Solomon

└ 정보원에 나타나 있지 않은 필요한 역할어는 목록자가 []로 기재

260 ƀƀ ▾c1975　← 발행지, 발행처가 없는 전시목록은 '▾c'로 발행년도만을 기재

300 ƀƀ ▾a44 p. : ▾billus. (color) ; ▾c29 x 22 cm

삽도가 부분칼라일 때 ()로 부기 ┘　　└ 크기가 비정상적인 것은 '세로 x 가로 cm'로 기재

┌ 전시장소는 필요에 따라 710필드로 단체명 부출표목

710 ƀƀ ▾aJohn and Mable Ringling Museum of Art, Sarasota, Florida

단체명 직접표목은 식별이 필요한 경우 지명이나 상위단체명을 부기 ┘

710 ƀƀ ▾aNew York Cultural Center　← 전시장소명의 부출표목

23. 음악작품

MANON

Opera in Five Acts

Music by

Jules Massenet

Libretto by
HENRI MEILHAC and PHILIPPE GILLE
After the Novel by the Abbé Prévost

English Translation
by
GEORGE and PHYLLIS MEAD

ED. 2627

G. SCHIRMER, INC.
New York

G. SCHIRMER, INC.
609 Fifth Avenue
New York 17, N. Y.

.....namɓɓ22.....ɓcɓ4500

007 ta

008 ......s1958ɓɓɓɓusɓɓaɓɓɓɓɓɓɓɓɓɓ000aɓɓengɓɓ

041 1ɓ ▾aeng ▾hfre

└ 식별기호 '▾a'는 번역본의 언어구분부호, '▾h'는 원본의 언어구분부호<부속서 3 참조>

090 ɓɓ ▾a674.2 ▾bM415mEm

| | | └ 가사를 번역한 'Mead, ...' 성의 처음문자(소문자)

| | └ 번역된 가사의 언어 English의 'E'로 표시

| └ 원표제 'Manon'의 처음문자를 소문자로 표시

└ 작곡자 'Massenet, ...'의 성(처음문자 대문자)과 저자번호

100 1ɓ ▾aMassenet, Jules

└ 악보는 작곡자를 기본표목으로 기재

┌ 작곡자를 '/▾d'로, ';▾e'를 반복 작사자와 번역자를 기

245 10 ▾aManon : ▾bopera in five acts / ▾dmusic by Jules Massenet ; ▾elibretto by Hen
Meilhac and Philippe Gille ; ▾eenglish translation by George and Phyllis Mea

└ 동일 성을 가진 공역자를 정보원에 표시된 대로 '이름 and 이름 성'으로 기재

260 ɓɓ ▾aNew York : ▾bSchirmer, ▾c1958

300 ɓɓ ▾av, 388 p. : ▾bscore ; ▾c30 cm

└ ': ▾b'는 악보의 형태세목을 '악보' 또는 'score'로 기재

┌ 490필드는 부표목 않거나 다르게 부표목하는 총서표제를 주기
| ┌ 제1지시기호 '0'은 검색어로 부적합한 총서표제를 주기로만 출력되게 하기 위한 지시
490 00 ▾aEd. ; ▾v2627
500 ɓɓ ▾aAfter the novel by the Abbe Prevost
546 ɓɓ ▾aTranslated from the Franch ← 041필드와 연계된 서술적 언어주기
700 1ɓ ▾aMeilhac, Henri ← 작사자의 부출표목
700 1ɓ ▾aGille, Philippe ← 공작사자의 부출표목
700 1ɓ ▾aMead, George ← 간략형으로 기재된 동일 성의 공역자명은 완전명으로 부출표목
700 1ɓ ▾aMead, Phyllis ← 동일 성의 공역자 부출표목
740 ɓɓ ▾aAbbé Prévost ← 500필드로 주기된 소설 저작자의 부출표목

.....namƀƀ22.....ƀcƀ4500
007 ta
┌ 발행년이 미상일 때는 유형을 'n'으로 하고 발행년은 모두 'ƀ'으로 표시
│ ┌ 발행국명부호 Germany<부속서 1. 발행국명부호>
008 ......nƀƀƀƀƀƀƀƀgwƀaƀƀƀƀƀƀƀƀƀƀ000aƀƀgerƀƀ
언어부호 독일어<부속서 3. 언어구분부호표>┘
090 ƀƀ ▾a677 ▾bB415ㄱs
│ │ └ 본표제 'Sinfonie ...'의 처음문자(소문자)
│ └ 동일작품을 한 곳에 배열되게 통일표제 '교향곡'의 처음문자(초성)
└ 작곡자 'Beethoven, ...'의 성(처음문자 대문자)과 저자번호
100 1ƀ ▾aBeethoven, Ludwig Van
┌ 통일표제[5]는 자료기관에서 정한 하나의 언어(한글이나 영어)로 작성 '▾a'는 음악형식에 대한 규정된 명칭
│ ┌ '▾n'은 권차표시로 작품번호와 연번을 위한 식별기호
│ │ ┌ '▾r'은 장·단조를 위한 식별기호
240 ƀ0 ▾a교향곡, ▾n제3번, 작품 55, ▾rE 장조

---

5) 통일표제는 하나의 음악작품이 출판사에 의해 여러 다른 표제로 발행되고 있을 때 동일 작품을 한 곳에 모으기 위하여 대표되는 표제나 통일된 형식으로 작성된 표제를 통일표제로 기술한 것이다. 그러나 본표제가 통일표제와 동일한 경우는 240필드를 채기하지 않는다.

[통일표제를 영어로 작성한 예]

090 ꝥꝥ ▾a677 ▾bB415ss

└ 동일작품을 한 곳에 배열되게 통일표제 'Symphony'의 처음문자(소문자)

100 1ꝥ ▾aBeethoven, Ludwig Van

┌ 통일표제를 영어로 작성 '▾a'는 음악형식에 대한 규정된 명칭

┌ '▾n'은 권차표시로 작품번호와 연번을 위한 식별기호

┌ '▾r'은 장·단조를 위한 식별기호

240 ꝥ0 ▾aSymphony, ▾nno. 3, op. 55, ▾rE major

*악곡형식에 의한 통일표제는 '통일화된 악곡형식, 작품번호와 연번, 장.단조. 국어표시'의 형식으로 작성

┌ 작곡명의 별표제는 정보원에 나타난 대로 전사

245 10 ▾aSinfonie Nr. 3 Es-Dur op. 55 (Sinfonia eroica) / ▾d[by] Ludwig van Beethoven

246 3ꝥ ▾iPortion of title: ▾aSinfonia eroica ─┘

<출력> Portion of title: Sinfornia eroica.

└ 별표제는 246필드에 검색을 위한 부분표제로 부출표목

260 ꝥꝥ ▾aWiesbaden : ▾bBreitkopf and Härtel, ▾c[n.d.]

300 ꝥꝥ ▾a96 p. : ▾bscore ; ▾c26 cm

└ 형태세목은 삽도표시로 '악보', 'score'로 기재

[본표제를 한국어로 작성한 예]

100 1ꝥ ▾aBeethoven, Ludwig Van

240 ꝥ0 ▾a교향곡, ▾n제3번, 작품 55, ▾rE 장조

= 240 ꝥ0 ▾aSymphony, ▾nno. 3, op. 55, ▾rE major

630 04 ▾aSymphony, ▾nno. 3, op. 55, ▾rE major

└ 한국어와 영어의 통일표목이 함께 기술할 때는 하나의 언어는 630필드로 부출표목

245 10 ▾a교향곡 제3번 <영웅> 내림마장조 / ▾d베에토벤

246 30 ▾a영웅

<출력> 검색을 위한 부분표목: 영웅

260 ꝥꝥ ▾a서울 : ▾b台林出版社, ▾c1976

700 1ꝥ ▾a베에토벤, Ludwig Van

[본표제를 일본어로 작성한 예]

100 1ꝥ ▾aBeethoven, Ludwig Van

240 ꝥ0 ▾a교향곡, ▾n제3번, 작품 55, ▾rE 장조

=240 ꝥ0 ▾aSymphony, ▾nno. 3, op. 55, ▾rE major

245 10 ▾a第三交響曲 変ホ長調「英雄」/ ▾dベートーヴエン

246 30 ▾a英雄

<출력> 검색을 위한 부분표목: 영웅

260 ꝥꝥ ▾a東京 : ▾b音樂之友社, ▾c昭和45[1970]

700 1ꝥ ▾aベートーヴエン, Ludwig Van

관현악을 위한

달구벌환상곡

DALGOOBEOL FANTASY FOR ORCHESTRA

1998

林 友 相 作曲

예당음악출판사

관현악을 위한 **달구벌 환상곡**

1999년 1월 15일 초판 1쇄 인쇄
1999년 1월 15일 초판 1쇄 발행
작곡자 : 임우상
펴낸이 : 김기식
예당음악 출판사
서울특별시 중구 저동 2가 15번지(4층)
Tel : (02) 2277-0901
등록번호 제2-2540호
사보 : 강종구 표지 : 문필선
ISBN 89-518-0129-2
정가 : 25,000원
잘못된 책은 바꿔 드립니다.

.....namƀƀ22.....ƀcƀ4500

007 ta

008 ......s1998ƀƀƀƀulkaƀƀƀƀƀƀƀƀƀƀ000aƀƀ korƀƀ

020 ƀƀ ▾a8951801292 : ▾c₩25,000

↓ ↑ ↙

043 ƀƀ ▾a22000--

↓ 본자료는 대구와 관계된 내용이기 때문에 043필드에 대구에 관한 부호를 입력

↑ 대구광역시의 부호 7자리로 기술<부속서 5. 한국지역구분부호표>

↙ 7자리 중 여백은 붙임표'-'로 표시

090 ƀƀ ▾a677 ▾b임66ㄷ

└ 관제를 제외한 본표제 '달구벌환상곡'의 처음문자(초성)

└ 작곡자 '임우상'의 성과 저자번호

100 1ƀ ▾a임우상

└ 악보는 작곡자를 기본표목으로 기재

┌ 제1지시기호 '2'는 245필드에 '▾a'로 본표제 앞에 ()로 기재된 관제가 포함된 표제와 포함되지 않은 표제로 각각 자동부표목을 지시

┌ 제1지시기호가 '2'일 때는 제2지시기호를 언제나 '0'으로 지시

┌ 표제 앞의 관제가 9자를 넘을 때는 본표제의 표제관련정보로 기재

245 20 ▾a(관현악을 위한) 달구벌환상곡 = ▾xDalgoobeol fantasy for orchestra / ▾d林友相 作曲

246 31 ▾aDalgoobeol fantasy for orchestra

└ '245/▾x'로 기재된 대등표제는 246필드에 제1지시기호 '3'으로 주기 않고 부표목만을 지시

<출력> 대등표제: Dalgoobeol fantasy for orchestra

└ 제2지시기호 '1'에 의해 '대등표제'라는 표출어 자동 생성

260 ƀƀ ▾a서울 : ▾b예당출판사, ▾c1998

300 ƀƀ ▾a155 p. : ▾b악보 ; ▾c27 cm

700 1ƀ ▾aLim, Woo Sang ← 영어로 나타낸 한국인명의 검색을 위한 부출표목

└ 영어형으로 표목할 때는 '성, 이름' 형식으로 기재

24. 일기 및 서한

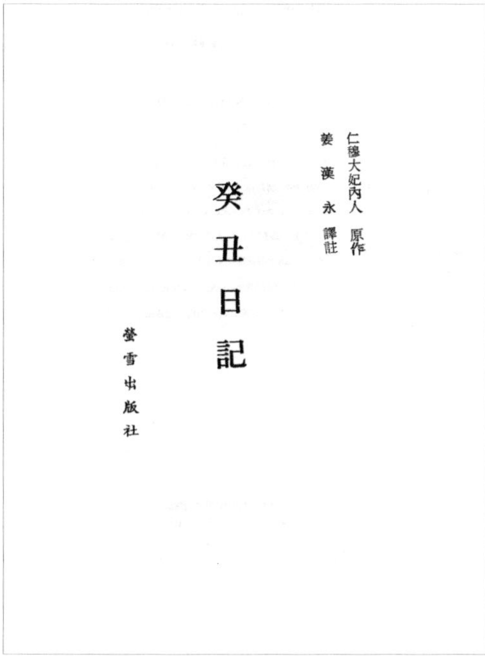

仁穆大妃內人 原作
姜漢永 譯註

癸丑日記

螢雪出版社

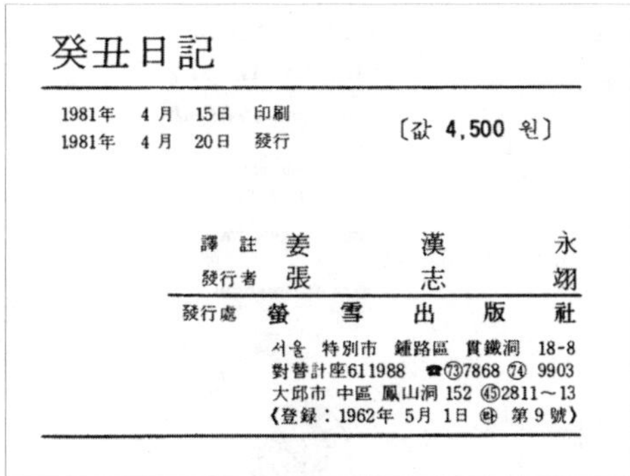

癸丑日記

1981年 4月 15日 印刷
1981年 4月 20日 發行
〔값 4,500 원〕

譯註 姜 漢 永
發行者 張 志 翊
發行處 螢 雪 出 版 社
서울 特別市 鍾路區 貫鐵洞 18-8
對替計座611988 ☎ ㉓7868 ㉔ 9903
大邱市 中區 鳳山洞 152 ㊺2811~13
〈登錄：1962年 5月 1日 ⓡ 第 9 號〉

.....namƀƀ22.....ƀcƀ4500

007 ta

008 ......s1981ƀƀƀƀulkaƀƀƀƀƀƀƀƀƀƀƀ000aƀ
ƀkorƀƀ

090 ƀƀ ▾a816 ▾b인35ㄱYㄱ2

↓ 기본표목된 저자명 '인목대비'의 처음문자와 저자번호

↘ 원표제 '癸丑日記'의 처음문자를 초성으로 표시

↑ 평주의 표시로 Y를 대문자로 표시

↕ 평주자 '姜漢永'의 성(초성)

↙ 평주서자체의 개정판이므로 평주자 표시 뒤에 기재

100 3ƀ ▾a인목대비, ▾c나인 ← 일기는 일기를 쓴 사람을 기본표목으로 기재

└ 나인은 이름과 관련된 칭호로 '▾c'로 기재

└ 불완전한 인명(익명)은 확인된 완전한 부분을 기본표목으로 기재

└ 제1지시기호 '3'은 가계명으로 제1지시기호 '0'과 '1'에 속하지 않은 이름을 위한 지시

┌ 책임표시는 정보원에 나타난 문자와 순서로 기재

┌ 본명이 아닌 것은 []에 익명임을 부기

┌ 역할어는 정보원의 용어로 기재

┌ ';▾e'는 역할이 다른 평주자를 기재

245 10 ▾a癸丑日記 / ▾d仁穆大妃 內人 [匿名] 原作 ; ▾e姜漢永 譯註

260 ƀƀ ▾a서울 : ▾b螢雪出版社, ▾c1981

300 ƀƀ ▾a252 p. ; ▾c19 cm

┌ 초판에 관한 사항은 '초판발행'이라는 표출어로 기입체의 형식으로 주기

500 ƀƀ ▾a초판발행: 서울 : 民協出版社,1962. 252 p. ; 19 cm

525 ƀƀ ▾a권말부록: 跋文. p. 170-174

525 ƀƀ ▾a권말부록: 寫眞版 原文. p. 175-222

> [권말부록을 모아서 기재한 예]
>
> 525 ƀƀ ▾a권말부록: 跋文. p. 170-174; 寫眞版 原文. p. 175-222

700 1ƀ ▾a강한영 ← 평주자의 부출표목

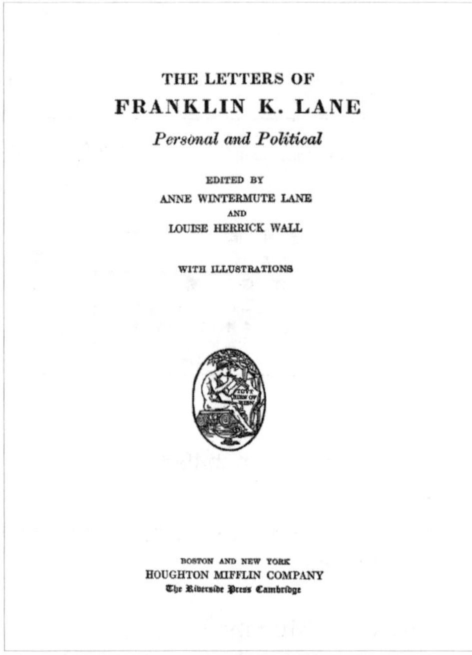

THE LETTERS OF
FRANKLIN K. LANE
Personal and Political

EDITED BY
ANNE WINTERMUTE LANE
AND
LOUISE HERRICK WALL

WITH ILLUSTRATIONS

BOSTON AND NEW YORK
HOUGHTON MIFFLIN COMPANY
The Riverside Press Cambridge

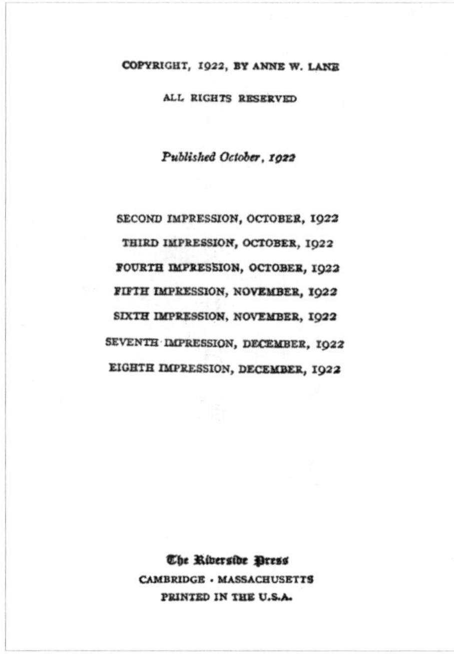

COPYRIGHT, 1922, BY ANNE W. LANE
ALL RIGHTS RESERVED

Published October, 1922

SECOND IMPRESSION, OCTOBER, 1922
THIRD IMPRESSION, OCTOBER, 1922
FOURTH IMPRESSION, OCTOBER, 1922
FIFTH IMPRESSION, NOVEMBER, 1922
SIXTH IMPRESSION, NOVEMBER, 1922
SEVENTH IMPRESSION, DECEMBER, 1922
EIGHTH IMPRESSION, DECEMBER, 1922

The Riverside Press
CAMBRIDGE · MASSACHUSETTS
PRINTED IN THE U.S.A.

.....namƀƀ22.....ƀcƀ4500
007 ta
008 ......s1922ƀƀƀƀusƀaƀƀƀƀƀƀƀƀƀƀ000aƀƀengƀƀ
090 ƀƀ ▾a846 ▾bL265ℓ

│ └ 관사를 제외한 본표제 'Letter ...'의 처음문자(소문자)
│ 'L'일 때는 '1'과 구별될 수 있게 필기체 ℓ로 기재
└ 기본표목된 편지를 쓴 'Lane, ...'의 성(처음문자 대문자)과 저자번호

100 1ƀ ▾aLane, Franklin K.

└ 서한(Letter)은 편지를 쓴 사람을 기본표목으로 기재

┌ 본표제 앞의 관사를 ()로 기재할 때는 다음 단어의 처음문자를 대문자로 기재
│ 한 사람의 서한(Letter)을 편집한 사람은 '/▾d'로 책임표시에 기재 ┐

245 11 ▾a(The) Letters of Franklin K. Lane : ▾bpersonal and political / ▾ded. by Anne Wintermute Lane and Louise Herrick Wall

└ 공편자를 ', ▾e'로 기재치 않고 영어형식의 'and'로 기재

┌ 두 번째 이하의 발행지명은 ';'으로 구분 기재

260 ƀƀ ▾aBoston ; ▾aNew York : ▾bHoughton Mifflin Co., ▾cc1922

└──────┴ 2곳 이상의 발행지명의 기재는 '▾a'를 반복 기재

300 ƀƀ ▾axxiv, 473 p. : ▾billus., portrait ; ▾c23 cm
500 ƀƀ ▾aIncludes index
700 1ƀ ▾aLane, Anne Wintermute ← 공편자는 700필드를 반복하여 각각 부출표목
700 1ƀ ▾aWall, Louise Herrick ← 공편자의 부출표목

THE LETTERS OF
Benjamin Franklin &
Jane Mecom

EDITED WITH AN INTRODUCTION BY
CARL VAN DOREN

PUBLISHED FOR
THE AMERICAN PHILOSOPHICAL SOCIETY
BY PRINCETON UNIVERSITY PRESS
1950

.....namƀƀ22.....ƀcƀ4500
007 ta
008 ......s1950ƀƀƀƀusƀaƀƀƀƀƀƀƀƀƀƀ000aƀƀengƀƀ
090 ƀƀ ▾a846 ▾bF831ℓ
　　　　| 　└ 관사를 제외한 본표제의 처음문자(필기체 소문자)
　　　　└ 기본표목 된 'Franklin, ...'의 성(처음문자 대문자)과 저자번호
100 1ƀ ▾aFranklin, Benjamin
　　└ 두 사람이 상호 교환한 서한(Letter)은 공저서로 처음 표시된 인명을 기본표목으로 기재
　┌ 제2지시기호 '1'은 ( )로 기재된 관사를 제외한 표제의 부표목을 지시
245 11 ▾a(The) Letters of Benjamin Franklin & Jane Mecom / ▾dedited with an introduction by Carl Van Doren

*도서관에 따라서는 서신(Letter)은 원형표시를 생략하고 일반적으로 정의된 다음의 용어를 채기하기도 한다 (A1.207A2)

- Letters ← 개인의 서신
- Correspondance ← 개인 대 개인; 개인 대 다수인
- Papers ← 개인 대 가족
- Records ←단체의 잡다한 자료

260 ƀƀ ▾aPrinceton : ▾bPrinceton University Press, ▾c1950
300 ƀƀ ▾axx, 380 p. : ▾billus. ; ▾c28 cm
700 1ƀ ▾aMecom, Jane ← 공저자명의 부출표목
　┌ 인명의 표목은 '성, 이름'으로 기재(복합성 포함)
700 1ƀ ▾aVan Doren, Carl ← 편저자명의 부출표목
└ 인명이 복합성일 때도 제1지시기호 '1'로 지시(통합서지용에서는 복합성에 대한 구분 없음)

Churchill & Roosevelt

The Complete Correspondence

I. Alliance Emerging

October 1933 — November 1942

EDITED WITH
COMMENTARY BY

Warren F. Kimball

Princeton University Press, Princeton, New Jersey

Verso information:
Copyright © 1984 by Princeton University Press.
ISBN 0-691-05649-8.

Other information:
This set of three volumes has the titles:
v. 1: Alliance Emerging, October 1933-November 1942.
v. 2: Alliance Forged, 1942-February 1944.
v. 3: Alliance Declining, February 1944-April 1945.
There are illustrations throughout the three volumes.
Each volume is 25 centimeters tall.
There are a number of bibliographies and an index.

.....nam̸b̸b22.....b̸cb̸4500

007 ta

008 ......s1984b̸b̸b̸b̸usb̸ab̸b̸b̸b̸b̸b̸b̸b̸b̸b̸000ab̸ b̸engb̸b̸

090 b̸b̸ ▾a940.53 ▾bC563c

↓ 기본표목된 'Churchill, ...'의 성(처음문자 대문자)과 저자번호

↘ 본표제 'Churchill ...'의 처음문자(소문자)

100 1b̸ ▾aChurchill, Winston, ▾cSir, ▾d1874-1965

↓ 두 사람이 교환한 서한(Letter)은 공저서로 처음 표시된 인명을 기본표목으로 기재

↘ 필요한 경우 이름과 관련된 정보를 부기

┌ 두 번째로 표시된 서신자명은 600필드로 주제명부출이나 700필드로 부출표목

245 10 ▾aChurchill & Roosevelt : ▾bthe complete correspondence / ▾dedited with commentary by Warren F. Kimbell

└ 편저자는 책임표시에 기재하고 700필드로 부출표목

260 b̸b̸ ▾aPrinceton, N. J. : ▾bPrinceton University Press, ▾cc1984

300 b̸b̸ ▾a3 v. : ▾billus. ; ▾c25 cm

504 b̸b̸ ▾aIncludes bibliographies and index

505 0b̸ ▾aContents: v. 1. Alliance emerging, October 1933-November 1942 -- v. 2. Alliance forged, November 1942-February 1944 -- v. 3. Alliance declining, February 1944-April 1945

┌ 통치자의 직위와 관계된 공식자료는 국명과 직명으로 주제명표목 작성

610 b̸0 ▾aGreat Britain. ▾bPrime ministers ▾xCorrespondence

610 b̸0 ▾aUnited States. ▾bPresidents ▾xCorrespondence

└ 국명(관용명) └ 직명 └ 일반세목

650 b̸0 ▾aWorld War, 1939-1945 ▾xDiomatic history

700 1b̸ ▾aKimball, Warren F. ← 편저자의 부출표목

700 1b̸ ▾aRoosevelt, Franklin D. ▾q(Franklin Delano), ▾d1882-1945

└ 약자로 된 인명에 대한 완전명은 '▾q'로 ()에 부기

740 b̸2 ▾aAlliance emerging, October 1933-November 1942. ▾nv. 1

740 b̸2 ▾aAlliance forged, November 1942-February 1944. ▾nv. 2

740 b̸2 ▾aAlliance declining, February 1944-April 1945. ▾nv.3

Kids' Letters to President Kennedy

Selected by
BILL ADLER

Illustrations by
LOUIS DARLING

William Morrow & Company
New York

.....namƀƀ22.....ƀcƀ4500

007 ta

008 ......s1961ƀƀƀƀusƀaƀƀƀƀƀƀƀƀƀƀ000aƀƀengƀƀ

090 ƀƀ ▾a846 ▾bK35k

| └ 작품표시로 표제 'Kids ...'의 처음문자(소문자)

└ 한 사람이 여러 사람으로부터 받은 편지는 받은 'Kennedy'의 성(처음문자 대문자)과 저자번호

┌ 1XX필드가 없이 표제줄머리잡기로 목록할 때는 제1지시기호를 '0'으로 지시

| ';▾e'는 두 번째 이하의 역할을 달리한 삽도자명을 역할어와 짝지어 기재 ┐

245 00 ▾aKids' letters to president Kennedy / ▾dselected by Bill Adler ; ▾eillustrations by Louis Darling

260 ƀƀ ▾aNew York : ▾bWilliam Morrow & Co., ▾c1961

300 ƀƀ ▾a160 p. : ▾billus. ; ▾c20 cm

┌ 'Kennedy'는 기본표목되지 않았으므로 검색을 위한 주제명 부표목으로 작성

| ┌ 제1지시기호 '1'은 성과 이름으로 된 인명을 주제명표목할 때의 지시

| | ┌ 제2지시기호 '4'는 특정주제명표목표를 사용하지 않고 작성한 주제명일 때 지시

600 14 ▾aKennedy, John F.

700 1ƀ ▾aAdler, Bill ← 기본표목되지 않은 편저자의 부출표목

700 1ƀ ▾aDarling, Louis ← 삽도자는 필요한 경우 부출표목

25. 대담자료

기파랑 대담총서 정론의 자유 · 반론의 권리 01

류근일 · 홍진표 시국대담

知性과 反知性

기파랑

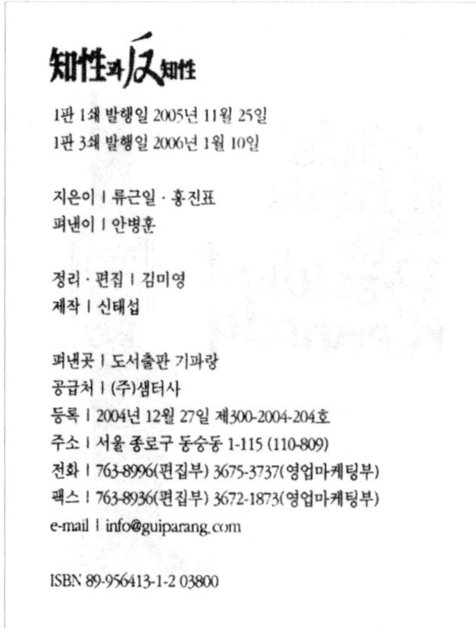
知性과 反知性

1판 1쇄 발행일 2005년 11월 25일
1판 3쇄 발행일 2006년 1월 10일

지은이 | 류근일 · 홍진표
펴낸이 | 안병훈

정리 · 편집 | 김미영
제작 | 신태섭

펴낸곳 | 도서출판 기파랑
공급처 | (주)생터사
등록 | 2004년 12월 27일 제300-2004-204호
주소 | 서울 종로구 동숭동 1-115 (110-809)
전화 | 763-8996(편집부) 3675-3737(영업마케팅부)
팩스 | 763-8936(편집부) 3672-1873(영업마케팅부)
e-mail | info@guiparang.com

ISBN 89-956413-1-2 03800

.....namƀƀ22.....ƀcƀ45000
007 ta
008 ......s2005ƀƀƀƀulkaƀƀƀƀƀƀƀƀƀƀƀ000aƀƀkorƀƀ
090 ƀƀ ▾a340.911 ▾b류17ㅈ
　　　└ 대담자료명 '知性과...'의 처음문자(초성)
　　└ 대담은 공저자와 동일한 방법으로 처음저자 '류근일'의 성과 저자번호
100 1ƀ ▾a류근일 ─┐　　┌ 역할어는 '대담'으로
245 10 ▾a知性과 反知性 : ▾b류근일·홍진표 시국대담 / ▾d류근일, ▾e홍진표 대담 ; ▾e김미영 편집
　　두 사람의 대담은 공저자와 동일한 형식으로 기재 ┘
　　';▾e'는 대담자와 역할을 달리한 편저자명과 역할어를 기재┘
246 3ƀ ▾i부표제: ▾a류근일·홍진표 시국대담
　└ 제2지시기호 'ƀ'(표출어 생성 않음)는 '▾i'로 표출어 '부표제'의 입력을 위한 지시
260 ƀƀ ▾a서울 : ▾b기파랑, ▾c2005
300 ƀƀ ▾a391 p. : ▾b삽도 ; ▾c20 cm
　┌ 제1지시기호 '1'(다르게 부출되는 총표제)은 830필드에 다른 총서표제 부표목 지시
490 10 ▾a기파랑 대담총서 정론의 자유·반론의 권리 ; ▾v01
830 ƀ0 ▾a정론의 자유·반론의 권리(기파랑 대담총서) ; ▾v01
└ 490필드와 다른형식의 '총서표제부표목: 통일표제'를 위한 필드
700 1ƀ ▾a홍진표 ← 100필드에 기본표목되지 않은 대담자의 부출표목
700 1ƀ ▾a김미영 ← 편저자의 부출표목

26. 전기서

1) 자서전

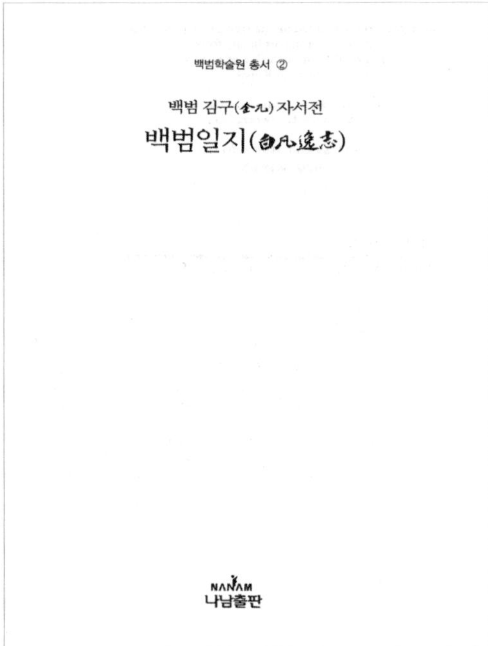
백범학술원 총서 ②

백범 김구(金九)자서전

백범일지(白凡逸志)

NANAM
나남출판

백범학술원 총서 · 2 ⓒ김 신

백범일지(학술원판)

2002년 5월 5일 초판 발행
2002년 5월 5일 1쇄

저 자 : 金 九
발 행 자 : 趙 相 浩

발 행 처 : (주) 나남출판

137-070 서울 서초구 서초동 1364-39 지훈빌딩 501호
전화 : (02) 3473-8535 (代), FAX : (02) 3473-1711
등록 : 제 1-71호(79.5.12)
http://www.nanamcom.co.kr
post@nanamcom.co.kr

ISBN 89-300-3878-6
ISBN 89-300-3877-8(세트) 값 12,000 원

.....namƀƀ22.....ƀcƀ4500
007 ta
008 ......s2002ƀƀƀƀulkaƀƀƀƀƀƀƀƀƀƀ000aƀƀ korƀƀ
020 ƀƀ ▾a8930038786 : ▾c₩12000
020 1ƀ ▾a8930038778 (세트)

090 ƀƀ ▾a991.14 ▾b김17

↓ 자서전은 전기자명 '김구'의 성과 저자번호

↘ 자서전은 전기서 중에서 먼저 배열되게 하기 위해 작품표시를 안함

100 1ƀ ▾a김구

└ 자서전은 전기자명을 기본표목으로 기재

┌ 표제지에는 한자표제가 있으나 한국어 표제만으로 식별되므로 한자표제를 생략

245 10 ▾a백범일지 : ▾b백범 김구(金九)자서전

└ 저자명을 포함한 표제관련정보는 책임표시 생략 가능. 그러나 표제에 포함된 저자명이 문자를 달리할 때는 책임표시에 정보원의 문자로 저자명을 기재

┌ 제2지시기호 'ƀ'(표출어 생성 않음)는 '▾i'의 '부표제:'라는 표출어 입력을 위한 지시

┌ '▾a'는 부표목되는 표제를 기재

246 3ƀ ▾i부표제: ▾a백범 김구(金九)자서전
260 ƀƀ ▾a서울 : ▾b나남출판, ▾c2002
300 ƀƀ ▾a460 p. : ▾b삽도, 사진 ; ▾c23 cm
440 00 ▾a백범학술원총서 ; ▾v2
500 ƀƀ ▾a색인 수록

┌ 600은 인명을 위한 주제명부출표목을 위한 필드

┌ 제2지시기호 '4'는 특정 주제명표목표를 사용하지 않고 목록자가 작성한 경우 지시

┌ '▾x'는 '전기'라는 일반세목을 위한 식별기호

600 14 ▾a김구 ▾x전기 ← 주제명표목은 한국어로 통일하여 기재

<출력> 김구--전기

트로츠키의 자서전

나의 생애(상)

L. 트로츠키/박광순 옮김

범우사

MY LIFE
by
Leon Trotsky

*

All rights reserved including the rights of reproduction
in whole or in part in any form
(Editorial form, inclusive of photos).
Printed in Korea.

E-mail : bumwoosa@chollian.net
http://www.bumwoosa.co.kr

ISBN 89-08-04181-8 04810
ISBN 89-08-04180-X (세트)

나의 생애(상) 값 12.000원

2001년 6월 5일 초판 1쇄 발행

지은이 레온 트로츠키
옮긴이 박 광 순
펴낸이 윤 형 두
펴낸데 범 우 사

등 록 1966. 8. 3. 제 10-39호
121-130 서울시 마포구 구수동 21-1
대표 717-2121 · 2122 / FAX 717-0429

* 파본은 교환해 드립니다. 교정 · 편집 / 김영석 · 김지선
ISBN 89-08-04181-8 04810 (인터넷)http://www.bumwoosa.co.kr
ISBN 89-08-04180-x (세트) (천리안 · 하이텔 ID) BUMWOOSA

.....namƀƀ22.....ƀcƀ4500
007 ta
008 ......s2001ƀƀƀƀusƀaƀƀƀƀƀƀƀƀƀƀƀ000aƀƀkorƀƀ
020 ƀƀ ▾a8908041818 ▾g04810 (상) : ▾c₩12,000
020 ƀƀ ▾a8908010548 ▾g04890 (하) : ▾c₩12,000
020 1ƀ ▾a890804181X (세트)
041 1ƀ ▾akor ▾hrus
└ 식별기호 '▾a'는 번역본의 언어구분부호, '▾h'는 원본의 언어구분부호<부속서 3 참조>
┌ 저자명 'Trotsky, ...' 의 성(처음문자 대문자)과 저자번호
┌ 전기서 중 자서전이 먼저 배열되게 작품표시를 않고, 번역표시를 위해 임의부호 'A'를 기재
┌ 번연된 국어표시로 Korean의 'K'를 기재
090 ƀƀ ▾a992.3 ▾bT858AK박
└ 번역자 '박광순'의 성(초성)
100 1ƀ ▾aTrotsky, Leon, ▾d1879-1940
└ 저자의 생몰년을 '▾d'로 기재
└ 자서전은 전기자명을 기본표목으로 기재
┌ 자서전의 번역표제를 본표제로 기재
┌ 인명을 포함한 표제관련정보가 완전명이 아닐 때와 역할이 다른 저자명이 있을 때는 책임표시에 완전명으로 기재
245 10 ▾a나의 생애 : ▾b트로츠키의 자서전 / ▾dL. 트로츠키 [저] ; ▾e박광순 옮김
정보원 이외에서 기재한 사항은 []에 묶어 기재 ┘ └ '; ▾e'로 번역자를 기재

┌ 제1지시기호 '3'(주기 않고, 표제 부출)은 245필드에 기재된 사항일 때 부표목을 지시
|┌ 제2지시기호 'ㅂ'(표출어 생성 않음)는 '▾i'로 정형화되지 않은 표출어 입력을 지시
|| ┌ '▾i'는 정형화되지 않은 표출어 입력을 위한 식별기호
246 3ㅂ▾i부표제: ▾a트로츠키의 자서전
<출력> 부표제: 트로츠키의 자서전

┌ 제1지시기호 '1'(주기함, 표제 부출함)은 다른 곳에 기재되지 않은 사항일 때 지시
|┌ 제2지시기호 '9'는 정형화된 '원표제:'라는 표출어 출력 지시
246 19▾aMy life
<출력> 원표제: My life

> **[원표제를 765필드로 주기와 표목한 예]**
>
> ┌ 번역자료목록에서 원저자료를 246필드에 기술치 않고 765필드로 할 때
> | ┌ 제1지시기호 '0'는 기재된 사항의 주기표시를 지시
> | |┌ 제2지시기호 'ㅂ'는 '원저자료'라는 정형화된 표출어 출력을 지시
> 765 0ㅂ▾tMy life
> <출력> 원저자료: My life

260 ㅂㅂ▾a서울 :▾b범우사,▾c2001
300 ㅂㅂ▾a2책(상,하) :▾b삽도, 사진 ;▾c23 cm
└ 면수를 책수로 표시할 때 필요한 권표시는 ()로 보기
440 00▾a범우고전선 ;▾v51-1,2
525 ㅂㅂ▾a권말부록: 인물일람표. 상, p. 441-473; 하, p. 426-458
546 ㅂㅂ▾a러시아어 원본을 한국어로 번역
┌ 주제명표목된 원저자의 한국어명은 700필드의 인명부표목은 작성하지 않음
600 14▾a트로츠키, L.▾x전기
<출력> 트로츠키, L.--전기

My Autobiography

By
Benito Mussolini

With a Foreword by
Richard Washburn Child
Former Ambassador to Italy

Illustrated

NEW YORK
CHARLES SCRIBNER'S SONS
1928

.....namƀƀ22.....ƀcƀ4500
007 ta
008 ......s1928ƀƀƀƀusƀaƀƀƀƀƀƀƀƀƀƀ000aƀƀengƀƀ
090 ƀƀ ▾a992.8 ▾bM989
└ 전기자 'Mussolini, ...'의 성(처음문자 대문자)과 저자번호
100 1ƀ ▾aMussolini, Benito
└ 자서전은 전기자명을 기본표목으로 기재
서문의 저자명은 역할이 다른 저자명으로 ';▾e'로 기재 ┐
245 10 ▾aMy autobiography / ▾dby Benito Mussolin ; ▾ewith a foreword by Richard Washburn Child
260 ƀƀ ▾aNew York : ▾bCharles Scribner's Sons, ▾c1928
┌ 서문과 본문면수가 구분되어 있을 때는 서문면수는 로마숫자 소문자로 기재
| ┌ 본문면수는 아라비아숫자로 기재하고 마지막에 면수의 표시 'p.'를 기재
300 ƀƀ ▾axix, 318 p. : ▾billus., ports. ; ▾c22 cm
└ '삽도'나 'illus.'라는 삽도표시를 먼저 기재한 다음 필요한 각각의 삽도명은 문자순으로 ','로 구분 기재
500 ƀƀ ▾aIncludes index
600 10 ▾aMussolini, Benito ▾xbiography
<출력> Mussolini, Benito--biography
700 1ƀ ▾aChild, Richard Washburn ← 서문저자명의 부출표목

2) 타서전

부활하는 이순신

초판1쇄 인쇄 ■ 2005년 4월 30일
초판1쇄 발행 ■ 2005년 5월 10일

지은이 ■ 황원갑
펴낸이 ■ 박현
마케팅 ■ 노만규
펴낸곳 ■ 이코비즈니스

출판등록일 ■ 2004년 4월 23일
출판등록번호 ■ 제 313-2004-00098호
주소 ■ 서울시 마포구 서교동 352-25 동보빌딩 201호
전화 ■ 02-336-2091
팩스 ■ 02-336-2072
북디자인 ■ 이혜경
인쇄 ■ 민언인쇄

ISBN ■ 89-91285-04-× 03910
값 ■ 18,000원

ⓒ이코비즈니스2005
잘못 만들어진 책은 구입처나 본사에서 교환해 드립니다.

.....namƀƀ22.....ƀcƀ4500
007 ta
008 ......s2005ƀƀƀƀulkaƀƀƀƀƀƀƀƀƀƀƀ000aƀƀkorƀƀ
020 ƀƀ ▾a899128504X ▾g03910 : ▾c₩18,000
090 ƀƀ ▾a991.1 ▾b이56ㅎ
　　　　|　└ 기본표목된 저자명 '황원갑'의 성(초성)
　　　　└ 피전기자인 '이순신'의 성과 저자번호
100 1ƀ ▾a황원갑　← 타서전은 저작자를 기본표목
　　　　┌ 저자명을 일반도서와 같이 책임표시에 기재
245 10 ▾a부활하는 이순신 / ▾d황원갑 지음
260 ƀƀ ▾a서울 : ▾b이코비즈니스, ▾c2005
300 ƀƀ ▾a413 p. : ▾b삽도, 사진 ; ▾c23 x 20 cm
　　　　└ 책의 크기가 정형이 아닌 것은 '세로 x 가로 cm'로 기재
504 ƀƀ ▾a참고문헌. p. 411-413
　　　　┌ 피전기자인 '이순신'은 생몰년과 함께 주제부출
600 14 ▾a이순신, ▾d1545-1598 ▾x전기
<출력> 이순신, 1545-1598--전기

최고 기준을 고집하라

철강왕, 박태준의 경영이야기

K.K.Seo 지음/ 윤동진 옮김

한·언

KPI Publishing Co.

최고 기준을 고집하라

1997년 10월 22일 1판 1쇄 박음 / 1997년 10월 27일 1판 1쇄 펴냄

지은이 K. K. Seo / 옮긴이 윤 동 진

펴낸이 김 철 종

펴낸곳 한국언론자료간행회

등록번호 제1－128호 / 등록일자 1977. 9. 30

서울시 종로구 공평동 34－505 (우:110－160)

TEL: 723-3121~2, 732-3091~3

FAX: 723-3123, 732-3095

※ 잘못 만들어진 책은 구입하신 서점에서 바꾸어 드립니다

ISBN 89－85108－68－9 03320

책임편집 박시형 / 교열 조완선 · 강인숙 · 강한기 / 미술 오현성

.....nam␢␢22.....␢c␢4500

007 ta

008 ......s1997␢␢␢␢ulkaco␢␢␢␢␢␢␢␢000a␢␢kor␢␢

020 ␢␢ ▾a8985108689 ▾g03320 : ▾c₩12000

041 1␢ ▾akor ▾heng ← 식별기호 '▾a'는 번역본의 언어구분부호, '▾h'는 원본의 언어구분부호<부속서 3 참조>

090 ␢␢ ▾a991.14 ▾b박88ㅅKㅇ

↓ 피전기자인 '박태준'의 성과 저자번호

↘ 기본표목된 저자명 '서갑경'의 성(초성)

↑ 내용의 언어 Korean의 'K'로 표시

↙ 번역자 '윤동진' 성의 처음문자(초성)

100 1␢ ▾a[서갑경]

ㄴ 전기의 저작자는 영어로 나타나 있지만 한국인이기 때문에 본명의 언어인 한국어로 기본표목에 기재, 본명은 정보원 이외에서 기재하였으므로 [ ]로 기재

245 10 ▾a최고 기준을 고집하라 : ▾b철강왕, 박태준의 경영이야기 / ▾dK. K. Seo 지음 ; ▾e윤동진 옮김

책임표시는 정보원의 문자로 기재 ┘

┌ 제1지시기호 '1'은 '▾a'의 표제를 주기, 부표목할 것을 지시

│┌ 제2지시기호 '4'는 표제지표제와 상이한 '표지표제:'라는 표출어 지시

246 14 ▾aPark Tae Joon

<출력> 표지표제: Park Tae Joon

┌ 제1시기호 '3'은 '▾a'의 표제가 245필드에 기재되어 있으므로 주기하지 않고, 부표목할 것을 지시
│┌ 제2지시기호 'ȸ'(표출어 생성 않음)는 형식화되지 않은 표출어를 '▾i'로 입력할 때 지시
246 3ȸ ▾i부표제: ▾a철강왕, 박태준의 경영이야기
246 19 ▾aSteel King : ▾bthe story of T. J. Park

[원표제를 765필드로 주기와 표목한 예]

┌ 번역자료목록에서 원저자료를 246필드에 기술치 않고 765필드로 할 때
│ ┌ 제1지시기호 '0'는 기재된 사항의 주기표시를 지시
│ │┌ 제2지시기호 'ȸ'는 '원저자료:'라는 정형화된 표출어 출력을 지시
765 0ȸ ▾tSteel King : ▾bthe story of T. J. Park
<출력> 원저자료: Steel King : the story of T. J. Park

260 ȸȸ ▾a서울 : ▾b한국언론자료간행회, ▾c1997
300 ȸȸ ▾a448 p. : ▾b삽도, 사진 ; ▾c23 cm
440 00 ▾a세계경영인총서
546 ȸȸ ▾a영어판 원본을 한국어로 번역
600 14 ▾a박태준 ▾x전기
700 1ȸ ▾aSeo, K. K. ▾q(Kap K.) ← 저자의 영어명 부출표목
┌ 약자로 된 인명의 완전명은 '▾q'로 완전명을 ()로 부기
700 1ȸ ▾aPark, T. J. ▾q(Tae Joon) ← 피전기자명의 영어명 부출표목
700 1ȸ ▾a윤동진 ← 번역자명의 부출표목
740 ȸȸ ▾aSteel King ← 일반주기한 원표제는 246필드에 기재치 않고 740필드로 부출표목
740 ȸȸ ▾aStory of T. J. Park ← 영어표제는 표제 앞의 관사를 생략한 부표목

TOSAN AHN CH'ANG-HO:

A Profile of a Prophetic Patriot

Hyung-chan Kim

**Forewords by
Young-Hoon Kang
and Susan Ahn Cuddy**

**Tosan Memorial Foundation,
Seoul**

**Korean American Historical Society
Seattle**

**Academia Koreana, Keimyung-Baylo University,
Los Angeles**

Library of Congress Cataloging-in-Publication Data

Kim, Hyung-chan.
Tosan Ahn Ch'ang-ho: A Portrait of a Prophetic Patriot / Hyung-chan Kim ; forewords by Young-Hoon Kang and Susan Ahn Cuddy.
Includes bibliographical references and index.
ISBN 0-930216-08-3
1. Koreans - Biography - History.
2. Asian Americans - History
3. Modern Korea - History

Copyright © 1996 by Hyung-chan Kim

All rights reserved. No portion of this book may be reproduced, by any process or technique, without the express written consent of the publisher.

Library of Congress Catalog Card Number: 96-85481
ISBN: 0-930216-08-3

First published in 1996

Tosan Memorial Foundation: Seoul, Korea
Korean American Historical Society, Seattle
Academia Koreana, Keimyung-Baylo University, Los Angeles

Printed in Seoul, Korea

.....namƀƀ22.....ƀcƀ4500
007 ta
008 ......s1996ƀƀƀƀulkaƀƀƀƀƀƀƀƀƀƀƀ000aƀ
ƀengƀƀ
020 ƀƀ ▾a0930216083.

090 ƀƀ ▾a991.14 ▾b안82ㄱ
└ 기본표목된 저자 '김형찬'의 성(초성)
└ 피전기자인 '안창호'의 성과 저자번호

100 1ƀ ▾a[김형찬]

245 10 ▾aTosan Ahn Ch'ang-Ho : ▾ba profile of a prophetic patriot / ▾d[by] Hyung-chan Kim ; ▾eforewords by Young-Hoon Kang and Susan Ahn Cuddy

*표제와 책임표시사항은 정보원의 문자와 순서로 영어형식으로 역할어와 짝지어 기재

246 3ƀ ▾iPortion of title: ▾aProfile of a prophetic patriot
└ 부표제는 검색을 위한 부분표제로 기재, 정형화되지 않은 표출어는 제2지시기호 'ƀ'와 '▾i'로 기재

┌ 발행지 ┌ 발행처 ┌ ';▾a'를 반복 두 번째 발행지 기재
┌ ':▾b'를 반복 발행처 기재

260 ƀƀ ▾aSeoul : ▾bTosan Memorial Foundation ; ▾aSeattle : ▾bKorean American Historical Society ; ▾aLos Angeles : ▾bAcademia Koreana, Keimyung-Baylo University, ▾cc1996
└ ':▾b'를 반복 세 번째 발행처 기재

*3개의 발행처에서 발행된 자료로 이들 발행처를 발행지와 짝지어 해당 ISBD부호와 식별기호를 반복하여 기재하였다. 이때 발행지와 발행지 간에는 ';', 발행지와 발행처 간에는 ':'으로 구분하여 '▾a'와 '▾b'를 반복하여 기재한다.

300 ƀƀ ▾axxix, 361 p. : ▾billus., port. ; ▾c24 cm
600 10 ▾a안창호 ▾x전기
700 1ƀ ▾aKim, Hyung-chan ← 한국어명으로 기본표목된 영어명은 '성, 이름'형식으로 부출표목
700 1ƀ ▾aKang, Young-Hoon ← 역할을 달리한 저작자의 영어명 부출표목
700 1ƀ ▾a강영훈 ← 한국인이므로 한국어명을 부출표목
700 1ƀ ▾aCuddy, Susan Ahn ← 서문저자의 부출표목

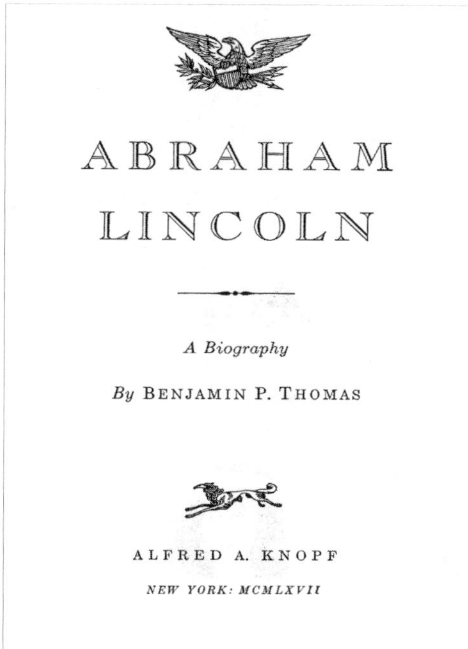

ABRAHAM LINCOLN

A Biography

By BENJAMIN P. THOMAS

ALFRED A. KNOPF

NEW YORK: MCMLXVII

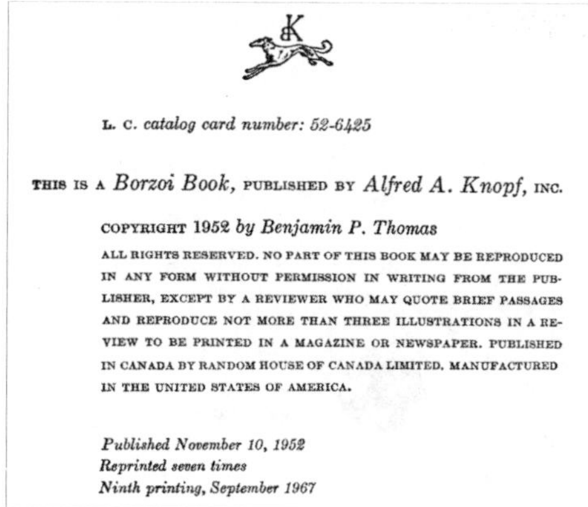

L. C. *catalog card number: 52-6425*

THIS IS A *Borzoi Book,* PUBLISHED BY *Alfred A. Knopf,* INC.

COPYRIGHT 1952 *by Benjamin P. Thomas*

ALL RIGHTS RESERVED. NO PART OF THIS BOOK MAY BE REPRODUCED IN ANY FORM WITHOUT PERMISSION IN WRITING FROM THE PUBLISHER, EXCEPT BY A REVIEWER WHO MAY QUOTE BRIEF PASSAGES AND REPRODUCE NOT MORE THAN THREE ILLUSTRATIONS IN A REVIEW TO BE PRINTED IN A MAGAZINE OR NEWSPAPER. PUBLISHED IN CANADA BY RANDOM HOUSE OF CANADA LIMITED. MANUFACTURED IN THE UNITED STATES OF AMERICA.

Published November 10, 1952
Reprinted seven times
Ninth printing, September 1967

.....namb̸b̸22.....b̸cb̸4500
007 ta
008 ......s1967b̸b̸b̸b̸usb̸ab̸b̸b̸b̸b̸b̸b̸b̸b̸b̸000ab̸b̸engb̸b̸
040 b̸b̸ ▾a222003 ▾c222003 ▾eK4판
090 b̸b̸ ▾a994.2 ▾bL736t

　　　　　　| └ 기본표목 된 저자명 'Thomas, ...'의 성(처음문자 소문자)
　　　　　　└ 피전기자인 'Lincoln'의 성(처음문자 대문자)과 저자번호

100 1b̸ ▾aThomas, Benjamin P. ← 타서전은 저자명을 기본표목

┌ 인명으로 된 표제는 정보원의 표제를 그대로 전사

245 10 ▾aAbraham Lincoln : ▾ba biography / ▾dby Benjamin P. Thomas

전기서의 저자명을 일반도서와 같이 책임표시로 기재 ─┘

260 b̸b̸ ▾aNew York : ▾bAlfred A. Knopf, ▾c1967

└ 로마숫자 'MCMLXVII'는 아라비아숫자로 기재

*MCMLXVII : M=1000　CM=900　LX=60　II=2　C=100　L=50　X=10

┌ 별도의 색인면수는 본면수 다음에 정보원의 문자로 기재

300 b̸b̸ ▾axiv, 548, xii p. : ▾billus., map, ports. ; ▾c22 cm
500 b̸b̸ ▾aIncludes index. p. i-xii

└ 필요한 면수표시는 정보원의 문자로 기재

┌ 제2지시기호 '0'는 LC의 주제명표목표에 의한 주제명임을 지시

600 10 ▾aLincoln, Abraham ▾xbiography　← 피전기자의 주제명표목
<출력> Lincoln, Abraham--biography

27. 합철도서

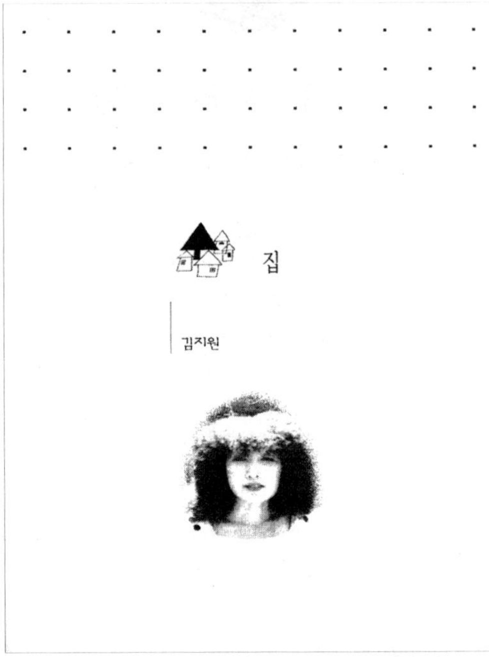

집 그여자는 거기에 없다

1996년 11월 7일 초판 인쇄
1996년 11월 15일 초판 발행
지은이 김지원 · 김채원
그림 김영만
기획 · 편집 한순
발행인 이상용
서울 서대문구 창천동 72-31 (120-180)
전화 337-3485(代),4783, 334-2098(편집부)
팩스 336-2381
등록 1979. 11. 13 제 9-84호
값 5,500원
※ 잘못된 책은 바꾸어 드립니다.
Copyright Ji-Won Kim, Chae-Won Kim. 1996
Printed in Korea
ISBN 89-368-0230-5

.....namƀƀ22.....ƀcƀ4500
007 ta
008 ......s1996ƀƀƀƀulkaƀƀƀƀƀƀƀƀƀƀƀ000aƀƀ korƀƀ
020 ƀƀ ▾a8936802305 : ▾c₩5500
┌ 처음작품의 저자명 '김지원'의
│ 성과 저자번호
090 ƀƀ ▾a813.6 ▾b김78ㅈ
└ 처음작품의 본표제 '집' 의 처음문자(초성)
100 1ƀ ▾a김지원 ← 처음작품의 저자명을 기본표목
┌ 첫 번째 본표제와 책임표시를 해당 식별기호로 기술
245 10 ▾a집 / ▾d김지원 글 ; ▾e김영만 그림

┌ 발행자가 없을 때는 [ ]로 'S.p.'나 '발행처불명' 또는 '발행처미상'을 기재
260 ƀƀ ▾a서울 : ▾b[발행처미상], ▾c1996

┌ 합철의 면수는 전체면수나 분리된 면수를 자료에 나타난 대로 기재

300 bb ▾a217 p. : ▾b삽도 ; ▾c23 cm

┌ 501필드는 두 개 이상의 자료가 각각의 표제로 합철되었을 때 합철주기

│ ┌ '합철:'이라는 표출어로 합철표제와 책임표시 사항을 245필드와 동일한 형식으로 주기

501 bb ▾a합철: ▾c그 여자는 거기에 없다 / ▾d김채원 글 ; ▾e김영만 그림

700 12 ▾a김채원. ▾t그 여자는 거기에 없다

└ 501필드로 주기된 합철표제와 저자명은 짝지어 분출표목

700 1b ▾a김영만 ← 김영만은 두 작품 모두의 그림을 그렸으므로 저자명으로만 부출표목

The Students' Series of English Classics.

COLERIDGE'S
ANCIENT MARINER

EDITED BY
KATHARINE LEE BATES.
WELLESLEY COLLEGE.

"Nothing can be truer than fairy wisdom. It is as true as sunbeams."
DOUGLAS JERROLD.

SIBLEY & COMPANY
BOSTON CHICAGO

The Students' Series of English Classics.

JAMES RUSSELL LOWELL'S
VISION OF SIR LAUNFAL
AND
OTHER POEMS

EDITED BY
MABEL CALDWELL WILLARD
INSTRUCTOR IN LITERATURE, NEW HAVEN, CONN.

SIBLEY & COMPANY
BOSTON CHICAGO

COPYRIGHT, 1889,
BY LEACH, SHEWELL, & SANBORN.

COPYRIGHT, 1896,
BY LEACH, SHEWELL, & SANBORN.
TYPOGRAPHY BY C. J. PETERS & SON, BOSTON.
PRESSWORK BY BERWICK & SMITH.

.....namƀƀ22.....ƀcƀ4500

008 ......s1929ƀƀƀƀusƀƀƀƀƀƀƀƀƀƀƀƀƀ000aƀƀengƀƀ

┌ 처음작품 저작자 'Coleridge, ...'의 성(처음문자 대문자)과 저자번호
| ┌ 본표제 'Coleridge's ...'의 처음문자(소문자)

090 ƀƀ ▾a841 ▾bC693c

100 1ƀ ▾aColeridge, Samuel Taylor, ▾d1772-1834

└ 처음작품의 저자명으로 기본표목

245 11 ▾aColeridge's Ancient mariner / ▾dby Samuel Taylor Coleridge ; ▾eedited by Katharine Lee Bates

245 3ƀ ▾iPortion of title: ▾aAncient mariner

┌ 특별판표시

250 ƀƀ ▾aHandy edition

260 ƀƀ ▾aBoston ; ▾aChicago : ▾bSibley & Co., ▾cc1889

└ 두 개 이상의 지명을 기술할 때는 두 번째 지명부터는 ';▾a'를 반복하여 기재

300 ƀƀ ▾aiv, 72 p. : ▾bincl. front., plates ; ▾c16 cm

440 01 ▾a(The) Students' series of English classics

The Students' Series of English Classics

THE COTTER'S SATURDAY NIGHT

BY

ROBERT BURNS

EDITED, WITH INTRODUCTION AND NOTES,

BY

GEORGE A. WATROUS, A.M.

DEPARTMENT OF ENGLISH, UTICA FREE ACADEMY, UTICA, N.Y.

SIBLEY & COMPANY

BOSTON CHICAGO

COPYRIGHT, 1898,

BY GEORGE A. WATROUS.

C. J. PETERS & SON, TYPOGRAPHERS

BERWICK & SMITH, PRINTERS.

┌ 'With:'라는 표출어로 합철표제와 저자명, 발행사항, 형태사항을 해당 식별기호로 주기

501 b̸b̸ ▾aWith: ▾cVision of Sir Launfal, and other poems / ▾dby James Russell Lowell ; ▾eed. by Mabel Caldwell Willard. -- ▾pc1896. -- ▾qv, 114 p.

501 b̸b̸ ▾aWith: ▾cThe cotter's Saturday night/ ▾dby Robert Burns ; ▾eed. with introduction and notes, by George A Watrous. -- ▾pc1898. -- ▾q20 p.

[각 사항을 식별기호 없이 주기한 예]

501 b̸b̸ ▾aWith: Vision of Sir Launfal, and other poems / by James Russell Lowell ; ed. by Mabel Caldwell Willard. -- c1896. -- v, 114 p.

501 b̸b̸ ▾aWith: The cotter's saturday night / by Robert Burns ; ed. with introduction and notes, by George A Watrous. -- c1898. -- 20 p.

┌ 합철된 자료명과 저자명이 각각 표목될 수 있도록 짝지어 분출표목

700 12 ▾aLowell, James Russell, ▾d1819-1891. ▾tVision of Sir Launfal, and other poems

700 1b̸ ▾aWillard, Mabel Caldwell, ▾eed. ▾tVision of Sir Launfal, and other poems

└ 합철 편자명 부출표목 | └ 합철표제를 편자명과 함께 부표목될 수 있게 기재

└ 역할어가 필요할 때는 '▾e'로 기재

700 12 ▾aBurns, Robert, ▾d1759-1796. ▾tCotter's saturday night

700 1b̸ ▾aWatrous, George A., ▾eed. ▾tCotter's Saturday night

700 1b̸ ▾aBates, Katharine Lee, ▾eed. ← 기본표목되지 않은 편저자명 부출표목

└ 역할어가 필요한 저자명표목은 '▾e'로 기재

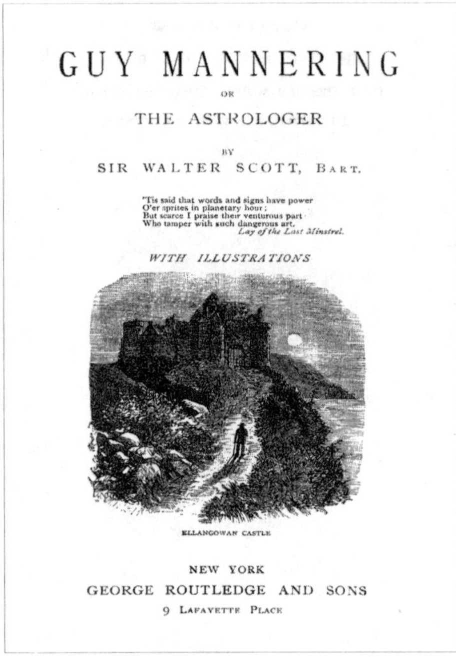

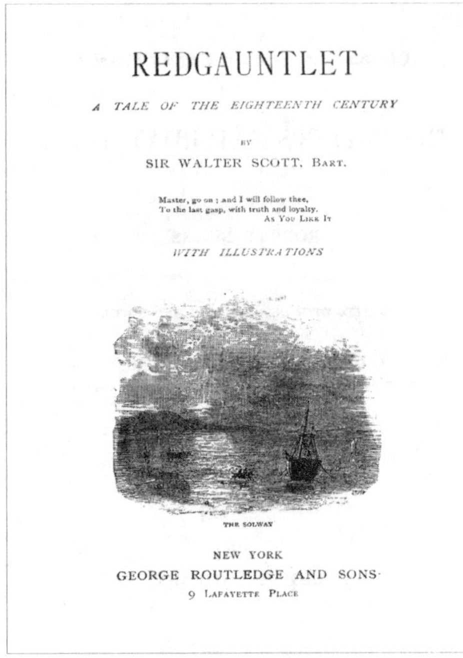

.....namƀƀ22.....ƀcƀ4500
007 ta
008 ......nuuuuuuuuusƀƀƀƀƀƀƀƀƀƀƀƀƀ000aƀƀengƀƀ

┌ 기본표목된 저자 'Scott, ...'의 성(처음문자 대문자)과 저자번호
┌ 본표제 'Guy ...'의 처음문자(소문자)

090 ƀƀ ▾a843 ▾bS431g

100 1ƀ ▾aScott, Walter ← 처음작품의 저자명을 기본표목

┌ 별표제는 본표제에 'or'로 구분 기재

245 10 ▾aGuy mannering, or, The Astrologer / ▾dby Walter Scott
246 3ƀ ▾iAlternative title: ▾aAstrologer ┘

└ 별표제의 부출은 246필드에 제1지시기호 '3'(표제에 기재되어 있으므로 주기 않고, 부출표목지시)과 제2지시기호 'ƀ'(표출어 생성 않음)로 지시 표출어와 함께 부출표목을 입력

260 ƀƀ ▾aNew York : ▾bGeorge Routledge and Sons, ▾c[n.d.]

발행년이 미상일 때 'no date'의 약자로 기재 ┘

┌ 자료별 면수가 독립되어 있기 때문에 각각의 면수를 ','로 구분 기재

300 ƀƀ ▾a400, 410 p. : ▾billus. ; ▾c20 cm

┌ 기본표목된 동일 저자의 작품임을 표시하고 합철표제를 기재

501 ƀƀ ▾aBound with the author's Redgauntlet : A tale of the eighteenth century. [n.d.]
740 ƀƀ ▾aRedgauntlet ← 기본표목된 저자의 합철표제이므로 부출표목

28. 개작서

1) 희곡작품

> 鄭飛石 原作
> 韓路檀 脚色
>
> 女性戰線
>
> 全四幕七場
>
> 劇團 新協 上演臺本

.....namƀƀ22.....ƀcƀ4500

007 ta

008 ......nuuuuuuuuxxƀƀƀƀƀƀƀƀƀƀƀƀ000aƀ ƀkorƀƀ

↓ 발행년이 불명인 경우 발행년 유형은 'n'으로 표시

↙ 008/07-10을 'uuuu'로, 008/11-14를 'uuuu'로 표시

↘ 발생처나 복제처를 알 수 없는 경우는 008/15-17를 'xxƀ'로 기재

090 ƀƀ ▾a812.6 ▾b한195ㅇ

└ 본표제 '女性戰線'의 처음문자(초성)

└ 기본표목된 희곡작가 '한노단'의 성(처음문자)과 저자번호

100 1ƀ ▾a한노단 ← 희곡의 저자명을 기본표목

245 10 ▾a女性戰線 : ▾b全四幕七場 / ▾d韓路檀 脚色

┌ 발행사항이 불명인 때는 사항별 식별기호에 [ ]로 불명임을 표시

260 ƀƀ ▾a[發行地不明] : ▾b[發行處不明], ▾c[發行年不明]

300 ƀƀ ▾a169 p.(프린트) ; ▾c26 cm

└ 인쇄형식은 면수에 ( )로 기재

500 ƀƀ ▾a劇團新協 上演臺本

500 ƀƀ ▾a鄭飛石 著, 女性戰線을 각색한 것임

[표출어로 일반주기한 예]
500 ƀƀ ▾a원작: 女性戰線 / 鄭飛石

700 1ƀ ▾a정비석. ▾t여성전선

└ 본표제와 원작표제가 동일하기 때문에 원작자와 원작표제를 짝지어 제2지시기호 'ƀ'로 부출표목

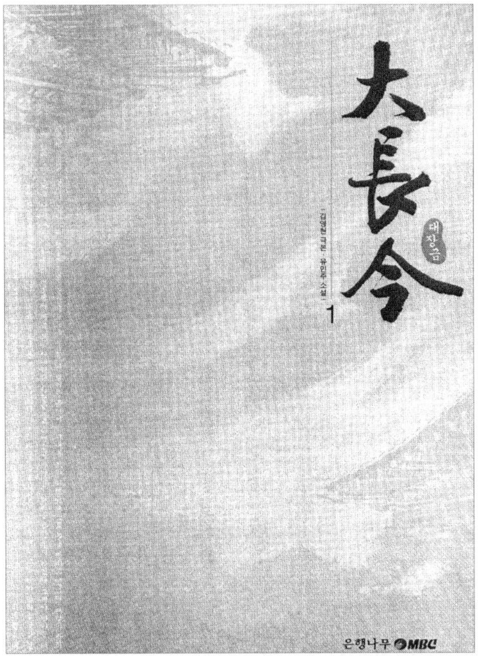

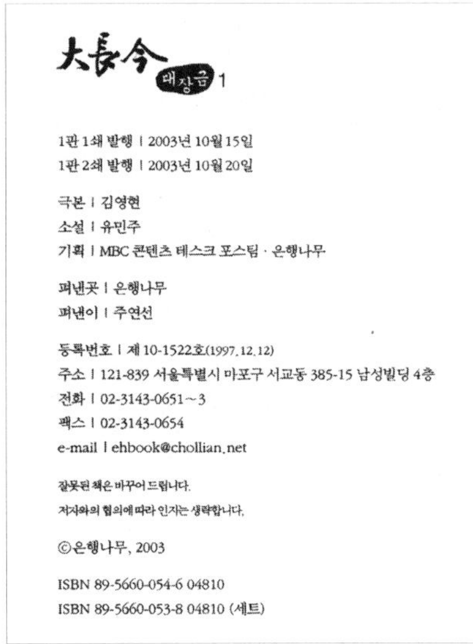

大長今 대장금 1

1판 1쇄 발행 | 2003년 10월 15일
1판 2쇄 발행 | 2003년 10월 20일

극본 | 김영현
소설 | 유민주
기획 | MBC 콘텐츠 테스크 포스팀 · 은행나무

펴낸곳 | 은행나무
펴낸이 | 주연선

등록번호 | 제 10-1522호(1997.12.12)
주소 | 121-839 서울특별시 마포구 서교동 385-15 남성빌딩 4층
전화 | 02-3143-0651~3
팩스 | 02-3143-0654
e-mail | ehbook@chollian.net

잘못된 책은 바꾸어 드립니다.
저자와의 협의에 따라 인지는 생략합니다.

©은행나무, 2003

ISBN 89-5660-054-6 04810
ISBN 89-5660-053-8 04810 (세트)

.....namƀƀ22.....ƀcƀ4500
007 ta
008 ......x2003ƀƀƀƀulkƀƀƀƀƀƀƀƀƀƀƀƀ000aƀƀkorƀƀ
020 ƀƀ ▾a8956600546 ▾g04810 (제1권) : ▾c₩7,900
020 ƀƀ ▾a8956600554 ▾g04810 (제1권) : ▾c₩7,900
020 ƀƀ ▾a8956600562 ▾g04810 (제3권) : ▾c₩7,900
020 ƀƀ ▾a8956600538 ▾g04810 (세트)

┌ 기본표목된 희곡저자 '김영현'의 성(처음문자)과 저자번호

090 ƀƀ ▾a812.6 ▾b김64ㄷ

└ 희곡작품의 표제 '대장금'의 처음문자(초성)

100 1ƀ ▾a김영현

└ 희곡작품은 저작자를 기본표목으로 기재

┌ 정보원의 표제를 본표제로 기재, 한자와 한글은 한글표제를 본표제로 하고 필요한 한자표제는 ( )로 부기

245 10 ▾a대장금(大長今) / ▾d김영현 극본
260 ƀƀ ▾a서울 : ▾b은행나무, ▾c2003
300 ƀƀ ▾a3책 ; ▾c22 cm

┌ 시나리오의 원본명과 원작자를 '원작:'이라는 표출어로 기재

500 ƀƀ ▾a원작: 大長今 / 유민주 원작
700 1ƀ ▾a유민주. ▾t대장금

└ 본표제와 동일한 원작명은 원저자명을 작품명과 짝지어 부출표목

.....namƀƀ22.....ƀcƀ4500

007 ta

┌ 발행국명의 미국부호<부속서 1. 발행국부호표>

008 ......s1945ƀƀƀƀusƀƀƀƀƀƀƀƀƀƀƀƀ000aƀƀengƀƀ

└ 내용의 언어표시 영어부호<부속서 3. 언어구분부호표>

┌ 기본표목된 'Druten, ...'의 성(처음문자 대문자)과 저자번호

│ ┌ 희곡작품의 표제 'I remember ...'의 처음문자(소문자)

090 ƀƀ ▾a842 ▾bD794i

┌ 확인된 생몰년을 적고 미확인 부분은 공란

100 1ƀ ▾aDruten, John van, ▾d1901- .

└ 희곡화한 희곡자명을 기본표목

245 10 ▾aI remember mama : ▾ba play in two acts / ▾dby John van Druten.

'van'은 정보원에 나타난 대로 소문자로 기재 ┘

260 ƀƀ ▾aNew York : ▾bHarcourt, Brace and Co., ▾c1945.

300 ƀƀ ▾a6 p., 1, 3-177 p. ; ▾c21 cm.

└ 독립된 면수 매김은 관계된 면수끼리 ','로 구분하여 짝지어 기재하고 자료별로 'p'를 부기

500 ƀƀ ▾aFirst edition.

└ 판차는 개정판에 대한 사항을 기재하나 초판의 경우에도 필요한 경우 판차로 기재

┌ 원작에 대한 설명적 주기의 예

500 ƀƀ ▾aAdapted Kathryn Farbers' book Mama's bank account.

┌ 'Based on:', '원작:'이라는 표목어로 주기할 때는 245필드의 기재형식을 준용

500 ƀƀ ▾aBased on: Mama's bank account / Adapted Kathryn Farbers.

└ 원작의 표제 └ 원작자명을 ISBD부호 '/'로 구분기재

┌ 제2지시기호 '2'는 '▾a'로 기재된 원작자명과 '▾t'로 기재된 원작표제의 분출표목을 지시

700 12 ▾aFarbers, Kathryn. ▾tMama's bank account.

└ 원작자를 부표목 └ 각색표제와 원작표제가 다르기 때문에 원작표제를 원작자와 함께 분출표목

한국 현대영미희곡학회 대역주석본 시리즈 4

마음의 범죄

Crimes of the Heart

베스 헨리 지음
이 형 식 역주

한신문화사

CRIMES OF THE HEART

A Play by
Beth Henley

Annotated and Translated
by Hyung Shik Lee

Copyright © 1996
Hanshin Publishing Co.
235-4 Yongdap-dong, Sungdong-ku, Seoul
133-170, Korea

ISBN 89-348-0469-6

마음의 범죄

1996년 4월 10일 초판1쇄 인쇄
1996년 4월 15일 초판1쇄 발행

저 자 베스 헨리
역 자 이 형 식
발행인 박 태 근
조 판 대 홍 기 획
인 쇄 현 문 인 쇄 사
제 책 보 성 제 책 사

발행처 한 신 문 화 사
서울특별시 성동구 용답동 235-4
등 록 : 1973년 6월 25일 No.4-18
전 화 : 244-1520, 8905·247-3038

〈저작권법에 의해 복사를 금함〉 定價 10,000원

.....namƀƀ22.....ƀcƀ4500

007 ta

008 ......x1996ƀƀƀƀulkƀƀƀƀƀƀƀƀƀƀƀ000aƀ ƀkorƀƀ

020 ƀƀ ▾a8934804696.

041 1ƀ ▾akor ▾heng

└ '▾a'는 번역본의 언어부호, '▾h'는 원본의 언어부호<부속서 3 참조>

↓ ↘ ↑ ↙

090 ƀƀ ▾a842 ▾bH514cKo

↓ 기본표목된 'Henley, ...'의 성(처음문자 대문자)과 저자번호

↘ 원표제 'Crimes of ...'의 처음문자(소문자)

↑ 번역된 국어명(Korean)을 영어 대문자로 표시

↙ 번역자 '이형식'의 성(초성)

100 1ƀ ▾aHenley, Beth ← 번역서는 원저자명의 원명(영어)을 기본표목

┌ 정보원의 표제(번역표제)를 본표제로 전사

245 10 ▾a마음의 범죄 / ▾d베스 헨리 지음 ; ▾e이형식 역주

└ 번역자나 주석자는 '; ▾e'로 기재

└ 원저자명은 '/ ▾d'로 정보원의 문자로 기재

┌ 제1지시기호 '1'은 원표제의 주기와 부출표목을 지시
|┌ 제2지시기호 '9'는 '원표제:'라는 표출어 지시
||　　　　　　　　　　　　┌ ': ▾b'는 표제관련정보를 정보원의 문자로 기재

246 19 ▾aCrimes of the heart : ▾ba play by Beth Henley

<출력> 원표제: Crimes of the heart : a play by Beth Henley

> **[원표제를 765필드로 주기와 표목한 예]**
>
> ┌ 번역자료목록에서 원저자료를 246필드에 기술치 않고 765필드로 할 때
> |　┌ 제1지시기호 '0'는 기재된 사항의 주기표시를 지시
> |　|┌ 제2지시기호 'ƀ'는 '원저자료:'라는 정형화된 표출어 출력을 지시
>
> 765 0ƀ ▾tCrimes of the heart : a play by Beth Henley
>
> <출력> 원저자료: Crimes of the heart : a play by Beth Henley

260 ƀƀ ▾a서울 : ▾b한신문화사, ▾c1996

300 ƀƀ ▾a245 p. ; ▾c21 cm

490 10 ▾a한국현대영미희곡학회 대역주석본 시리즈 ; ▾v4

└ 제1지시기호 '1'은 830필드로 다르게 부출되는 총서표제를 지시

┌ 정보원에 수록된 사항에 대한 전사는 " "으로 기재

500 ƀƀ ▾a부록: "Criminality, desire, and community : A feminist approach to Beth Henley's crimes of the heart" / Karen L. Laughlin. pp. 200-245

내용이 수록된 면수를 'pp.'로 기재 ┘

546 ƀƀ ▾a영어판 원본을 한국어로 번역

700 1ƀ ▾a이형식　← 역주자의 부출표목

700 12 ▾aLaughlin, Karen L. ▾tCriminality, desire, and community

└ 일반주기된 필요한 표목을 저작자와 표제를 짝지어 각각 부표목될 수 있도록 분출표목

830 ƀ0 ▾a대역주석본 시리즈(한국현대영미희곡학회) ; ▾v4

└ 490필드와 연계된 총서표제 부출표목

2) 번안서

```
.....namƀƀ22.....ƀcƀ4500
007 ta
008 ......s1949ƀƀƀƀulkƀƀƀƀƀƀƀƀƀƀƀƀ000aƀƀkorƀƀ
              ┌ 번안된 작품의 내용으로 한국문학에 분류
              |         ┌ 기본표목된 번안자 '김광주' 성(처음문자)과 저자번호
090 ƀƀ ▾a813.6 ▾b김153o
              ┌─────────┘      └ 번안서 '人間無情'의 처음문자(초성)
100 1ƀ ▾a김광주
              └ 번안서의 경우도 일반도서와 같이 번안자를 기본표목
              ┌ 정보원에 나타난 번안서의 표제를 본표제로 기재
245 10 ▾a人間無情 / ▾d金光洲 飜案
                                      └ 책임표시의 역할어를 '번안'으로 기재
                                      ┌ 서기년도 이외의 기년은 기년명과 함께 기재하고 해당 시기년도를
                                      | []로 보기
260 ƀƀ ▾a서울 : ▾b崇文社, ▾c檀紀 4282[1949]
300 ƀƀ ▾a334 p. ; ▾c18 cm
              ┌ 번안서는 번안된 원작품의 저자명과 표제를 서술형으로 주기
500 ƀƀ ▾aVictor Hugo의 Les Miserables를 번안
```

```
                  ┌ 표목어로 주기할 때는 245필드의 기재형식을 준용
  500 ƀƀ ▾a번안서의 원작: Les Miserables / Victor Hugo
                                  └ 원작의 표제    └ 원작자명을 ISBD부호 '/'로 구분기재
```

```
              ┌ 원작품의 저자명을 인명표목으로 기재
              |              ┌ 원작품명을 짝지어 기재
700 12 ▾aHugo, Victor. ▾tLes Miserables.
           └ 원작품의 저자명과 원표제를 짝지어 각각 표목될 수 있게 제2지시기호 '2'로 분출표목 지시
```

III. 단체명표목

단체명표목의 대상은 기업체, 정부(국가정부, 지방정부), 정부기관(국가정부기관과 지방정부기관), 교회, 협회(클럽, 조합), 공공기관 및 시설(박물관, 도서관, 학교), 국제단체, 회의, 전시회, 탐험대, 축제, 공연단체 등이 포함된다(A2R.23B1).

단체명표목은 저자명기본기입의 원칙에 의해 저작에 책임이 있는 단체명을 기본표목으로 기술한다. 그리고 주제명부출표목--단체명은 610필드, 부출표목--단체명은 710필드, 총서표제부출표목--단체명은 810필드에 기술한다.

모든 목록규칙에서 단체명표목은 대상이나 선정기준에 따라 직접표목과 간접표목으로 구분하여 기재하고, MARC에서는 이들 사항을 다음과 같은 해당 식별기호로 기재한다.

<table>
<tr><td>제1지시</td><td>▾b–미정의</td><td>제2지시</td><td>▾b–미정의 [110/810]
해당 필드 참조 [610/710]</td></tr>
<tr><td>식별</td><td colspan="3">[공통적용 식별기호]
▾a–기본요소(체계상상위기관/특수표목으로서 첫번째 요소)
▾b–하위기관(R) ▾k–형식부표목(R) ▾t–저작의 표제
▾c–회의 개최지 ▾l–저작의 언어 ▾u–소속
▾d–회의일자나 조약의 서명일자(R) ▾4–역할어 부호(R)
▾e–역할어(R) ▾n–분과 및 부회 회의 회차(R)
▾f–저작 연도 ▾p–회차 또는 권차 표제(R)
▾g–기타정보 ▾8–필드 링크와 일련번호(R)

[선택적용 식별기호]
▾h–자료유형표시[610/710/810] ▾v–형식세목(R)[610]
▾m–연주수단(R)[610/710/810] ▾x–일반세목(R)[610]
▾o–편곡[610/710/810] ▾y–시대세목(R)[610]
▾r–음악자료의 장조[610/710/810] ▾z–지리세목(R)[610]
▾s–판[610/710/810] ▾2–주제명표/시소러스[610]
▾v–권차/순차표시[810] ▾3–자료 범위지정[610/710]
▾x–ISSN[710] ▾5–필드 적용기관[710]</td></tr>
</table>

┌ 110은 단체명기본표목을 위한 필드
│ ┌ 단체명은 정식명칭을 표목어로 기재(단체명직접표목)(A2R.53)
110 ꝥꝥ ▾a단체명

┌ 상위단체명은 국명(관용명), 지명, 상위기관명 등을 기재(A2R.55A)
110 ꝥꝥ ▾a상위단체명. ▾b하위단체명
└ 한 단체에 소속된 하위단체명으로 식별되지 않을 때 상위단체명을 상위표목으로 기재하고 해당 단체명은 '▾b'로 하위표목으로 기재(단체명간접표목)(A2R.54;55A)

┌ '▾a'는 간접표목인 경우 상위단체명을 위한 실별기호
│ ┌ '▾b'는 하위단체명을 위한 식별기호(실제적인 자료저작기관명)
110 ꝥꝥ ▾a계명대학교. ▾b학생생활연구소

110 ꝥꝥ ▾a한국. ▾b교육인적자원부

110 ꝥꝥ ▾a대구광역시

110 ꝥꝥ ▾a불국사

110 ꝥꝥ ▾a국립중앙도서관 ← 직접표목은 단체명을 '▾a'에 기본표목으로 기재

110 ꝥꝥ ▾aAmerican Library Assocation (Chicago)
└ 직접표목은 식별이 필요한 경우 소재지명이나 국명을 (,)에 부기

110 ꝥꝥ ▾a한국. ▾k헌법. ▾d1963.
│ │ └ '▾d'는 법의 공포 일자를 기재
│ └ '▾k'는 법령의 명칭을 형식부표목으로 기재
└ 법령은 법이 미치는 범위인 국명(관용명), 행정단위명, 기관명 등을 상위표목으로 기재

110 ꝥꝥ ▾a한국농민교육협의회. ▾b세미나 ▾n(제3차 : ▾d1977 : ▾c수원 말씀의 집)
│ │ └ 회차, 회기, 장소는 111필드와 같이 해당 식별기호로 ()에 부기
│ └ '▾b'는 회의명을 하위표목으로 기재
└ 한 단체의 회의자료는 단체명을 기본표목

┌ 회의자료라도 단체명을 상위표목으로 기재할 때는 110필드로 하고, 회의명으로 기재할 때는
│ 111필드로 기재
110 ꝥꝥ ▾aUnited States. ▾bCongress ▾n(97th, 2nd session : ▾d1982)
│ │ │ ': ▾d'는 회기를 기재 ┘
│ │ └ '▾n'는 회차를 기재: 이때 회차, 회기, 회의 일자를 함께 ()로 기재
│ └ '▾b'는 입법기관명을 하위표목으로 기재
└ 회의록은 입법기관이 속한 국명(관용명)을 상위표목으로 기재

<표 10> 삽도류의 표시

삽도표시
: 삽도
: 삽도, 그림, 사진, 악보, 지도
: ill.
: ill., maps.

색채가 있는 삽도류
: 채색삽도
: col. ill.
: 삽도, 채색지도, 초상(일부채색)
: ill., col. maps, port.(some col.)
: 삽도(일부채색), 설계도, 지도
: ill. (some col.), maps, plans

삽도류의 수량표시
: 삽도 31
: 31 ill.
: 삽도, 서식 3, 채색지도 31
: ill., 3 forms, 31 col. maps

본문 전부 또는 대부분이 삽도일 때
: 전부삽도
: all ill.
: 주로 삽도
: chiefly ill.

면장수와 삽도류의 혼합표시
삽도 74 p., 본문 15 p.
74 p. of ill., 15 p.
74 p., 삽도 15면
74 p., 15 p. of ill.

<표 11> 성(姓)에 붙은 전치어(前置語)

A	마이아, 스페인어)	ter (화란어)	van (화란어)
A'	Las	De la (화란, 스페인어)	van den (화란어)
'Abd	Le (화란어)	de las (스페인어)	van der (화란어)
Abu	Li	degli (이태리어)	van't (화란어)
af (스칸디나비아제어)	Lo	del (스페인어)	ver
	M'	Della	vom
al	Mac	den (화란어)	von (독일, 스칸디나
am	Mc	Di	비아제어)
Ap	Nith	dos (포르투갈어)	von der (독일어)
At	Nic	Du	z
aus'm	O'	el	Zu
av (스칸디나비아제어)	op de (화란어)	Fitz	Zum
Ben	Saint	Ibn	Zur
d' (불란서어)	San	L'	
da (포르투갈어)	Santa	La	
De (불란서, 화란, 루	ten (화란어)	Ua	

1. 중앙관서

교통부문 사회간접자본 건설현황('98~'02)

2003년 1월 30 일 인쇄
2003년 1월 30 일 발행

편 집 및 발 행 처 건 설 교 통 부

인 쇄 한 샘 종 합 인 쇄 ☎ (02)507-1411

.....nam炳22.....炳c炳4500

007 ta

008 ......s2003炳炳炳炳ulka炳炳炳炳炳炳炳炳炳炳000a
炳炳kor炳炳

020 炳炳 ▾c비매품

040 炳炳 ▾a222003 ▾c222003 ▾eK4판

090 炳炳 ▾a326,31 ▾b한16ㄱ

| └ 본표제 '교통문화...'의 처음문자(초성)

└ 중앙관서가 속한 관용국명 '한국'의 처음문자와 저자번호

110 炳炳 ▾a한국. ▾b건설교통부 ← 정부관서의 간접표목 예

| └ 중앙관서명을 하위표목으로 기재

| ▾a한국. ▾b교육인적자원부 ▾a한국. ▾b대법원

| ▾a한국. ▾b법무부. ▾b법제처 ▾a한국. ▾b문화관광부

| ▾a한국. ▾b국방부 ▾a한국. ▾b외무부

└ 중앙관서 발행자료는 국명의 관용명을 상위단체명으로 기본표목(A2R.50B)

대한민국→ ▾a한국 미합중국→ ▾a미국 대영제국→ ▾a영국

[중앙관서명의 직접표목]

090 炳炳 ▾a326,31 ▾b건54ㄱ

110 炳炳 ▾a건설교통부 ← 정부관서의 직접표목 예

└ 한국의 중앙관서명은 직접표목으로 기재하고 외국의 중앙관서명은 국명을 상위표목으로 간접표목으로 기재

책임표시는 정보원의 관서명을 기재 ㄱ

245 10 ▾a교통문화 사회간접자본 건설현황, ▾f'98-'02 / ▾d건설교통부

└ 표제 내용의 포함 연도는 ', ▾f'로 정보원의 문자를 전사

260 ꞗꞗ ▾a서울 :▾b건설교통부, ▾c2003
300 ꞗꞗ ▾a326 p. :▾b삽도 ;▾c27 cm

┌ 저작에 참여한 사람의 역할어와 인명을 짝지어 기재
| ┌ 역할이 다른 저작자는 ';'으로 구분

500 ꞗꞗ ▾a간행위원: 위원장, 추병직 ; 집필위원장, 장동규 ; 기획, 편집총괄, 김경식 ; 발간위원, 강영일, 신동춘, 남인희.

*책임표시에 기재되지 않은 간행위원회의 명단을 필요에 의해 500필드에 일반주기

<표 12> 저자표시의 약어

한국어	저(著)	그리고	개정(改正)	번역자	편자	편찬자	협력자
영어	by	and	revise	translator	editor	compiler	collaborator
불란서어	par	et	reviser	traducteur	rédacteur	compilateur	collaborateur
독일어	von	und	bearbeiten	Übersetzer	Herausgeber	Herausgeber	Mitarbeiter
이태리어	di	e	elaborare	traduttore	redattore	compilatore	collaboratore
스페인어	por	y	elaborar	traductor	redactor	compilador	colaborador
포르투갈어	por	e	elaborar	tradutor	redator	compilador	colaborador
화란어	door	en	bearbeiden	vertaler	redacteur	verzamelaar	medwerker
덴마아크어	af	og	bearbejde	oversaetter	redaktor	udgiver	medarbejder
노르웨이어	av	og	bearbeide	oversetter	redaktor	utgiver	medareidere
스웨덴어	af	och	bearbeta	översättare	redaktör	utguvare	medarbetare
인도네시아어	oleh	dan	memperbaiki	penterdjemah	redaktur	penjusun	kolaborator

THE MULTINATIONAL CORPORATION

STUDIES ON U.S. FOREIGN INVESTMENT

U.S. DEPARTMENT OF COMMERCE

Peter G. Peterson, Secretary
James T. Lynn, Under Secretary
Harold B. Scott, Assistant Secretary for
Domestic and International Business

Bureau of International Commerce

Robert Beshar, Deputy Assistant
Secretary and Director

Prepared by the Office of International Investment

S. Stanley Katz, Director

Volume I

March 1972

FOREWORD

This volume presents the fourth in a series of Department of Commerce staff studies on the multinational corporation. The first three studies were presented in The Multinational Corporation: Studies on U.S. Foreign Investment, Volume I, published in March 1972.

The purpose of these staff studies is to develop better and more comprehensive information on, and analysis of, the effects of U.S. foreign investment on the United States and the world economy. Volume II is intended to contribute to this objective by examining the factors that have motivated U.S. business to establish production facilities abroad.

Substantial work has been undertaken in the Department of Commerce and in other public and private organizations for the purpose of quantifying and analyzing in aggregate terms the effects of U.S. international investment on U.S. employment, trade and over-all economic performance. However, there is presently a paucity of information on why individual companies have decided to make overseas investment. This study is intended to help fill that gap. It does so by assaying the factors that motivated 76 U.S. companies in 15 industrial categories to undertake investments outside the United States.

The study was prepared for the Department of Commerce by The Conference Board under the supervision of J. Frank Gaston, Director of Special International Studies for the Conference Board. The conclusions and observations presented in this study do not necessarily reflect those of the Department of Commerce.

.....nam␢␢22.....␢c␢4500

007 ta

┌ 'm'은 발행년 유형의 복수연도 표시
│ ┌ 008/7-10은 시작권의 연도, 008/11-14는 마지막권의 연도

008 ......m19721973us␢a␢␢␢␢␢␢␢␢␢␢000a␢␢eng␢␢

020 ␢␢ ▾c$2.10

┌ 관용국명 'United States'의 처음문자와 저자번호
│ ┌ 본표제 'Multinational ...'의 처음문자(소문자)

090 ␢␢ ▾a324.4 ▾bU58m

110 ␢␢ ▾aUnited States. ▾bDepartment of Commerce

│ └ 중앙관서명은 '▾b'에 하위표목으로 기재
└ 외국의 중앙관서명은 관용국명을 상위표목으로 기본표목(A2R.50B)
United States of America → United States(관용명)

┌ 제2지시기호 '1'은 표제에 ( )의 관제(관사)를 제외한 표제부출표목을 지시
│ ┌ 표목될 관제의 다음 단어는 처음문자를 대문자로 기재

245 11 ▾a(The) Multinational corporation : ▾bstudies on U.S. foreign investment / ▾dU.S. Department of Commerce

└ 책임표시는 정보원의 단체명을 그대로 전사

┌ 정형화되지 않은 표출어를 '▾i'로 기재할 때는 제2지시기호를 '␢'로 지시

246 3␢ ▾iPortion of title: ▾aStudies on U.S. foreign investment

┌ 식별이 필요한 지명은 상위지명을 간략형으로 표시

260 ƀƀ ▾aWashington, D.C. : ▾bU.S. Government Printing Office, ▾c1972-1973

2년 이상 걸쳐 발행한 다권본은 처음권과 마지막권의 발행년을 기재 ┘

300 ƀƀ ▾a2 v. ; ▾c27 cm

┌ '▾a'는 필요한 표출어로 일반주기

│ ┌ 각권의 편자가 다른 경우는 권차와 함께 편자를 주기

500 ƀƀ ▾aCompiler: v. 1. Frederick B. Dent, ...[et al.] -- v. 2. Peter G. Peterson, ... [et al.]

└ 3인 이상의 편자는 '처음편자명과 생략부호'... [et al.]'를 부기

700 1ƀ ▾aDent, Frederick B. ← 일반주기된 대표편찬자의 부출표목

700 1ƀ ▾aPeterson, Peter G. ← 일반주기된 대표편찬자의 부출표목

2. 입법기관

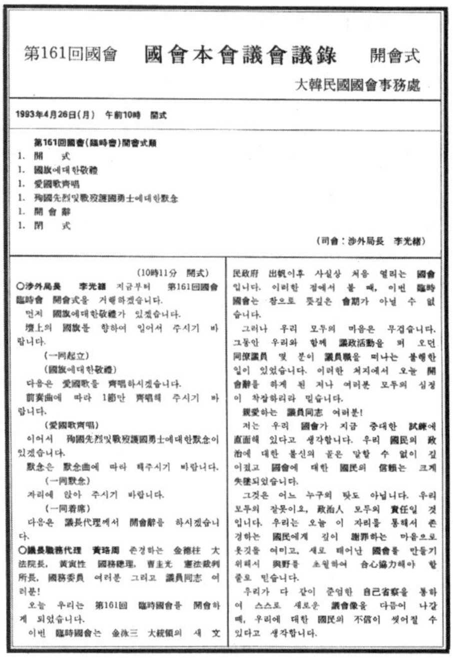

第161回國會 **國會本會議會議錄** 開會式

大韓民國國會事務處

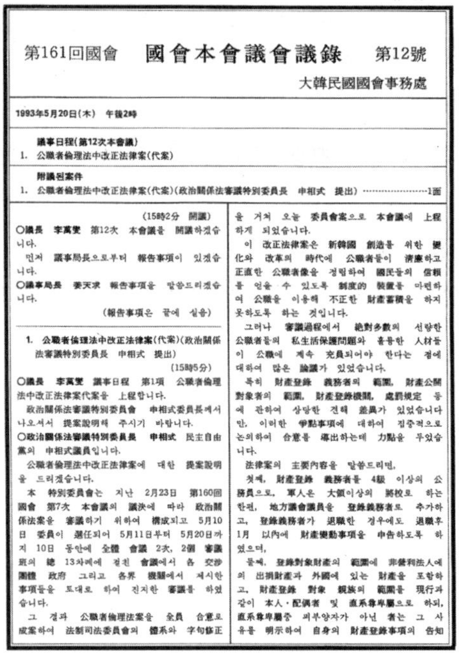

第161回國會 **國會本會議會議錄** 第12號

大韓民國國會事務處

.....namƀƀ22.....ƀcƀ4500

007 ta

008 ......s1993ƀƀƀƀulkaƀƀƀƀƀƀƀƀƀƀƀ000aƀƀkorƀƀ

020 ƀƀ ▾c비매품%

040 ƀƀ ▾a222003 ▾c222003 ▾eK4판%

┌ 본표제 '國會本會議...'의 처음문자(초성)

090 ƀƀ ▾**a**345.08 ▾**b**한16ㄱ ▾**c**161

└ 회차는 '▾c'에 권차로 기재

110 ƀƀ ▾**a**한국. ▾**b**국회 ▾**n**(제161회 : ▾**d**1993)

└ 회차를 '▾n'에, 회의일자 즉 회기는 회의연도를 ': ▾d'에 ()로 기재

└ 입법기관명 '국회'는 '. ▾b'에 하위표목으로 기재

└ 입법기관은 관용국명을 상위표목으로 기본표목(A2R.24.7)

┌ 회의록은 회차를 '▾n'으로 표제에 부기

245 10 ▾a國會本會議會議錄. ▾n제161회 : ▾b1993년 4월 26일-1993년 5월 20일 / ▾d大韓民國國會事務處

└ 회의 일자를 표제관련정보로 기재

260 ƀƀ ▾**a**서울 : ▾**b**大韓民國國會事務處, ▾**c**1993

┌ 면수가 회의 일정별로 각각 표시된 경우는 전체호수를 기재

300 ƀƀ ▾**a**13호(개회식 포함)(가제식) ; ▾**c**27 cm

└ 호수표시가 제1호에서 12호까지이나 개회식 자료를 포함해서 13호임을 ()로 부기

500 ƀƀ ▾**a**開會式, 1993. 4. 26; 第1號, 1993. 4. 27--第12號, 1993. 5. 20

710 ƀƀ ▾**a**한국. ▾**b**국회사무처

1995年度 行政事務監査 **議會運營委員會會議錄**

慶尙北道議會事務處

被監査機關 議會事務處

日時 1995年11月29日(水)
場所 運營·特別委員會

(14시7분 감사개시)
○委員長 [illegible] 자리를 정돈하여 주시기 바랍니다.
지금부터 지방자치법 제36조 및 동법시행령 제16조 내지 제19조 경상북도의회 행정사무감사 및 조사에 관한 조례에 의거 의회사무처에 대한 의회운영위원회의 1995년도 행정사무감사를 실시할 것을 선언합니다.
동료위원 여러분, 안녕하십니까?
연일 계속되는 행정사무감사로 바쁘신데도 불구하시고 참석해 주신 동료위원님께 감사의 말씀을 드립니다.
이번 행정사무감사는 의회사무처의 업무전반에 관한 추진실태를 정확히 파악하여 '96년도 예산안 심사와 정책개발 등에 필요한 자료를 수집하고 효율적인 의정활동에 반영하기 위한 것으로 내실있는 감사를 통하여 사무처로 하여금 위원님들의 의정활동에 보다 차원높은 지원이 될 수 있도록 좋은 방안을 많이 제시하여 주시기 바랍니다.
아울러 감사에 임하는 사무처장을 비롯한 관계관은 성실한 답변을 함으로써 소기의 목적이 달성될 수 있도록 협조하여 주시기 바랍니다.
그러면 경상북도의회 행정사무감사 및 조사에 관한 조례 제9조2의 규정에 의하여 증인선서가 있겠습니다. 감사를 받는 사무처장과 관계관은 증인자격으로 소관업무를 보고하고 질의에 답변을 하게 되므로 선서를 하여야 합니다.
선서요령을 말씀드리면 선서는 증인을 대표하여 사무처장께서 발언대에 나오셔서 선서를 하고 다른 증인들께서는 오른손을 들어 주시면 되겠습니다. 그리고 선서가 끝난 다음에는 서명날인한 선서서를 일괄 취합하여 앞으로 제출하여 주시기 바랍니다.
증인선서를 하기에 앞서 선서의 취지와 처벌규정 등에 대하여 말씀을 드리겠습니다.
선서를 하는 이유는 1995년도 행정사무감사를 실시함에 있어 증인으로부터 양심에 따라 숨김없이 사실대로 증언하겠다는 서약을 받기 위한 것입니다. 만약 증인이 정당한 이유없이 증언을 거부할 때는 지방자치법의 관계규정에 의거 500만원 이하의 과태료가 부과될 수 있으며, 위증을 할 때는 고발될 수 있음을 알려드립니다.
그러면 증인선서를 하여 주시기 바랍니다.
○事務處長 金在權 "선서. 본인은 경상북도의회 운영위원회가 지방자치법 제36조 동법시행령 제16조 경상북도의회 행정사무감사 및 조사에 관한 조례 제2조의 규정에 의하여 소관업무에 대한 1995년도 행정사무감사를 실시함에 있어 의회사무처장으로서 성실하게 감사를 받을 것이며, 또한 증인으로서 증언을 함에 있어 양심에 따라 숨김과 보탬이 없이 사실 그대로 말하고 만일 거짓이 있으면 위증의 벌을 받기로 서약하고 이에 선서합니다."

1995년11월29일

의회사무처
사무처장 김재권
총무담당관 최종국
의사담당관 김종대
교육사회위원회전문위원 백준호

.....namɓɓ22.....ɓcɓ4500
007 ta
008 ......s1995ɓɓɓɓtgkaɓɓɓɓɓɓɓɓɓɓ000aɓɓ
korɓɓ

020 ɓɓ ▾c비매품
040 ɓɓ ▾a222003 ▾c222003 ▾eK4판

┌ 기본표목된 도단위명 '경상북도'의 처음문자와 저자번호
| ┌ 본표제의 처음문자 '議會運營...'의 처음문자(초성)

090 ɓɓ ▾**a**359.05 ▾**b**경52ㅇ ▾**c**95

┌──────┘ └ 회차가 없을 때는 해당 연도를 '▾c'에 권차로 기재

110 ɓɓ ▾**a**경상북도. ▾**b**의회 ▾**d**(1995)

| | └ 회차가 없을 때는 회의일자 즉 회기를 ': ▾d'에 ()로 기재
| └ 회의주최 '의회'는 '. ▾b'에 하위표목으로 기재
└ 지방자치단체의 의회는 도단위의 행정단위명을 상위표목으로 기본표목(A2R.24.7)
┌ 회의록의 제목을 본표제로 기재
| ┌ 회의일시, 회의장소 등은 표제관련정보로 기재

245 10 ▾a議會運營委員會會議錄 : ▾b1995年度 行政事務監査, 日時1995年 11月 29日, 場所 運營·特別委員會 / ▾d慶尙北道議會事務處

└ 회의 집행부서명을 책임표시로 기재

260 ɓɓ ▾**a**대구 : ▾**b**慶尙北道議會事務處, ▾**c**1995

┌ 하나의 자료일 때는 전체면수를 기재

300 ɓɓ ▾**a**46 p.(가제식) ; ▾**c**27 cm

└ 제본형식은 면수에 ()로 보기

┌ 발행단체명은 단체명표목 원칙에 따라 하위표목으로 입력

710 ɓɓ ▾**a**경상북도. ▾**b**의회사무처

94th Congress } JOINT COMMITTEE PRINT
1st Session }

TOWARD A NATIONAL GROWTH POLICY:
FEDERAL AND STATE DEVELOPMENTS
IN 1974

A REPORT

PREPARED FOR THE USE OF THE

JOINT ECONOMIC COMMITTEE
CONGRESS OF THE UNITED STATES

BY THE

CONGRESSIONAL RESEARCH SERVICE
LIBRARY OF CONGRESS

SEPTEMBER 17, 1975

Printed for the use of the Joint Economic Committee

U.S. GOVERNMENT PRINTING OFFICE
56-300 WASHINGTON : 1975

For sale by the Superintendent of Documents, U.S. Government Printing Office
Washington, D.C. 20402 - Price $3.20

JOINT ECONOMIC COMMITTEE

(Created pursuant to sec. 5(a) of Public Law 304, 79th Cong.)

HUBERT H. HUMPHREY, Minnesota, *Chairman*
WRIGHT PATMAN, Texas, *Vice Chairman*

SENATE	HOUSE OF REPRESENTATIVES
JOHN SPARKMAN, Alabama	RICHARD BOLLING, Missouri
WILLIAM PROXMIRE, Wisconsin	HENRY S. REUSS, Wisconsin
ABRAHAM RIBICOFF, Connecticut	WILLIAM S. MOORHEAD, Pennsylvania
LLOYD M. BENTSEN, Jr., Texas	LEE H. HAMILTON, Indiana
EDWARD M. KENNEDY, Massachusetts	GILLIS W. LONG, Louisiana
JACOB K. JAVITS, New York	CLARENCE J. BROWN, Ohio
CHARLES H. PERCY, Illinois	GARRY BROWN, Michigan
ROBERT TAFT, Jr., Ohio	MARGARET M. HECKLER, Massachusetts
PAUL J. FANNIN, Arizona	JOHN H. ROUSSELOT, California

JOHN R. STARK, *Executive Director*

SENIOR STAFF ECONOMISTS

JERRY J. JASINOWSKI — JOHN R. KARLIK
LOUGHLIN F. MCHUGH — COURTENAY M. SLATER

RICHARD F. KAUFMAN, *General Counsel*

ECONOMISTS

WILLIAM R. BUECHNER	WILLIAM A. COX	LUCY A. FALCONE
ROBERT D. HAMRIN	SARAH JACKSON	L. DOUGLAS LEE
RALPH L. SCHLOSSTEIN	GEORGE R. TYLER	LARRY YUSPEH

MINORITY

GEORGE D. KRUMBHAAR, Jr. (Counsel) — M. CATHERINE MILLER

(II)

.....namƀƀ22.....ƀcƀ4500
007 ta
008 ......s1975ƀƀƀƀusƀaƀƀƀƀƀƀƀƀƀƀ000aƀƀ
engƀƀ
020 ƀƀ ▾ c $3.20
↑ ↘ ↙
090 ƀƀ ▾ a345.08 ▾ bU58t ▾ c94
↑ 기본표목된 관용국명 'United States'의 처음문자와 저자번호
↘ 본표제 'Toward ...'의 처음문자(소문자)
↙ 회차를 권차로 기재

110 ƀƀ ▾ aUnited States. ▾ bCongress ▾ n(94th, 1st session : ▾ d1974)
└ 입법기관명은 '. ▾ b'로 하위표목으로 기재
└ 입법기관 자료는 관용국명을 상위표목으로 기본표목(A2R.50B)
┌ 본표제는 정보원의 표제를 전사 ┌ 회기와 보고일자는 표제관련정보로 기재

245 10 ▾ aToward a national growth policy : ▾ bfederal and state developments in 1974, a report, September 17, 1975 / ▾ dprepared for the use of the Joint Economic Committee Congress of the United States, by the Congressional Research Service Library of Congress
250 ƀƀ ▾ aJoint committee print ← 판에 관한 사항은 250필드나 500필드로 주기
260 ƀƀ ▾ aWashington, D.C. : ▾ bU.S. Government Printing Office, ▾ c1975
300 ƀƀ ▾ aix, 350 p. ; ▾ c24 cm
500 ƀƀ ▾ a"For sale by the superintendent of documents, U.S. Government Printing Office Washington, D.C. 20402. Price $3.20"
710 ƀƀ ▾ aLibrary of Congress. ▾ bCongressional Research Service
└ 소속단체명은 하위표목으로 '▾ b'로 기재
└ 단체명으로 잘 알려진 독립된 정부기관명은 단체명을 상위표목이나 직접표목으로 기재

┌ 외국 단체명은 국명을 상위표목으로 통일하여 기재한 경우
710 ƀƀ ▾ aUnited States. ▾ bLibrary of Congress. ▾ bCongressional Research Service
2개 이상의 하위 단체명은 '▾ b'를 반복 기재하거나 ┘
식별이 가능한 범위에서 하위표목의 일부를 생략

3. 군기관

동의부대 사진집

- 한국군 의료지원 활동 -

(제1집)

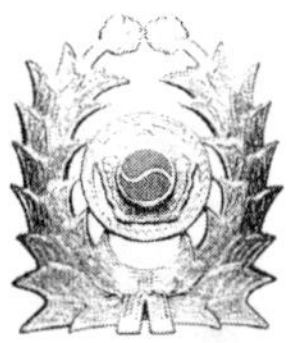

육 군 본 부

동의부대 사진집 (제1집)

2002년 12월 15일 인쇄
2002년 12월 20일 발행

보안성검토필

편집 : 군 사 연 구 실
발행 : 육 군 본 부
인쇄 : 대 문 사

※ 본 사진집을 복제 · 복사 또는 대외에 반출할 때는 사전에 육군참모총장의 승인을 득해야 함.

.....namႦႦ22.....ႦcႦ4500

008 ......s2002ႦႦႦႦulkaႦႦႦႦႦႦႦႦႦႦ000aႦႦ korႦႦ

020 ႦႦ ▾c비매품 ← 비매품의 경우도 020필드의 '▾c'로 가격표시로 기재

090 ႦႦ ▾a911.0099 ▾b한16ㄷ

↓ 기본표목된 '한국'의 처음문자와 저자번호

↘ 본표제 '동의부대 ...'의 처음문자(초성)

110 ႦႦ ▾a한국. ▾b육군본부. ▾b군사연구실

└ 육.해.공군의 군명과 군부대의 조직명을 하위표목으로 기재

▾a한국. ▾b육군 ▾a한국. ▾b해군

▾a한국. ▾b공군 ▾a한국. ▾b육군. ▾b제30사단. ▾b포병단

└ 군기관의 기본표목은 국명을 상위표목으로 기재(A2R.56B)

┌ 다권본의 단권별 정리는 권차를 '. ▾n'으로 기재

┌ 권제는 ', ▾p'로 기재

245 10 ▾a동의부대 사진집. ▾n제1집, ▾p한국군 의료지원 활동 / ▾d군사연구실 편집

246 30 ▾a한국군 의료지원 활동

<출력> 검색을 위한 부분표제: 한국군 의료지원 활동

└ 제2지시기호 '0'에 의해 '검색을 위한 부분표제:'라는 표출어 생성

260 ႦႦ ▾a서울 : ▾b육군본보, ▾c2002

┌ 다권본을 단권별로 정리할 때는 해당 권의 면수를 기재

┌ 삽도가 색도사진일 때는 ()로 색도를 부기

300 ႦႦ ▾a117 p. : ▾b삽도, 사진화보(칼라) ; ▾c31 cm

300 ႦႦ ▾a117 p. : ▾b삽도, 사진화보(칼라 30매) ; ▾c31 cm └ 중요한 삽도는 그 매수를 ()로 부기

500 ႦႦ ▾a부록: 동의부대파병일지: p. 113-117

.....nam␢␢22.....␢c␢4500
007 ta
008 ......s1961␢␢␢␢us␢a␢␢␢␢␢␢␢␢␢␢␢000a␢␢eng␢␢

┌ 기본표목된 인명 'Appleman, ...'의 처음문자와 저자번호

090 ␢␢ ▾a911.0723 ▾bA648s

└ 본표제 'South to ...'의 처음문자(소문자)

100 1␢ ▾aAppleman, Roy E.

└ 군기관의 발행자료라도 개인이 저작한 것은 개인명을 기본표목

'▾f'는 자료내용이 포함된 포괄적인 범위 연도를 기재 ┐

245 10 ▾aSouth to the Naktong, north to the Yalu, ▾fJune-Nov. 1950 / ▾dby Roy E. Appleman.

┌ 단체명으로 된 발행처는 자료에 나타난 순서와 문자로 기재

260 ␢␢ ▾aWashington, D.C. : ▾bOffice of the Chief of Military History, Dept. of the Army, ▾c1961.

┌ 면수는 자료에 나타난 문자로 '서문면수, 본문면수'로 기재

┌ 'illus.'를 먼저 기재하고 개개의 삽도명은 문자순으로 기재

300 ␢␢ ▾axxiv, 813 p. : ▾billus., maps ; ▾c25 cm + ▾emap (2 maps in pocket).

└ '+ ▾e'는 딸림자료종별을 기재하고 필요한 경우 해당 형태사항을 ()로 부기

440 00 ▾aUnited States Army in the Korean war.

┌ 딸림자료의 제명은 해당 표출어와 함께 제명을 주기하고 부출표목

500 ␢␢ ▾aTitle of maps in pocket: "The Far East." "Korea."
740 ␢␢ ▾aFar East ▾h[map]
740 ␢␢ ▾aKorea ▾h[map]

└ 딸림자료가 비도서자료일 때는 '▾h'로 자료유형을 []로 부기

┌ 군기관은 관용국명을 상위표목으로 기재(A2R.56B)

┌ 육.해.공의 군명과 부대명을 하위표목으로 기재

710 ␢␢ ▾aUnited States. ▾bArmy. ▾bOffice of the Chief of Military History.
<출력> United States. Army. Office of the Chief of Military History

4. 법원

대법원판결집

제 16 권 1 집
(1 9 6 8)

법 원 행 정 처

.....namƀƀ22.....ƀcƀ4500
007 ta

↓ ↑ ↘
008 ......c19uu9999ulkaƀƀƀƀƀƀƀƀƀƀƀ000a
ƀƀkorƀƀ

↓ 'c'는 계속 간행되고 있는 간행물의 유형표시
↑ 008/7-10은 최초자료 간행연도를 기재. 불명인 부분은 'u'로 표시
↘ 008/11-14는 계속간행되고 있음의 표시 '9999'를 표시

020 ƀƀ ▾c비매품

↓ ↘
090 ƀƀ ▾a360.28 ▾b한16ㄷ

↓ 기본표목된 '한국'의 처음문자와 저자번호
↘ 본표제 '대법원...'의 처음문자(초성)

↓ ↘
110 ƀƀ ▾a한국. ▾b대법원

↓ 법원의 기본표목은 관용국명을 상위표목으로 기재(A2R.55A)
↘ 법원명은 '. ▾b'로 하위표목으로 기재

245 10 ▾a대법원판결집 / ▾d법원행정처
250 ƀƀ ▾a[프린트판]
260 ƀƀ ▾a서울 : ▾b법원행정처, ▾c19 -

└ 발행이 계속되는 자료는 최초발행년과 최종발행년을 기재: 추정되는 최초발행년을 19까지만 기재, 최종 발행년을 종간 때 기입할 수 있도록 공란

┌ 발행이 계속되고 있는 다권본은 종간시 전체권수나 책수를 기록할 수 있도록 공란
| ┌ 제본에 관한 정보는 면수나 책수에 ( )로 부기
300 ƀƀ ▾a 책(가제식) ; ▾c23 cm

┌ 제1지시기호 '0'은 완전한 내용주기로 '내용:'이라는 표출어 생성
|┌ 제1지시기호 'ƀ'(기본형)는 내용주기되는 각 사항을 식별기호 없이 기재
|| ┌ '▾a'로 주기되는 내용표제는 ISBD부호에 따라 띄어쓰기로 기재
505 0ƀ ▾a民事判例 -- 行政判例 -- 刑事判例
<출력> 내용: 民事判例 -- 行政判例 -- 刑事判例

┌ 제2지시기호 '0'(확장형)은 내용주기되는 각 사항을 식별기호로 기재
505 00 ▾t民事判例 -- ▾t行政判例 -- ▾t刑事判例

710 ƀƀ ▾a법원행정처
740 ƀ2 ▾a민사판례
└ 제2지시기호 '2'는 내용주기된 표제의 분출표목을 지시
740 ƀ2 ▾a행정판례
740 ƀ2 ▾a형사판례

.....namƀƀ22.....ƀcƀ4500

007 ta

┌ 'm'은 자료가 2년 이상에 걸쳐 발행된 복수년도의 발행년 유형표시

| ┌ 최초자료의 발행년을 발행년1에 기재 ┌ 본문의 언어구분부호<부속서 3. 언어구분부호표>

008 ......m19641965gwƀaƀƀƀƀƀƀƀƀƀƀƀ000aƀƀgerƀƀ

| └ 발행국부호는 <부속서 1. 발행국부호표>: 'gwƀ'는 독일 부호

└ 종간 자료의 발행년을 발행년2(008/11-14)에 기재

┌ 기본표목된 관용국명 'Germany'의 처음문자와 저자번호

| ┌ 본표제 'Der Feern...'의 처음문자(소문자)

090 ƀƀ ▾a360.28 ▾bG373d

110 ƀƀ ▾aGermany (Federal Republic). ▾bBundesverfassungsgericht

| └ 법원명을 하위표목으로 기재

└ 법원의 기본표목은 국명을 상위표목(A2R.55A)으로 기재, 식별이 필요한 국명은 ()에 필요한 식별사항을 부기

┌ 표제는 해당 국어의 어법에 따라 독일어는 명사의 처음문자를 대문자로 기재

245 10 ▾aDer Feernsehstreit vor dem Bundesverfassungsgericht : ▾beine Dokumentation des Prozeßmaterials / ▾dhrsg. von Günter Zehner

└ 역할어는 식별이 가능한 범위에서 약자로 기재

260 ƀƀ ▾aKarlsruhe : ▾bC. F. Müller, ▾c1964-1965

└ 2년 이상에 걸쳐 발행된 다권본은 최초권의 발행년과 최종권의 발행년을 기재

300 ƀƀ ▾a2 v. ; ▾c25 cm

700 1ƀ ▾aZehner, Günter ← 편저자의 부출표목

5. 군주, 대통령

朴正熙大統領演說文集

第 1 輯

自 1963年12月 ~ 至 1964年12月

大統領公報秘書官室

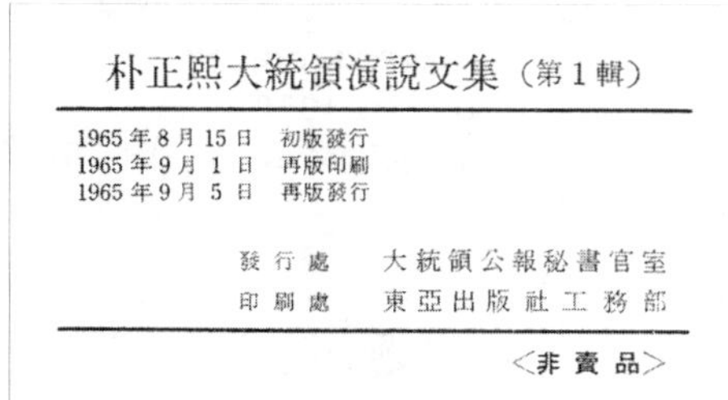

朴正熙大統領演說文集（第 1 輯）

1965年 8月 15日 初版發行
1965年 9月 1日 再版印刷
1965年 9月 5日 再版發行

發行處 大統領公報秘書官室
印刷處 東亞出版社工務部

<非賣品>

.....namƀƀ22.....ƀcƀ4500

007 ta

008 ......m19651980ulkaƀƀƀƀƀƀƀƀƀƀƀ000aƀ
ƀkorƀƀ

020 ƀƀ ▾c비매품

090 ƀƀ ▾a911.0735 ▾b한16ㅂ

↓ 국가 통치기간의 역사에 분류
↙ 기본표목된 관용국명 '한국'의 처음문자와 저자번호
↘ 본표제 '朴正熙大...'의 처음문자(초성)

통치자의 개인명 ┐

110 ƀƀ ▾a한국. ▾b대통령 (1963-1979 : 박정희)

└ 재임기간과 개인명을 ()로 부기
└ 직명을 하위표목으로 기재
└ 통치시기의 공식자료는 관용국명을 상위단체명으로 기본표목(A2R.55B)

245 10 ▾a朴正熙大統領演說文集 / ▾d大統領公報秘書官室

260 ƀƀ ▾a서울 : ▾b大統領公報秘書官室, ▾c1965-1980

300 ƀƀ ▾a16책 : ▾b삽도, 사진 ; ▾c27 cm

┌ 제1지시기호 '1'은 '불완전내용:'이라는 표출어 생성을 지시
┌ 제2지시기호 'ƀ'(기본형)는 내용사항을 식별기호 없이 기재할 때 지시
┌ 내용표제가 표목으로 적합하지 않을 때는 주기로만 기재

505 1ƀ ▾a第1輯. 自1963年 12月-至1964年 12月 -- ... -- 제16집. 1979년 1월-1979년 10월 (추도판)

<출력> 불완전내용: 第1輯. 自1963年 12月-至1964年 12月 -- ... -- 제16집. 1979년 1월-1979년 10월 (추도판)

┌ 통치자의 개인명은 주제부출

600 14 ▾a박정희

└ 제2지시기호 '4'는 특정 주제명표목표에 의하지 않고 목록자가 작성한 경우 지시
└ 제1지시기호 '1'은 성과 이름으로 된 인명이 주제명일 때 지시

710 ƀƀ ▾a한국. ▾b대통령공보비서관실 ← 발행단체명을 부출표목(간접표목)

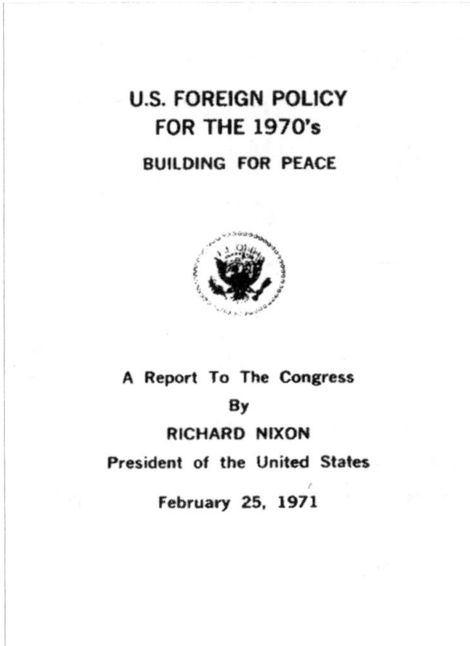

U.S. FOREIGN POLICY
FOR THE 1970's
BUILDING FOR PEACE

A Report To The Congress
By
RICHARD NIXON
President of the United States

February 25, 1971

.....namƀƀ22.....ƀcƀ4500
007 ta
008 ......s1971ƀƀƀƀusƀaƀƀƀƀƀƀƀƀƀƀ000aƀ
ƀengƀƀ

090 ƀƀ ▾a942.073 ▾bU58b

└ 본표제 'Buildding ...의 처음문자(소문자)

└ 관용국명 'United States'의 처음문자와 저자번호

┌ '▾b'는 직명 ┌ 서양인명은 '성'으로만 표시

110 ƀƀ ▾aUnited States. ▾bPresident (1968-1974 : Nixon).

└ 재임기간과 통치자의 개인명

└ '▾a'는 상위표목으로 관용국명을 기본표목으로 기재(A2R.55B)

┌ 연설에 관한 일시와 연설자에 관한 사항은 표제관련정보로 기재

245 10 ▾aBuilding for peace : ▾ba report to the Congress by Richard Nixon, president of the United States, Feb. 25, 1971 / ▾dRichard Nixon

└ '/ ▾d'는 연설자인 대통령 개인명을 기재

260 ƀƀ ▾aWashington, D.C. : ▾bThe White House, ▾c1971
300 ƀƀ ▾a235 p. : ▾billus. ; ▾c24 cm

┌ 주기되는 총서표제가 그대로 부표목될 때는 440필드에 기술

┌ 총서표제의 약어는 정보원의 문자로 기재하고 완전명은 500필드로 주기

440 00 ▾aU. S. foreign policy for the 1970's
*500 ƀƀ ▾aU. S.: United States

└ 약자에 대한 완전명이 필요한 경우 500필드에 주기

600 10 ▾aNixon, Richard.

└ 대통령 개인명에 대한 주제명표목은 '성, 이름' 형식으로 완전명을 기재

〔통치자의 개인저서〕

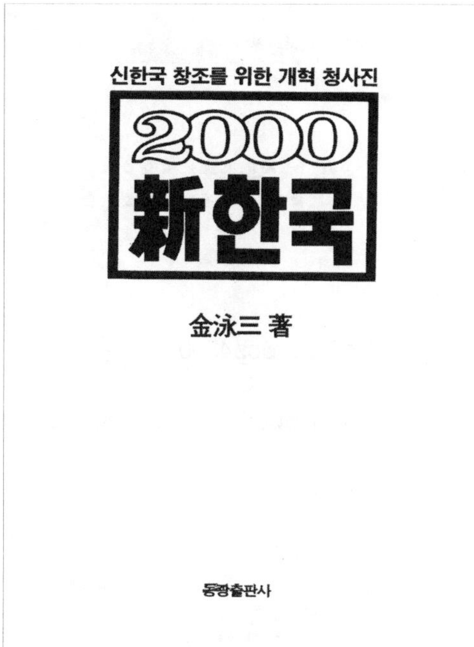

신한국 창조를 위한 개혁 청사진

2000

新한국

金泳三 著

동광출판사

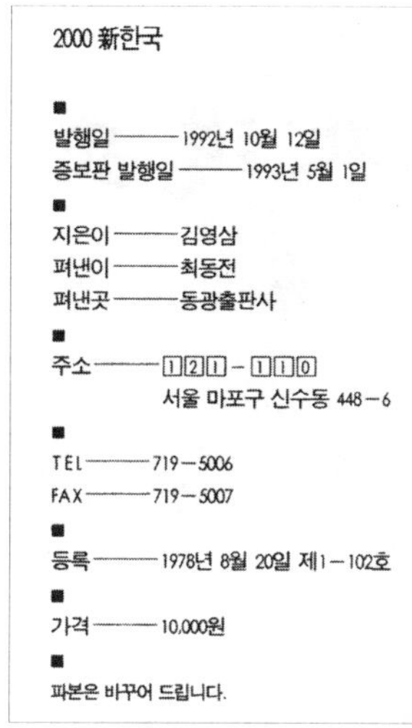

2000 新한국

■

발행일 ——— 1992년 10월 12일

증보판 발행일 ——— 1993년 5월 1일

■

지은이 ——— 김영삼

펴낸이 ——— 최동전

펴낸곳 ——— 동광출판사

■

주소 ——— 121-110

서울 마포구 신수동 448-6

■

TEL ——— 719-5006

FAX ——— 719-5007

■

등록 ——— 1978년 8월 20일 제1-102호

■

가격 ——— 10,000원

■

파본은 바꾸어 드립니다.

.....namƀƀ22.....ƀcƀ4500

007 ta

008 ......m1993ƀƀƀƀulkaƀƀƀƀƀƀƀƀƀƀ000aƀ ƀkorƀƀ

020 ƀƀ ▾c₩10,000

090 ƀƀ ▾a911.076 ▾b김64ㅇ

　　　　| └ 본표제 '2000新韓國'의 처음문자(초성)

　　　　└ 기본표목된 개인명 '김영삼'의 처음문자와 저자번호

100 1ƀ ▾a김영삼

　　　　└ 통치기간의 공식기록이 아닌 개인 저서는 개인명으로 기본표목

245 10 ▾a2000新韓國 : ▾b신한국 창조를 위한 개혁 청사진 / ▾d金泳三 著

= 245 10 ▾a2000[i.e. 이천]新韓國 : ▾b...　　└ 책임표시는 정보원의 문자로 기재

　　　　└ 숫자로 된 표제가 표기를 위한 식별이 필요한 경우는 [i.e.]로 발음되는 문자를 부기

┌ 제1지시기호 '3'(주기 않고, 표제부출)은 245필드에 '▾b'로 기재되어 있을 때 지시

|┌ 제2지시기호 'ƀ'는 정형화되지 않은 표출어를 '▾i'로 기재할 때 지시

246 3ƀ ▾i부표제: ▾a신한국 창조를 위한 개혁 청사진

　　　　└ '▾a'로 표목되는 부표제를 기재

260 ƀƀ ▾a서울 : ▾b동광출판사, ▾c1993

300 ƀƀ ▾a337 p. : ▾b삽도, 사진 ; ▾c23 cm

┌ 통치기시의 내용에 관한 자료는 610필드로 단체명을 주제명으로 부출표목

| 통치자에 대한 단체명 부표목은 110필드와 동일한 방법으로 기재

|　　┌ 관용국명　　┌ 재임기간과 개인명은 ()로 기재

610 ƀ4 ▾a한국. ▾b대통령 (1993-1998 : 김영삼)

　　　　└ 직명　└재임기간　　└ 동양인명은 완전명으로, 서양인명은 성을 기재

6. 지방관서

慶尚北道史

上卷

慶尚北道史編纂委員會

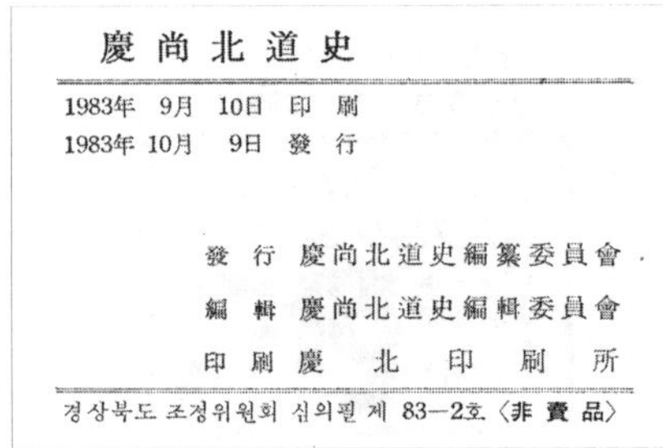

慶尚北道史

1983年 9月 10日 印 刷
1983年 10月 9日 發 行

發 行 慶尚北道史編纂委員會
編 輯 慶尚北道史編輯委員會
印 刷 慶 北 印 刷 所

경상북도 조정위원회 심의필 제 83-2호 〈非 賣 品〉

.....namƀƀ22.....ƀcƀ4500
007 ta
008 ......s1983ƀƀƀƀtgkaƀƀƀƀƀƀƀƀƀƀ000aƀ
ƀkorƀƀ
020 ƀƀ ▾c비매품
↓ ↘ ↙
043 ƀƀ ▾a47000--
↓ 043필드는 특정지역에 관한 내용이나 지역명이 주제명으로 사용될 때 기술
↘ '47000'은 경상북도의 지역구분부호<부속서 5. 한국 지역구분부호표>
↙ 지역구분부호는 7자리로 표시, 7자리 중 빈칸은 붙임표로 표시

090 ƀƀ ▾a911.81 ▾b경52┐
| └ 본표제 '慶尚北道史'의 처음문자(초성)
└ 지방자치단체명 '경상북도'의 처음문자와 저자번호

110 ƀƀ ▾a경상북도
└ 지방관서의 저작은 지방자치단체의 정식명칭을 기본표목으로 기재
지방자치단체명의 상위표목은 도, 특별시, 광역시, 직할시로 한다.

┌ 책임표시의 단체명은 정보원에 나타난 대로 기재
245 10 ▾a慶尚北道史 / ▾d慶尚北道史編纂委員會 編輯
└ 일시적인 단체명은 책임표시로 기재, 부출표목하지 않음

260 ƀƀ ▾a대구 : ▾b慶尚北道史編纂委員會, ▾c1983
=260 ƀƀ ▾a대구 : ▾b同 編纂委員會, ▾c1983
└ 책임표시와 발행처가 동일한 것은 발행처를 간략형으로 기재

┌ 2책 이상의 다권본은 권.책수를 기재, 필요한 경우 책의 권이나 면수 보기
300 ƀƀ ▾a3책(上,中,下) : ▾b삽도, 사진, 지도 ; ▾c26 cm
┌ 권말부록이라는 표출어로 2개 이상의 부록명과 수록면수를 함께 기재
| 필요한 경우는 525필드를 반복하여 각각 기재
525 ƀƀ ▾a권말부록: I. 文化財現況. 下卷, p. 1472; II. 文化財目錄. 下卷, p. 1473-1498
740 ƀƀ ▾a문화재현황(경상북도) ← 부출표목의 식별을 위해 지명을 ()로 보기
740 ƀƀ ▾a문화재목록(경상북도)

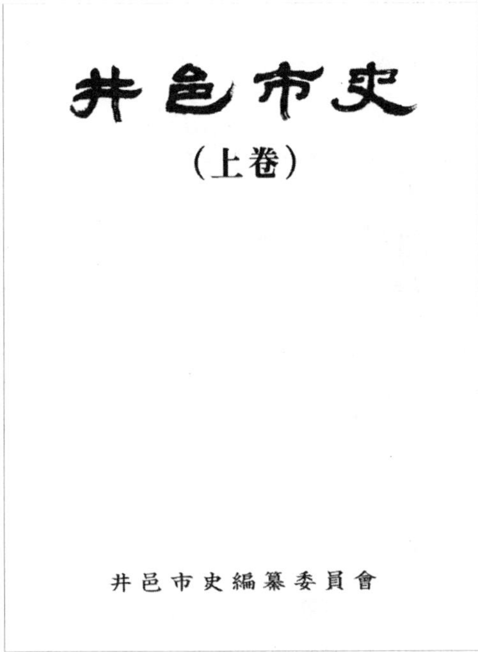
井邑市史

(上卷)

井邑市史編纂委員會

.....namb̸b̸22.....b̸cb̸4500

007 ta

008 ......s1983b̸b̸b̸b̸jbkab̸b̸b̸b̸b̸b̸b̸b̸b̸b̸000ab̸b̸korb̸b̸

020 b̸b̸ ▾c비매품

└ ISBN이 없는 가격사항은 020필드에 '▾c'로 기재

043 b̸b̸ ▾a45780--

└ '45780'은 전라북도 정읍군의 지역구분부호<부속서 5. 한국지역구분부호표>

090 b̸b̸ ▾a911.91 ▾b전292ㅈ

| └ 본표제 '井邑市史'의 처음문자(초성)

└ 도단위의 지방자치단체명 '전라북도'의 처음문자와 저자번호

110 b̸b̸ ▾a전라북도. ▾b정읍시

| └ 자료 발행 지방자치단체명(정식명칭)은 하위표목으로 기재

└ 지방자치단체의 저작은 도 단위의 지방자치단체명을 상위표목으로 기재

245 10 ▾a井邑市史 / ▾d井邑市史編纂委員會 [編]

└ 단체명의 책임표시는 정보원의 완전명과 역할어를 기재, 역할어가 없을 때는 필요한 역할어를 []로 부기

┌ 발행지명은 시명(관용명)을 기재, 식별이 필요한 경우 상위지명을 ()에 부기

260 b̸b̸ ▾a정읍(전북) : ▾b井邑市史編纂委員會, ▾c1983

=260 b̸b̸ ▾a정읍(전북) : ▾b同 編纂委員會, ▾c1983

└ 책임표시와 동일한 발행처는 식별이 가능한 범위에서 발행처명을 간략히 기재

300 b̸b̸ ▾a2책(上,下) : ▾b삽도, 사진(칼라), 지도 ; ▾c26 cm

```
.....nambb22.....bcb4500
007 ta
        ┌ /06은 발행년 유형으로 's'는 단일년도 표시
        │ ┌ /07-10은 해당자료의 발행년 표시
        │ │    ┌ /011-14는 빈칸 'bbbb'로 표시
        │ │    │                                            ┌ /35-37은 내용의 언어부호<부속서 3>
008 ......s1950bbbbusbabbbbbbbbbbb000abbengbb
                          └ /15-17은 발행국명부호<부속서 1>로 두 자리일 때 한 자리는 'b'로 표시
                       ┌ 지방자치단체명 'California'의 처음문자와 저자번호
                       │    ┌ 본표제 'Marry ...'의 처음문자(소문자)
090 bb ▾a378 ▾bC153m
         ┌────┘        ┌ 지방관서에 속한 기관명은 하위표목(기관명)으로 기재
110 bb ▾aCalifornia. ▾bState Department of Education.
         └ 외국의 지방관서명은 국명을 상위표목으로 하고 지방관서명을 하위표목으로 기재
           지방관서명으로 식별이 가능할 때는 지방관서명으로 기본표목
245 10 ▾aMarry hearts and bold / ▾dCalifornia State Department of Education
                                          └ 외국의 지방관서명을 책임표시에 기재할 때는 정보원에 나타난
                                            관서명을 그대로 전사
260 bb ▾aNew York : ▾bHeath, ▾c1950
                             └ 발행처는 식별이 가능한 범위에서 통용되는 약명으로 간략히 기재
                          ┌ 영어형식의 '삽도'는 'illus.' 또는 'ill.'로 기재
300 bb ▾a437 p. : ▾billus. ; ▾c21 cm
                                   └ 책의 크기가 정상적인 규격은 세로 cm를 올림해서 기재. 실제크기가
                                     20.2 cm일 때는 21 cm로 기재
```

7. 부속기관명

開校50周年紀念
博 物 館 圖 錄

1996

圓 光 大 學 校 博 物 館

圓光大學校 博物館圖錄

1996年 2月 10日 印刷
1996年 2月 15日 發行

編 輯 圓光大學校 博物館
發行人 宋 天 恩
印 刷 은해P&C

.....namƀƀ22.....ƀcƀ4500
007 ta
008 ......s1996ƀƀƀƀjbkaƀƀƀƀƀƀƀƀƀƀƀ000aƀƀ
korƀƀ
020 ƀƀ ▾c비매품

090 ƀƀ ▾a069.7 ▾b원15ㅂ
↓ 기본표목된 '원광대학교'의 처음문자와 저자번호
↘ 본표제 '博物館圖錄'의 처음문자(초성)

110 ƀƀ ▾a원광대학교. ▾b박물관
└ 자료를 제작한 기관명은 '. ▾b'에 하위단체명으로 기재
└ 한 기관의 부속기관명은 기관명을 상위단체명으로 기본표목(A2R.54)

┌ 문자를 달리한 표제관련정보는 언어별로 짝지어 기재
245 10 ▾a博物館圖錄 : ▾b開校50周年記念 = ▾xCatalogue of museum : ▾bcommemoration of the university's 50th anniversary / ▾d圓光大學校博物館
└ 대등표제의 표제관련정보는 ': ▾b'를 반복하여 동일 문자끼리 짝지어 기술

┌ 제1지시기호 '3'(주기 않고, 표제부출)은 245필드에 기재된 사항일 때 지시
|┌ 제2지시기호 '1'은 '대등표제:'라는 표출어 생성을 위한 지시
246 31 ▾aCatalogue of museum
<출력> 대등표제: Catalogue of museum
┌ 제1지시기호 '1'(주기하고, 표제부출)은 다른 사항에 기재되지 않은 사항일 때 지시
|┌ 제2지시기호 'ƀ'(표출어 생성 않음)는 '▾i'로 정형화되지 않은 표출어를 입력할 때 지시
246 1ƀ ▾i판권기표제: ▾a圓光大學校博物館圖錄
<출력> 판권기표제: 圓光大學校博物館圖錄
┌ 식별이 필요한 한국지명은 ( )에 상위지명을 부기
260 ƀƀ ▾a익산(전북) : ▾b圓光大學校博物館, ▾c1996
300 ƀƀ ▾a281p. : ▾b삽도, 사진(칼라) ; ▾c26 cm
504 ƀƀ ▾a圖版目錄: p. 12-17
504 ƀƀ ▾a圖版說明: p. 231-281
└ 자료에 수록된 참고자료는 504필드를 반복하여 자료명과 수록면수를 주기

Definitions
For
Library
Statistics;
A Preliminary
Draft

Prepared by

LAD STATISTICS COORDINATING COMMITTEE

David C. Waber, Chairman

LIBRARY ORGANIZATION AND MANAGEMENT SECTION

LIBRARY ADMINISTRATION DIVISION

AMERICAN LIBRARY ASSOCIATION

Chicago, 1961

.....namƀƀ22.....ƀcƀ4500

007 ta

008 ......s1961ƀƀƀƀusƀaƀƀƀƀƀƀƀƀƀƀ000aƀƀengƀƀ

040 ƀƀ ▾a222003 ▾c222003 ▾eK4판

090 ƀƀ ▾a020.9 ▾bA512d

| └ 본표제 'Definitions ...'의 처음문자(소문자)

└ 기본표목 된 'American ...'의 처음문자(대문자)와 저자번호

┌ 부속기관명은 기관명을 상위단체명으로 기본표목(A2R.54)

110 ƀƀ ▾aAmerican Library Association. ▾bLibrary Organization and Management Section. ▾bStatistics Coordinating Committee

└ 부속기관명은 '. ▾b'를 반복하여 하위단체명으로 기재, 식별이 가능할 때는 중간기관명이나 하위기관명은 생략가능

245 10 ▾aDefinitions for library statistics : ▾ba preliminary draft / ▾dprepared by LAD[i.e. Library Administration Division] Statistics Coordinating Committee |

두문자로 된 단체명은 필요에 따라 'i.e.'로 정식명을 [ ]로 부기하거나 500필드로 일반주기 ┘

┌ 제2지시기호 'ƀ'은 정형화되지 않은 표출어를 '▾i'로 입력할 때 지시

246 3ƀ ▾iPortion of title: ▾aLibrary statistics

┌ 245/▾d로 기재된 책임표시와 발행처가 일치할 때는 식별이 가능한 범위
| 에서 간략히 기재

260 ƀƀ ▾aChicago : ▾bThe Section, ▾c1961

300 ƀƀ ▾a[15] p. ; ▾c23 cm

└ 면수매김이 없어 목록자가 입력한 경우는 [ ]로 기재

8. 독립된 정부기관

'95. 9~'96. 8 適用

最低賃金審議 · 議決經緯

最低賃金審議委員會

'95. 9 ~ '96. 8 적용

최저임금심의 · 의결경위

1995년 12월 일 인쇄
1995년 12월 일 발행

發行處 : 최 저 임 금 심 의 위 원 회
TEL : 703-2154
印刷處 : 창문인쇄공사
TEL : 266-9594

.....namЬЬ22.....ЬcЬ4500

007 ta

008 ......s1995ЬЬЬЬulkaЬЬЬЬЬЬЬЬЬЬЬ000aЬЬ korЬЬ

020 ЬЬ ▾a8982380280 : ▾c비매품

090 ЬЬ ▾a336.33 ▾b최74ㅊ

↓ 기본표목된 '최저임금 ...'의 처음문자와 저자번호

↘ 본표제 '最低賃金...'의 처음문자(초성)

110 ЬЬ ▾a최저임금심의위원회 ← 독립된 정부기관은 위원회 및 회명을 기본표목(A2R.55)

┌ 표제 앞의 관제가 9자 이상일 때는 표제에 기재

245 10 ▾a最低賃金審議·議決經緯, ▾f'95. 9-'96. 8 適用 / ▾d最低賃金審議委員會

└ 자료가 포함한 포괄연도를 나타낸 정보는 본표제에 ', ▾f'로 기재

[관제를 표제 앞에 ( )로 기재한 예]

245 11 ▾a('95. 9-'96. 8 適用) 最低賃金審議·議決經緯 / ▾d最低賃金審議委員會
<출력(표목)> 최저임금심의·의결경위

[관제를 포함한 표제의 부출표목]

245 20 ▾a('95. 9-'96. 8 適用) 最低賃金審議·議決經緯 / ▾d最低賃金審議委員會

└ 관제가 지역명이나 인명, 특정 시대를 나타내는 경우는 ( )로 기재된 관제를 포함한 표제와 제외한 표제로 각각 부표목할 수 있도록 제1지시기호 '2'와 제2지시기호 '0'으로 지시

<출력(표목)> 최저임금심의·의결경위
'95. 9-'96. 8 적용 최저임금심의·의결경위

260 ЬЬ ▾a서울 : ▾b최저임금심의위원회, ▾c1995
300 ЬЬ ▾a209 p. : ▾b삽도, 표 ; ▾c26 cm

새마을文庫運動 40年史

[+] 새마을文庫中央會

새마을文庫運動 40年史 값 100,000원

2000년 1월 20일 인쇄
2000년 2월 1일 발행

편　　찬 새마을문고운동 40년사 편찬위원회
발 행 처 새마을문고중앙회
발 행 인 우 경 선
기획 · 편집 새마을운동중앙회 국민운동부
서울 강남구 대치3동 1008-4
02)2605-4894, 2600-3681~5
E-mail : moongo@saemaul.or.kr
http://www.saemaul.or.kr

인　　쇄 동양문화인쇄
02)737-2101~5

.....namɃɃ22.....ɃcɃ4500
007 ta
008 ......s2001ɃɃɃɃulkaɃɃɃɃɃɃɃɃɃɃ000aɃɃkorɃɃ
020 ɃɃ ▾c₩100,000
090 ɃɃ ▾a026.6 ▾b새32ㅅ
　　　│　└ 본표제 '새마을 ...'의 처음문자(초성)
　　　└ 기본표목된 '새마을문고중앙회'의 처음문자와 저저번호
110 ɃɃ ▾a새마을문고중앙회
　└ 독립된 정부기관명을 기본표목(직접표목)으로 기재(A2R.53)

정부투자기관: 한국산업은행/국민은행/한국조폐공사/대한석탄공사/한국전력공사/대한무역징흥공사/대한주택공사/한국소자원공사/한국도로공사/한국가스공사/한국담배인삼공사/...등

정부유관기관: 공무원연금관리공단/교통개발연구원/대한결핵협회/대한상공회의소/대한적십자사/대한체육회/방송위원회/예술의 전당/한국교육개발원/한국방송공사/한국은행/환경관리공단/한국정신문화원/보험감독원/중소기업협동조합중앙회...등

245 10 ▾a새마을文庫運動40年史 / ▾d새마을문고운동40년사편찬위원회 편
　└ 기관의 편찬위원회는 책임표시로 기재하되 자료편찬을 위한 일시적인 단체이기 때문에 부표목하지 않음

┌ 본표제와 상이한 표지표제는 제1지시기호 '1'로 주기하고, 부표목을 지시
│┌ 제2지시기호 '4'는 '표지표제:'이라는 표출어 생성을 위한 지시
││ ┌ 포함된 연도는 ',▼f'로 본표제와 함께 기재

246 14▼a새마을文庫運動40年史,▼f1961-2000

<출력> 표지표제: 새마을文庫運動40年史, 1961-2000

260 ▯▯▼a서울 :▼b새마을 文庫中央會,▼c2001

┌ '삽도'를 먼저 기재, 다음에 각각의 삽도명을 문자순으로 기재

300 ▯▯▼a500 p. :▼b삽도, 도표, 사진(부분칼라) ;▼c27 cm

500 ▯▯▼a과거에 사용하던 규정들: p. 477-483

500 ▯▯▼a새마을문고중앙회 연표: p. 347-384

┌ 504필드는 부록의 참고자료나 인용자료명을 해당 면수와 함께 기재

504 ▯▯▼a새마을문고 관련 참고문헌: p. 484-500

┌ 부록의 자료명은 525필드를 반복하여 각각의 명칭과 수록면수를 기재

525 ▯▯▼a권말부록: 정관 및 회칙: p. 385-404

525 ▯▯▼a권말부록: 새마을문고관련법령: p. 405-426

525 ▯▯▼a권말부록: 역대 임직원 및 훈.포장 수상자명단: p. 427-467

525 ▯▯▼a권말부록: 새마을문고. 독서대학. 이동도서관현황: p. 468-476

740 ▯▯▼a새마을문고중앙회 연표 ← 권말부록표제의 부출표목

740 ▯▯▼a새마을문고관련법령

740 ▯▯▼a새마을문고. 독서대학. 이동도서관현황

└ 5XX로 주기된 사항은 필요에 따라 740필드로 그 제목을 부출표목

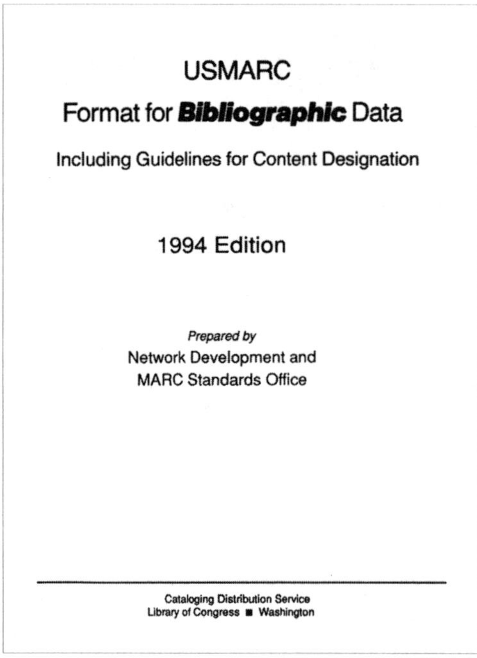

USMARC

Format for **Bibliographic** Data

Including Guidelines for Content Designation

1994 Edition

Prepared by

Network Development and

MARC Standards Office

Cataloging Distribution Service

Library of Congress ■ Washington

.....namƀƀ22.....ƀcƀ4500

007 ta

008 ......s1994ƀƀƀƀusƀaƀƀƀƀƀƀƀƀƀƀƀ000aƀ ƀengƀƀ

020 ƀƀ ▾a0844408093 (loose-leaf)

*ISBN의 식별을 위한 구분표시는 ()로 부기

<출력> ISBN 0-8444-0808-3 (loose-leaf)

↓ ↘ ↙

090 ƀƀ ▾a024.32 ▾bU84A'94

↓ 표제줄머리잡기의 본표제 'USMARC'의 처음문자와 저자번호

↘ 'A'는 판차표시를 위한 임의부호

↙ 년도로 표시된 판차는 간략형으로 아라비아숫자로 표시

245 00 ▾aUSMARC format for bibliographic data : ▾bincluding guidelines for content designation / ▾dprepared by Network Development and MARC Standards Office

*책임표시에 기재되는 단체명을 정보원에 나타난 순서와 문자로 기재

250 ƀƀ ▾a1994 ed. ← 판차는 자료에 나타난 대로 년도에 의한 판표시로 기재

260 ƀƀ ▾aWashington : ▾bLibrary of Congress, ▾cc1994

300 ƀƀ ▾a1 v. (loose-leaf) ; ▾c30 cm

└ 제본형식에 대한 특성을 '가제식', 'loose-leaf'를 ()로 기재

└ 면수표시가 복잡할 때는 권으로 표시

┌ 부록은 525필드로 '부록', '권말부록', 'Appendix' 등의 표출어로 주기, 필요한 경우 7XX필드로 부표목

525 ƀƀ ▾aAppendix A: National-level record and minimal-level record requirements

525 ƀƀ ▾aApendix B: Full national-level record

525 ƀƀ ▾aApendix C: Minimal-level record examples

525 ƀƀ ▾aApendix D: Alphabetical list of ambiguous headings

525 ƀƀ ▾aApendix E: Initial definite and indefinite articles

525 ƀƀ ▾aApendix F: Format changes

650 ƀ0 ▾aMARC formats ▾zUnited States

┌ 식별이 가능한 정부기관명을 상위표목(A2R.55A)

710 ƀƀ ▾aLibrary of Congress. ▾bNetwork Development and MARC Standards Office

└ 기관에 예속된 단체명은 하위표목으로 기재

9. 단체의 부와 지부

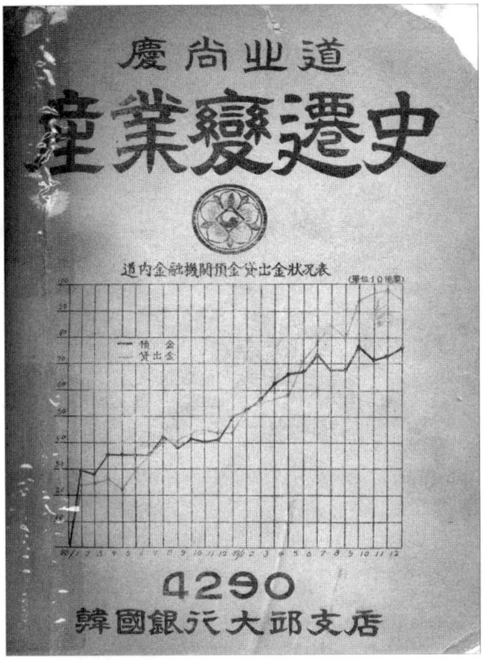

.....namb̸b̸22.....b̸cb̸4500

007 ta

008 ......s1957b̸b̸b̸b̸tgkab̸b̸b̸b̸b̸b̸b̸b̸b̸b̸000ab̸b̸ korb̸b̸

020 b̸b̸ ▾c비매품

↓ ↘ ↙

043 b̸b̸ ▾a47000--

↓ 043필드는 특정지역에 관한 내용이나 지역명이 주제명으로 사용될 때 기술

↘ '47000'은 경상북도의 지역구분부호<부속서 5. 한국지역구분부호표>

↙ 7자리의 지역부호 중 빈칸은 붙임표로 표시

090 b̸b̸ ▾a330.911 ▾b한16ㅅ

│ └─ () 내의 관제를 제외한 '産業變遷史'의 처음문자(초성)

└ 기본표목된 상위단체명 '한국은행'의 처음문자와 저자번호

110 b̸b̸ ▾a한국은행. ▾b대구지점

│ └ 하위표목되는 부나 지부의 기관명은 '▾b'로 기재

└ 지부에서 발행된 자료는 단체명을 상위표목, 지부명을 하위표목으로 기본표목(A2R.54)

┌ 제1지시기호 '2'는 지명, 인명, 특정시대를 나타낸 용어가 관제일 때 ( )로 기재하고, ( )의 관제를 포함하는 표제와 제외한 표제로 각각 부표목할 것을 지시

│ ┌ 단체명은 정보원의 문자와 순서로 기재

245 20 ▾a(慶尙北道) 産業變遷史 / ▾d韓國銀行大邱支店

<부표목> 경상북도 산업변천사

산업변천사

250 b̸b̸ ▾a프린트판

260 b̸b̸ ▾a대구 : ▾b韓國銀行大邱支店, ▾c[단기]4290[1957]

┌ 저자와 동일한 발행처는 완전명이나 약식으로 기재

=260 b̸b̸ ▾a대구 : ▾b同 支店, ▾c[단기]4290[1957]

└ 서기년 이외의 발행년은 기년명과 함께 기재, 해당 서기년을 []로 부기

300 b̸b̸ ▾a887 p. (프린트판) : ▾b삽도 ; ▾c26 cm

List of Auai lable Publications
compiled by
Publications Distribution Unit
Information and Technical Services Division
June 1968

* *
* * * *
======= * * * * * * =======
* * * *

Liste de Publications Disponibles
compilee par
Le Service des Publications
La division de l'Information
et des Renseignements Techniques
Juin 1968

FOREWORD

The titles listed herein cover the publication activities of the Departments Forestry and Rural Development Branches. Requests for no-charge publications should be directed to:
Publications Distribution Unit.
Department of forestry and Rural Development,
161 Laurier Avenue West
Ottawa, Ontario

It should be noted that the Entomology and Pathology sections of this list are highly selective due to space limitations; queries on specific subjects not appearing in these sections may be sent to the Publications Distribution Unit.
Publications for which there is a charge are clearly marked: requests for these, together whith remittance made payable to the Raceiver General of Canada, should be directed to:
The Queen's Printer
Ottawa, Ontario

.....namƀƀ22.....ƀcƀ4500
007 ta
008 ......s1968ƀƀƀƀusƀaƀƀƀƀƀƀƀƀƀƀƀ000aƀƀengƀƀ
090 ƀƀ ▾a014.9 ▾bO59ℓ
└ 본표제 'List of ...'의 처음문자 'L'은 필기체 소문자로 표시
110 ƀƀ ▾aOntario. ▾bDept. of Forestry and Rural Development. ▾bPublications Distribution Unit
└ 한 기관에 속한 지부의 발행 자료는 단체명을 상위표목, 지부명을 하위표목으로 기본표목(A2R.54)

[단체명의 직접표목 예]
┌ 직접표목은 자료의 저작단체명을 기본표목으로 기재(A2R.51C)
110 ƀƀ ▾aPublications Distribution Unit (Ontario)
└ 상위단체명을 식별을 위해 ()로 기재

┌ 표제가 오자일 때는 그대로 기재하고, []에 'i.e.'로 바른체를 보기
245 10 ▾aList of auai lable[i.e. available] publications = ▾xListe de Publications Disponibles / ▾dcomplied by Publications Distribution Unit, Dept. of Forestry and Rural Development
└ 단체명의 책임표시는 정보원의 순서로 하위기관명에서 상위기관으로 ','로 구분기재
246 3ƀ ▾iParallel title: ▾aListe de Publications Disponibles
└ 정형화되지 않은 표출어를 제2지시기호 'ƀ'와 '▾i'로 기재
260 ƀƀ ▾aOttawa : ▾bP.D.U., ▾c1968
=260 ƀƀ ▾aOttawa : ▾bPublications Distribution Unit, ▾c1968
300 ƀƀ ▾a93 p. ; ▾c26 cm

10. 법규

1) 헌법, 법령

대한민국 헌법

대한민국, 서울, 박영률출판사, 2003

대한민국 헌법

펴낸이/박영률
기획/류이인렬 · 박영률 · 백옥인 · 송성재 · 이석태 · 정주하

초판 1쇄 펴낸날 2003년 6월 27일

박영률출판사
110-210 서울시 종로구 화동 62번지 안송빌딩 201호
전화 (02) 7474-001 팩스 (02) 736-5047
출판등록 1997년 2월 13일 제1-2136호
www.pyybooks.com
전자우편 pyy@eeel.net

이 책은 박영률출판사가 사진 저작권자와 계약하여 출판하였습니다.
본사의 서면 허락 없이는 이 책에 실린 사진, 사진 설명, 편집 체계와 기획 편집의 사상을 이용할 수 없습니다.

ISBN 89-86099-94-2

책값은 뒤표지에 있습니다.

.....namƀƀ22.....ƀcƀ4500
007 ta
008 ......s2003ƀƀƀƀulkaƀƀƀƀƀƀƀƀƀƀ000aƀƀ korƀƀ
020 ƀƀ ▾a8986099942 ▾c₩9800
090 ƀƀ ▾a362.42 ▾b한16ㅎㄷ
| | └ 표제 '대한민국...'의 처음문자(초성)
| └ 240필드에 기재된 통일표제 '헌법'의 처음문자(초성)
└ 기본표목된 관용국명 '한국'의 처음문자와 저자번호
110 ƀƀ ▾a한국 ← 법규는 법이 미치는 행정단위명을 기본표목으로 기재(A2R.21.33)
240 ƀ0 ▾a헌법 <출력> [헌법]
└ 법규는 법률명을 통일표목으로 기재(A2R.25.15). 240필드에 기재된 통일표목은 [ ]로 출력
245 10 ▾a대한민국 헌법 = ▾xConstitution of the Republic of Korea
246 31 ▾aConstitution of the Republic of Korea
<출력> 대등표제: Constitution of the Republic of Korea
260 ƀƀ ▾a서울 : ▾b박영률출판사, ▾c2003
300 ƀƀ ▾a224 p. : ▾b삽도, 사진(칼라) ; ▾c23 cm
┌ 부록명은 '부록:', '권말부록:'이라는 표출어로 수록면수와 함께 주기
525 ƀƀ ▾a권말부록: 조선민주주의인민공화국 사회주의헌법: p. 205-224
500 ƀƀ ▾a사진색인 및 색인 수록
740 ƀƀ ▾a조선민주주의인민공화국 사회주의 헌법
└ 525필드에 일반주기된 부록명의 부출표목

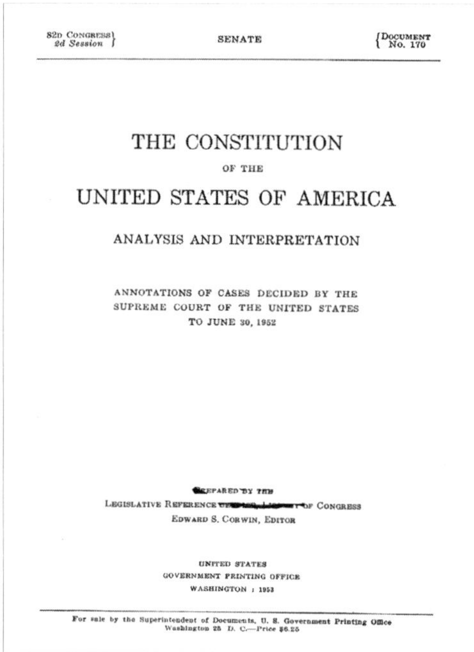
82D CONGRESS 2d Session } SENATE { DOCUMENT No. 170

THE CONSTITUTION

OF THE

UNITED STATES OF AMERICA

ANALYSIS AND INTERPRETATION

ANNOTATIONS OF CASES DECIDED BY THE SUPREME COURT OF THE UNITED STATES TO JUNE 30, 1952

PREPARED BY THE
LEGISLATIVE REFERENCE [illegible] OF CONGRESS
EDWARD S. CORWIN, EDITOR

UNITED STATES
GOVERNMENT PRINTING OFFICE
WASHINGTON : 1953

For sale by the Superintendent of Documents, U. S. Government Printing Office Washington 25, D. C.—Price $6.25

.....namƀƀ22.....ƀcƀ4500
007 ta
008 ......s1953ƀƀƀƀusƀaƀƀƀƀƀƀƀƀƀƀƀ000aƀ ƀengƀƀ
↓ ↑
043 ƀƀ ▾ an-us---
↓ 미국의 구분기호: 외국은 <부속서 6. 외국지역구분부호표>의 문자부호로 기술
↑ 지역부호는 7자리로 사용되지 않은 자리는 '—'로 표시
↓ ↘ ↙
090 ƀƀ ▾ a362.42 ▾ bU58cc
↓ 기본표목된 'United States'의 처음문자(소문자)
↘ 240필드의 통일표제 'Constitution'의 처음문자(소문자)
↙ 표제 'Constitution'의 처음문자(소문자)
110 ƀƀ ▾ aUnited States
└ 법규는 법이 미치는 행정단위명을 기본표목으로 기재(A2R.21.33)
240 00 ▾ aConstitution (1952) ← 법규는 법률명을 통일표목으로 기재(A2R.25.15)
= 240 00 ▾ a헌법 ← 통일표목은 하나의 언어로 통일해야 하기 때문에 한글표목으로 기재할 때는 내용언어에 상관없이 한국어로 통일표목을 기재
┌ 제2지시기호 '1'은 ()로 기재된 본표제의 관제를 제외한 표목을 지시
245 11 ▾ a(The) Constitution of the United States of America : ▾ banalysis and interpretation, annotations of cases decided by the supreme court of the United States to June 30, 1952 / ▾ dprepared by the Legislative Reference Service, Library of Congress, ed. [by] Edward S. Corwin
260 ƀƀ ▾ aWashington, D.C. : ▾ bUnited States Government Printing Office, ▾ c1953
└ 식별이 필요한 발행지명은 상위지명을 영어형식은 '발행지명, 상위지명'으로, 한국어형식은 '발행지명 (상위지명)'으로 기재
300 ƀƀ ▾ axxiv, 1361 p. ; ▾ c27 cm
500 ƀƀ ▾ aTable of cases. p. 1255-1333
500 ƀƀ ▾ aIncludes Index
700 1ƀ ▾ aCorwin, Edward S. ← 편저자의 부출표목
710 ƀƀ ▾ aLibrary of Congress. ▾ bLegislative Reference Service
└ 한 기관에 속한 단체명 부출표목은 하위표목으로 기재
┌ 회의에 대한 근거는 상,하단체명에 회차, 회기, 위원회 등을 짝지어 기재
710 ƀƀ ▾ aUnited States. ▾ bCongress ▾ n(82d, 2d session : ▾ d1952). ▾ gSenate
└ 회차와 회기는 ()로 부기 |
상원과 하원의 표시는 기타정보로 기재 ┘

.....namƀƀ22.....ƀcƀ4500

007 ta

008 ......s1988ƀƀƀƀusƀaƀƀƀƀƀƀƀƀƀƀ000aƀƀengƀƀ

┌ 미국 지역구분부호<부속서 6. 외국지역구분부호표>는 문자로 표시

043 ƀƀ ▾an-us---

└ 지역부호 7자리 중 빈칸은 붙임표로 표시

┌ 240의 통일표제 'Ordinance' 처음문자(소문자)

┌ 제정연도를 권차로 표시

090 ƀƀ ▾a362.42 ▾bU58ob ▾c1787

└ 본표제 'Bicentennial...'의 처음문자(초성)

110 ƀƀ ▾aUnited States

└ 법이 미치는 행정단위명인 국명 'United States'를 관용명으로 기본표목(A2R.21.33)

240 00 ▾aOrdinance, ▾f1787 = 240 00 ▾a법령, ▾f1787

└ 식별이 필요한 경우 법률 제정년도를 기재

245 10 ▾aBicentennial addresses on the United States constitution and the Northwest ordiance / ▾dcompiled and introduced by Norman H. Murdoch ; ▾eessays by John K. Alexander, Milton McCormick Gatch, [and] Philip R. Shriver

260 ƀƀ ▾a[Milford, Ohio?] : ▾bMilford Bicentennial Commission, ▾cc1988

└ 추정되는 지명일 때는 '?'을 부기 └ 판권년 표시

300 ƀƀ ▾a35 p. : ▾bill. ; ▾c22 cm

504 ƀƀ ▾aBibliography: p. 33-34

┌ 제1지시기호 '8'은 정형화되지 않는 표출어 'Contents:'를 입력할 때 지시

│┌ 제2지시기호 'ƀ'(기본형)는 각 사항별 식별기호 없이 기재할 때 시지

505 8ƀ ▾aContents: Liberty vs. stability in the creation of the Constitution / John K. Alexander -- Religion and the American Constitution / Milton McCormick Gatch -- America's third great charter / Phillip R. Shriver

┌ '▾a'로 기재되는 주제명이 단체명일 때 적용하는 필드

│ ┌ 제1지시기호 '0'는 LC주제명표목표에 의해 작성된 주제명일 때 지시

│ │ ┌ '▾t'는 법률명을 기재

610 ƀ0 ▾aUnited States. ▾tOrdinance of 1787

610 ƀ0 ▾aUnited States. ▾tOrdinance of 1787

700 1ƀ ▾aMurdoch, Norman H. ← 245/▾d로 기재된 편찬자의 부출표목

700 1ƀ ▾aAlexander, John K. ▾tLiberty vs. stability in the creation of the Constitutin. ▾f1988

700 1ƀ ▾aGatch, Milson McCormick. ▾tReligion and the American Constitution. ▾f1988

┌ 제1지시기호 '1'은 '▾a'로 기재되는 사항이 성 이름으로 된 인명표목일 때 지시

│┌ 제2지시기호 '2'는 내용주기된 사항을 분출표목할 때 시지

││ ┌ 저자명의 완전명 ┌ 출생년

700 12 ▾aShriver, Phillip R. ▾q(Phillip Raymond), ▾d1922- . ▾tAmerica's third great charter. ▾f1988

└ 해당 저자와 관계된 표제

└ '▾f'는 법령의 제정년도를 기재

2006년 개정판

교육법전

교육법전편찬회 편

(주)교학사

2006년 개정판

교육법전

부록 I. 훈령·예규·기타

부록 II. 교육시설관련법령(발췌)

교육법전편찬회 편

(주)교학사

2006년 개정판

교 육 법 전

2006년 3월 3일 인쇄
2006년 3월 25일 발행

편찬인 교 육 법 전 편 찬 회
발행인 양 철 우

발행처 (주) 교 학 사
본사·공장 : 서울 금천구 가산동 319-7
서울사무소 : 서울 마포구 공덕동 105-67
전 화 : (영업부)(02)7075-144
(편집부)(02)7075-387
등 록 : 1962. 6. 26〈제18-7호〉

인 쇄 처 : (주)교학사 공무부
전화 : (대표)(02)859-2011~7

공급대행 : 사단법인 文友會

정가 70,000
〈별책부록 포함〉

ISBN 89-09-10811-8 13000

※ 파본 및 낙장본은 공급처에서 교환하여 드립니다.

.....namƀƀ22.....ƀcƀ4500

008 ......s2006ƀƀƀƀulkaƀƀƀƀƀƀƀƀƀƀƀ000aƀƀkor
ƀƀ

020 ƀƀ ▾c₩70,000 (한정판)

┌ 240필드의 통일표제 '법령집'의 처음문자(초성)
│ ┌ 연도로 표시된 판차는 연도를 간략형으로 표시

090 ƀƀ ▾a371 ▾b한16ㅂㄱ'03

└ 표제 '교육법전'의 처음문자(초성)

110 ƀƀ ▾a한국 ← 법규는 법이 미치는 행정단위명을 기본표목으로 기재(A2R.21.33)

240 ƀ0 ▾a법령집 ← 법규에 관한 자료는 법률명을 통일표목으로 기재(A2R.25.15)

└ 통일표제를 위한 법률명은 [헌법], [법령집], [민법], [대통령령, 1960-61 (박정희)] 등으로 기재

245 10 ▾a교육법전 / ▾d교육법전편찬회 [편]

250 ƀƀ ▾a2006년 개정판 ← 판차를 연도로 표시한 경우는 정보원에 나타난 대로 기재

260 ƀƀ ▾a서울 : ▾b교학사, ▾c2006

300 ƀƀ ▾a2책(별책부록 포함) ; ▾c26 cm

└ 권, 책수에는 별책부록이 포함된 권, 책수임을 보기

┌ 별책부록이 2개 이상일 때는 연번과 함께 부록명을 ';'으로 구분 기재

525 ƀƀ ▾a별책부록: I. 훈령·예규·기타; II. 교육시설관련법령(발췌)

> [525필드를 반복 기재한 예]
>
> 525 ƀƀ ▾a별책부록 I: 훈령·예규·기타
>
> 525 ƀƀ ▾a별책부록 II: 교육시설관련법령(발췌)

740 ƀƀ ▾a훈령·예규·기타. ▾n별책부록 1

740 ƀƀ ▾a교육시설관련법령(발췌). ▾n별책부록 2

└ 부록제목의 표목 └ 별책부록의 내용임을 권차로 기재

2) 부령, 예규, 조례

大邱廣域市
現行教育自治法規集

大邱廣域市教育廳

1995년 4월 24일 인쇄
1995년 4월 28일 발행

大 邱 廣 域 市
現 行 教 育 自 治 法 規 集

발 행 처 대구광역시교육청
인 쇄 처 신 문 사
☎ 252 - 1800, 254 - 1800

<비매품>

.....namƀƀ22.....ƀcƀ4500
007 ta
008 ......s1995ƀƀƀƀtgkaƀƀƀƀƀƀƀƀƀƀƀ000a ƀƀkorƀƀ
020 ƀƀ ▾c비매품
043 ƀƀ ▾a27000--
| └ 지역부호 7자리 중 빈칸은 붙임표로 표시
└ '27000'은 대구광역시의 지역구분부호<부속서 5. 한국지역구분부호표>
090 ƀƀ ▾a363 ▾b대16ㅇㄷ
| | └ 본표제 '大邱廣域...'의 처음문자(초성)
| └ 240필드의 통일표제 '예규집'의 처음문자(초성)
└ 기본표목된 지방자치단체명 '대구광역시'의 처음문자와 저자번호
110 ƀƀ ▾a대구광역시
└ 자치법규집은 법이 미치는 현재의 지방자치단체명인 '대구광역시'를 기본표목으로 기재
┌ 법률명의 통일표목은 해당 법률의 공포년을 '▾f'로 부기
240 ƀ0 ▾a예규집, ▾f1995 <출력> [예규집, 1995]
└ 통일표제로 기재되는 법률명은 [예규] [조례] [부령] 등으로 기재
245 10 ▾a大邱廣域市現行教育自治法規集 / ▾d大邱廣域市教育廳 [編纂]
260 ƀƀ ▾a대구 : ▾b同 教育廳, ▾c1995
300 ƀƀ ▾a1077 p. : ▾b삽도 ; ▾c25 cm
┌ 단체에 속한 기관명은 상위기관명을 상위표목으로 기재하고 발행기관명은 하위표목으로 기재
| ┌ 하위단체명은 '. ▾b'로 기재
710 ƀƀ ▾a대구광역시. ▾b교육청
<출력> 대구광역시. 교육청

<표 13> Rome수의 표기

Rome숫자는 목록자들에게는 반드시 알아두어야 할 사항이다. 동서보다는 양서에서 많이 사용되는데 면수(서문면수에 주로 사용), 발행년, 목차의 장절의 번호, 회의나 연보 등의 회수를 표시하는 데 사용된다.

Rome숫자의 특징은 ① 수의 표시방향에 대한 위치의 원칙이 없다. ② 단위의 숫자를 병기해서 크기를 표시한다. ③ 큰 수의 좌측에 작은 수는 감(−)이고, 우측의 작은 수는 가(+)가 된다. ④ 0을 표시하는 숫자가 없다.

자체(字體)에 대한 해설

I, II = 봉은 개수의 표시
V = 편수를 광한 형
X = V를 두개로 합한 형
C = Θ = Latin어의 centum(100)의 두문자
M = ↀ = Latin어의 Mille(1,000)의 두문자;
M은 ↀ의 표시로 CIↃ로도 표시
L = C의 반분으로 Θ의 상반분 표시
D = M의 반분으로 ↀ의 우반분 표시;
D는 ↀ의 우반분 IↃ로도 표시

I=i=1	XX=xx= 20	
II=ii=2	XXX=xxx=30	
III=iii=3	XXXIX=39	
IV=iiii=iv=4	XL=XXXX=F=40	
V=v=5	XLV=45	
VI=vi=6	XLIX=49	
VII=vii=7	L=50	
VIII=viii=8	LV=55	LIX=59
IX=ix=9	LX=60	LXV=65
X=x=10	LXIX=69	
XI=xi=11	LXX=70	LXXIX=79
XIV=xiv=14	LXXX=R=80	
XV=xv=15	LXXXV=85	
XVI=xvi-16	LXXXIX=89	
XIX=xix=19	XC=LXXXX=90	
	XCV=95	XCIX=99

cxxvii = 127
lxiv = 64
xlviii = 48
xxxix = 39
C=100
CL=150
CLX=T=160
CC=H=200
CCL=E=250
CCC=B=300
CD=G=400
D=IↃ=Q=500
DC-=600 DCC=700
DCCC=800
CM=DCCCC=N=900
M=CIↃ=1000
MD=1500 MDC=1600
MDCCC=1800
MCM=MDCCCC=1900
MCMX=1910
MCMXXX=1930
MCMXL=1940
MCML=1950
MCMLXXX=1980
MCMXC=1990
MM=IIM=CIↃCIↃ=2000
MMM=3000
MMMM=MV=4000
V=IↃↃ=5000
VM=6000
X=CCICC=10000
XX=20000
C=CCCIↃↃↃ=100,000
M=CCCCIↃↃↃↃ=1,000,000
1675=MDCLXXV=MIↃCLXXV
1694=MDCXCIV=CIↃIↃCXCIV
12924=CCIↃↃMMCMXXIV
=CCIↃↃIIMDCCCCXXIV
=XMMCMXXIV
2006=MMVI=IIMVI=CIↃCIↃVI

MCMLXXXVIII = 1988
M =1000
CM =1000-100=900
LXXX =50+30=80
VIII =5+3=8

11. 국제단체, 학회, 회의

1) 국제단체

INTERNATIONAL BIBLIOGRAPHY
OF THE SOCIAL SCIENCES

2001

INTERNATIONAL BIBLIOGRAPHY OF
POLITICAL SCIENCE

VOLUME L

BIBLIOGRAPHIE INTERNATIONALE DES
SCIENCES SOCIALES

BIBLIOGRAPHIE INTERNATIONALE DE SCIENCE
POLITIQUE

INTERNATIONAL BIBLIOGRAPHY of the SOCIAL SCIENCES

Prepared with the support of the International Committee for Social Science Information and Documentation with the assistance of UNESCO

Établie avec le concours du Comité international pour l'information et la documentation en sciences sociales avec l'assistance de l'UNESCO

Routledge
Taylor & Francis Group
LONDON AND NEW YORK

First published in 2002 by
Routledge
(on behalf of The British Library of Political and Economic Science)

11 New Fetter Lane
London EC4P 4EE
&
29 West 35th Street
New York NY 10001

Routledge is an imprint of the Taylor & Francis Group

© 2002 British Library of Political and Economic Science

Printed in Great Britain by
Biddles Ltd, Guildford and King's Lynn

All rights reserved. No part of this book may be reprinted or reproduced or utilized in any form or by any electronic, mechanical, or other means, now known or hereafter invented, including photocopying and recording, or in any information storage or retrieval system, without permission in writing from the publishers.

British Library Cataloguing in Publication Data

A CIP catalogue record for this book is available from the British Library.
ISBN 0-415-28402-3
ISSN 0085-2074

Editorial Correspondence should be sent to:

International Bibliography of the Social Sciences
British Library of Political and Economic Science
London School of Economics
10 Portugal Street
London WC2A 2HD
United Kingdom

Telephone: (U.K.) 020-7955-7455
Fax: (U.K.) 020-7955-6923
email: ibss@lse.ac.uk
http://www.lse.ac.uk/ibss/

.....namƀƀ22.....ƀcƀ4500
007 ta
008 ......s2002ƀƀƀƀukƀaƀƀƀƀƀƀƀƀƀƀ000aƀƀengƀƀ
┌ ISBN은 계속번호로 기재
020 ƀƀ ▾a0415284023
<출력> ISBN 0-415-28402-3
└ 'ISBN'이라는 용어와 구분부호 '—'로 자동출력
022 ƀƀ ▾a0085-2074 ← 국제표준연속간행물번호(ISSN)는 띄어쓰기를 그대로 기재
<출력> ISSN 0085-2074
041 0ƀ ▾aeng ▾afre
└ 2개 국어 이상으로 된 자료는 '▾a'를 반복하여 언어구분부호표시<부속서 3. 언어구분부호표>
090 ƀƀ ▾a016.3 ▾bU56i
| └ 245필드의 본표제 'International ...의 처음문자(소문자)
└ 기본표목인 국제단체명 'Unesco'의 처음문자(대문자)와 저자번호
110 ƀƀ ▾aUnesco
└ 국제단체명은 정식명을 기본표목, 약자로 더 잘 알려진 경우는 약자를 그대로 기본표목

┌ 수 개의 국어로 나타낸 표제는 글자의 크기와 순서로 본표제를 결정하고, 식별이
| 곤란할 때는 자국어로부터 가까운 언어의 표제를 본표제로 기재
| ┌ 연도를 권차표시로 '▾n'으로 기재

245 10 ▾aInternational bibliography of social sciences. ▾n2001, ▾pInternationhal bibliography of political science / ▾dUnesco

저자표시는 정보원의 국제단체명을 그대로 기재 ┘

연도를 권차로 한 편제를 ', ▾p'로 구분기재 ┘

┌ 제2지시기호 'b̸'(표출어를 생성하지 않음)는 정형화되지 않은 표출어나 한국어 이외의 표출어를
| '▾i'에 기재하기 위한 지시

246 3b̸ ▾iPortion of title: ▾aInternationhal bibliography of political science. ▾n2001

┌ 제1지시기호 '1'은 기록된 대등표제의 주기와 표제부출을 지시

246 1b̸ ▾iParallel title: ▾aBibliographie internationale des sciences sociales. ▾pBibliographie internationale de science politique

권차표시가 없는 편제는 표제 다음에 '. ▾p'로 기재 ┘

246 1b̸ ▾iPortion of title: ▾aBibliographie internationale de science politique

└ 대등표제의 편제를 위한 부출표목

260 b̸b̸ ▾aLondon : ▾bRoutledge, ▾cc2002

└ 'c'는 판권년 'copyright'의 약자

300 b̸b̸ ▾acvi, 565 p. ; ▾c24 cm

└ 'cvi'는 서문면수로 106 page의 로마숫자 소문자

500 b̸b̸ ▾aIncludes index

504 b̸b̸ ▾aBibliography for 2001: p. 1-288

500 b̸b̸ ▾a"Prepared with the support of the International Committee for Social Science Information and Documentation with the assistance of UNESCO"

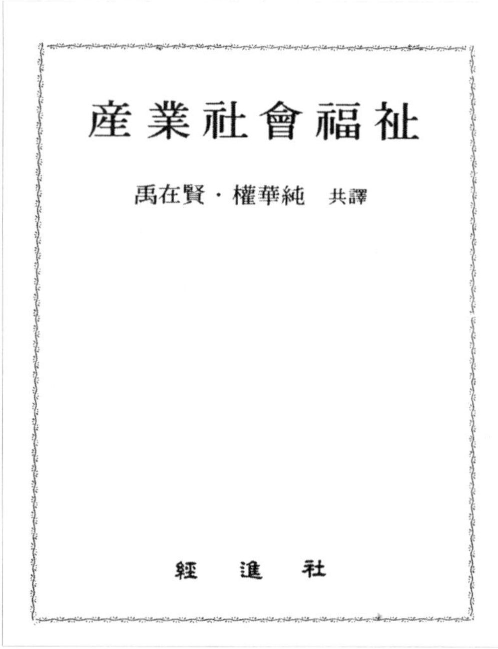
產業社會福祉

禹在賢 · 權華純 共譯

經 進 社

Department of Economic and Social Affairs

INDUSTRIA SOCIAL WELFARE

UNITED NATIONS
New York

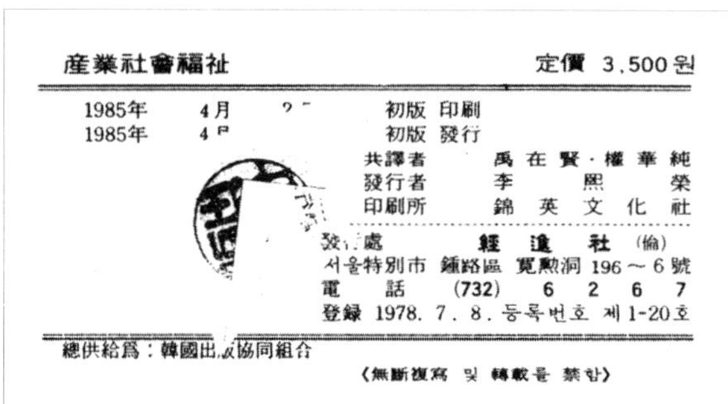
產業社會福祉 定價 3,500원

1985年 4月 [illegible] 初版 印刷
1985年 4月 [illegible] 初版 發行
共譯者 禹在賢 · 權華純
發行者 李熙榮
印刷所 錦英文化社
發行處 經進社 (倫)
서울特別市 鍾路區 寬勳洞 196～6號
電話 (732) 6267
登錄 1978. 7. 8. 등록번호 제1-20호
總供給處 : 韓國出版協同組合
《無斷複寫 및 轉載를 禁함》

.....namƀƀ22.....ƀcƀ4500
007 ta
008 ......s1985ƀƀƀƀulkaƀƀƀƀƀƀƀƀƀƀ000aƀƀkorƀƀ
040 ƀƀ ▾a222003 ▾c222003 ▾eK4판
041 1ƀ ▾akor ▾heng
└ 식별기호 ▾a는 번역본의 언어구분부호, ▾h는 원본의 언어구분부호<부속서 3>
┌ 기본표목된 국제단체명 'United Nations'의 처음문자와 저자번호
| ┌ 원표제 'Industrial ...'의 처음문자(소문자)
| |┌ 번역자료는 국어명(Korean)의 처음문자를 대문자로 표시
090 ƀƀ ▾a338 ▾bU58iKㅇ
└ 첫 번째 번역자 '禹在賢' 성의 초성

110 ƀƀ ▾aUnited Nations. ▾bDepartment of Economic and Social Affairs

└ 국제단체의 하위기관에서 저작된 자료는 국제단체명을 상위표목, 하위기관명을 하위표목으로 기재. 단체명은 번역자료인 경우도 공통적으로 사용되는 언어의 단체명으로 통일해서 기재

┌ 목록되는 자료의 으뜸정보원의 표제를 본표제로 기재

| ┌ 단체명에 대한 책임표시는 정보원의 단체명을 그대로 기재

245 10 ▾a産業社會福祉 / ▾dUnited Nations, Department of Economic and Social Affairs [저] ; ▾e禹在賢, ▾e權華純 共譯

┌ 제1지시기호 '1'은 다른 필드에 기재되지 않아 주기와 부출표목이 필요할 때 지시

|┌ 제2지시기호 '9'는 '원표제'라는 표출어 생성을 위한 지시

246 19 ▾aIndustrial social welfare

<출력> 원표제: Industrial social welfare

[원표제를 765필드로 주기와 표목한 예]

┌ 번역자료목록에서 원저자료를 246필드에 기술하지 않고 765필드로 할 때

| ┌ 제1지시기호 '0'는 기재된 사항의 주기표시를 지시

| |┌ 제2지시기호 'ƀ'는 '원저자료:'라는 정형화된 표출어 출력을 지시

765 0ƀ ▾tIndustrial social welfare

<출력> 원저자료: Industrial social welfare

260 ƀƀ ▾a서울 : ▾b경진사, ▾c1985

300 ƀƀ ▾a201 p. ; ▾c23 cm

500 ƀƀ ▾a원서발행: New York : United Nations, 1971

└ 원서의 발행사항은 '원서발행:'이라는 표출어로 260필드와 동일한 형식으로 일반주기

546 ƀƀ ▾a영어판 원본을 한국어로 번역 ← 041필드와 연계된 설명적 언어주기

700 1ƀ ▾a우재현 ← 번역자명의 부출표목

700 1ƀ ▾a권화순 ← 공역자명의 부출표목

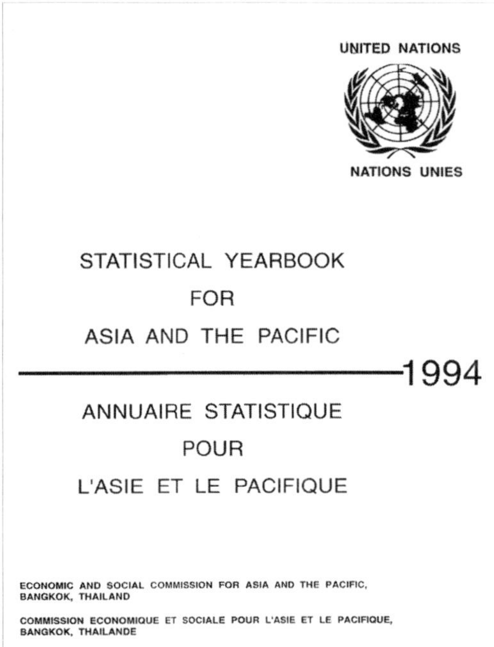
UNITED NATIONS

NATIONS UNIES

STATISTICAL YEARBOOK
FOR
ASIA AND THE PACIFIC

1994

ANNUAIRE STATISTIQUE
POUR
L'ASIE ET LE PACIFIQUE

ECONOMIC AND SOCIAL COMMISSION FOR ASIA AND THE PACIFIC,
BANGKOK, THAILAND

COMMISSION ECONOMIQUE ET SOCIALE POUR L'ASIE ET LE PACIFIQUE,
BANGKOK, THAILANDE

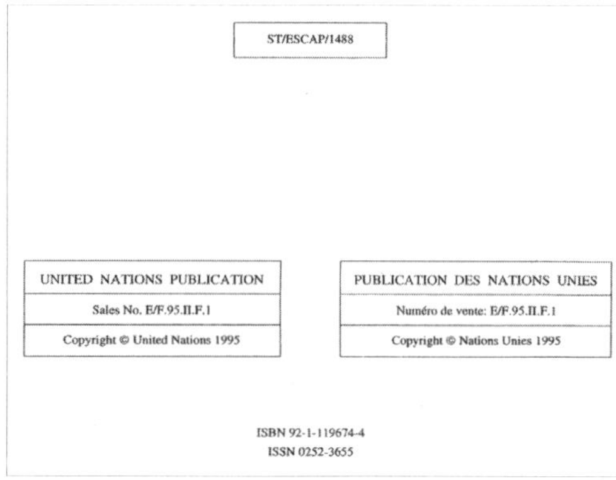
ST/ESCAP/1488

UNITED NATIONS PUBLICATION
Sales No. E/F.95.II.F.1
Copyright © United Nations 1995

PUBLICATION DES NATIONS UNIES
Numéro de vente: E/F.95.II.F.1
Copyright © Nations Unies 1995

ISBN 92-1-119674-4
ISSN 0252-3655

.....namƀƀ22.....ƀcƀ4500

007 ta

008 ......s1995ƀƀƀƀthƀaƀƀƀƀƀƀƀƀƀƀ000aƀƀengƀƀ

┌ 020은 국제표준도서번호(ISBN)를 기술하기 위한 필드

020 ƀƀ ▾a9211196744

<출력> ISBN 72-1119-674-4

└ 번호를 연속적으로 입력하면 ISBN이라는 용어와 연결 '-'가 자동 생성

┌ 022는 국제표준연속간행물번호(ISSN)을 기술하기 위한 필드

022 ƀƀ ▾a0252-3655

<출력> ISSN 0252-3655

└ ISSN는 022필드에 의해 자동 생성

*ISBN과 ISSN을 함께 나타내고 있는 경우는 해당 필드로 각각 입력

041 0ƀ ▾aeng ▾afre

└ 두 개 이상의 언어로 된 자료는 제1지시기호 '0'을 지시, 식별기호 '▾a'를 반복하여 각각의 언어부호<부속서 3. 언어구분부호표>

┌ 기본표목된 'United Nations'의 처음문자(대문자)와 저자번호

│ ┌ 245필드의 본표제 'Statistical ...'의 처음문자(소문자)

090 ƀƀ ▾a310 ▾bU58s ▾c1994

└ 자료의 내용이 포함된 연도를 권차로 표시

110 ƀƀ ▾aUnited Nations ← 국제단체는 정식명칭으로 언어를 통일하여 기본표목

245 10 ▾aStatistical yearbook for Asia and the Pacific, 1994 = ▾xAnnuaire statistique pour L'Asie et le Pacifique, 1994 / ▾dUnited Nations

246 3ƀ ▾iParallel title: ▾aAnnuaire statistique pour L'Asie et le Pacifique, 1994

260 ƀƀ ▾aBangkok : ▾bEconomic and Social Commission for Asia and The Pacific, ▾cc1995
300 ƀƀ ▾axxii, 536 p. : ▾btable ; ▾c30 cm

┌ 정보원에 나타난 사항을 그대로 전사하는 주기는 " "으로 기재

500 ƀƀ ▾a"United Nations Publication copyright 1995"
546 ƀƀ ▾a내용의 언어는 영어와 불어로 되어 있음

└ 041필드와 연계된 언어의 설명적 주기

[단일 목록]

┌ 'c'는 계속 간행되고 있는 자료의 발행년 유형
| ┌ 'uu'는 창간년이 불확실한 부분, '9999'는 계속 간행되고 있음의 표시

008 ......c19uu9999thƀaƀƀƀƀƀƀƀƀƀƀ000aƀƀengƀƀ
090 ƀƀ ▾a310 ▾bU58s
110 ƀƀ ▾aUnited Nations
245 10 ▾aStatistical yearbook for Asia and the Pacific = ▾xAnnuaire statistique pour L'Asie et le Pacifique / ▾dUnited Nations
246 3ƀ ▾iParallel title: ▾aAnnuaire statistique pour L'Asie et le Pacifique
260 ƀƀ ▾aBangkok : ▾bEconomic and Social Commission for Asia and The Pacific, ▾cc19 -

└ 종간될 때 기록할 수 있게 공란

┌ 권수는 종간시 기록할 수 있도록 공란

300 ƀƀ ▾a v. : ▾btable ; ▾c30 cm
310 ƀƀ ▾aAnnual
980 ƀƀ ▾aLibrary has: 1994, 1996, 1998

└ '본관소장:', 'Library has:'라는 표출어로 소장연도를 표시

2) 학회

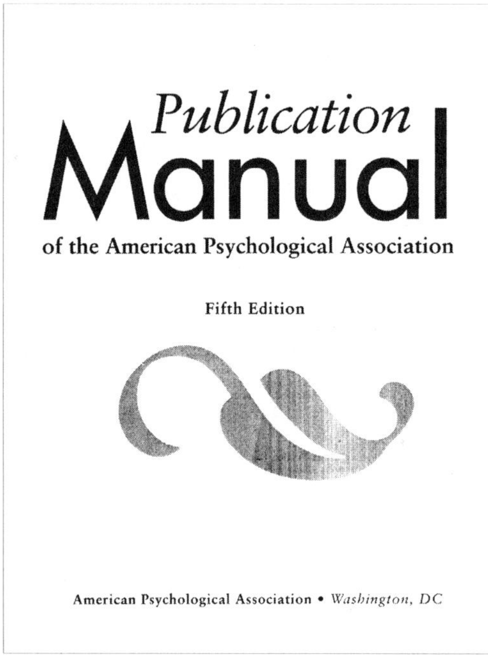

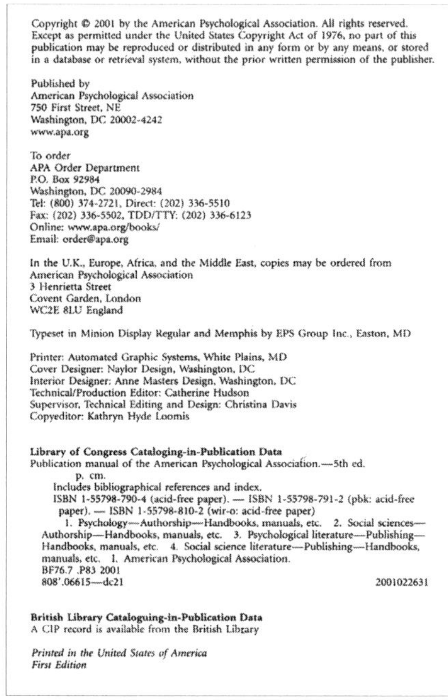

Published by
American Psychological Association
750 First Street, NE
Washington, DC 20002-4242
www.apa.org

To order
APA Order Department
P.O. Box 92984
Washington, DC 20090-2984
Tel: (800) 374-2721, Direct: (202) 336-5510
Fax: (202) 336-5502, TDD/TTY: (202) 336-6123
Online: www.apa.org/books/
Email: order@apa.org

In the U.K., Europe, Africa, and the Middle East, copies may be ordered from
American Psychological Association
3 Henrietta Street
Covent Garden, London
WC2E 8LU England

Typeset in Minion Display Regular and Memphis by EPS Group Inc., Easton, MD

Printer: Automated Graphic Systems, White Plains, MD
Cover Designer: Naylor Design, Washington, DC
Interior Designer: Anne Masters Design, Washington, DC
Technical/Production Editor: Catherine Hudson
Supervisor, Technical Editing and Design: Christina Davis
Copyeditor: Kathryn Hyde Loomis

Library of Congress Cataloging-in-Publication Data
Publication manual of the American Psychological Association.—5th ed.
p. cm.
Includes bibliographical references and index.
ISBN 1-55798-790-4 (acid-free paper). — ISBN 1-55798-791-2 (pbk: acid-free paper). — ISBN 1-55798-810-2 (wir-o: acid-free paper)
1. Psychology—Authorship—Handbooks, manuals, etc. 2. Social sciences—Authorship—Handbooks, manuals, etc. 3. Psychological literature—Publishing—Handbooks, manuals, etc. 4. Social science literature—Publishing—Handbooks, manuals, etc. I. American Psychological Association.
BF76.7 .P83 2001
808'.06615—dc21 2001022631

British Library Cataloguing-in-Publication Data
A CIP record is available from the British Library

Printed in the United States of America
First Edition

.....namƀƀ22.....ƀcƀ4500
007 ta
008 ......s2001ƀƀƀƀusƀaƀƀƀƀƀƀƀƀƀƀ000aƀƀengƀƀ

┌ 하나의 자료가 수 개의 ISBN을 가진 것은 020필드를 반복 기술
│ ┌ 번호에 부가된 정보를 ()로 부기

020 ƀƀ ▾a1557987904 (acid-free paper)
020 ƀƀ ▾a1557987912 (pbk: acid-free paper)
020 ƀƀ ▾a1557988102 (wir-o: acid-free paper)
<출력> ISBN 15-579-8790-4 (acid-free paper)
ISBN 15-579-8791-2 (pbk: acid-free paper)
ISBN 15-579-8810-2 (wir-o: acid-free paper)
└ 필드 020에 의해 ISBN과 구분부호 '-'가 자동 생성

┌ 기본표목된 'American ...'의 처음문자(대문자)와 저자번호
│ ┌ 245필드의 본표제 'Publication ...'의 처음문자(소문자)

090 ƀƀ ▾a808.06 ▾bA512p5
┌──┘ └ 판차는 개정의 회수 'Fifth ed.'을 아라비아숫자로 기재

110 ƀƀ ▾aAmerican Psychological Association
└ 사설단체명은 정식명칭으로 언어를 통일하여 기본표목

245 10 ▾aPublication Manual of the American Psychological Association / ▾dAmerican Psychological Association

260 ɓɓ ▾aFifth edition
260 ɓɓ ▾aWashington, D.C. : ▾bThe Association, ▾cc2001
| └ 책임표시와 동일한 발행처는 식별이 가능한 범위에서 간략히 기재
└ 발행지명의 식별을 위해 상위지명을 ','로 구분 부기
300 ɓɓ ▾axxviii, 439 p. : ▾billus., table ; ▾c25 cm
500 ɓɓ ▾aIncludes index ← 자료에 포함된 색인에 관한 주기
┌ 제2지시기호 '0'(LC주제명표목표)은 적용한 주제명표목표를 지시
650 ɓ0 ▾aPsychology ▾xHandbooks, manuals, etc.
650 ɓ0 ▾aSocial sciences ▾xHandbooks, manuals, etc.
<출력> Psychology--Handbooks, manuals, etc.
Social sciences--Handbooks, manuals, etc.
└ '▾x'로 기재된 일반세목은 '–'로 구분되어 출력

『철학』 별책 4권 1999년

철학사와 철학

— 한국철학의 패러다임 형성을 위하여

한국철학회 편

철학과현실사

철학사와 철학
— 한국철학의 패러다임 형성을 위하여

초판 1쇄 인쇄 / 1999년 8월 25일
초판 1쇄 발행 / 1999년 8월 30일

편저자 / 한국철학회 편
펴낸이 / 전 춘 호
펴낸곳 / 철학과현실사
서울특별시 서초구 양재동 338의 10호
전화 579—5908~9

등록일자 / 1987년 12월 15일 (등록번호 : 제1—583호)

값 20,000원
ISBN 89-7775-252-3 03100

*잘못된 책은 바꾸어 드립니다.

.....nambb22.....bcb4500
007 ta
008 ......s1999bbbbulkabbbbbbbbbbbb000abb
korbb
020 bb ▾a8977752523 ▾g03100 : ▾c₩20,000
<출력> ISBN 89-7775-252-3 03100 : ₩20,000

090 bb ▾a109 ▾b한16ㅊ
| └ 245필드의 본표제 '철학사와 ...' 처음문자(초성)
└ 기본표목된 단체명 '한국철학회'의 처음문자(대문자)와 저자번호
110 bb ▾a한국철학회
└ 학회명과 같은 사설단체명은 정식명칭으로 언어를 통일하여 기본표목
245 10 ▾a철학사와 철학 : ▾b한국철학의 패러다임 형성을 위하여 / ▾d한국철학회 [편]
246 30 ▾a한국철학의 패러다임 형성 —┘
└ 표제나 표제관련정보의 일부에 대한 부표목은 제2지시기호 '0'으로 지시, '▾a'로 표목사항을 기재
260 bb ▾a서울 : ▾b철학과현실사, ▾c1999
300 bb ▾a497 p. ; ▾c23 cm
500 bb ▾a필자소개: p. 492-497
┌ 별책부록자료가 독립된 레코드일 때 모체자료레코드를 위한 기술필드
| ┌ 제1지시기호 '0'은 기술된 내용을 '모체자료:'라는 표출어로 출력주기 지시
| | ┌ 모체자료명은 '▾t'로 기재하고 식별이 필요한 경우 자료유형을 ( )로 부기
| | | ┌ 별책부록과 모체자료와의 관계를 표시
772 00 ▾7nnas ▾t철학(잡지) ▾g1999년 제4권
||| |└ ▾7/3(서지수준): 's'는 연속간행물
||| └ ▾7/2(레코드유형): 'a'는 문자로 된 인쇄자료
||└ ▾7/1(이름의 형식)3: 'n'은 적용불가(▾7/0이 'u'나 'n'일 때)
|└ ▾7/0(기본표목 유형): 'n'는 기본표목이 없는 경우
└ ▾7은 제어관련식별정보를 제공하기 위한 식별기호
<출력> 모체자료: 철학(잡지) 1999년 제4권

3) 단체의 회의

> 韓國放送通信大學 第4回 遠隔教育 學術會議
>
> **韓國 遠隔教育의 發展方向**
>
> 1986. 12. 12
>
> 韓國放送通信大學

.....nam bb 22.....bcb4500
007 ta
008 ......s1986bbbbulkabbbbbbbbbbb000abb
korbb

090 bb ▾a378.4 ▾b한16ㅎ ▾c4
↓ 기본표목된 단체명 '한국방송...'의 처음문자와 저자번호
↘ 245필드의 본표제 '韓國 遠...' 처음문자(초성)
↙ 회차를 권차로 표시

┌ '. ▾b'로 회의명을 하위표목으로 기재
110 bb ▾a한국방송통신대학. ▾b원격교육 학술회의 ▾n(제4회 : ▾d1986 : ▾c서울)
| ()에 회차, 회기, 장소를 ISBD 부호와 식별기호로 구분기재┘
└ 기관명이나 학회명 등 단체명을 기본표목으로 기재
┌ 회의결과로 생산된 자료의 표제를 본표제로 기재
| ┌ ': ▾b'는 회의명과 일정, 장소 등을 표제관련정보로 기재
245 10 ▾a韓國 遠隔教育의 發展方向 : ▾b韓國放送通信大學 第4回 遠隔教育 學術會議, 1986年 12月 12日, 서울 / ▾d韓國放送通信大學
| └ 회의장소는 개최지의 도시명을 기재
└ 회의일자는 회의기간의 연월일을 기재
┌──────┌── 제2지시기호 '0'에 의한 표출어 생성
246 30 ▾a원격교육 <출력> 검색을 위한 부분표제: 원격교육
└ 245필드에 기재된 일부분의 명칭을 부출표목으로 기술

┌ 책임표시와 동일한 발행처는 간략형식으로 기재
260 bb ▾a서울 : ▾b同 大學, ▾c1986
300 bb ▾a1책 : ▾b삽도 ; ▾c26 cm
└ 단권의 경우에도 내용의 면수 매김이 복잡할 때는 권책수를 표시
650 b4 ▾a통신교육

Controversies in Schizophrenia
Changes and Constancies

Edited by Murray Alpert

PROCEEDINGS OF THE 74TH ANNUAL MEETING OF THE AMERICAN PSYCHOPATHOLOGICAL ASSOCIATION, NEW YORK CITY, MARCH 1-3, 1984

THE GUILFORD PRESS
New York *London*

.....namƀƀ22.....ƀcƀ4500
007 ta
008 ......s1985ƀƀƀƀusƀaƀƀƀƀƀƀƀƀƀƀ
000aƀƀengƀƀ
020 ƀƀ ▾a9211196744
022 ƀƀ ▾a0898626579

090 ƀƀ ▾a186 ▾bA512c ▾c74

↓ 기본표목된 단체명 'American ...'의 처음문자(대문자)와 저자번호
↘ 245필드의 본표제 'Conroversies ...'의 처음문자(소문자)
↙ 회차 '74th'를 권차로 표시

┌ 단체의 정식명칭을 언어를 통일하여 기본표목으로 기재
': ▾b'로 meeting을 기재 ┐

110 ƀƀ ▾aAmerican Psychopathological Association. ▾bMeeting ▾n(74th : ▾d1984 : ▾cNew York)

'▾n'은 회차를 위한 식별기호 ┘
': ▾d'는 회기를 위한 구분부호와 식별기호 ┘
└ ': ▾c'는 개최지명을 위한 구분부호와 식별기호

┌ ': ▾b'로 부제를 표제관련정보로 기재

245 10 ▾aControversies in Schizophrenia : ▾bchanges and constancies : ▾bproceedings on the 74th Annual Meeting of the American Psychopathological Association, New York City, March 1-3, 1984 / ▾dedited by Murray Alpert

└ 회차, 회의일자, 장소 등은 표제관련정보로 정보원의 문자와 순서로 기재. 표제관련정보가 2개 이상일 때는 ': ▾b'를 반복하여 기재

260 ƀƀ ▾aNew York : ▾bGuilford Press, ▾cc1985
300 ƀƀ ▾aix, 432 p. : ▾billus. ; ▾c24 cm
504 ƀƀ ▾aIncludes bibliographies and indexes

┌ 제2지시기호 '2'는 의학주제명표목표(NLM)에 의한 주제명 작성일 때 지시

650 ƀ2 ▾aSchizophrenia ▾xcongresses
<출력> Schizophrenia--congresses
700 1ƀ ▾aAlpert, Murray ← 편저자의 부출표목

12. 사설단체

OB二十年史

東洋麥酒株式會社

OB 二十年史(創立 二十周年 記念誌)

1972年 4月 30日 印 刷	
1972年 5月 22日 發 行	
發行人	鄭 壽 昌
編輯人	明 柱 顯
發行處	東洋麥酒株式會社
	서울特別市鍾路區鍾路4街13
印刷處	三和印刷株式會社

※禁無斷轉載 〈非賣品〉

.....namƀƀ22.....ƀcƀ4500

007 ta

008 ......s1972ƀƀƀƀulkaƀƀƀƀƀƀƀƀƀƀƀ000aƀƀ korƀƀ

040 ƀƀ ▾a222003 ▾c222003 ▾eK4판

090 ƀƀ ▾a573.32 ▾b동62o

↓ 기본표목된 사설단체명 '동양맥주...'의 처음문자와 저자번호

↘ 245필드의 본표제 'OB...'의 처음문자(초성)

110 ƀƀ ▾a동양맥주주식회사

└ '주식회사'라는 구성에 대한 명칭은 단체명 앞에 표시된 것은 생략하나 예와 같이 단체명에 포함된 것은 그대로 단체명으로 기재

└ 사설단체은 정식명칭으로 언어를 통일하여 기본표목

┌ 표제가 약어로 되어 있어 발음상 통일을 필요로 할 때는 'i.e.'로 그 음을 [ ]로 부기

245 10 ▾aOB[i.e. 오비]二十年史 / ▾d東洋麥酒株式會社

└ 책임표시는 정보원의 문자로 기재

└ 본표제는 정보원의 약어를 그대로 전사

246 30 ▾a오비[OB]이십년사

└ 본표제가 발음에 따라 배열이 상이할 때는 이를 246필드로 부표목
245필드의 본표제는 OB로 영어에 배열되기 때문에 한글로 배열되게 기술

260 ƀƀ ▾a서울 : ▾b同 株式會社, ▾c1972

=260 ƀƀ ▾a서울 : ▾b東洋麥酒株式會社, ▾c1972

300 ƀƀ ▾a607 p. : ▾b삽도, 사진 ; ▾c31 cm

┌ 2개 이상의 권말부록을 내용주기형식으로 연번과 함께 기재한 예

525 ƀƀ ▾a권말부록: I. 맥주의 역사. p. 419-458; II. 우리나라의 술. p. 459-542; III. 관계자료. p. 543-607

740 ƀƀ ▾a맥주의 역사 ← 필요한 권말부록명의 부출표목

740 ƀƀ ▾a우리나라의 술 ← 권말부록명은 필요한 경우 740필드로 부출표목

.....namƀƀ22.....ƀcƀ4500
007 ta
008 ......s1948ƀƀƀƀusƀaƀƀƀƀƀƀƀƀƀƀ000aƀƀengƀƀ

┌ 기본표목된 'Goodspeed's ...'의 처음문자와 저자번호
│ ┌ 본표제 '50th[i.e. Fiftieth] ...'의 처음문자(소문자)

090 ƀƀ ▾a012.96▾bG655f

┌ 식별을 위한 도시명과 상위지명

110 ƀƀ ▾aGoodspeed's Book Shop (Boston, Mass.)

└ 사설단체명은 정식명칭으로 언어를 통일하여 기본표목으로 기재
외국의 사설단체명이 식별이 필요할 때는 직접표목은 지명이나 국명을 ()로 기재

┌ 정보원의 표제를 본표제로 기재

245 10 ▾a50th anniversary,▾f1898-1948 /▾d[by] Goodspeed's Book Shop

└ '▾d'로 기재되는 책임표시는 역할어와 함께 저자명(단체명)의 완전명을 기재
└ '▾f'는 자료가 포함된 연도를 기재

┌ 숫자로 된 표제의 배열을 위해 'i.e.'로 문자를 보기한 예
245 10 ▾a50th[i.e. Fiftieth] anniversary,▾f1898-1948 /▾d[by] Goodspeed's Book Shop

260 ƀƀ ▾aBoston :▾bGoodspeed's Book Shop,▾c1948
300 ƀƀ ▾a144 p. :▾billus., ports. ;▾c24 cm

└ 삽도는 'illus.'를 먼저 기재하고, 다음에 각 삽도명을 문자순으로 기재

13. 국가간의 협정

1) 조약

대한민국과 일본국 간의
조약 및 협정
해 설

(1965년 6월 22일
일본국토오쿄오에서 서명)

대 한 민 국 정 부

대한민국과 일본국간의 조약 및 협정 해설

西紀 1965年 7月 3日 印刷
西紀 1965年 7月 5日 發行

發 行 大韓民國政府
印 刷 光明印刷公社
<非 賣 品>

.....namƀƀ22.....ƀcƀ4500
007 ta
008 ......s1965ƀƀƀƀulkaƀƀƀƀƀƀƀƀƀƀ000a ƀƀkorƀƀ
020 ƀƀ ▾c비매품
090 ƀƀ ▾a361.311013 ▾b한16ㅈㄷ
　└ 본표제 '대한민국...'의 처음문자(초성)
　└ 통일표제 '조약'의 처음문자(초성)
　└ 기본표목 된 '한국'의 처음문자
　└ 상대국명 13은 913(일본)에서
　└ 국가간의 조약은 해당 국명 11은 911(한국)에서
110 ƀƀ ▾a한국 ← 국가간 협정은 자국명이나 중심 국명의 관용명을 기본표목(A2R.50B)
　┌ 조약을 통일표제로 기재
　┌ 조약의 상대국명을 '▾g'로 기재
240 ƀ0 ▾a조약. ▾g일본, ▾d1965년 6월 22일 ← 조약체결 연월일을 '▾d'로 기재
245 10 ▾a대한민국과 일본국 간의 조약 및 협정해설 : ▾b1965년 6월 22일 일본국토오교에서 서명 / ▾d대한민국정부
　└ 협정 일자와 장소는 표제관련정보로 기재
260 ƀƀ ▾a서울 : ▾b대한민국정부, ▾c1965
300 ƀƀ ▾a126 p. ; ▾c22 cm
　┌ 조약의 상대국명을 중심한 주제명표목 작성. 국명의 주제명은 관용명(A2R.50B)
　┌ 제2지시기호 '4'는 특정 주제명표목표에 의하지 않고 목록자가 작성한 경우 지시
610 ƀ4 ▾a일본. ▾t조약. ▾g한국, ▾d1965년 6월. 22일.
　└ 조약의 체결일자는 '▾d'로 기재
　└ 상대국명은 '▾g'(기타정보)로 기재
　└ 통일표제로 '조약'을 '▾t'로 기재

韓國條約類纂

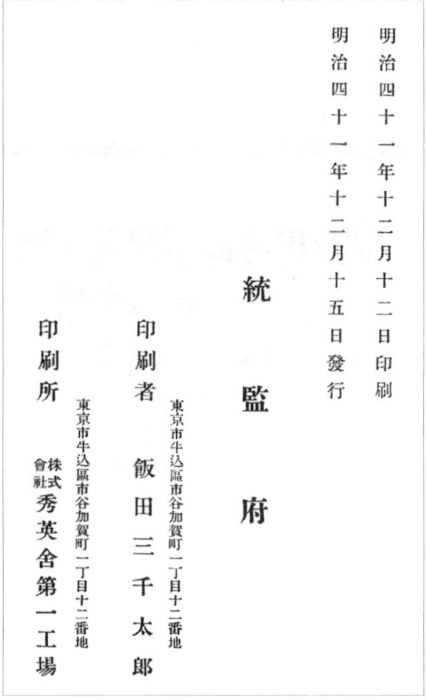

明治四十一年十二月十二日印刷
明治四十一年十二月十五日發行

統監府

印刷者 東京市牛込區市谷加賀町一丁目十二番地 飯田三千太郎
印刷所 東京市牛込區市谷加賀町一丁目十二番地 株式會社秀英舍第一工場

.....namƀƀ22.....ƀcƀ4500
007 ta
008 ......s1908ƀƀƀƀjaƀaƀƀƀƀƀƀƀƀƀƀƀ000aƀƀjpnƀƀ
090 ƀƀ ▾a361.311 ▾b한16ㅈㅎ
| | └ 본표제 '韓國條...'의 처음문자(초성)
| └ 통일표제 '조약집'의 처음문자(초성)
└ 기본표목된 국명 '한국'의 처음문자와 저자번호

110 ƀƀ ▾a한국
└ 국가간의 협정은 자국명이나 중심 국명을 관용명으로 기본표목(A2R.50B)
┌ '조약' 또는 '조약집'이라는 통일표제로 기재
240 ƀ0 ▾a조약집.
245 10 ▾a韓國條約類纂 = ▾xTreaties and conventions between Corea and foreign powers / ▾d統監府 編纂
┌ 제1지시기호 '3'은 '245/▾x'에 기재된 내용으로 주기하지 않고 부출표목만을 지시
|┌ 제2지시기호 '1'은 '대등표제:'라는 표출어 생성을 지시
246 31 ▾aTreaties and conventions between Corea and foreign powers
<출력> 대등표제: Treaties and conventions between Corea and foreign powers

┌ 서기년도 이외의 기년은 기원명과 함께 기재
260 ␢␢ ▾a東京 : ▾b統監府, ▾c明治41(1908)
└ 해당 서기년도를 ()나 []로 보기

┌ 서문면수는 정보원의 로마숫자 소문자로 기재
│ ┌ 본문면수는 정보원의 마지막 매겨진 면수를 아라비아숫자로 기재
300 ␢␢ ▾ax, 962, 17 p. ; ▾c25 cm
│ └ 독립된 부록면수는 해당 마지막 면수를 기재
└ 2개 이상의 각각 표시된 면수는 ','로 구분하여 기재

525 ␢␢ ▾a卷末附錄: 各國關稅對照表. p. 1-17

546 ␢␢ ▾a내용은 일본어로 되어 있음

710 ␢␢ ▾a통감부 ← 편찬자의 부출표목

740 ␢␢ ▾a각국관세대조표 ← 부록제목은 필요에 따라 부출표목(한국어)

.....nam␢␢22.....␢c␢4500

007 ta

008 ......s1965␢␢␢␢nz␢a␢␢␢␢␢␢␢␢␢␢000a␢␢eng␢␢

043 ␢␢ ▾au-nz---

└ 지역구분부호(뉴질랜드)를 7자리 문자부호로 기재<부속서 6. 외국지역구분부호표>, 7자리에 미치지 못하는 빈칸은 '-'로 표시

┌ '63'은 763(New Zealand)에서, '62'는 762(Australia)에서

┌ 통일표제 'Treaties'의 처음문자(소문자)

090 ␢␢ ▾a361.363062 ▾bN532tn

└ 본표제 'New Zealand...'의 처음문자(소문자)

110 ␢␢ ▾aNew Zealand

└ 한국 이외의 국가간의 조약은 처음 국명을 관용명으로 기본표목(A2R.50B)

┌ '조약'이나 'Treaties'를 통일표제로 기재

┌ 조약의 상대국명을 '▾g'로 기재

240 ␢0 ▾aTreaties. ▾gAustralia, ▾d1965 Aug. 31

└ 조약체결 연월일을 '▾d'로 기재

> [모든 통일표제를 한국어로 기재한 예]
>
> ┌ '조약'으로 통일표제를 한국어로 기재
>
> ┌ '▾g'로 조약의 상대국명을 관용명(호주)으로 기재
>
> 240 ␢0 ▾a조약. ▾g호주, ▾d1965년 8월 31일
>
> └ 조약체결 연월일을 '▾d'로 기재

245 10 ▾aNew Zealand-Australia free trade agreement : ▾bwith exchange of letters

260 ␢␢ ▾aWellington : ▾bGovt. Printer, ▾c1965

300 ␢␢ ▾a95 p. ; ▾c25 cm

490 00 ▾aA. 17

└ 490필드는 총서표제가 표목으로 적합하지 않을 때 제1지시기호 '0'으로 주기로만 출력되게 하거나 '1'로 830필드에 다르게 표목되게 할 때 기술하는 필드

┌ 조약의 상대국명을 중심으로 주제명표목 작성. 국명은 관용명(A2R.50B)

610 ␢4 ▾aAustralia. ▾tTreaties. ▾gNew Zealand, ▾d1965 Aug. 31

└ 체결일자는 '▾d'로 기재

└ 상대국명은 '▾g'(기타정보)로 기재

└ 통일표제로 'Treaties'을 '▾t'로 기재

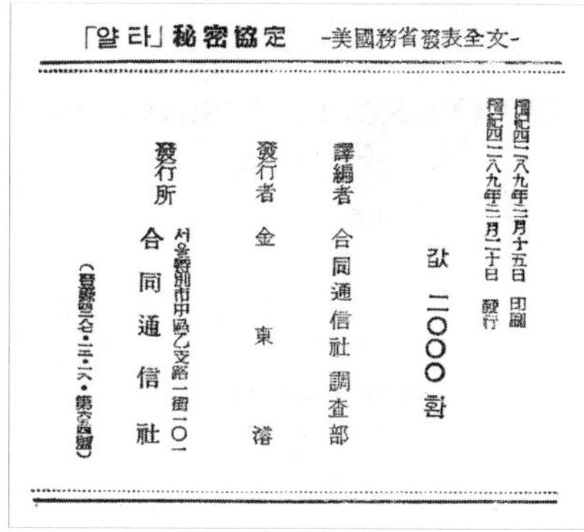
「얄타」秘密協定 -美國務省發表全文-

檀紀四二八九年三月十五日 印刷
檀紀四二八九年三月二十日 發行

값 二〇〇〇환

譯編者 合同通信社 調査部
發行者 金 東 濬
發行所 合 同 通 信 社
서울特別市中區乙支路一街一〇一

.....namƀƀ22.....ƀcƀ45
007 ta
008 ......s1956ƀƀƀƀulkaƀƀƀƀƀƀƀƀƀƀƀ00
0aƀƀkorƀƀ

040 ƀƀ ▾a222003 ▾c222003 ▾eK4판
041 1ƀ ▾akor ▾heng
└ 식별기호 '▾a'는 번역본의 언어구분부호, '▾h'는 원본의 언어구분부호<부속서 3>
090 ƀƀ ▾a361.3 ▾bY19yKㅎ
| || └ 번역자 '合同通...'의 처음문자(초성)
| |└ 번역된 국어명(Korean)을 영어 대문자로 표시
| └ 원표제 'Yalta ...'의 처음문자(소문자)
└ 통일표목된 'Yalta ...'처음문자(대문자)와 저자번호
130 ƀ0 ▾aYalta agreement, ▾d1945
| └ 조약 체결년월일을 '▾d'로 기재
└ 국제간의 조약은 조약명을 통일된 언어로 130필드로 기본표목
┌ 표제는 정보원에 나타난 대로 전사
| ┌ 체결년월일과 장소 등은 '▾b' 표제관련정보로 기재
245 10 ▾a「얄타」秘密協定 : ▾b美國務省發表全文, 1945년 4월 4일-11일 / ▾d合同通信社 調査部 譯編
┌ 서기년도 이외의 기년은 기년명과 함께 기재
260 ƀƀ ▾a서울 : ▾b合同通信社, ▾c檀紀 4289[1956]
└ 해당 서기년도를 []나 ()로 부기
300 ƀƀ ▾a610 p. : ▾b삽도(사진) ; ▾c23 cm
546 ƀƀ ▾a영어판 자료를 한국어로 번역 ← 041필드와 연계된 서술적 주기
710 ƀƀ ▾a합동통신사. ▾b조사부 ← 번역단체명의 부출표목
└ 하위기관명은 '▾b'로 기재
710 ƀƀ ▾a미국. ▾b국무성 ← 미국의 단체명을 한국어로 부출표목

NATO's Role, Missions and Future

A.M. Babkina (Ed.)

Nova Science Publishers, Inc.
Commack, New York

Editorial Production: Susan Boriotti
Office Manager: Annette Hellinger
Graphics: Frank Grucci and John T'Lustachowski
Information Editor: Tatiana Shohov
Book Production: Donna Dennis, Patrick Davin, Christine Mathosian and Tammy Sauter
Circulation: Maryanne Schmidt
Marketing/Sales: Cathy DeGregory

Library of Congress Cataloging-in-Publication Data

ISBN 1-56072-667-9

Copyright © 1999 by Nova Science Publishers, Inc.
6080 Jericho Turnpike, Suite 207
Commack, New York 11725
Tele. 516-499-3103 Fax 516-499-3146
e-mail: Novascience@earthlink.net
e-mail: Novascil@aol.com
Web Site: http://www.nexusworld.com/nova

All rights reserved. No part of this book may be reproduced, stored in a retrieval system or transmitted in any form or by any means: electronic, electrostatic, magnetic, tape, mechanical photocopying, recording or otherwise without permission from the publishers.

The authors and publisher have taken care in preparation of this book, but make no expressed or implied warranty of any kind and assume no responsibility for any errors or omissions. No liability is assumed for incidental or consequential damages in connection with or arising out of information contained in this book.

This publication is designed to provide accurate and authoritative information with regard to the subject matter covered herein. It is sold with the clear understanding that the publisher is not engaged in rendering legal or any other professional services. If legal or any other expert assistance is required, the services of a competent person should be sought. FROM A DECLARATION OF PARTICIPANTS JOINTLY ADOPTED BY A COMMITTEE OF THE AMERICAN BAR ASSOCIATION AND A COMMITTEE OF PUBLISHERS.

Printed in the United States of America

.....namb̸b̸22.....b̸cb̸4500
007 ta
008 ......s1999b̸b̸b̸b̸frb̸ab̸b̸b̸b̸b̸b̸b̸b̸b̸b̸b̸000ab̸b̸engb̸b̸
020 b̸b̸ ▾a1560726679
┌ 통일표목 'NATO'의 처음문자(대문자)와 저자번호
090 b̸b̸ ▾a361.3 ▾bN864n
└ 표제 'NATO'의 처음문자(소문자)
130 b̸0 ▾aNATO
└ 다수 국가가 포함된 지역이나 국제적인 조약은 조약명을 관용명(A2R.50C2)으로 130필드에 통일표목으로 기재
┌ 표제는 정보원의 표제를 전사
245 10 ▾aNATO's role, missions and future / ▾ded. [by] A. M. Babkina
260 b̸b̸ ▾aNew York : ▾bNova Science Publishers, Inc., ▾c1999
300 b̸b̸ ▾a191 p. ; ▾c23 cm
┌ 약어에 대한 필요한 완전명은 500필드로 일반주기
500 b̸b̸ ▾aNATO: North Atlantic Treaty Organization
500 b̸b̸ ▾aIncludes index
700 1b̸ ▾aBabkina, A. M.
710 b̸b̸ ▾aNorth Atlantic Treaty Organization
└ 완전명은 필요에 따라 단체명으로 부출표목

2) 외교문서

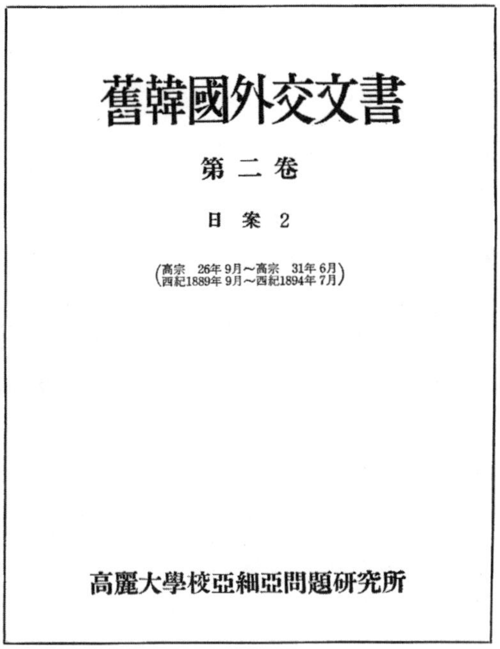

舊韓國外交文書

第二卷

日 案 2

(高宗 26年 9月～高宗 31年 6月)
(西紀1889年 9月～西紀1894年 7月)

高麗大學校亞細亞問題硏究所

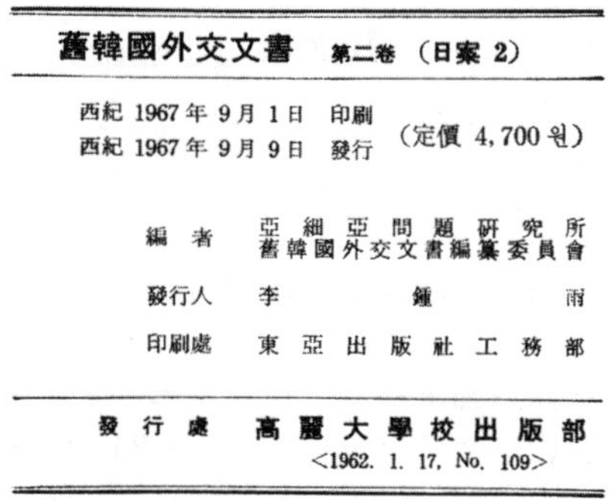

舊韓國外交文書 第二卷 (日案 2)

西紀 1967年 9月 1日 印刷
西紀 1967年 9月 9日 發行 (定價 4,700원)

編 者 亞細亞問題硏究所 舊韓國外交文書編纂委員會

發行人 李 鍾 雨

印刷處 東亞出版社工務部

發行處 高麗大學校出版部
<1962. 1. 17. No. 109>

```
.....namƀƀ22.....ƀcƀ4500
007 ta
          ┌ 'm'은 복수연도에 대한 유형
          │ ┌ 008/7-10자리는 최초권의 발행년
008 ......m1965uuuuulkaƀƀƀƀƀƀƀƀƀƀƀ000 a
    ƀƀkorƀƀ    │
               └ 008/11-14자리는 최종권의 발행년
                 으로 미상은 'uuuu'로 표시

090 ƀƀ ▾a361.311 ▾b한16o┐
          │    │   │ └ 표제 '舊韓國...'의 처음문자(초성)
          │    │   └ 통일표제 '외교문서'의 처음문자(초성)
          │    └ 기본표목된 국명 '한국'의 처음문자와 저자번호
          └ 한 국가의 외교문서집은 해당 국가 '한국'의 분류번호
110 ƀƀ ▾a한국   ← 중심되는 국명을 관용명으로 기본표목(A2R.50B)
240 ƀ0 ▾a외교문서
      └ 외교문서의 통일표제는 '외교문서. 상대국명, 체결년월일'의 형식으로 작성, 기재형식은 조약의
        통일표제와 동일
      ┌ 표제는 정보원의 문자로 전사
      │              ┌ 단체명의 책임표시는 정보원의 문자로 기재
245 10 ▾a舊韓國外交文書 / ▾d高麗大學校 亞細亞問題硏究所 舊韓國外交文書編纂委員會 編
                         ┌ 발행 중인 자료일 때 종간년을 위한 공란
260 ƀƀ ▾a서울 : ▾b同 硏究所, ▾c1965-
300 ƀƀ ▾a  冊 ; ▾c27 cm
      └ 발행 중이거나 전체 권수를 알 수 없을 때는 완결이나 확인 시 기입해 넣을 수 있게 공란
  ┌ 제1지시기호 '1'은 '불완전내용:'이라는 표출어 생성을 지시
  │┌ 제2지시기호 'ƀ'는 기본형으로 사항별 식별기호 없이 기재
505 1ƀ ▾a第2卷. 日案2. 高宗26(1889)年 9月-31(1894)年 6月 --
<출력> 불완전내용: 第2卷. 日案2. 高宗26(1889)年 9月-31(1894)年 6月 --
710 ƀƀ ▾a고려대학교. ▾b아세아문제연구소
          │          └ 한 단체에 속한 하위단체명은 '▾b'로 기재
          └ 단체명의 간접표목은 단체명을 상위표목을 '▾a'로 기재(A2R.54)
```

.....nam₩₩22.....₩c₩4500

007 ta

008 ......m19761996ne₩a₩₩₩₩₩₩₩₩₩₩000a₩₩ger₩₩

041 0₩ ▾ager ▾aeng ▾afre

└ 두 개 이상의 언어로 된 자료는 '▾a'를 반복 해당 언어구분부호<부속서 3>

┌ 한 국가의 외교문서집은 해당국가의 분류번호

┌ 통일표제 '외교문서'의 처음문자(초성)

090 ₩₩ ▾a327.492 ▾bN469ㅇd

└ 본표제 'Documenten ...'의 처음문자(초성)

110 ₩₩ ▾aNetherlands ← 중심되는 국명을 관용명으로 기본표목(A2R.50B)

240 ₩0 ▾a외교문서 = 240 ₩0 ▾aDiplomatic documents

└ 외교문서의 통일표제는 '외교문서/Froeign relations. 상대국명, 체결년월일'의 형식으로 작성 기재형식은 조약의 통일표제와 동일

*240필드의 통일표제의 사용은 청구번호에서 국명내에서 외교문서를 한 곳에 모으기 위한 것이기 때문에 언어와 형식을 통일해서 통일표제를 작성해야한다.

┌ 통일표제 'Diplomatic documents' 처음문자 소문자

090 ₩₩ ▾a327.492 ▾bN469dd

└ 표제 'Documenten ...'의 처음문자(초성)

110 ₩₩ ▾aNetherlands ← 중심되는 국명을 관용명으로 기본표목(A2R.50B)

240 ₩0 ▾aDiplomatic documents

=651 ₩0 ▾aNetherlands ▾xDiplomatic documents

└ 240필드로 기재하지 않고 651필드로 기재한 예: 이때는 청구번호작성에 영향을 주기 않는다.

245 10 ▾aDocumenten betreffende de buitenlandse politiek van Nederland 1919-1945 / ▾dedited by J. Woltring, ... [and others]

246 3₩ ▾iPortion of title: ▾aBuitenlandse politiek van Nederland

260 ₩₩ ▾a'e-Gravenhage : ▾bNijhoff, ▾c1976-[1996]

┌ 각 권별 면수를 목록자가 수록한 것은 []로 기재

300 ₩₩ ▾a[v. A, pt. 1-6; v. B, pt. 1-4; v. C, pt. 1-5; in 15] ; ▾c28 cm

┌ '▾p'로 편제를 기재

440 00 ▾aRijks geschiedkundige publicatiën. ▾pGrote serie ; ▾v156-157, 160, 162, 172-173, 181, 188, 191-192, 199, 203, 212, 220, 234

└ 각각 권차가 연속되지 않았을 때는 ','를 구분부호로 모두 기재

500 ₩₩ ▾aPublished: 's-Gravenhage : Instituut voor Nederlandse Geschiedenis, 1990-[1996]

504 ₩₩ ▾aIncludes bibliographies and indexes

505 8₩ ▾aContents: Periode A, 1919-1930. [6 v.] - Periode B, 1931-1940. [4 v.] - Periode C, 1940-1945. [5 v.]

┌ 자료의 내용이 수 개 국어로 되어 있을 때는 041필드와 연계하여 언어를 주기

546 ₩₩ ▾aDutch, English, and French

651 ₩0 ▾aNetherlands ▾xForeign relations

700 1₩ ▾aWoltring, J. ← 편저자의 부출표목

IV. 회의명표목

회의명표목은 저자명기본기입의 원칙에 의해 회의의 결과로 저작된 자료일 때 회의명을 기본표목으로 기술한다. MARC은 111필드에 회의명표목을 회의명, 회차, 회기, 개최지 등으로 구분하여 해당 식별기호로 기재한다. 그리고 주제명부출표목—회의명은 611필드, 부출표목—회의명은 711필드, 총서표제부출표목—회의명은 811필드에 기술한다.

제1지시	▾b－미정의	제2지시	▾b－미정의 [111/811] 해당 필드 참조 [611/711]
식별	**[공통적용 식별기호]** ▾a－회의명 ▾g－기타정보 ▾p－회차 또는 권차 표제(반) ▾c－회의장소 ▾k－형식부표목(R) ▾t－저작의 표제 ▾d－회의일자 ▾l－저작의 언어 ▾u－소속 ▾e－하위단위(R) ▾n－분과 및 부회 회차(R) ▾4－역할어 부호(R) ▾f－저작 연도 ▾8－필드 링크와 일련번호(R) **[선택적용 식별기호]** ▾h－자료유형표시[611/711/811] ▾y－시대세목(R)[611] ▾s－판[611/711/811] ▾z－지리세목(R)[611] ▾v－권차/순차표시[811] ▾2－주제명표/시소러스[611] ▾x－ISSN[711] ▾3－자료 범위지정[611/711] ▾v－형식세목(R)[611] ▾5－필드 적용기관[711] ▾x－일반세목(R)[611]		

┌ 111은 회의명기본표목을 위한 필드
│ ┌ 회차(▾n), 회기(▾d), 장소(▾c)는 ( )로 기재(A2R.52C)
111 ɓɓ ▾a회의명 ▾n(회차 : ▾d개최년 : ▾c개최지 및 기관명)
│ └ 회의일자는 서기연도로 기재
└ 정식회의명을 표목어로 기재, 이때 회차, 빈도, 개최년을 나타내는 단어는 생략(A2R.52A.B)

111 ɓɓ ▾a한국철학자연합대회 ▾n(제4회 : ▾d1991 : ▾c서울)
└──┴ ( ) 내의 각 사항은 ':'으로 구분

111 ɓɓ ▾aMarcel Grossmann Meeting ▾n(7th : ▾d1994 : ▾cStanford University)

제15회 한국철학자대회보

보편윤리와 전통문화

2002. 11. 1(금) - 11. 2(토)

경상대학교

인문대학 · 남명학관

주관 : 새한철학회 · 경상대학교
주최 : 새한철학회, 대한철학회, 범한철학회, 철학연구회,
한국동서철학회, 한국철학회
후원 : 한국학술진흥재단 · (사)남명학연구원,
유네스코한국위원회

제15회 한국철학자대회보

보편윤리와 전통문화(1)

2002년 10월 25일 인쇄
2002년 11월 1일 발행

* 발 행 인 : 제15회 한국철학자대회 대회장 배석원
* 편 집 인 : 제15회 한국철학자대회 편집위원장 조수동
* 행사주관 : 새한철학회 · 경상대학교
* 펴 낸 곳 : 도서출판 대명
* 출판등록 : 1998년 3월 27일 제51호
* 주 소 : 경남 진주시 강남동 137-10
* 전 화 : (055) 759-4393/팩스 757-0407
* Homepage : www.dmplus.co.kr

ISBN 89-88207-11-4 94100
ISBN 89-88207-10-6 (전2권)

.....naaƀƀ22.....ƀcƀ4500
007 ta
008 ......s2000ƀƀƀƀulkaƀƀƀƀƀƀƀƀƀƀƀ000aƀƀ korƀƀ
020 ƀƀ ▾a8088207114 ▾g94100 : ▾c비매품
020 ƀƀ ▾a8088207106 (전2권) : ▾c비매품
090 ƀƀ ▾a104 ▾b한16ㅂ
└ 본표제 '보편윤리와 ...'의 처음문자(초성)
111 ƀƀ ▾a한국철학자대회 ▾n(제15회 : ▾d2002 : ▾c경상대학교)
└ '회차 : 회기 : 회의장소'를 ()로 기재
└ 회의명을 111필드로 기본표목
┌ 정보원의 표제를 본표제로 기재
┌ 회의명, 회기, 장소 등은 표제관련정보로 기재
245 10 ▾a보편윤리와 전통문화 : ▾b제15회 한국철학자대회보, 2002. 11. 1-11. 2, 경상대학교 인문대학 남명학관 / ▾d새한철학회, 경상대학교 주관 ; ▾e새한철학회 ... [등] 주최 ; ▾e한국학술진흥재단, 남명학연구원, 유네스코한국위원회 후원
└ 동일역할의 저작 간은 ','로 구분
*회의의 주관자, 주최자, 후원자는 책임표시에 역할을 달리한 저자명으로 기재
*동일 역할의 저자는 3개 단체까지 기재하고 4개 이상부터는 처음 단체명만 기재하고 두 번째 이하의 단체명은 생략 '...등'으로 기재
┌ 시(市)단위의 지방자치단체명은 관용명을 기재(K4.1.4.1.2) (진주시→진주)
260 ƀƀ ▾a진주 : ▾b대명, ▾c2002
└ 발행처 앞에 붙은 법인형태, 업종명은 생략(도서출판 대명→대명)
300 ƀƀ ▾a2책 : ▾c27 cm
710 ƀƀ ▾a새한철학회 ← 주관단체명의 부출표목
710 ƀƀ ▾a경상대학교
710 ƀƀ ▾a철학연구회 ← 주최단체명의 부출표목

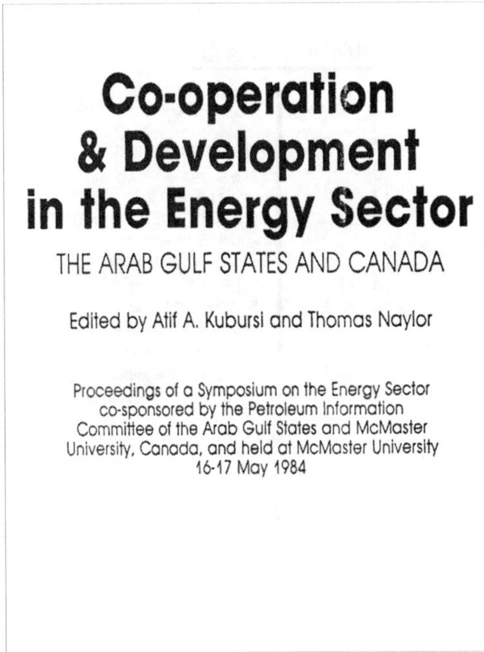

Co-operation & Development in the Energy Sector

THE ARAB GULF STATES AND CANADA

Edited by Atif A. Kubursi and Thomas Naylor

Proceedings of a Symposium on the Energy Sector co-sponsored by the Petroleum Information Committee of the Arab Gulf States and McMaster University, Canada, and held at McMaster University 16-17 May 1984

.....naaƀƀ22.....ƀcƀ4500
007 ta
008 ......s1985ƀƀƀƀukƀaƀƀƀƀƀƀƀƀƀƀ000aƀ ƀengƀƀ
020 ƀƀ ▾a0709915829 : ▾c$27.50.
↓ ↘
090 ƀƀ ▾a421.6 ▾bS989c
↓ 회의명 'Symposium ...'의 처음문자(대문자)와 저자번호
↘ 자료명 'Co-operation ...'의 처음문자(소문자)

111 ƀƀ ▾aSymposium on the Energy Sector ▾d(1984 : ▾cMcMaster University)
245 10 ▾aCo-operation & development in the energy sector : ▾bthe Arab Gulf states and Canada / ▾dedited by Atif A. Kubursi and Thomas Naylor
┌ 제2지시기호 'ƀ'는 '▾i'로 정형화되지 않은 표출어를 입력할 때 지시
246 3ƀ ▾iPortion of Title: ▾aArab Gulf states and Canada
└ '검색을 위한 부분표제'라는 영어형 표출어
┌ 2곳 이상의 발행지명은 ';▾a'을 반복 기재
260 ƀƀ ▾aLondon ; ▾aDover, N.H. : ▾bCroom Helm, ▾cc1985
└ 발행처는 ':▾b'로 기재
└ 발행지의 식별을 위한 상위지명(간략형)
300 ƀƀ ▾avii, 135 p. : ▾billus. ; ▾c23 cm
┌ 회의명, 회기, 장소 등의 표제관련정보가 길 때는 일반주기로 기재
│ 정보원의 사항을 그대로 기재할 때는 " "로 묶어 기재
500 ƀƀ ▾a"Proceedings of a Symposium on the Energy Sector co-sponsored by the Petroleum Inforlmation Committee of the Arab Gulf States and McMaster University, Canada, and held at McMaster University 16-17 May 1984"
500 ƀƀ ▾aIncludes index
650 ƀ0 ▾aPetroleum industry and trade ▾zCanada ▾xCongresses
<출력> Petroleum industry and trade--Canada--Congresses
700 1ƀ ▾aKubursi, Atif A. ← 편저자의 부출표목
700 1ƀ ▾aNaylor, Thomas ← 편저자의 부출표목
710 ƀƀ ▾aPetroleum Information Committee of the Arab Gulf States
710 ƀƀ ▾aMcMaster University (Canada) ← 후원단체나 개최기관명의 부출표목
└ 식별을 위한 상위단체명이나 국명을 ()나 ','로 부기

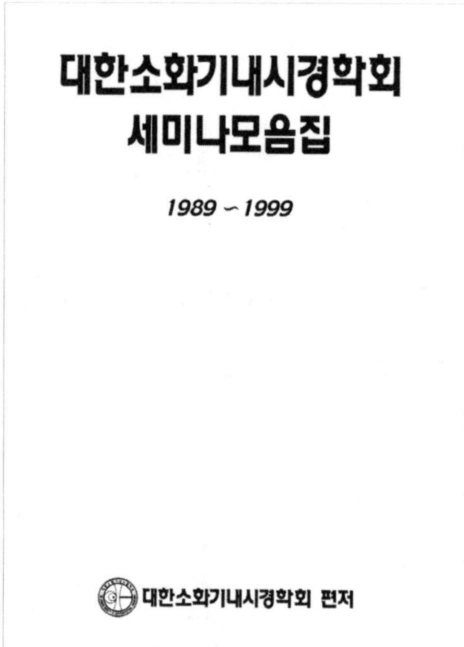

대한소화기내시경학회
세미나모음집

1989 ~ 1999

대한소화기내시경학회 편저

내시경세미나 모음집

인 쇄	2000년 11월 20일
발 행	2000년 11월 30일
발행처	대한소화기내시경학회 서울시 마포구 동교동 165-8 LG팰리스 2003호 전화 : 335-1552, FAX : 335-2690 E-mail : gie@kams.or.kr gie@hananet.net Home page: www.gie.or.kr
펴낸곳	도서출판 의학문화사 서울시 마포구 서교동 448-13 전화 : 325-2093, FAX : 325-2095 E-mail : info@medrang.co.kr Home page : www.medrang.co.kr

.....naaƀƀ22.....ƀcƀ4500
007 ta
008 ......s2000ƀƀƀƀulkaƀƀƀƀƀƀƀƀƀƀ000aƀƀkorƀƀ
020 ƀƀ ▾c비매품
090 ƀƀ ▾a513 ▾b대92ㄷ
111 ƀƀ ▾a대한소화기내시경학회세미나 ▾n(제1회-제22회 : ▾d1989-1999)
| └ 연속되는 회차나 회기는 개최지를 기재 않음(A2R.52D)
└ 회의 자료는 회의명을 111필드에 기본표목으로 기재

┌ 수록자료의 포괄연도를 '▾f' 기재
245 10 ▾a대한소화기내시경학회 세미나모음집, ▾f1989-1999 = ▾xSeminar collection of the Korean Society of Gastrointestial Endoscopy / ▾d대한소화기내시경학회 편
┌ 제1지시기호 '3'은 '▾a'로 기재된 사항을 주기하지 않고 표제부출을 지시
|┌ 제2지시기호 '1'은 '대등표제:'라는 표출어를 위한 지시
246 31 ▾aSeminar collection of the Korean Society of Gastrointestial Endoscopy
<출력> 대등표제: Seminar collection of the Korean Society of Gastrointestial Endoscopy
└ 영어로 된 회의명이나 단체명은 고유명사로 처음문자를 모두 대문자로 기재
260 ƀƀ ▾a서울 : ▾b대한소화기내시경학회, ▾c2000
300 ƀƀ ▾a576 p. : ▾b삽도, 사진(칼라) ; ▾c29 cm
504 ƀƀ ▾a대한소화기내시경학회 세미나 회별목차: p. 563-576
710 ƀƀ ▾a대한소화기내시경학회

<표 14> 한국 주요 발행국부호(부속서 1) 및 지역구분부호(부속서 5)

	발행국부호	지역구분부호		발행국부호	지역구분부호
한국 (북한)	kn		경기도	ggk	41000 (a)
한국 (남한)	ko		강원도	gak	42000 (b)
서울(특별시)	ulk	11000 (w)	충청북도	hbk	43000 (c)
부산(광역시)	bnk	26000 (x)	충청남도	hck	44000 (d)
대구(광역시)	tgk	27000 (y)	전라북도	jbk	45000 (e)
인천(광역시)	ick	28000 (z)	전라남도	jnk	46000 (f)
광주(광역시)	kjk	29000 (A)	경상북도	gbk	47000 (g)
대전(광역시)	tjk	30000 (B)	경상남도	gnk	48000 (h)
울산(광역시)	usk	31000 (C)	제주도	jjk	49000 (i)

* ( ) 내의 알파벳문자는 데이터를 외국으로 전송할 때 043필드의 5-7자수위치에 부가하는 부호

<표 15> 주요 언어구분부호표(부속서 3)

Bulgarian(불가리아어)	bul	Hawaiian(하와이어)	haw	Portuguese(포르투갈어)	por
Chinese(중국어)	chi	Hebrew(히브리어)	heb	Romanian(루마니아어)	rum
Danish(덴마크어)	dan	Hindi(힌디어)	hin	Russian(러시아어)	rus
Egyptian(에집트어)	egy	Hungarian(헝가리어)	hun	Sanskrit	san
English(영어)	eng	Korean(한국)	kor	Spanish(스페인어)	spa
Esperanto(에스페란토어)	esp	Malay(말레이어)	may	Swedish(스위스어)	swe
French(불어)	fre	Mongol(몽골어)	mon	Tai(태국어)	tha
German(독일어)	ger	Nepali(네팔어)	nep	Tibetan(티베트어)	tib
Gothic(고트말)	got	Norwegian(노르웨이어)	nor	Turkish(터키어)	tur
Greek, Ancient	grc	Persian, Modern(페르샤어)	per	Vietnamese(베트남어)	vie
Greek, Modern	gre	Polish(폴란드어)	pol	Welsh(웨일스어)	wel

〔회기별 자료 목록〕

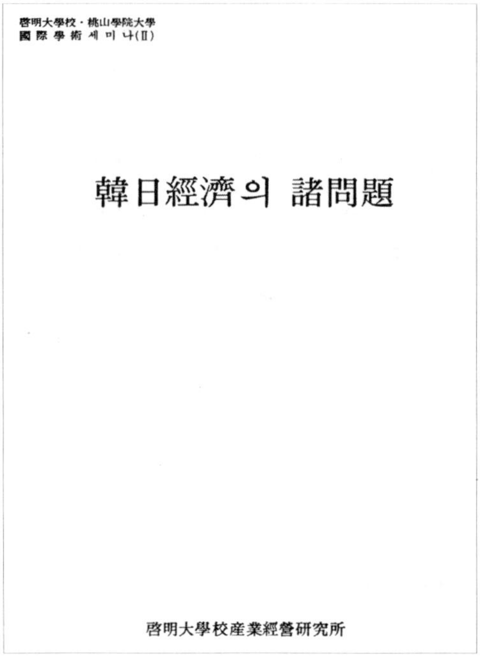

啓明大學校 · 桃山學院大學
國 際 學 術 세 미 나(Ⅱ)

韓日經濟의 諸問題

啓明大學校産業經營硏究所

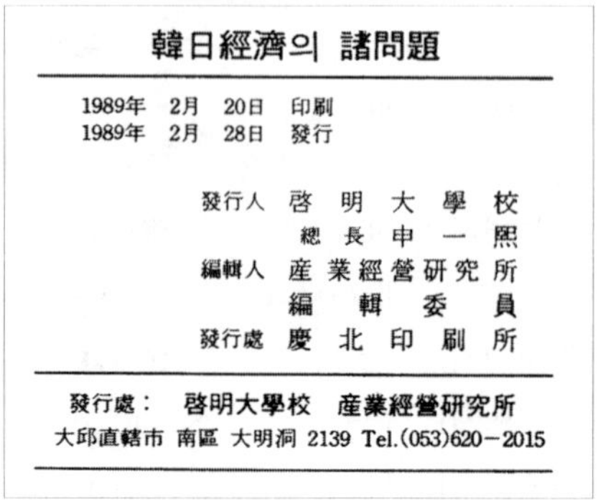

韓日經濟의 諸問題

1989年 2月 20日 印刷
1989年 2月 28日 發行

發行人 啓 明 大 學 校
總 長 申 一 熙
編輯人 産 業 經 營 硏 究 所
編 輯 委 員
發行處 慶 北 印 刷 所

發行處 : 啓明大學校 産業經營硏究所
大邱直轄市 南區 大明洞 2139 Tel.(053)620-2015

.....naa𝔟𝔟22.....𝔟c𝔟4500
007 ta
008 ......s2000𝔟𝔟𝔟𝔟tgka𝔟𝔟𝔟𝔟𝔟𝔟𝔟𝔟𝔟𝔟000a𝔟𝔟
kor𝔟𝔟
020 𝔟𝔟 ▾c비매품
090 𝔟𝔟 ▾a330.95 ▾b계34ㅎ ▾c9-11
↓ 본표제 '韓日企業...'의 처음문자(초성)
↘ '▾c'는 자료에 포함된 회기를 권차로 표시
111 𝔟𝔟 ▾a계명대학교. 도산학원대학 국제학술세미나 ▾n(제9회-제11회 : ▾d1990-1993)
포함된 회차와 회기(연도)를 표시 ┘
245 10 ▾a韓日企業經營의 諸問題 / ▾d啓明大學校 産業經營硏究所
┌ 책임표시와 발행처가 동일할 때 간략형식으로 기재
┌ 발행년은 해당 권의 발행년도를 기재
260 𝔟𝔟 ▾a대구 : ▾b동 연구소, ▾c1993
300 𝔟𝔟 ▾a1책 (537 p.) : ▾b삽도 ; ▾c24 cm
└ 다권본을 단권으로 정리할 때는 다음과 같이 몇 가지 방법으로 기재
책수로 기재. 1책 또는 1 v. 책수와 면수를 함께 기재. 1책 (537 p.)
면수로 기재. 537 p.
500 𝔟𝔟 ▾a이 자료는 계명대학교와 일본의 도산학원대학 간 교류에 의해 한국과 일본에서 개최된 세미나 결과를 수록한 자료이다
710 𝔟𝔟 ▾a도산학원대학(일본)
710 𝔟𝔟 ▾a계명대학교. ▾b산업경영연구소
910 𝔟1 ▾a모모야마학원대학(일본)
----
090 𝔟𝔟 ▾a330.95 ▾b계34ㅎ ▾c6-8
111 𝔟𝔟 ▾a계명대학교. 도산학원대학 국제학술세미나 ▾n(제6회-제8회 : ▾d1983- 1989)
245 10 ▾a韓日經濟의 諸問題 / ▾d啓明大學校 産業經營硏究所
260 𝔟𝔟 ▾a대구 : ▾b동 연구소, ▾c1989

300 ƀƀ ▾a1책(369 p.) : ▾b삽도 ; ▾c24 cm
....

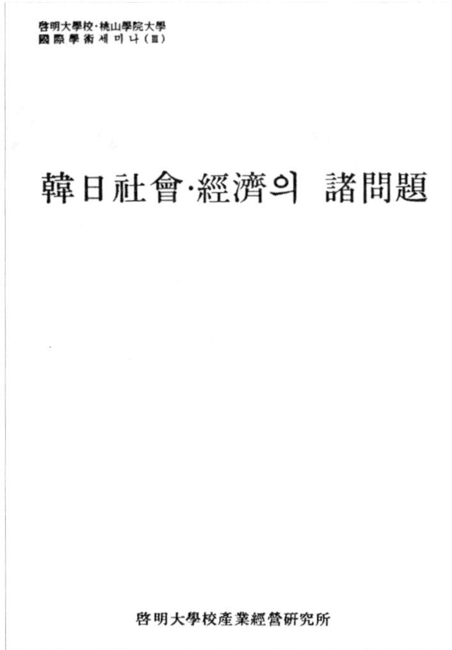
啓明大學校·桃山學院大學
國際學術세미나(Ⅲ)

韓日社會·經濟의 諸問題

啓明大學校産業經營研究所

〔단일목록으로 정리〕

.....naaƀƀ22.....ƀcƀ4500

007 ta

┌ 계속 간행되고 있는 간행물의 유형

008 ......c19829999tgkaƀƀƀƀƀƀƀƀƀƀƀ000aƀƀ korƀƀ

*008./7-10자리 창간호의 간행년, 008/11-24자리 계속간행표시 '9999'를 기재

020 ƀƀ ▾c비매품

040 ƀƀ ▾a222003 ▾c222003 ▾eK4판

090 ƀƀ ▾a330.95 ▾b계34ㅎ

111 ƀƀ ▾a계명대학교. 도산학원대학 국제학술세미나

*여러 회기를 포함하고 계속되는 경우는 회차, 회기, 개최지를 기재하지 않음(A2R.52D)

245 10 ▾a啓明大學校. 桃山學院大學 國際學術세미나 [보고서] / ▾d啓明大學校 産業經營研究所 |

└ 종합표제가 없어 목록자가 작성한 표제는 []로 기재하고, 각각의 표제는 내용주기

┌ 간행 중인 자료는 첫 권의 발행년을 기재하고 완결권의 발행년은 공란

260 ƀƀ ▾a대구 : ▾b동 연구소, ▾c1982-

300 ƀƀ ▾a 권 : ▾b삽도 ; ▾c24 cm

└ 다권본은 권이나 책수를 표시, 완결되지 않은 자료는 공란을 두고 '권', '책', 'v'를 기재

500 ƀƀ ▾a이 자료는 계명대학교와 일본의 도산학원대학 간 교류에 의해 한국과 일본에서 개최된 세미나 결과를 수록한 자료이다

┌ 제1지시기호 '1'은 계속 발행 자료의 표제로 '불완전내용:'이라는 표출어 생성 지시

| ┌ 회차를 포함한 표제의 권차로 표시

505 1ƀ ▾a제1회-제5회. 韓日企業經營의 諸問題 -- 제6회-제8회. 韓日經濟의 諸問題 -- 제9회-제11회. 韓日社會. 經濟의 諸問題 --

┌ 기관의 일본어 사용 원칙이 있을 때 그 원칙에 의한 것은 710필드로 부표목

710 ƀƀ ▾a도산학원대학 (일본)

910 ƀ1 ▾a모모야마학원대학 (일본)

| └ 식별이 필요한 기관명은 국명이나 지명을 ()에 부기

└ 자료기관에서 사용하지 않은 일본기관명은 발음되는 명칭을 910으로 부표목

710 ƀƀ ▾a계명대학교. ▾b산업경영연구소

740 ƀ2 ▾a한일기업경의 제문제. ▾n제1회-제5회

740 ƀ2 ▾a한일경제의 제문제. ▾n제6회-제8회

740 ƀ2 ▾a한일사회. 경제의 제문제. ▾n제9회-제11회

└ 내용표제의 분출표목 └ 포함한 회차는 '▾n'으로 권차로 기재

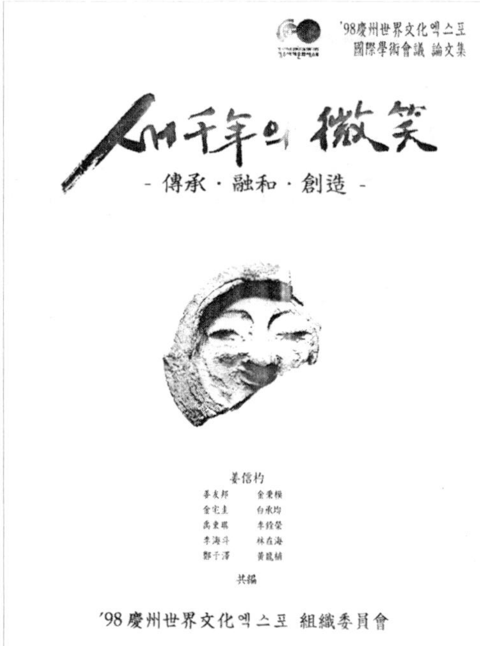

'98慶州世界文化엑스포 國際學術會議 論文集

새千年의 微笑

- 傳承 · 融和 · 創造 -

姜信杓

姜友邦　金秉模
金宅圭　白承均
禹東琪　李銓榮
李海斗　林在海
鄭于澤　黃龍植

共編

'98慶州世界文化엑스포 組織委員會

The First International Academic Conference
'98 Kyongju World Culture EXPO

The New Millennium Smile

- Inheritance · Harmony · Creation -

KANG, Shin - pyo

CHUNG, Woo - Thak　HWANG, Yong - Sik
KANG, Woo - Bang　KIM, Byung - Mo
KIM, Taik - Kyu　LEE, Hae - Doo
LEE, Jeon - Young　LIM, Jae - Hae
PAEK, Seung - Kyun　WOO, Tong - Ki

editors

'98 Kyongju World Culture EXPO Organizing Committee

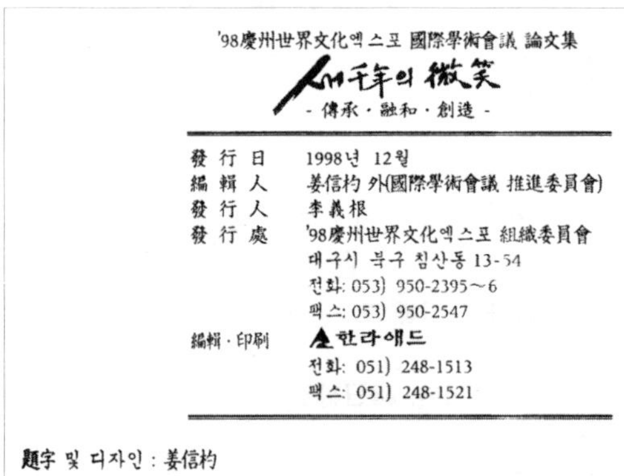

'98慶州世界文化엑스포 國際學術會議 論文集

새千年의 微笑

- 傳承 · 融和 · 創造 -

發行日	1998년 12월
編輯人	姜信杓 外(國際學術會議 推進委員會)
發行人	李義根
發行處	'98慶州世界文化엑스포 組織委員會 대구시 북구 침산동 13-54 전화: 053) 950-2395~6 팩스: 053) 950-2547
編輯·印刷	한라애드 전화: 051) 248-1513 팩스: 051) 248-1521

題字 및 디자인 : 姜信杓

.....naabb22.....bcb4500
007 ta
008 ......s1998bbbbtgkabbbbbbbbbbbb000a
bbkorbb
020 bb ▾c비매품

┌ 043필드는 특정지역에 관한 내용이나 지역명이 주제명으로 사용될 때 기술
│　┌ '47130'은 경주시의 지역구분부호<부속서 5. 한국지역구분부호표>
043 bb ▾a47130--
　└ 한국지역부호는 7자리 숫자로 표시, 7자리 중 빈칸은 붙임표로 표시

090 bb ▾a906 ▾b경76ㅅ
　└ 본표제 '새千年...'의 처음문자(초성)

111 bb ▾a경주세계문화엑스포국제학술회의 ▾d(1998 : ▾c경주)
　회의장소는 도시명의 관용명을 기재 ┘

┌ 회의기간, 장소 등 일정은 표제관련정보로 기재

245 10 ▾a새千年의 微笑 : ▾b傳承, 融和, 創造 : ▾b'98慶州世界文化엑스포國際學術會議論文集, 1998년 11월 5일-7일, 경주힐튼호텔 / ▾d'98경주세계문화엑스포국제학술회의추진위원회 주관, 편집 ; ▾e'98경주세계문화엑스포 조직위원회 주최 ; ▾e한국국제교류재단, ▾e유네스코한국위원회 후원

└ 주관, 주최, 후원 등은 책임표시에 역할을 달리한 저자명으로 기재. 필요에 따라 부표목

246 30 ▾a경주세계문화엑스포국제학술회의논문집

260 ḇḇ ▾a대구 : ▾b'98慶州世界文化엑스포 組織委員會, ▾c1998

┌ 245필드의 본표제로 기재된 한국어자료의 서문면수를 기재
| ┌ 한국어 자료의 본문면수

300 ḇḇ ▾axiv, 588 p. : ▾b삽도 ; ▾c26 cm

500 ḇḇ ▾a이 자료는 전부는 한국어 자료, 후부는 영문자료를 각각 독립되게 제작하여 합철한 것이다

┌ 합철사항은 '합철:'이라는 표출어로 주기
| ┌ '▾c'는 합철표제의 식별기호 ┌ '▾g'는 표제관련정보를 기재

501 ḇḇ ▾a합철: ▾cNew millennium smile : ▾ginheritance, harmony, creation : ▾gThe First International Academic Conference '98 Kyongju World Culture EXPO / ▾d'98 Kyongju World Culture EXPO Organizing Committee. -- ▾qiixviii[i.e. xxviii], 504 p.

오기된 기재사항은 [ ]에 'i.e.' 또는 '실은' 으로 바르게 보기 ┘ |
합철된 영어자료의 면수표시 ┘

[사항별 식별기호 없이 기재한 예]

501 ḇḇ ▾a합철: The New millennium smile : inheritance, harmony, creation : The First International Academic Conference '98 Kyongju World Culture EXPO / '98 Kyongju World Culture EXPO Organizing Committee. -- iixviii[i.e. xxviii], 504 p.

525 ḇḇ ▾a권말부록: 國際學術會議 日程表. p. 509-528

525 ḇḇ ▾a권말부록: 國際學術會議 運營매뉴얼. p. 529-588

┌ 부록사항은 '부록:'이라는 표출어로 주기
| ┌ 부록자료명은 포함된 면수와 함께 표시

525 ḇḇ ▾a부록: 國際學術會議 日程表. p. 509-528; 國際學術會議 運營매뉴얼. p. 529-588

└ 두 개 이상의 부록자료를 ';'으로 구분

525 ḇḇ ▾aAppendix: Program of the Conference, pp. 445-468; Program of the International Youth Camp, pp. 471-479; Correspondences with non-participants, pp. 481-504

710 ḇḇ ▾a'98경주세계문화엑스포국제학술회의추진위원회 ← 주관단체명의 부출표목

710 ḇḇ ▾a'98경주세계문화엑스포 조직위원회 ← 주최한 단체명의 부출표목

710 ḇḇ ▾a한국국제교류재단 ← 후원단체명의 부출표목

710 ḇḇ ▾a유네스코한국위원회 ← 후원단체명의 부출표목

┌ 합철주기된 자료의 저작자(단체명)와 합철표제는 제2지시기호 '2'로 지시 분출표목

710 ḇ2 ▾a'98 Kyongju World Culture EXPO Organizing Committee. ▾tNew millennium smile

V. 통일표제표목

통일표목은 저자명기본기입의 원칙에 의해 무저자명고전으로 한 작품이 여러 가지 표제로 불려지고 있을 때 그 표제 중 가장 대표되는 표제를 기본표목으로 기술한다(A2R.59C). MARC은 130에 통일표목을 해당 식별기호로 기술한다. 그리고 1XX(X00, X10, X11)필드가 있는 통일표제는 240필드에 기술하고, 주제명부출표목--통일표제는 630필드, 부출표목--통일표제는 730필드, 총서표제부출표목--통일표제는 830필드에 기술한다.

<table>
<tr><td>제1지시</td><td>▾b–미정의 [130/730/830]
해당 필드 참조 [630]</td><td>제2지시</td><td>[130/730/830]
0–그대로 인쇄
1–원괄호를 제외하고 인쇄
[630/730] 해당 필드 참조</td></tr>
<tr><td>식별</td><td colspan="3">[공통적용 식별기호]
▾a–통일표제
▾d–조약체결일자(R)
▾f–제작 연도
▾g–기타정보
▾h–자료유형표시
▾k–형식부표목(R)
▾l–저작의 언어
▾m–연주수단(R)
▾n–권차(R)
▾o–편곡
▾p–회차 또는 권차 표제(R)
▾r–음악자료의 장단조
▾s–판
▾t–저작의 표제
▾8–필드 링크와 일련번호(R)

[선택적용 식별기호]
▾v–권차/순차표시[830]
▾x–ISSN[730]
▾v–형식세목(R)[630]
▾x–일반세목(R)[630]
▾y–시대세목(R)[630]
▾z–지리세목(R)[630]
▾2–주제명표/시소러스[630]
▾3–자료 범위지정[630/730]
▾5–필드 적용기관[730]</td></tr>
</table>

┌ 130은 통일표제의 기본표목을 위한 필드
│ ┌ 한 자료의 여러 가지 표제 중 대표되는 표제나 가장 잘 알려져 있는 표제를 통일형식과
│ │ 통일된 문자로 기재(A2R.59C)
130 b̸❷ ▾a통일표목
└ 제2지시기호 0–주제명부출표목 앞에 제외되는 관제가 없을 때
1–주제명부출표목 앞에 제외되는 관제(정관사나 부정관사)가 있을 때
*제외되는 관제를 KORMARC은 ( )로 표시, M21은 자리수로 표시

┌ 언어. 판차. 발행년은 식별이 필요한 경우 기재
130 ƀ❷ ▾a통일표제. ▾p권차표제. ▾l언어. ▾s판차. ▾f발행년
└ 자료의 언어를 '▾l'로 기재
└ 통일표제의 권차표제는 '▾p'를 반복하여 기재
└ '▾a'는 통일표제를 하나의 언어로 통일하여 기재

┌ 자료의 내용으로 수록된 문자의 언어표시
130 ƀ0 ▾a춘향전. ▾l영어

130 ƀ0 ▾a아라비안 나이트. ▾l한국어
└ 통일표제를 한국어로 기재(자료기관에서 규정한 통일표제로 기재)

┌ '▾p'는 불교경전에 속한 경전명을 권차표제로 기재
130 ƀ0 ▾a불전. ▾p화엄경. ▾l한자. ▾f2000
└ '▾f'는 경전의 발행년
└ '▾l'은 본문의 언어표시
└ '▾a'로 기재된 '불전'은 불교경전의 통일표제

┌ 기독교 성경의 통일표제는 '성서'로 기재
┌ 언어, 판차, 발행년은 식별이 필요한 경우 기재
130 ƀ0 ▾a성서. ▾p구약. ▾p창세기. ▾l영어. ▾s킹 제임스 버전. ▾f1960
└ '▾s'로 판차를 표시 └ '▾f'로 발행년을 표시
└ 본문의 언어를 '▾l'로 표시
└ 세부 경전명은 '▾p'를 반복하여 '신약', '구약'으로 구분하고, 구약에 속한 경전명 '창세기'를 기재

┌ 성서의 통일표제인 'Bible'로 기재(A2R.59D)
┌ 본문의 언어는 '▾l'로 표시
130 ƀ0 ▾aBible. ▾pO.T. ▾pGenesis. ▾lEnglish. ▾sKing James Version. ▾f1960
└ '▾s'로 판차사항을 표시
└ 세부 경전명은 '▾p'를 반복하여 통일된 약자로 기재
구약성경 = 구약 Old Testament = O.T.
신약성경 = 신약 New Testament = N.T.

┌ '▾a'는 악곡형식의 통일표제인 '소나타'를 기재(A2R.60C)
┌ '▾n'은 축차번호, 작품번호를 기재
130 ƀ0 ▾a소나타, ▾m피아노, ▾n제14번, ▾rD장조
└ '▾r'은 음악자료의 장 · 단조
└ '▾m'은 연주수단으로 악기명을 기재

130 ƀ0 ▾aSonata, ▾mpiano, ▾nno. 14, ▾rD major

130 ƀ0 ▾a족보, ▾p김해김씨, ▾p삼현파,

1. 저자가 있는 고전

1) 개별표제

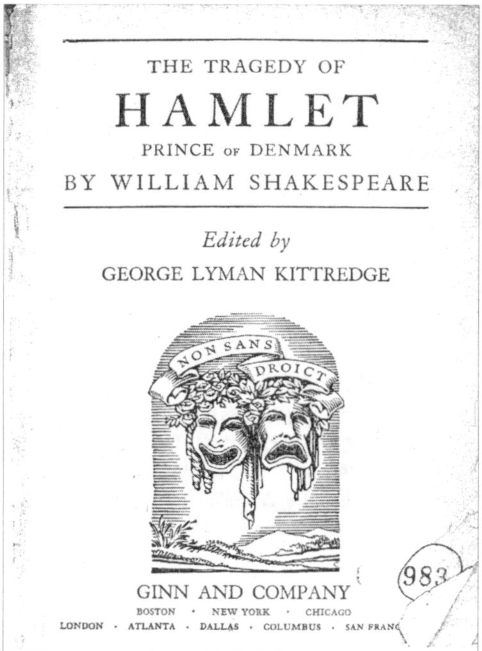
THE TRAGEDY OF
HAMLET
PRINCE OF DENMARK
BY WILLIAM SHAKESPEARE
Edited by
GEORGE LYMAN KITTREDGE

GINN AND COMPANY
BOSTON · NEW YORK · CHICAGO
LONDON · ATLANTA · DALLAS · COLUMBUS · SAN FRANC

© COPYRIGHT, 1939, BY GEORGE LYMAN KITTREDGE
ALL RIGHTS RESERVED
456.5
H

.....namƀƀ22.....ƀcƀ4500
007 ta
008 ......s1939ƀƀƀƀusƀaƀƀƀƀƀƀƀƀƀƀƀ000aƀ
ƀengƀƀ

090 ƀƀ ▾a822.33 ▾bS7hk

↓ Shakespeare의 저작을 위한 DDC의 분류번호
↘ 통일표제 'Hamlet'의 처음문자(소문자)
↙ 편저자 'Kittredge'의 처음문자(소문자)

100 1ƀ ▾aShakespeare, William, ▾d1564-1616
240 ƀ0 ▾aHamlet. ▾lEnglish
<출력> [Hamlet. English]

090 ƀƀ ▾a822.33 ▾bS7ㅎk └ 통일표제 '햄릿'의 처음문자(초성) 100 1ƀ ▾aShakespeare, William, ▾d1564-1616 240 ƀ0 ▾a햄릿. ▾l영어 <출력> [햄릿. 영어] └ 통일표제는 언어를 통일하여 자료기관에서 정한 표제를 기재

┌ 제2지시기호 '1'은 ()로 기재된 관칭을 제외한 표제부표목을 지시
┌ 관제가 있는 본표제는 처음문자를 대문자로 기재

245 11 ▾a(The) Tragedy of Hamlet : ▾bprince of Denmark / ▾dby William Shakespeare ; ▾eed. by George Lyman Kittredge
700 1ƀ ▾aKittredge, George Lyman

└ 원저자명 다음에 역할을 달리한 편저자명을 기재하고 700필드로 부표목
┌ 245필드에 기재된 표제관련정보는 제1지시기호 '3'(주기 않고, 표제 부출)으로 지시
┌ 제2지시기호 'ƀ'는 정형화되지 않은 'Subtitle:'을 '▾i'로 입력하기 위한 지시

246 3ƀ ▾iSubtitle: ▾aPrince of Denmark
246 3ƀ ▾iPortion of Title: ▾aHamlet ← '검색을 위한 부분표목' 라는 영어표출어로 기재
260 ƀƀ ▾aBoston : ▾bGinn & Co., ▾c1939
300 ƀƀ ▾axx, 298+ p. ; ▾c17 cm

*자료의 파손으로 면수를 확인할 수 없을 때는 확인된 면수에 '+' 부호를 부기

.....namɓɓ22.....ɓcɓ4500
007 ta
008 ......s2004ɓɓɓɓulkaɓɓɓɓɓɓɓɓɓɓ000aɓɓkorɓɓ
020 ɓɓ ▾a8947204994.
041 1ɓ ▾akor ▾heng.

└ 식별기호 '▾a'는 번역본의 언어구분부호, '▾h'는 원본의 언어구분부호<부속서 3>

┌ Shakespeare의 개인작품을 위한 분류번호
┌ 'S7'은 DDC에 제시된 Hamlet의 저자번호
┌ 통일표제 'Hamlet'의 처음문자(소문자)
┌ 번역자 '이덕수' 성의 처음문자(초성)

090 ɓɓ ▾a822.33 ▾bS7hKo = 090 ɓɓ ▾a822.33 ▾bS7ㅎKo

└ 번역된 국어 Korean의 K를 표시

100 1ɓ ▾aShakespeare, William, ▾d1564-1616

└ 개인 저서의 저자명은 본명의 언어로 기본표목

┌ 제2지시기호 '0'은 통일표제를 그대로 인쇄할 것을 지시

240 ɓ0 ▾aHamlet <출력> [Hamlet] = 240 ɓ0 ▾a햄릿. ▾l한국어

└ 통일표제는 언어를 통일하여 자료기관에서 정한 표제를 기재(A2R.57B)
영어를 통일표제로 기재할 때는 모든 언어의 자료를 영어로 기재
한국어를 통일표제로 기재할 때는 모든 언어의 자료를 한국어로 기재
계서명: The Tragedy of Hamlet / Figurative design in Hamlet
The Meaning of Hamlet / 햄릿
What happens in Hamlet / 햄리트

> 090 ɓɓ ▾a822.33 ▾bS7ㅎKo
>
> └ 통일표제 '햄릿'의 처음문자(초성)
>
> 100 1ɓ ▾aShakespeare, William, ▾d1564-1616
>
> 240 ɓ0 ▾a햄릿. ▾l한국어
>
> └ 본표제와 동일한 통일표제는 기재하지 않으나 동일 언어의 경우도 문자의 서열이나 형식에 차이가 있을 때는 통일표제를 기술

┌ 본표제는 정보원(표제지표제)의 문자를 전사
┌ 책임표시는 정보원에 표시된 문자로 기재

245 10 ▾a햄리트 / ▾dW. 셰익스피어 원작 ; ▾e이덕수 역
700 1ɓ ▾a이덕수 —— 원저자명 다음에 역할을 달리한 번역자를 기재하고 700필드로 부출표목
700 1ɓ ▾a셰익스피어, W. ▾q(William), ▾d1564-1616.

*원저자명의 한국어 표현인 '셰익스피어'는 정보원의 문자로 책임표시에 기재하고 부표목에는 통일된 인명으로 기재. 인명표목은 인명사전이나 외국어 표기법을 준용하여 한 가지로 통일되게 기재해야 한다.

┌ 제1지시기호 '2'(주기 않고, 표제부출 않음)는 통일표제와 본표제가 동일할 때 지시
┌ 제2지시기호 '9'는 '원표제:'라는 표출어 생성을 위한 지시

246 29 ▾aHamlet
<출력> 원표제: Hamlet

[원표제를 765필드로 주기와 표목한 예]

```
┌ 번역자료목록에서 원저자료를 246필드에 기술치 않고 765필드로 할 때
│  ┌ 제1지시기호 '0'은 기재된 사항의 주기표시를 지시
│  │ ┌ 제2지시기호 'b'는 '원저자료:'라는 정형화된 표출어 출력을 지시
765 0b ▾7nnam ▾tHamlet
        │ │ ││ └ ▾7/3(서지수준): 'm'는 단행본/단일자료
        │ │ │└ ▾7/2(레코드유형): 'a'는 문자로 된 인쇄자료
        │ │ └ ▾7/1(이름의 형식)3: 'n'은 적용불가(▾7/0이 'u'나 'n'일 때)
        │ └ ▾7/0(기본표목 유형): 'n'는 기본표목이 없는 경우 적용불가
        └ ▾7은 제어관련식별정보를 제공하기 위한 식별기호
<출력> 원저자료: Hamlet
```

260 bb ▾a서울 :▾b형설출판사,▾c2004
300 bb ▾a419 p. ;▾c23 cm
440 00▾a셰익스피어 ;▾v4
504 bb ▾a참고문헌 수록
546 bb ▾a영어판 자료를 한국어로 번역 ← 041필드와 연계된 서술적 언어주기

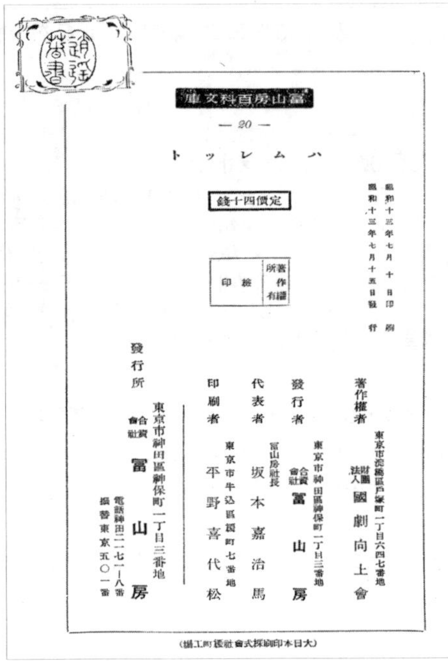

.....namƀƀ22.....ƀcƀ4500
007 ta
008 ......s1938ƀƀƀƀulkaƀƀƀƀƀƀƀƀƀƀƀ000aƀƀjpnƀƀ
041 1ƀ ▾ajap ▾heng
　　└ 식별기호 '▾a'는 번역본의 언어구분부호, '▾h'는 원본의 언어구분부호<부속서 3>
　　　　┌ 통일표제 'Hamlet'의 처음문자(소문자)
　　　　│ ┌ 번역자 '坪内逍遙' 성의 처음문자(한국문자 초성)
090 ƀƀ ▾a822.33 ▾bS7hJㅍ
　　┌┘　　└ 번역된 국어 Japanese의 'J'(대문자)를 표시
100 1ƀ ▾aShakespeare, William, ▾d1564-1616
　┌ 제2지시기호 '0'은 그대로 출력할 것을 지시
240 ƀ0 ▾aHamlet
<출력> [Hamlet]
　　└ 개별표제의 통일표제를 [ ]로 기재(A2R.59A.B). MARC에서는 [ ]가 자동 생성

> **[통일표제를 한국어로 기재한 예]**
>
> 090 ƀƀ ▾a822.33 ▾bS7ㅎJㅍ
> 　　┌┘　　└ 통일표제 '햄릿'의 처음문자(초성)
> 100 1ƀ ▾aShakespeare, William, ▾d1564-1616
> 240 ƀ0 ▾a햄릿. ▾l일본어
> 　　└ 본표제와 다른 언어의 통일표제는 내용의 국어표시
> <출력> [햄릿. 일본어]

┌ 본표제는 정보원(표제지표제)의 문자를 전사
│ ┌ 책임표시는 원저자명을 '▾d'로 먼저 적고 다음에 역할을 달리한 저자명을
│ │ ';▾e'를 반복하여 기재

245 10▾aハムレツト /▾dW. Shakespeare [著] ;▾e坪內逍遙 [譯] ;▾e日高只一 [註].
246 29▾aHamlet
<출력> 원표제: Hamlet

[원표제를 765필드로 주기와 표목한 예] 765 0ƀ▾tHamlet <출력> 원저자료: Hamlet

┌ 발행년은 자료에 나타난 기년명과 년도를 기재하고 해당 서기년도를
│ ()나 []로 부기

260 ƀƀ▾a東京 :▾b富山房,▾c昭和13(1938)
300 ƀƀ▾a158 p. ;▾c18 cm
440 00▾a富山房百科文庫 ;▾v20
546 ƀƀ▾a영어판 자료를 일본어로 번역
700 1ƀ▾a평내소요(坪內逍遙) ← 번역자명의 부출표목
700 1ƀ▾a일고지일(日高只一) ← 번역자명의 부출표목
└ 식별상 필요한 경우는 한자명을 ()로 부기

2) 종합표제

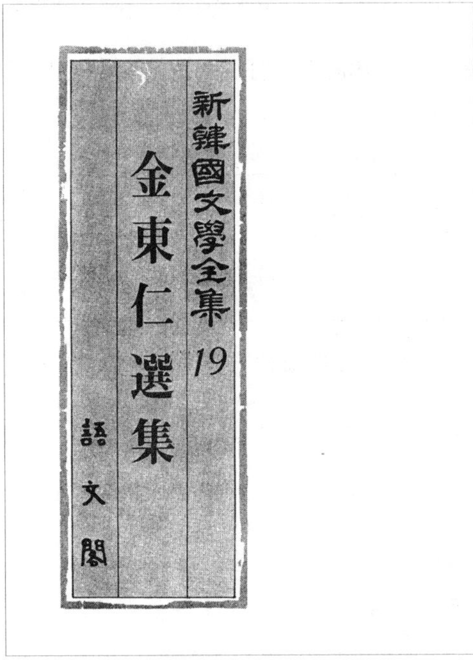

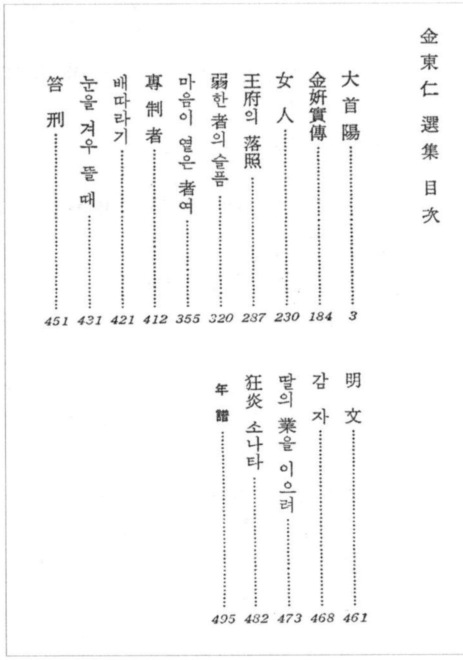

.....namȸȸ22.....ȸcȸ4500

007 ta

008 ......s1981ȸȸȸȸulkaȸȸȸȸȸȸȸȸȸȸȸ000aȸȸkorȸȸ

090 ȸȸ ▾a813.6 ▾b김25ㅅo

↓ 기본표목된 저자명 '김동인'의 처음문자와 저자번호

↘ 통일표제 '선집'의 처음문자(초성)

↙ 편자의 성을 표시, 편자가 없을 때는 발행처 표시

100 1ȸ ▾a김동인

└ 개인 저작의 선집이나 전집은 저자명을 기본표목

┌ 제2지시기호 '0'은 통일표제로 기재된 사항을 그대로 인쇄할 것을 지시

240 ␢0 ▾a선집 <출력> [선집]

└ '선집'이나 '전집'의 통일표제는 개별자료와 구분하여 종합표제를 가진 자료가 한 곳에 집합되게 하기 위해 기재(A2R.60A.B)

통일표제:	전집 또는 총집	Works	(A2R.60A)
	선집	Selections	(A2R.60B)

245 10 ▾a金東仁選集 / ▾d金東仁 [著]

260 ␢␢ ▾a서울 : ▾b語文閣, ▾c1981

300 ␢␢ ▾a495 p. : ▾b삽도 ; ▾c23 cm

440 00 ▾a新韓國文學全集 ; ▾v19

504 ␢␢ ▾a年譜: p. 495-496

┌ 제1지시기호 '0'는 완전한 내용주기로 '내용:'이라는 표출어 생성을 지시

│┌ 제2지시기호 '␢'(기본형)는 내용사항을 식별기호 없이 기재할 때 지시

505 0␢ ▾a대수양 -- 금연실전 -- 여인 -- 왕부의 낙조 -- 약한 자의 슬픔 -- 마음이 옅은 자여 -- 전제자 -- 배따라기 -- 눈을 겨우 뜰 때 -- 태형 -- 명문 -- 감자 -- 딸의 업을 이으러 -- 광염 소나타

740 ␢2 ▾a대수양 ← 내용주기된 표제의 분출표목

740 ␢2 ▾a금연실전

740 ␢2 ▾a여인

740 ␢2 ▾a왕부의 낙조

740 ␢2 ▾a약한 자의 슬픔

740 ␢2 ▾a마음이 옅은 자여

740 ␢2 ▾a전제자

740 ␢2 ▾a배따라기

740 ␢2 ▾a눈을 겨우 뜰 때

740 ␢2 ▾a태형

740 ␢2 ▾a명문

740 ␢2 ▾a감자

740 ␢2 ▾a딸의 업을 이으러

740 ␢2 ▾a광염 소나타 ← 제2지시기호 '2'는 내용주기된 표제의 분출표목을 지시

Hye Won World Best 63

the comedies of Shakespeare

셰익스피어 희극선

셰익스피어 지음

봉현선 옮김

惠園出版社

.....namƀƀ22.....ƀcƀ4500

007 ta

008 ......s2000ƀƀƀƀulkaƀƀƀƀƀƀƀƀƀƀ000aƀƀkorƀƀ

020 ƀƀ ▾a8934401648

020 ƀƀ ▾a8934401419 (세트) : ▾c₩4,500

041 1ƀ ▾akor ▾heng

090 ƀƀ ▾a842 ▾bS527sK⊟

| | | | └ 번역자 '봉현선'의 성(초성)

| | | └ 번역자료의 국어표시

| | └ 통일표제 'Selection'의 처음문자(소문자)

| └ 개인의 작품번호가 아닌 분류번호는 'Shakespeare'의 처음문자와 저자번호

└ 842는 KDC의 영미희곡에 대한 분류번호

*통일표목을 사용한 도서기호 구성은 한 저자의 작품 중 선집과 전집별로 모으고 다시 번역자나 편집자별로 구분되게 하기 위함이다.

100 1ƀ ▾aShakespeare, William, ▾d1564-1616

└ 선집이나 전집의 원저자명으로 기본표목

┌ 제2지시기호 '0'은 기재된 통일표목을 그대로 인쇄할 것을 지시

240 ƀ0 ▾aSelections <출력> [Selections]

└ 영어의 통일표제는 'Works' 'Selections'을 기재(A2R.60A.B)

[통일표목을 한국어로 기재한 예]

090 ꝥꝥ ▾a842 ▾bS527ㅅKㅂ

└ 통일표제 '선집'의 처음문자(초성)

100 1ꝥ ▾aShakespeare, William, ▾d1564-1616

240 ꝥ0 ▾a선집 <출력> [선집]

└ 종합표제인 '전집'이나 '선집'을 통일표제(A2R.60A.B)로 기재

245 10 ▾a셰익스피어 희극선 / ▾dWilliam Shakespeare [저] ; ▾e봉현선 역

└ 역할을 달리한 저자가 있을 때는 정보원에 역할어가 없어도 저자명에 해당 역할어를 목록자가 []로 기재

246 19 ▾aComedies of Shakespeare

└ 246필드는 표제 앞의 관제를 제외한 표제로 기재

[원표제를 765필드로 주기와 표목한 예]

┌ 번역자료목록에서 원저자료를 246필드에 기술치 않고 765필드로 할 때

765 0ꝥ ▾tComedies of Shakespeare

<출력> 원저자료: Comedies of Shakespeare

260 ꝥꝥ ▾a서울 : ▾b惠園出版社, ▾c2000

300 ꝥꝥ ▾a311 p. : ▾b삽도, 사진 ; ▾c21 cm

440 00 ▾aHye Won world best ; ▾v63

500 ꝥꝥ ▾a<셰익스피어의 희극>바로읽기. p. 294-306

500 ꝥꝥ ▾a셰익스피어 연보. p. 307-311

┌ 제2지시기호 'ꝥ'(기본형)는 내용사항을 식별기호 없이 기재할 때 지시

505 0ꝥ ▾a말괄량이 길들이기 -- 한 여름밤의 꿈 -- 베니스의 상인 -- 뜻대로 하세요 -- 십이야 -- 페리클레스

546 ꝥꝥ ▾a영어판 자료를 한국어로 번역

700 1ꝥ ▾a봉현선 ← 번역자의 분출표목

740 ꝥ2 ▾a말괄량이 길들이기 ← 내용주기된 표제의 분출표목

740 ꝥ2 ▾a한 여름밤의 꿈

740 ꝥ2 ▾a베니스의 상인

740 ꝥ2 ▾a뜻대로 하세요

740 ꝥ2 ▾a십이야

740 ꝥ2 ▾a페리클레스

| | └ '▾a'로 분출표목되는 내용표제를 기재

| └ 제2지시기호 '2'는 내용주기된 사항의 분출표목 작성 시 지시

└ 제1지시기호 'ꝥ'는 740필드가 표목부로 2중 지시하지 않음

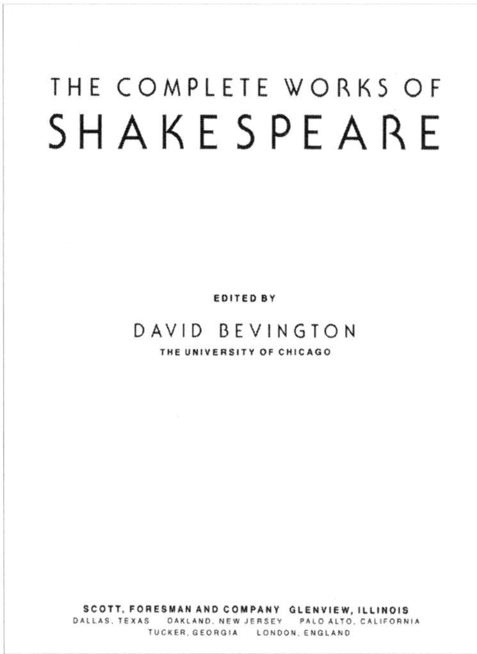

THE COMPLETE WORKS OF
SHAKESPEARE

EDITED BY
DAVID BEVINGTON
THE UNIVERSITY OF CHICAGO

SCOTT, FORESMAN AND COMPANY GLENVIEW, ILLINOIS
DALLAS, TEXAS OAKLAND, NEW JERSEY PALO ALTO, CALIFORNIA
TUCKER, GEORGIA LONDON, ENGLAND

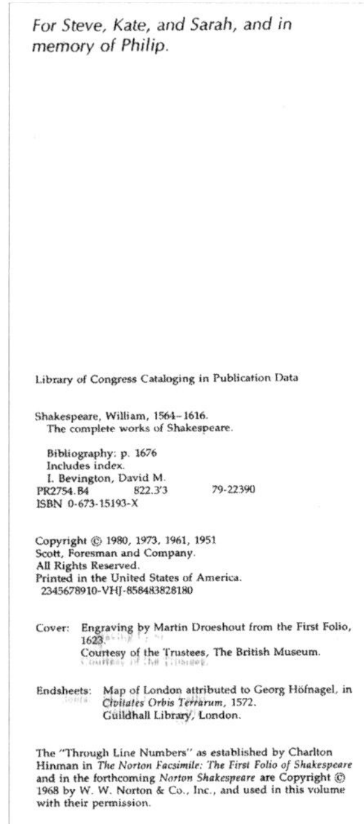

For Steve, Kate, and Sarah, and in memory of Philip.

Library of Congress Cataloging in Publication Data

Shakespeare, William, 1564–1616.
The complete works of Shakespeare.

Bibliography: p. 1676
Includes index.
I. Bevington, David M.
PR2754.B4 822.3'3 79-22390
ISBN 0-673-15193-X

Copyright © 1980, 1973, 1961, 1951
Scott, Foresman and Company.
All Rights Reserved.
Printed in the United States of America.
2345678910-VHJ-858483828180

Cover: Engraving by Martin Droeshout from the First Folio, 1623.
Courtesy of the Trustees, The British Museum.

Endsheets: Map of London attributed to Georg Höfnagel, in *Civitates Orbis Terrarum*, 1572.
Guildhall Library, London.

The "Through Line Numbers" as established by Charlton Hinman in *The Norton Facsimile: The First Folio of Shakespeare* and in the forthcoming *Norton Shakespeare* are Copyright © 1968 by W. W. Norton & Co., Inc., and used in this volume with their permission.

.....nam₺₺22.....₺c₺4500

008 ......s1980₺₺₺₺us₺a₺₺₺₺₺₺₺₺₺₺₺000a₺₺eng₺₺

┌ 통일표제 'Works'의 처음문자(소문자)

090 ₺₺ ▾a842 ▾bS527wb

┌────┘ └ 편저자 'Bevington, David' 성의 처음문자(소문자)

100 1₺ ▾aShakespeare, William, ▾d1564-1616

┌ 240필드로 입력된 통일표제는 [ ]로 자동 출력

240 ₺0 ▾aWorks <출력> [Works]

└ 통일표제는 내용의 문자와는 상관없이 하나의 언어로 통일해서 기재(A2R.60A.B)

> [통일표목을 한국어로 기재한 예]
>
> 090 ₺₺ ▾a842 ▾bS527ㅈb
>
> ┌────┘ └ 통일표제 '전집'의 처음문자(초성)
>
> 100 1₺ ▾aShakespeare, William, ▾d1564-1616
>
> 240 ₺0 ▾a전집 <출력> [전집]

245 11 ▾a(The) Complete works of Shakespeare / ▾d[by] William Shakespeare ; ▾e[ed. by] David Bevington

<출력> The Complete works of Shakespeare

<표목> Complete works of Shakespeare

260 ₺₺ ▾aIllinois : ▾bScott, Foresman and Co., ▾c1980

300 ₺₺ ▾a1745 p. ; ▾c27 cm

700 1₺ ▾aBevington, David ← 편저자의 부출표목

2. 저자가 없는 고전

남호거사 南湖居士

성춘향가 成春香歌

윤 주 필 주해

太學社

한국학연구소 학술총서 1

南湖居士 成春香歌

초판 1쇄 인쇄 1999년 1월 5일
초판 1쇄 발행 1999년 1월 15일

주해자 윤주필
펴낸이 지현구
펴낸곳 太學社

서울시 서초구 서초2동 1357－42
전화 ; (02) 584－1740 (代)
팩스 ; (02) 584－1730
pc통신 ID ; (천리안 · 하이텔) thaehak4
등록 ; 제22-1455호

ISBN 89-7626-411-8 93810

값 20,000 원

☞ 파본은 구입한 곳이나 본사에서 바꾸어 드립니다.
☞ 저자와 협의하에 인지를 생략합니다.

```
.....namƀƀ22.....ƀcƀ4500
007 ta
008 ......s1999ƀƀƀƀulkaƀƀƀƀƀƀƀƀƀƀƀ000aƀƀkorƀƀ
                        ┌ 기본표목된 통일표제 '춘향전'의 처음문자와 저자번호
                        │     ┌ 본표제인 주석자 '윤주필'의 처음문자(초성)
090 ƀƀ ▾a813 ▾b춘93Yo
             ┌─────┘    └ 'Y'는 주석의 표시
130 ƀ0 ▾a춘향전. ▾l한국어          <출력> [춘향전. 한국어]
             │          └ 통일표제가 식별이 필요한 경우는 '▾l'로 내용의 국어표시
             │            한국어자료일 때는 식별을 위한 구분표시를 생략하기도 함
             └ 무저자명 고전이 다양하게 명명되는 자료는 통일표제로 기본표목(K2.38; A2R.59C)
                 춘향전의 계서명:     성춘향              열녀춘향수절가
                                      옥중화              춘향가
                                      열녀춘향가          성춘향가
```

┌─ 영어형 통일표목이 기본표목되어 있을 때 도서기호 작성 예

090 ㅂㅂ ▾a813 ▾bC559Yo

└─ 주석자 성의 초성

130 ㅂ0 ▾aCh'un-hyang Jeun. ▾lKorean

245 11 ▾a(남호거사) 성춘향가(成春香歌) / ▾d윤주필 주해

└ 본표제가 식별이 필요한 경우나 한글과 한자표제가 분명히 표시된 경우는 ()로 한자표제를 부기

┌ 으뜸정보원의 문자로 본표제를 기재

┌ 무저자명은 편저자나 주석자를 '/▾d'로 기재

245 11 ▾a(남호거사) 성춘향가 / ▾d윤주필 주해

246 3ㅂ ▾i판권기표제: ▾a南湖居士 成春香歌

└ 제2지시기호 'ㅂ'는 정형화되지 않은 '판권기표제:'를 '▾i'로 입력하기 위한 지시

└ 본표제와 상이한 판권기표제는 246필드에 표출어와 함께 부표목 기술

260 ㅂㅂ ▾a서울 : ▾b太學社, ▾c1999

300 ㅂㅂ ▾a443 p. ; ▾c24 cm

440 00 ▾a한국학연구소 학술총서 ; ▾v1

500 ㅂㅂ ▾a색인 포함

500 ㅂㅂ ▾a권말: 成春香歌 (영인본). p. 315-410

700 1ㅂ ▾a윤주필 ← 주해자명의 부출표목

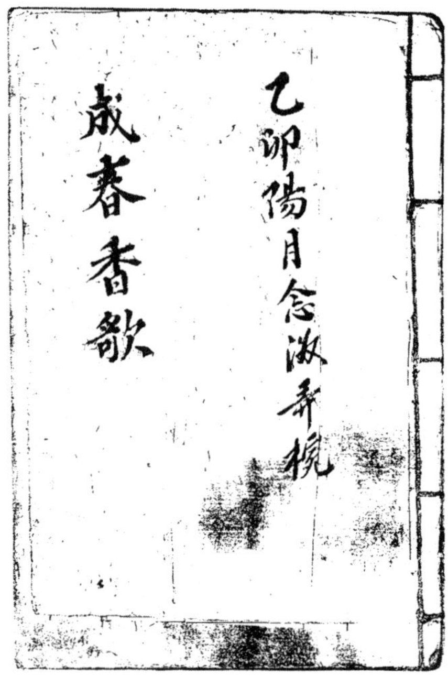

華鏡古典文學研究會叢書 V

譯注 春香新說·懸吐漢文春香傳

許鎬九
姜在哲 譯注

以會文化社

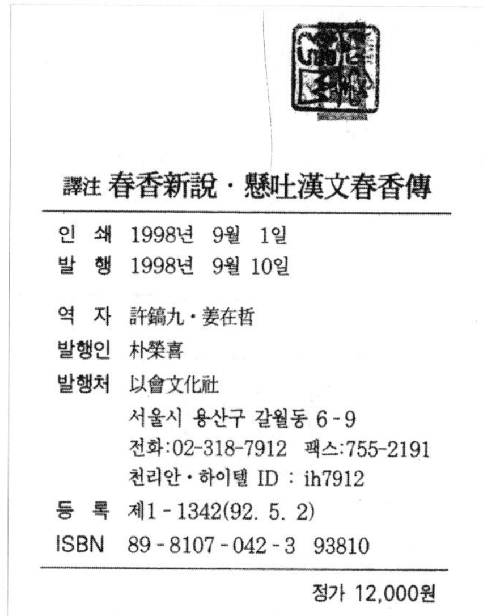
譯注 春香新說·懸吐漢文春香傳

인 쇄 1998년 9월 1일
발 행 1998년 9월 10일

역 자 許鎬九·姜在哲
발행인 朴榮喜
발행처 以會文化社
서울시 용산구 갈월동 6-9
전화:02-318-7912 팩스:755-2191
천리안·하이텔 ID : ih7912
등 록 제1-1342(92. 5. 2)
ISBN 89-8107-042-3 93810

정가 12,000원

.....namƀƀ22.....ƀcƀ4500

007 ta

008 ......s1998ƀƀƀƀulkaƀƀƀƀƀƀƀƀƀƀ000aƀƀkorƀƀ

020 ƀƀ ▾a8981070423 ▾g93810 : ▾c₩12,000

090 ƀƀ ▾a813 ▾b춘93Yㅎ

└ 평주자의 처음저자 '허호구' 성의 초성

130 ƀ0 ▾a춘향전. ▾l한국어 <출력> [춘향전. 한국어]

245 01 ▾a(譯注) 春香新說 ; ▾a懸吐漢文春香傳 / ▾d許鎬九, ▾e姜在哲 譯注

└ 표제의 관제가 짧을 때는 ()에 묶어 표제 앞에 기재하고, 길 때는 '▾b'로 표제 뒤에 표제관련정보로 기재

└ 무저명 자료이기 때문에 '/▾d'와 ', ▾e'로 평주자를 기재

<출력> 譯注 春香新說

<표목> 춘향신설

└ 표목(검색어)은 제1지시기호 '0'이지만 표제줄머리잡기로 '▾a'로 처음기재된 본표는 자동 부출표목

┌ 두 번째 이하의 본표제는 246필드나 740필드로 부출표목

246 30 ▾a懸吐漢文春香傳.

260 ƀƀ ▾a서울 : ▾b以會文化社, ▾c1998

300 ƀƀ ▾a368 p. ; ▾c23 cm

440 00 ▾a華鏡古典文學研究會叢書 ; ▾v∨ ← 총서주기는 정보원의 사항을 전사

┌ 영인된 원본은 원본명, 발행사항, 면수 등을 기재

500 ƀƀ ▾a권말: 懸吐漢文春香傳 (영인본). 京城 : 東昌書屋, 大正6年. 90 p. p. 279-368

| 영인된 원본 면수 ┘ └ 영인본의 수록 면수

└ 영인된 원본의 발행사항은 260필드와 같은 형식으로 기재

700 1ƀ ▾a허호구 ← 기본표목되지 않은 평주자의 부출표목

700 1ƀ ▾a강재철 ← 기본표목되지 않은 평주자의 부출표목

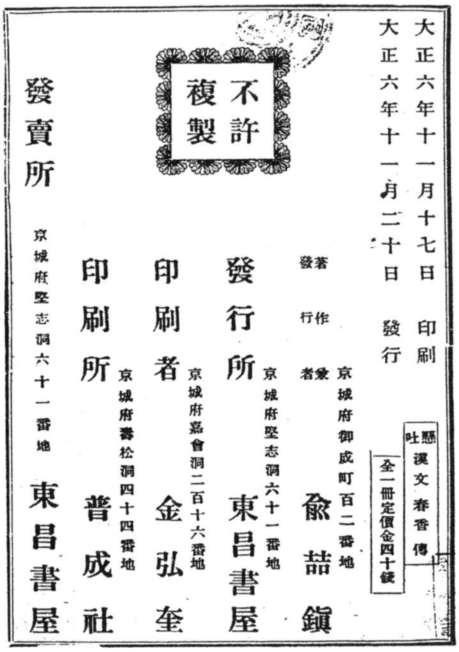
大正六年十一月十七日 印刷
大正六年十一月二十日 發行

懸吐漢文春香傳

全一冊定價金四十錢

著作兼發行者 京城府御成町百二番地 兪喆鎭

發行所 京城府堅志洞六十一番地 東昌書屋

印刷者 京城府嘉會洞二百十六番地 金弘奎

印刷所 京城府壽松洞四十四番地 普成社

不許複製

發賣所 京城府堅志洞六十一番地 東昌書屋

One Story of an Ancient Korean Trilogy

The Pure-Hearted Lady, Ch'un-hyang Story

Rehashed and Recreated by Samuel Kimm

IL JI SA
Seoul

Published by Il JI SA Publishing House
46-1, Chunghak-dong, Chongno-gu, Seoul 110-150, Republic of Korea

Price: 10,000 Korean Won

© Samuel Kimm 1998

First Published in 1998 (September 30)

Printed and Bound in Republic of Korea

ISBN 89-312-0480-9 03810

.....nambb22.....bcb4500
007 ta
008 ......s1998bbbbulkabbbbbbbbbbb000abb korbb
020 bb ▾a8931204809 ▾g03810 : ▾c₩10000
041 1b ▾aeng ▾hkor
└ 식별기호 '▾a'는 번역본의 언어부호, '▾h'는 원본의 언어부호<부속서 3>

090 bb ▾a813 ▾b춘93ㅈEk
| | | └ 번역자의 성인 'Kimm'의 처음문자(소문자)
| | └ 번역된 국어명(English)을 영어 대문자로 표시
| └ 번역서일 때 작품표시는 원표제 '춘향전'의 처음문자(초성)
└ 기본표목된 통일표제 '춘향전'의 처음문자와 저자번호

130 b0 ▾a춘향전. ▾l영어
| └ 외국어로 번역된 자료는 반드시 '▾l'로 언어표시
└ 통일표제는 본문의 언어와 상관하지 않고 자관에서 정한 한 가지 언어(한국어나 영어)로 통일해서 기본표목(A2R.59C)

┌ 제2지시기호가 '1'은 ()로 기재된 본표제의 관칭을 제외한 본표제의 부표목 지시
245 11 ▾a(The) Pure-hearted lady, Ch'un-hyang story : ▾bone story of an ancient Korean trilogy / ▾drehashed and recreated by Samuel Kimm
└ '/▾d'로 기재되는 책임표시는 영어형은 역할어를 저자명 앞에 기재

┌ 제2지시기호 'b'는 형식화되지 않은 'Original title:'을 '▾i'로 입력할 때 지시
246 1b ▾iOriginal title: ▾a춘향전
└ 한국어 자료를 영어로 번역한 저작은 원표제로 한국어 표제를 기재

[원표제를 765필드로 주기와 표목한 예]
765 0b ▾t춘향전 <출력> 원저자료: 춘향전

260 bb ▾aSeoul : ▾bIl Ji Sa, ▾c1998
300 bb ▾a215 p. ; ▾c23 cm
546 bb ▾aTranslated from the Korean ← 041필드와 연계된 서술적 언어주기
700 1b ▾aKimm, Samuel ← 개작자명의 부출표목

THE
ARABIAN
NIGHTS

THEIR BEST-KNOWN TALES

Edited by
KATE DOUGLAS WIGGIN
and NORA A. SMITH

Illustrated by MAXFIELD PARRISH

CHARLES SCRIBNER'S SONS
New York

COPYRIGHT, 1909, BY
CHARLES SCRIBNER'S SONS
COPYRIGHT, 1937, BY
MAXFIELD PARRISH

Printed in the United States of America

II-3B-3.60[H]

All rights reserved. No part of this book may be reproduced in any form without the permission of Charles Scribner's Sons

.....namƀƀ22.....ƀcƀ4500
007 ta
008 ......s1937ƀƀƀƀusƀaƀƀƀƀƀƀƀƀƀƀƀ000aƀƀengƀƀ
090 ƀƀ ▾a890 ▾b아292a
| └ 245필드의 본표제 'Arabian ...' 처음문자(소문자)
└ 한국어형 통일표제의 기본표목은 한국어로 된 통일표제의 처음문자와 저자번호
┌ 외국어로 된 자료는 반드시 '▾l'로 국어 표시
130 ƀ0 ▾a아라비안 나이트. ▾l영어
├ 통일표제의 기본표목(A2R.59C)이 한글일 때는 630필드에 영어형 통일표제 주제부출 가능
=630 00 ▾aArabian nights.
┌ 제2지시기호 '1'은 '▾a'에 ( )로 기재된 관제를 제외한 표제의 부표목 지시
| '/▾d'로 편저자명 기재 ┐
245 11 ▾a(The) Arabian nights : ▾btheir best-known tales / ▾dedited by Kate Douglas Wiggin and Nora A. Smith ; ▾eillustrated by Maxfield Parrish
| └ ';▾e'로 역할을 달리한 삽도자를 기재
└ 동일한 역할의 공편자명을 'and'로 기재할 때는 두 번째 이하의 저자를 위한 '▾e'로 부기치 않음
┌ 제1지시기호 '1'은 기재된 표제의 주기와 부출표목을 지시
246 19 ▾aArabian nights <출력> 원표제: Arabian nights
└ 제2지시기호 '9'는 '원표제'라는 표출어 생성을 위한 지시

[원표제를 765필드로 주기와 표목]

┌ 번역자료목록에서 원저자료를 246필드에 기술치 않고 765필드로 할 때

765 0ƀ ▾tArabian nights <출력> 원저자료: Arabian nights

260 ƀƀ ▾aNew York : ▾bScribner, ▾cc1937

삽도가 천연색인 경우는 'col. illus'나 'illus.(col.)'로 기재 ┐

300 ƀƀ ▾ax, 340 p., [12] leaves of plates : ▾billus.(col.) ; ▾c24 cm

└─ 목록자가 기재한 圖版의 면수는 []에 명칭과 함께 기재

┌ 제1지시기호는 정형화된 표출어의 자동생성을 지시하지만 정형화되지 않은 표출어는 '8'(표출어 생성 않음)로 지시하고 해당 표출어를 입력

520 8ƀ ▾aAnnotation: "Ten stories from the tales of a thousand and one nights, including he well-known ones of Aladdin and the lamp, Ali Bab and the forty thieves, and Sinbad the sailor" ← 자료 자체에서 전사한 해제주기는 " "로 기재

630 00 ▾aArabian nights

650 ƀ0 ▾aFair tales

650 ƀ0 ▾aFolklore--Arabian Peninsula

700 1ƀ ▾aWiggin, Kate Doublas, ▾d1856-1923 ← 편저자명의 부출표목

700 1ƀ ▾aSmith, Nora A. ▾q(Nora Archibald), ▾d1859-1934 ← 공편자명의 부출표목

700 1ƀ ▾aParrish, Maxfield ← 삽도자명의 부출표목

아라비안 나이트
Las Mil y Una Noches
韓國外國語大學校
朴 哲 敎授譯編
삼영서관

.....namƀƀ22.....ƀcƀ4500
007 ta
008 ......s1991ƀƀƀƀulkaƀƀƀƀƀƀƀƀƀƀ000aƀƀ korƀƀ
041 1ƀ ▾akor ▾aspa ▾hspa.
└─ 한국어와 스페인어의 대역본이므로 '▾a'를 반복하여 국어표시를 하고 '▾h'로 원서의 언어를 표시<부속서 3. 언어구분부호표>
↘ ↓ ↑ ↙
090 ƀƀ ▾a890 ▾b아292ℓbK ㅂ
↘ 원표제 'Las Mil ...'의 처음문자(소문자)
↓ 개작자 'Bernabeu, ...'의 성(처음문자 소문자)
↑ 번역자표시를 위한 번역된 'Korean'의 국어표시
↙ 번역자 '朴哲'의 성(초성)

245 00 ▾a아라비안 나이트 : ▾b[스페인어 한국어 대역] / ▾dPaloma Barba Bernabeu [개작] ; ▾e朴哲 譯編.
└─ 정보원에 없는 필요한 표제관련정보는 목록자가 []로 기재
*본표제와 통일표목이 동일하기 때문에 130필드를 생략

┌─ 영어형 통일표목이 기본표목되어 있을 때 도서기호 작성 예
090 ƀƀ ▾a890 ▾bA658ℓK ㅂ
130 ƀ0 ▾aArabian nights. ▾lKorean
245 10 ▾a아라비안 나이트 : ▾b[스페인어 한국어 대역] / ▾dPaloma Barba Bernabeu [개작] ; ▾e朴哲 譯編

┌─ 제2지시기호 '9'은 원표제에 대한 표출어 생성을 지시
246 19 ▾aLas Mil y Una Noches
260 ƀƀ ▾a서울 : ▾b삼영서관, ▾c1991
300 ƀƀ ▾a327 p. : ▾b삽도, 그림 ; ▾c23 cm
440 00 ▾a西韓 대역 시리즈 ; ▾v2 ← 주기된 대로 부출표목되는 총서표제를 기재
500 ƀƀ ▾aGlosario. p. 217-327
630 00 ▾aArabian nights ← 130필드의 통일표목 이외에 필요한 언어의 통일표제를 주제부출
700 1ƀ ▾aBernabeu, Paloma Barba

한국의 무저자명고전[6]

강도몽유록
계상국전
곽해룡전
권용선전
권익중전
금강취유기
금령전
금산사몽류록
금우태자전
금원전
금향정기
금화사몽유록
김덕령전
김씨열행록
김인향전
김전전
김진옥전
김취경전
김효증전
김희경전
낙성비룡
낙천등운
당태종전
동선기
두껍전
명주기봉
명주보월빙
명행정의록
목시룡전

몽옥쌍봉연록
박씨전
박태보전
반씨전
방한림전
배비장전
배시황전
백학선전
벽허담관제언록
변강쇄전
별주부전
보심록
보은기우록
부용사상곡
사각전
사대장전
사수몽유록
삼생기연
삼생록
삼선기
삼설기
쌍미기봉
쌍주기연
쌍천기봉
서대주전
서동지전
서옥기
석태룡전
석화룡전

설소저전
설홍전
성현공숙열기
소대성전
소문록
소현성록
수성궁몽유록
숙녀지기
숙영낭자전
숙향전
신미록
신유복전
심청전
안빙몽유록
양기손전
양문충의록
양주봉전
양풍운전
양현문직절기
엄씨효문청행록
여장군전
영영전
오선귀봉
오유란전
옥단춘전
옥란귀연
옥란빙
옥랑자전
옥린몽

6) 한국문학에 알려진 고전소설 중 무저자명 고전소설명을 나열하였다.

옥적기록
옥주호연
옹고집전
완월회맹연
왕원중합록
왕장군전
용문전
운향전
월영낭자전
월하선전
위씨절행록
유록전
유문성전
유선쌍학록
유승상전
유씨삼대록
유이양문록
유충열전
유화기몽
윤지경전
윤하정삼문취록
음양옥지환
이계룡전
이씨세대록
이윤구전
이인전
이진사전
이춘풍전
이태경전
이학사전
이해룡전
이화전
임경업전
임씨삼대록
임진록
임호은전
임화정연
장경전
장국진전
장끼전
장백전
장석전
장익성전
장인걸전
장풍운전
장학사전
장한절효기
장화홍련전
재생록전
적성의전
정수경전
정수정전
정을선전
정진사전
정현무전
조생원전
조웅전
쥐전
진대방전
진성운전
징세비태록
창선감의록
채봉감별곡
천궁몽유록
천수석
청년회심곡
청백운
최고운전
최보은전
최익성전
최현전
춘향전
콩쥐팥쥐전
토끼전
피생명몽록
하씨선행후대록
하진량문록
한씨보응록
한후룡전
현몽쌍룡기
현수문전
현씨양웅쌍린기
형산백옥
홍계월전
홍백화전
화문록
화산기봉
화산선계록
화옥쌍귀
황월선전
황장군전
효열지
효의정충예행록
흥부전

서양 무저자명 통일표목[7)]

Aboth ← Talmud. *Aboth*
Alexander the Great (*Romances, et.*)
Alexius, *Saint. Legent* ← La vie de saint Alexis
Alf laylah wa-laylah → Arabian nights
Aliscans
Ali Baba
Amadís de Gaula
Amis et Amiles
Ancrene Riwle
Anglo-Saxon chronicle
Anthologia graeca
Apostolic Fathers
Arabian nights ← Alf laylah wa-laylah ⇒Ali Baba; sindbad, *the sailor*
Arthur, King *(Romances, etc.)*
Atharvaveda → Vedas. *Atharvaveda*
Aucassin et Nicolette
Avesta
Barlaam and Joasaph
Beowulf
Bhāgavatapurāna → Purānas. *Bhāgavatapurāna*
Bible
Book of changes → I ching
Book of Mormon
Book of Raziel
Book of the dead
Breviarum Alarici
Captain Thomas Stukeley
Cent nouvelles
Chanson de Roland
Charroi de Nîmes
Chevalerie Vivien
El Cid Campeador
Cinderella
Codex exoniensis → Exeter book
Codex Justinianus → Corpus juris civilis. *Codex*
Codex Theodosianus
Corpus juris civilis
Corpus juris civilis. *Codex* ← Codex Justinianus
Corpus juris civilis. *Digesta* ← Digesta Justiniani
Dead Sea scrolls
Dhammapada
Didachē tōn dōdeka apostolōn → Teaching of the twelve apostles
Digesta Justiniani → Corpus juris civilis. *Digesta*
Domesday book ← Liber de Wintonia
Ecbasis captivi
Edda Sæmundar
Edda Sæmundar. *Voluspá* ← *Voluspá*

---

7) 수록된 서양 무저자명 통일표목은 1901-1964의 미국의회도서관의 도서형목록에 사용된 것이다. 사용된 기호 '→'는 참조작성표시, '⇒'는 상호참조표시로 사용하였다.

Edda Snorra Sturlusonar
Egils saga Skallagrimssonar
Eulenspiegel ← Till Eulenspiegel; Tyll Eulenspiegel
Everyman
Exeter book ← Codex exoniensis
Farce de maitre Pathelin → Pathelin
Faust
Floire and Blancheflor
Francesco *d'Assisi, Saint. Legend*
Gawain and the Green Knight
Genesis (*Anglo-Saxon poem*)
Genesis (*Middle High German poem*)
Genesis (*Old Saxon poem*)
Genesis Romanorum
Gilgamesh
Grettis saga
Gudrun ← Kudrun
Guy of Warwick (*Romance*)
Havelock the Dane
Hildebrandslied
Historia romanensis → Sächsische Weltchronik
Hitopadesa
I ching ← Book of changes
Isengrimus
Jack and the beanstalk
Jack Juggler (*Interlude*)
Jātakas
Kalevara
Koran ← al-Qur'ān
Kudrun → Gudrun
Lancelot
Laxadaela saga
Lazarillo de Tormes
Lex Burgundionum
Lex Romana Burgundionum
Liber de Wintonia → Domesdy book
Libro de Alixandre
Mahābhārata
Martyrologium romanum
Midrash
Mishnah
Mother Goose
Nibelungenlied
Njāla ← Njāla saga
Njāla saga ← Njāla
The Owl and nightingale
Pancatantra → Panchatantra
Panchatantra ← Pancatantra
Pandectae Justinianeae → Corpus juris civilis. *Digesta*
Partonopeùs de Blois
Pathelin ← Farce de maître Pathelin
Perlesvaus
Pervigilium Veneris
Popol vuh
Prajnāāparamitās
Purānas
Purānas. *Bhāgavatapurāna*
La queste del Saint Graal
Quinze joyes de mariage
al-Qur'ān → Koran
Reinaert de Vos
Reinhart Fuchs
Reinke de Vos

Reynard the Fox
Rigveda → Vedas. *Rigveda*
Robin Hood
Roman de la Rose
Roman de Renart
Le roman de Tristan → Tristan
Russkana Pravda
Sachsenspiegel
Sächsische Weltchronik ← Historia romanensis
Salic law
Seven sages
Shui hu ch'uan
Sindbad, *the sailor*
Slovo o polku Igoreve
Snow White and the seven dwarfs
Talmud
Talmud. *Aboth* → Aboth
Tantras
Teaching of the twelve apostles ← Didachē tōn dōdeka apostolōn
Tell el-Armarna tablets
Till Eulenspiegel → Eulenspiegel
Towneley plays
Tripitaka
Tristan ← Le roman de Tristan
Tyll Eulenspiegel → Eulenspiegel
Upanishads
Vedas
Vedas. *Atharvaveda*
Vedas. *Rigveda*
Vetālapancavimśati
La vie de saint Alexis → Alexius. *Saint. Legend*
Vitae patrum
Völsunga saga
Völuspá → Edda Sæmundar. *Völuspá*
Wars of Alexander
Zohar

3. 사전, 규칙, 연감 등

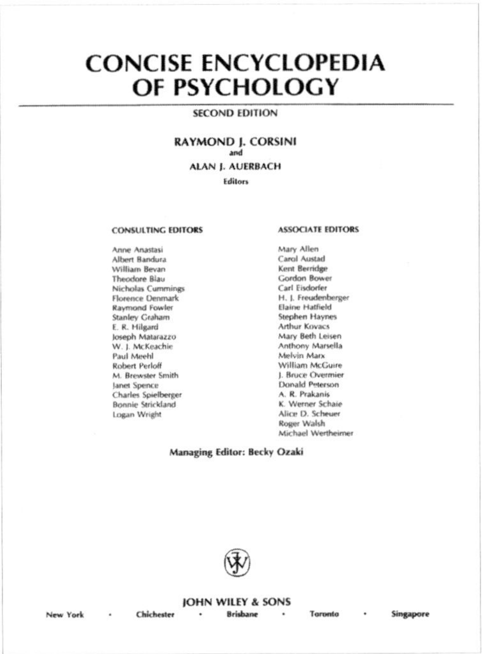

CONCISE ENCYCLOPEDIA OF PSYCHOLOGY

SECOND EDITION

RAYMOND J. CORSINI
and
ALAN J. AUERBACH
Editors

CONSULTING EDITORS

Anne Anastasi
Albert Bandura
William Bevan
Theodore Blau
Nicholas Cummings
Florence Denmark
Raymond Fowler
Stanley Graham
E. R. Hilgard
Joseph Matarazzo
W. J. McKeachie
Paul Meehl
Robert Perloff
M. Brewster Smith
Janet Spence
Charles Spielberger
Bonnie Strickland
Logan Wright

ASSOCIATE EDITORS

Mary Allen
Carol Austad
Kent Berridge
Gordon Bower
Carl Eisdorfer
H. J. Freudenberger
Elaine Hatfield
Stephen Haynes
Arthur Kovacs
Mary Beth Leisen
Anthony Marsella
Melvin Marx
William McGuire
J. Bruce Overmier
Donald Peterson
A. R. Prakanis
K. Werner Schaie
Alice D. Scheuer
Roger Walsh
Michael Wertheimer

Managing Editor: Becky Ozaki

JOHN WILEY & SONS
New York · Chichester · Brisbane · Toronto · Singapore

ENCYCLOPEDIA OF PSYCHOLOGY

SECOND EDITION

Volume 1

RAYMOND J. CORSINI, Editor

CONSULTING EDITORS

Anne Anastasi
Albert Bandura
William Bevan
Theodore Blau
Nicholas Cummings
Florence Denmark
Raymond Fowler
Stanley Graham
E. R. Hilgard
Joseph Matarazzo
W. J. McKeachie
Paul Meehl
M. Brewster Smith
Janet Spence
Charles Spielberger
Bonnie Strickland
Logan Wright

ASSOCIATE EDITORS

Mary Allen
Carol Austad
Kent Berridge
Gordon Bower
Carl Eisdorfer
H. J. Freudenberger
Elaine Hatfield
Stephen Haynes
Arthur Kovacs
Anthony Marsella
Melvin Marx
William McGuire
J. Bruce Overmier
Donald Peterson
A. R. Prakanis
K. Werner Schaie
Alice D. Scheuer
Roger Walsh
Michael Wertheimer

FOREIGN EDITORS

Ruben Ardila
Ramón Bayés
Donald Broadbent
J. A. Cha
Chi-Cheng Ching
R. Diaz-Guerrero
H. C. J. Duijker
M. O. A. Durojaiye
Gery d'Ydewalle
Giselher Guttmann
R. Katzenelson
Alex Kozulin
G. A. Lienert
Richard Meili
Henryk Misiak
Vid Pecjak
Luigi Pizzamiglio
M. K. Raina
Amiram Raviv
Maurice Reuchlin
Roger W. Russell
A. M. Sullivan
Yasumasa Tanaka

Biography Editors: ROBERT LUNDIN
Foreign Editor: NEAL PINCKNEY
Managing Editor: KRISTINE ALTWIES

A Wiley-Interscience Publication
JOHN WILEY & SONS
New York · Chichester · Brisbane · Toronto · Singapore

.....namƀƀ22.....ƀcƀ4500

007 ta

008 ......s1996ƀƀƀƀusƀaƀƀƀƀƀƀƀƀƀƀ000aƀƀengƀƀ

020 ƀƀ ▾a0471131498 (alk. paper)

040 ƀƀ ▾a222003 ▾c222003 ▾eK4판

┌ 통일표목 'Encyclopedia ...'의 처음문자(대문자)와 저자번호

│ ┌ 245필드의 본표제 'Concise ...' 처음문자(소문자)

090 ƀƀ ▾a180 ▾bE553c2

└ 판차 '2nd ed.'를 아라비아숫자로 기재

130 ƀ0 ▾aEncyclopedia of psychology (John Wiley & Sons)

└ 식별이 필요한 통일표제는 ( )로 발행사를 부기

└ 하나의 사전과 연관된 부속자료는 모체가 된 사전명을 통일표목으로 기재

┌ '/ ▾d'로 편저자명 기재

245 10 ▾aConcise encyclopedia of psychology / ▾deditor, Raymond J. Corsini and Alan J. Auerbach ; ▾econsulting editors, Anne Anastasi...[et al.] ; ▾eassociate editors, Mary Allen...[et al.] ; ▾emanaging editors, Becky Ozaki

*3인 이상의 공저자는 처음 저자명만 기재하고 '... [et al.]'로 두 번째 이하의 공저자명은 생략. 역할을 달리한 저자명은 ';▾e'를 반복하여 역할어와 짝지어 기재

250 ƀƀ ▾a2nd ed.

[모체자료레코드]

245 00 ▾aEncyclopedia of psychology / ▾deditor, Raymond J. Corsini ; ▾econsulting editors, Anne Anastasi...[et al.] ; ▾eassociate editors, Mary Allen...[et al.] ; ▾eForeign editors, Ruben Ardila...[et al.] ; ▾ebiography editors, Robert Lundin ; ▾eForeign editor, Neal Pinckney ; ▾emanaging editor, Kristine Altwies

300 ƀƀ ▾a4 v. : ▾billus. ; ▾c26 cm

260 ƀƀ ▾aNew York : ▾bJohn Wiley & Sons, ▾cc1996

300 ƀƀ ▾axviii, 1035 p. : ▾billus. ; ▾c26 cm

500 ƀƀ ▾a"A Wiley-Interscience publication"

500 ƀƀ ▾aIncludes index

504 ƀƀ ▾aBibliographies: p. 941-965

525 ƀƀ ▾aAppendix: p. 967-986

650 ƀ0 ▾aPsychology ▾xDictionaries

<출력> Psychology--Dictionaries

*'▾x'는 일반세목을 위한 식별기호로 출력시 '--'로 구분 출력

*245필드에 '▾d'나 '▾e'로 기재된 대표저자는 필요에 따라 700필드로 부표목

700 1ƀ ▾aCorsini, Raymond J. ← 편저자명의 부출표목

700 1ƀ ▾aAuerbach, Alan J.

700 1ƀ ▾aAnastasi, Anne

700 1ƀ ▾aAllen, Mary

700 1ƀ ▾aOzaki, Becky

└ 단일성과 복합성의 구분 없이 성과 이름으로 된 인명은 제1지시기호 '1'로 지시

This text is printed on acid-free paper.

Copyright © 1996 by John Wiley & Sons, Inc.

All rights reserved. Published simultaneously in Canada.

Reproduction or translation of any part of this work beyond that permitted by Section 107 or 108 of the 1976 United States Copyright Act without the permission of the copyright owner is unlawful. Requests for permission or further information should be addressed to the Permissions Department, John Wiley & Sons, Inc.

This publication is designed to provide accurate and authoritative information in regard to the subject matter covered. It is sold with the understanding that the publisher is not engaged in rendering professional services. If legal, accounting, medical, psychological, or any other expert assistance is required, the services of a competent professional person should be sought.

간추린 英美目錄規則

第2版의 簡略版

The Concise AACR 2

마이클 고어먼 編

金鍾天·南台祐 共譯

中央大學校出版局
1982

간추린 英美目錄規則	定價 4,000원
1982. 12. 15 發行	
譯　者	金鍾天·南台祐
發行人	任　哲　淳
發行所	中央大學校 出版局
印　刷	株暎文化社
登錄 : 1977. 8. 31	第11-1號
限定版 500册	第　號
連絡處	中央大學校 圖書館學科 Tel. 827-8497

.....namƀƀ22.....ƀcƀ4500

007 ta

008 ......s1982ƀƀƀƀulkaƀƀƀƀƀƀƀƀƀƀ000aƀƀ korƀƀ

020 ƀƀ ▾c₩4,000

090 ƀƀ ▾a024.3 ▾bA512ㄱ

↓ 기본표목된 통일표제 'Anglo-American ...'의 처음문자와 저자번호

↘ 245필드의 본표제 '간추린 ...'의 처음문자(소문자)

130 ƀ0 ▾aAnglo-American Cataloguing Rules

└ 규칙에 대한 사전이나 부록자료는 규칙명을 130필드에 통일표목으로 기재

┌ 원표제명으로 된 판차는 표제관련정보로 기재

245 10 ▾a간추린 英美目錄規則 : ▾b第2版의 簡略版 / ▾dMichael Gorman 編 ; ▾e金鍾天, 南台祐 共譯

└ 외국인명은 가능한 한 원명으로 기재, 역할을 달리한 번역자명은 '; ▾e'로 기재

246 19 ▾aConcise A2. 2nd ed.

[원표제를 765필드로 주기와 표목한 예]

┌ 번역자료목록에서 원저자료를 246필드에 기술치 않고 765필드로 할 때

765 0ƀ ▾tConcise A2. 2nd ed.

<출력> 원저자료: Concise A2. 2nd ed.

260 ƀƀ ▾a서울 : ▾b中央大學校 出版局, ▾c1982

300 ƀƀ ▾axvi, 161 p. ; ▾c23 cm

525 ƀƀ ▾a권말부록: I. 대문자사용법. p. 149-152; II. 용어정의. p. 153-161

┌ 245필드에 '▾d'나 '▾e'로 기재된 대표저자는 필요에 따라 700필드로 부출표목

700 1ƀ ▾aGorman, Michael ← 편저자명 부출표목

700 1ƀ ▾a김종천 ← 번역자명 부출표목

700 1ƀ ▾a남태우

<표 16> 주요 발행국부호(부속서 1) 및 외국지역구분부호(부속서 6)

	발행국부호	지역구분부호		발행국부호	지역구분부호
No place	xx		Korea		a-kr
Africa		f	Korea(North)	kn	a-kn
Argentina	ag	s-ag	Korea(South)	ko	a-ko
Asia		a	Kuwait	ku	a-ku
Australia	at	u-at	Malaysia	my	a-my
Austria	au	e-au	Mexico	mx	n-mx
Australasia		u	Nepal	np	a-np
Bangladesh	bg	a-bg	Netherlands	ne	e-ne
Beijing(China)	cc	a-cc	New Zealand	nz	u-nz
Brazil	bl	s-bl	North America		n
Bulgaria	bu	e-bu	Norway	no	e-no
Cambodia	cb	a-cb	Pakistan	pk	a-pk
Canada	cn	n-cn	Philippines	ph	a-ph
China	cc	a-cc	Poland	pl	e-pl
Cuba	cu	n-cu	Portugal	po	e-po
Denmark	dk	e-dk	Romania(Rumania)	rm	e-rm
Egypt	ua	f-ua	Russia	ru	e-ru
Europe		e	Singapore	si	a-si
France	fr	e-fr	Slovakia	xo	e-xo
Germany	gw	e-gx	South America		s
Greece	gr	e-gr	Spain	sp	e-sp
Hong Kong	hk	a-cc	Sri Lanka	ce	a-ce
Hungary	hu	e-hu	Sweden	sw	e-sw
Iceland	ic	e-ic	Switzerland	sz	e-sz
India	ii	a-ii	Syria	sy	a-sy
Indonesia	io	a-io	Taiwan	ch	a-ch
Iran	ir	a-ir	Thailand	th	a-th
Iraq	iq	a-iq	United Kingdom	uk	e-uk
Ireland	ie	e-ie	United States	us	n-us
Israel	is	a-is	Vatican City	vc	e-vc
Italy	it	e-it	Vietnam	vm	a-vt
Japan	ja	a-ja	Yugoslavia	yu	e-yu

5. 종전

1) 기독교 성서

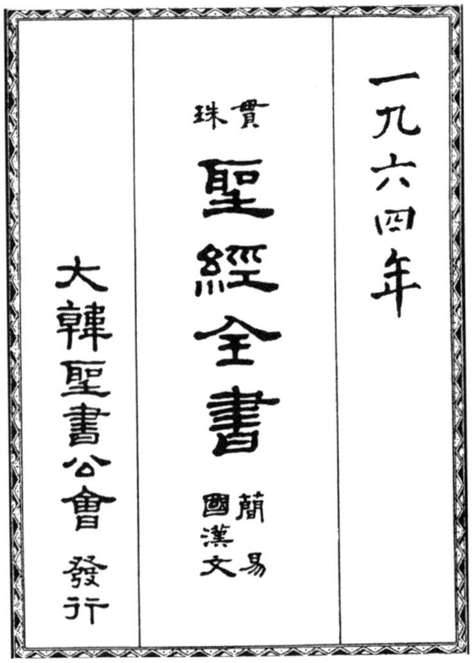
一九六四年

貫珠

聖經全書

簡易國漢文

大韓聖書公會 發行

EASY MIXED SCRIPT
THE HOLY BIBLE with REFERENCE
Hankul and Revised
Copyright ©1964 Korean Bible Society
H073MS 69th Printing, 11,000; July 1989
Printed in Korea

.....namƀƀ22.....ƀcƀ4500
008 ......s1989ƀƀƀƀulkaƀƀƀƀƀƀƀƀƀƀƀ000aƀƀkorƀƀ
090 ƀƀ ▾a233 ▾b성54ㅅㄱ
| | └ 다른 자료와의 구분을 위한 문자(簡易國漢文)
| └ 245필드에 기재된 본표제 '聖經全書'의 처음문자(초성)
└ 기본표목된 통일표제 '성서'의 처음문자와 저자번호

130 ƀ0 ▾a성서. ▾l한국어
| └ 종전에 사용된 언어를 '▾l'로 식별을 위해 기재
└ 종전은 규정된 종전명으로 통일표목(A2R.59D):

기독교경전의 통일표목:	성서	Bible
	성서. 구약	Bible. O.T.
	성서. 신약. 마태복음	Bible. N.T. Matt.
	성서. 신약. 한국어	Bible. N.T. English

090 ƀƀ ▾a233 ▾bB582ㅅㄱ
┌────┘
130 ƀ0 ▾aBible. ▾lKorean
└ 통일표목을 영어로 기재하였을 때

245 11 ▾a(貫珠) 聖經全書 =▾xThe Holy Bible :▾b簡易國漢文

└ 신구약성서가 각각의 면수로 합철되어 있지만 대표표제가 있기 때문에 대표표제를 본표제로 기재

246 31 ▾aHoly Bible

<출력> 대등표제: Holy Bible

┌───┬── 2개 이상의 면수는 ‘,’로 구분하여 각각 기재

300 ꞴꞴ ▾a1330, 423 p. ;▾c21 cm

│　　└─ 신약성경의 면수

└─ 구약성경의 면수

260 ꞴꞴ ▾a서울 :▾b大韓聖書公會,▾c1989

┌──────────────┘

500 ꞴꞴ ▾a1964년 초판발행

└─ 260/▾c의 발행년과 다른 초판의 발행년도를 일반주기

500 ꞴꞴ ▾a舊約全書(p. 1-1330)와 新約全書(p. 1-423)가 합철되어 있음

Good News Bible

Today's English Version

UNITED BIBLE SOCIETIES

Good News Bible

Today's English Version

Old Testament: © American Bible Society, 1976
New Testament: © American Bible Society, 1966, 1971, 1976
Maps: © United Bible Societies, 1976

1992－6M
GNB 052PB

.....nam ƀƀ22.....ƀcƀ4500
007 ta
008 ......s1992ƀƀƀƀusƀaƀƀƀƀƀƀƀƀƀƀƀ000aƀƀengƀƀ
090 ƀƀ ▾a233 ▾bB582ga
　　└ 다른 자료와의 구분을 위한 발행자 'American'의 표시
　　└ 245필드의 본표제 'Good ...'의 처음문자(소문자)
└ 통일표목된 통일표제 'Bible'의 처음문자(대문자)와 저자번호
130 ƀ0 ▾aBible. ▾lEnglish.
　　└ 종전의 언어가 영어임을 '▾l'로 기재
└ 종전은 규정된 종전명을 통일표목으로 기본표목(A2R.59D)

090 ƀƀ ▾a233 ▾b성54ga 　　└ 자료간의 구분을 위한 발행자 'American'의 표시 130 ƀ0 ▾a성서. ▾l영어 └ 경전명의 통일표목을 한국어로 사용한 예

245 10 ▾aGood news Bible : ▾btoday's English version
260 ƀƀ ▾a[S.l.] : ▾bAmerican Bible Society, ▾c1992
└ 발행지의 미상은 'Sine loco'의 약자 'S.l.'로 기재
　　구약과 신약이 각각 독립된 면수일 때 ','로 구분하여 함께 기재
300 ƀƀ ▾a1041, 413 p. : ▾billus., maps ; ▾c21 cm
　　└ 삽도는 'illus.', 그리고 삽도명인 'map'를 표시

┌ 정보원의 사항을 전사하는 주기는 인용부호“ ”로 기재

500 ƀƀ ▾a“Old Testament: ⓒAmerican Bible Society, 1976”; “New Testament: ⓒAmerican Bible Society, 1966, 1971, 1976”; “Maps: ⓒUnited Bible Societies, 1976.”

└ 원본이 된 발행사항이 각각 다르기 때문에 이를 내용명과 함께 주기

┌ 포함된 삽도(지도)가 함께 모여 있을 때는 자료명과 면수를 일반주기

500 ƀƀ ▾aMaps. pp. 379-392

500 ƀƀ ▾aIncludes Map index and subject index

┌ 각각의 자료에 대한 주제명표목은 630필드를 반복하여 기재

630 00 ▾aBible. ▾pO.T. ▾lEnglish

<출력> Bible. O.T. English

630 00 ▾aBible. ▾pN.T. ▾lEnglsih

<출력> Bible. N.T. English

630 00 ▾aBible ▾vMaps

<출력> Bible--Maps

└ ‘▾v’로 기재되는 형식세목은 ‘--’로 구분출력

2) 불교경전

불교경전

우리출판사

불교경전

1987년(불기2531) 7월 28일 초판발행
1991년(불기2535) 1월 12일 4판발행

편 역 : 불교경전편찬위원회
발행인 : 김 동 금
발행처 : 우 리 출 판 사

서울 · 서대문구 충정로3가 1-38
전화 313-5047, 313-5056
팩시 : 393-9696
등록 : 제1호(83. 2. 22)

법보시자는 특별 할인해 드립니다.

값 9,000원

.....namɃɃ22.....ɃcɃ4500
007 ta
008 ......s1991ɃɃɃɃulkaɃɃɃɃɃɃɃɃɃɃɃ000aɃɃkorɃɃ
020 ɃɃ ▾a8986214083 : ▾c₩9,000
090 ɃɃ ▾a223 ▾b불74ㄱ
| └ 245필드의 본표제 '불교경전'의 처음문자(초성)
└ 기본표목된 통일표목 '불전'의 처음문자와 저자번호
130 Ƀ0 ▾a불전. ▾l한국어
| └─ 불전 본문에 대한 언어표시
└─ 불교경전은 '불전'이라는 통일표목으로 기본표목(A2R.59D)
불교경전의 통일표목: 불전 불전. 한국어
불전. 대장경 불전. 화엄경. 한국어
┌─ 본표제는 정보원에 나타난 문자의 표제를 전사
| ┌─ 편자나 번역자는 책임표시에 기재하고 부출표목
245 10 ▾a불교경전 / ▾d불교경전편찬위원회 편역
=245 10 ▾a불교경전 / ▾d동 편찬위원회 편역
└─ 본표제와 동일한 앞 부분을 생략한 경우
┌─ 정보원의 기년명과 연도를 기재하고 해당 서기연도를
| ()나 []로 부기
260 ɃɃ ▾a서울 : ▾b우리출판사, ▾c불기 2535(1991)
300 ɃɃ ▾ax, 784 p. ; ▾c23 cm
710 ɃɃ ▾a불교경전편찬위원회 ← 필요한 경우 편찬위원회를 부출표목

바로보인 불법 ❺
금 강 경

초판 1쇄 펴낸날 단기 4295년, 불기 2989년, 서기 1962년 10월 15일
재판 1쇄 펴낸날 단기 4330년, 불기 3024년, 서기 1997년 7월 15일

역 저 대원 문재현
펴 낸 이 위일석
펴 낸 곳 도서출판 바로보인
151-080, 서울특별시 관악구 남현동 1054-46 정윤빌딩 401호
전화 02-597-2460, 02-522-0122 전송 02-597-2460
등록번호 1993.10.20. 제15-169호

편집·제작 이덕희, 정행태
입 력 공득인, 이성희
윤문·교열 이동희, 윤주영
교 정 김병헌
영 업 김태성

인 쇄 아우내 인쇄
제 본 성문제책사

ⓒ 문재현, 1997, printed in Seoul, Korea

잘못된 책은 바꾸어 드립니다.
값 15,000원

ISBN 89-86214-08-3

.....namƀƀ22.....ƀcƀ4500
007 ta
008 ......s1997ƀƀƀƀulkaƀƀƀƀƀƀƀƀƀƀƀ000aƀ
ƀkorƀƀ
020 ƀƀ ▾a8986214083 : ▾c₩15,000
┌ 통일표목된 '불전'의 처음문자와 저자번호
090 ƀƀ ▾a294.3 ▾b불74┐
└ 245필드의 본표제 '금강경'의 처음문자(초성)
130 ƀ0 ▾a불전. ▾p금강경. ▾l한국어
└ 불교경전 내의 자료명은 '▾p'로 기재
└ 불교경전은 '불전'이라는 통일표제와 책명으로 기본표목(A2R.59D)
┌ 한글과 한자가 함께 표시된 표제는 한글표제를 본표제로 하고 필요한 경우 한자표제를 ()에 묶어 부기하거나 일반주기
245 10 ▾a금강경(金剛經) / ▾d문재현 역저
└ 무저자명의 번역자료는 '▾d'로 번역자를 기재
260 ƀƀ ▾a서울 : ▾b바로보인, ▾c1997
300 ƀƀ ▾a486 p. : ▾b사진 ; ▾c23 cm
525 ƀƀ ▾a권말부록: 과목의 구조도. p. 483-486
546 ƀƀ ▾a한자어 자료를 한국어로 번역
700 1ƀ ▾a문재현 ← 번역자명의 부출표목
┌ 발행사 명칭으로 된 총서표제를 다르게 부출표목하는 경우 490필드로 주기
490 10 ▾a바로보인 불법 ; ▾v5
┌─┘← 490필드의 제1지시기호가 '1'일 때는 다르게 표목되는 총서표제는 830필드로 기재
830 0ƀ ▾a불법(바로보인) ; ▾v5
└ 다르게 표목되는 총서표제를 위한 필드

3) 기타종전

성경과 대비해서 읽는

코 란

The Quran

무함마드 아하마드 지아드 저

김화숙 · 박기봉 공역

비봉출판사

부 록

.....namƀƀ22.....ƀcƀ4500
007 ta
008 ......s2001ƀƀƀƀulkaƀƀƀƀƀƀƀƀƀƀ000aƀƀkorƀƀ
┌ 국제표준도서번호는 ISBN이라는 용어와 구분 | 기호 없이 기재
020 ƀƀ ▾a8937602815 ▾g03280 : ▾c₩18,000
<출력> ISBN 89-376-0286-5 03280 : ▾c₩18,000
└ 표시기호 020에 의해 ISBN이라는 용어와 구분기호가 자동 생성
↓ ↘ ↙
090 ƀƀ ▾a280 ▾b코292AK ㄱ
↓ 표제줄머리잡기로 기재된 '코란'의 처음문자와 저자번호
↘ 번역국어표시를 위한 임의부호 'A'와 국어표시 'K'
↙ 공역자 중 처음저자 '김화술'의 성(초성)
245 00 ▾a코란 : ▾b성경과 대비해서 읽는 / ▾d무하마드 아하마드 지아드 저 ; ▾e김화숙, ▾e박기봉 옮김

*책임표시의 원저자명은 정보원의 문자로 기재
*본표제와 통일표제가 동일한 경우는 통일표목을 생략

성경과 대비해서 읽는

코 란

초판인쇄 2001년 12월 15일
초판발행 2001년 12월 20일

지은이 무함마드 아하마드 지아드
옮긴이 김화숙 · 박기봉
펴낸이 박기봉
펴낸곳 비봉출판사
주 소 서울 마포구 서교동 480 – 10 미리내 B/D 3층
전 화 (02)3142-6551 ~ 5
팩 스 (02)3142-6556
E-mail beebooks@hitel.net
homepage ›.kr
등록번호 M1050861 길)
I S B N 280

[통일표목을 영어로 기재한 예]

┌ 기본표목된 통일표제 'Koran'의 처음문자와 저자번호
090 ɓɓ ▾a280 ▾bK82AK¬

130 ɓ0 ▾aKoran. ▾lEnglish. ▾kSelections
└ '▾k'는 종전의 구분을 위한 형식부표목
└ 종전에 사용된 언어표시를 '▾l'로 기재
└ 종교경전은 규정된 종교경전명을 통일표목으로 기재(A2R.59D)

246 19 ▾aQuran <출력> 원표제: Quran

[원표제를 765필드로 주기와 표목한 예]

┌ 번역자료목록에서 원저자료를 246필드에 기술치 않고 765필드로 할 때
765 0ɓ ▾tQuran
<출력> 원저자료: Quran

260 ɓɓ ▾a서울 : ▾b비봉출판사, ▾c2001
300 ɓɓ ▾a568 p. ; ▾c23 cm
525 ɓɓ ▾a권말부록: I. 주제별로 읽는 코란; II. 코란(본문); III. 이스람 년표; IV. 코란의 용어해설
700 1ɓ ▾a무하마드 아하마드 지아드
└ 아랍계의 인명은 처음 본인명, 두 번째 아버지명, 세 번째 할아버지명, 마지막 조상의 출생지 등으로 되어 있기 때문에 표시된 순서로 기재
700 1ɓ ▾a김화술 ← 번역자명의 부출표목
700 1ɓ ▾a박기봉 ← 공역자명의 부출표목
└ 일반주기된 인명은 필요에 따라 부표목

THE

KORAN

*

TRANSLATED WITH NOTES BY

N. J. DAWOOD

PENGUIN BOOKS

PENGUIN BOOKS

Published by the Penguin Group
27 Wrights Lane, London W8 5TZ, England
Viking Penguin Inc., 40 West 23rd Street, New York, New York 10010, USA
Penguin Books Australia Ltd, Ringwood, Victoria, Australia
Penguin Books Canada Ltd, 2801 John Street, Markham, Ontario, Canada L3R 1B4
Penguin Books (NZ) Ltd, 182–190 Wairau Road, Auckland 10, New Zealand

Penguin Books Ltd, Registered Offices: Harmondsworth, Middlesex, England

This translation first published 1956
First revised edition 1959
Second revised edition 1966
Third revised edition 1968
Fourth revised edition 1974
21 23 25 27 29 30 28 26 24 22

Copyright © N. J. Dawood, 1956, 1959, 1966, 1968, 1974
All rights reserved

Made and printed in Great Britain by
Richard Clay Ltd, Bungay, Suffolk
Set in Monotype Garamond

Except in the United States of America,
this book is sold subject to the condition
that it shall not, by way of trade or otherwise,
be lent, re-sold, hired out, or otherwise circulated
without the publisher's prior consent in any form of
binding or cover other than that in which it is
published and without a similar condition
including this condition being imposed
on the subsequent purchaser

.....nam𝔟𝔟22.....𝔟c𝔟4500

007 ta

008 ......s1974𝔟𝔟𝔟𝔟ulka𝔟𝔟𝔟𝔟𝔟𝔟𝔟𝔟𝔟𝔟000a𝔟𝔟eng𝔟𝔟

┌ 기본표목된 통일표제 '코란'의 처음문자와 저자번호

│ ┌ 번역자표시를 위한 임의부호 'A', 국어표시 'E'

090 𝔟𝔟 ▾a280 ▾b코29AEd

└ 번역자 'Dawood, ...'성의 처음문자(소문자)

130 𝔟0 ▾a코란. ▾l영어

└ 통일표목은 하나의 언어로 통일해서 기재. 외국자료인 경우도 한국어로 기재

> [통일표목을 영어로 기재한 예]
>
> 090 𝔟𝔟 ▾a280 ▾bK82AEd
>
> └ 번역자 'Dawood, ...'성의 처음문자(소문자)
>
> 130 𝔟0 ▾aKoran. ▾lEnglish
>
> └ 통일표목은 하나의 언어로 통일해서 기재. 한국자료인 경우도 영어로 기재

245 11 ▾a(The) Koran / ▾dtranslated with notes by N. J. Dawood

260 𝔟𝔟 ▾aLondon : ▾bPenguin Books, ▾c1974

300 𝔟𝔟 ▾a447 p. ; ▾c18 cm

700 1𝔟 ▾aDawood, N. J. ← 번역자명의 부출표목

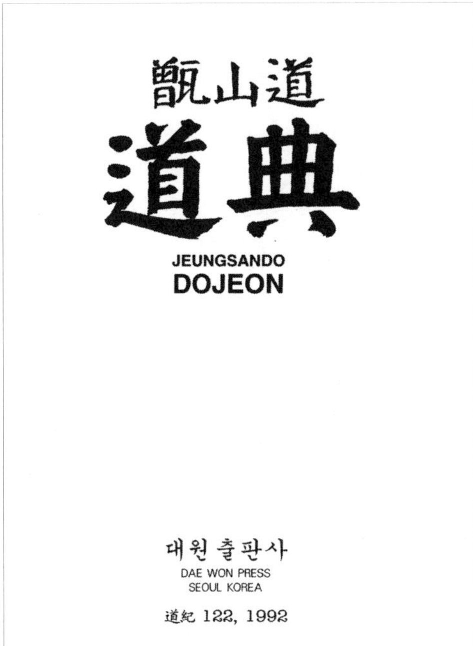

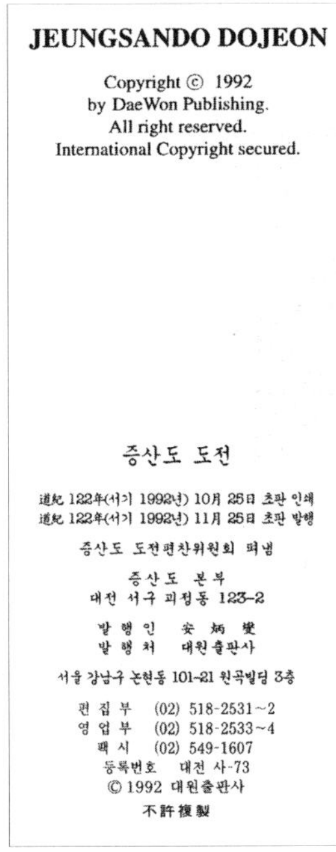

.....namƀƀ22.....ƀcƀ4500

007 ta

008 ......s1992ƀƀƀƀulkaƀƀƀƀƀƀƀƀƀƀƀ000aƀƀkorƀƀ

090 ƀƀ ▾a299.51 ▾b도74ㅈ

└ 245필드의 본표제 '甑山道...'의 처음문자(초성)

130 ƀ0 ▾a도전. ▾l한국어

└ 기타종전은 규정된 종전명을 통일표목으로 기재(A2R.59D)

245 10 ▾a甑山道 道典 = ▾xJeungsando Dojeon / ▾d甑山道

246 31 ▾aJeungsando Dojeon <출력> 대등표제: Jeungsando Dojeon

┌ 서기년도 이외는 기년명과 함께 기재, 해당 서기년도 부기

260 ƀƀ ▾a서울 : ▾b대원출판사, ▾c道紀122[1992]

300 ƀƀ ▾a1199 p. : ▾b삽도, 사진, 지도 ; ▾c23 cm

500 ƀƀ ▾a색인 수록

710 ƀƀ ▾a증산도

┌ 자료에 포함된 부록은 '부록', '권말부록'이라는 표출어로 일반주기

525 ƀƀ ▾a권말부록: 도전속의 인물사진. p. 1068-1161; 도표. p. 1162- 1167; 주요성지 약도. p. 1168-1170; 색인. p. 1171-1199. 원색화보

└ 2개 이상의 부록은 ';'으로 구분하여 기재

740 ƀƀ ▾a도전속의 인물사진. ▾np.1068-1161

740 ƀƀ ▾a주요성지 약도. ▾np. 1168-1170

5. 종전에 관한 도서

금강경과 그 선해

1992년 2월 20일 인쇄
1992년 2월 27일 발행
지은이/김 무 득
발행인/김 동 금
발행처/우리출판사
서울·서대문구 충정로3가1-38
전화/313-5047, 5056
팩시/393-9696
등록 제9-139호

정가 8,000원

.....namƀƀ22.....ƀcƀ4500

008 ......s1993ƀƀƀƀulkaƀƀƀƀƀƀƀƀƀƀƀ000aƀƀkor
ƀƀ

020 ƀƀ ▾a897561008X ▾g03220 : ▾c₩8,000

↓ ↘ ↙

090 ƀƀ ▾a294.3353 ▾b불74ㄱㄱ

↓ 기본표목된 저자와 상관없이 불교경전 '불전'의 처음문자와 저자번호

↘ 경전명인 '금강경'의 처음문자(초성)

↙ 종교경전 내에서 주석자순으로 배열되게 주석자 '김무득'의 성(초성)

100 1ƀ ▾a김무득

└─ 종교경전에 관한 자료는 저자명을 기본표목으로 기재

245 10 ▾a金剛經과 그 禪解 : ▾b明本 高麗本對照 / ▾d김무득 註釋

260 ƀƀ ▾a서울 : ▾b우리출판사, ▾c1993

┌─ 2책 이상의 다권본은 책수를 표시

300 ƀƀ ▾a2冊(上下卷) : ▾b삽도, 그림 ; ▾c23 cm

└─ 필요한 경우 책수를 확인하기 위한 권표시나 면수를 ()에 보기

630 04 ▾a불전. ▾p금강경 ▾x주석 <출력> 불전. 금강경--주석

┌─ 번역본의 원본은 500필드에 일반주기하고 원명과 원저자는 700필드에 분출표목

| ┌─저자명의 식별을 위해 국명을 ()로 부기

500 ƀƀ ▾a金剛經集注, 朱棣(明) 集注의 영인원본. 上海古籍出版社, 1989년판을 원본으로 함

700 12 ▾a주체. ▾c명. ▾t금강경집주

| └─ 식별이 필요한 인명표목은 국명이나 생몰년을 '▾c'로 기재

└─ 일반주기된 자료명과 저작자명을 짝지어 기재 각각 표목될 수 있게 제2지시기호 '2'로 분출표목 지시

┌─ 부록의 표제와 저자명, 발행사항 등을 함께 주기. 부록저자명과 표제는 7XX로 부표목

500 ƀƀ ▾a부록: 金剛般若波羅密經集注 : 趙楧初題. 上海古籍出版社. 상권, 1-146+[7] p.; 하권, 147-294+[10] p.

└ 독립된 부록면수는 권차와 해당면수를 기재하고, 면수매김이 없는 부분은 목록자가 []로 부기

<출력> 부록: 金剛般若波羅密經集注 : 趙楧初題. 上海古籍出版社

740 ƀƀ ▾a금강반야파라밀경집주

THE LEE'S COMMENTARY ON

I & II SAMUELS

By The Rev. Sang Kun Lee, Th. D.

신학박사 이 상 근 지음

구약성서 주해 사무엘 상 · 하서

성 등 사

사무엘상 · 하서　　값15,000원

1996년 6월 15일 초판 인쇄
1996년 6월 30일 초판 발행
저 자 이 상 근
발행자 이 상 근
발행처 성 등 사
대구직할시 중구 남성로 50

〈등록 1987. 11. 12. 제 1-104호〉
★ 본 주해서의 한글 성경 인용은 대한성서 공회의 승인을 얻은 것임.

.....namƀƀ22.....ƀcƀ4500
008 ......s1996ƀƀƀƀtgkaƀƀƀƀƀƀƀƀƀƀƀ000aƀƀkor ƀƀ

090 ƀƀ ▾a222.4 ▾b성54ㅅㅇ
↓ 기본표목된 통일표목 '성서'의 처음문자와 저자번호
↘ 성경 내의 경전명인 '사무엘서'의 처음문자(초성)
↙ 동일 경전 내에서 주석자순으로 배열되게 '이상근'의 성(초성)

100 1ƀ ▾a이상근
└─ 종교경전 자체가 아닌 종전에 관한 자료는 저자명을 기본표목

245 10 ▾a사무엘 상·하서 / ▾d이상근 지음
┌─ 제1지시기호 '1'은 245필드에 기재되지 않은 대등표제의 주기와 부표목 지시
│┌─ 제2지시기호 '1'은 형식화된 '대등표제:'라는 표출어 생성을 위한 지시

246 11 ▾aLee's commentary on I & II Samuels
<출력> 대등표제: Lee's commentary on I & II Samuels
260 ƀƀ ▾a대구 : ▾b성등사, ▾c1996
300 ƀƀ ▾a427 p. ; ▾c23 cm
440 00 ▾a구약성서 주해
┌─ 제2지시기호 '4'는 특정 주제명표목표에 의하지 않고 작성된 주제명일 때 지시
│ ┌─ '▾a'는 성경의 통일표제, '▾p'는 경전내의 자료제목, '▾x'는 형식세목
│ │ ┌─ 종교경전에 대한 주제명 표목은 통일표제와 동일한 형식으로 기재(A2R.59D)

630 04 ▾a성서. ▾p구약. ▾p사무엘 상·하 ▾x주석
<출력> 성서. 구약. 사무엘 상·하--주석
└─ '▾x'로 기재된 형식세목은 출력시 '--'가 자동 생성

┌─ 제2지시기호 '0'는 LC의 주제명표목표에 의한 주제명 작성시 지시
│ ┌─ 경전명의 통일표목을 영어어로 사용한 예

630 00 ▾aBible. ▾pO.T. ▾pSamuel I & II ▾xCommentary.
<출력> Bible. O.T. Samuel I & II-Commentary

Judges I–5

A New Translation and Commentary

Barnabas Lindars, S.S.F.

Edited by
A. D. H. Mayes

T&T CLARK
EDINBURGH

T&T CLARK LTD
59 GEORGE STREET
EDINBURGH EH2 2LQ
SCOTLAND

Copyright © T&T Clark Ltd, 1995

All rights reserved. No part of this publication may be reproduced, stored in a retrieval system, or transmitted, in any form or by any means, electronic, mechanical, photocopying, recording or otherwise, without the prior permission of T&T Clark Ltd.

First published 1995

ISBN 0 567 09696 3

British Library Cataloguing-in-Publication Data
A catalogue record for this book is available from the British Library

.....namƀƀ22.....ƀcƀ4500

007 ta

008 ......s1995ƀƀƀƀusƀaƀƀƀƀƀƀƀƀƀƀ000aƀƀ engƀƀ

020 ƀƀ ▾a0567096963

090 ƀƀ ▾a222.32 ▾bL742j

↓ 222.32는 유다서를 위한 분류번호

↘ 독립된 분류번호 내에서는 기본표목된 저자명의 처음 문자(대문자)와 저자번호로 도서기호 작성

↙ 본표제로 기재된 표제 'Judges'의 처음문자(소문자)

100 1ƀ ▾aLindars. Barnabas

└─ 저자명을 기본표목으로 기재

┌─ 자료의 일부 장표시는 표제 다음에 '▾n'으로 기재

245 10 ▾aJudges. ▾nI-5 : ▾bA new translation and commentary / ▾d[by] Barnabas Lindears ; ▾eedited by A. D. H. Mayes

260 ƀƀ ▾aEdinburgh : ▾bT. & T. Clark, ▾c1995

300 ƀƀ ▾axxxiii, 302 p. ; ▾c21 cm

500 ƀƀ ▾aIncludes index

┌─ 'Bible'은 기독교성경의 영어형 통일표목(A2R.59D)

┌─ N.T.는 'New Testament'의 약자

┌─ 'Judges'는 신약성서 내의 책명

630 04 ▾aBible. ▾pN.T. ▾pJudges ▾xCommentary

<출력> Bible. N.T. Judges--Commentary

┌─ 제2지시기호 '4'는 주제명표목표에 의하지 않은 주제명 작성시 지시

┌─ 경전명의 통일표목을 한국어로 사용한 예

630 04 ▾a성서. ▾p신약. ▾p유다서 ▾x주석 <출력> 성서. 신약. 유다서--주석

700 1ƀ ▾aMayes, A. D. H. ← 기본표목되지 않은 두 번째 이하의 저자명부표목

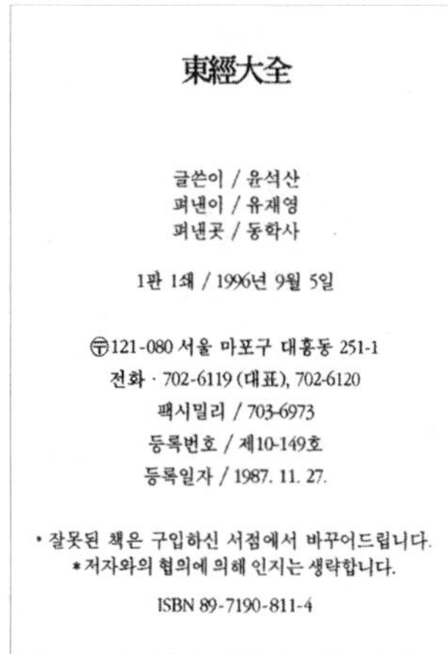
東經大全

글쓴이 / 윤석산
펴낸이 / 유재영
펴낸곳 / 동학사

1판 1쇄 / 1996년 9월 5일

㉾121-080 서울 마포구 대흥동 251-1
전화 · 702-6119 (대표), 702-6120
팩시밀리 / 703-6973
등록번호 / 제10-149호
등록일자 / 1987. 11. 27.

• 잘못된 책은 구입하신 서점에서 바꾸어드립니다.
* 저자와의 협의에 의해 인지는 생략합니다.

ISBN 89-7190-811-4

.....namƀƀ22.....ƀcƀ4500
007 ta
008 ......s1996ƀƀƀƀulkaƀƀƀƀƀƀƀƀƀƀ000aƀƀ
korƀƀ
020 ƀƀ ▾a8971908114
090 ƀƀ ▾a299.51 ▾b최74ㄷㅇ
| | └ 종전 내에서 주석자순으로 배열되게 '尹錫山'의 성(초성)
| └ 천도교경전의 통일표제 '동경대전'의 처음문자(초성)
└ 경전의 저자 '최제우'의 성과 저자번호
100 1ƀ ▾a윤석산
└─ 경전에 관한 자료는 저자명을 기본표목으로 기재

[모체자료레코드]
100 1ƀ ▾a최제우, ▾d1824-1864
245 10 ▾a東經大全 / ▾d崔濟愚 著

245 10 ▾a東經大全 / ▾d[崔濟愚 著] ; ▾e尹錫山 註解
260 ƀƀ ▾a서울 : ▾b동학사, ▾c1996
300 ƀƀ ▾a324 p. ; ▾c23 cm
┌─ 자료에 대한 통일표목을 630필드로 부표목
630 04 ▾a천도교경전
630 04 ▾a동경대전 ▾x주해
<출력> 동경대전--주해
└─ 출력시 '--'는 자동 생성
700 1ƀ ▾a윤석산

VI. 표제줄머리잡기

표제줄머리잡기의 대상은 ① 저자가 알려져 있지 않는 경우(A2R.23B2), ② 4인 이상의 저작으로 주된 저자가 없는 경우(A2R.25C2), ③ 전집으로 종합표제를 가지고 있는 경우(A2R.26B), ④ 종교경전 및 무저자명 고전 등이 포함된다.

표제표목은 저자가 없는 자료나 4인 이상의 공저서인 경우 기본표목으로 저자명을 기입하지 않고 표제를 중심으로 기술한 목록이다. 표제는 본표제를 중심으로 별표제, 대등표제, 편차/권차, 편제/권차표제, 표제관련정보 등을 포함하고, 책임표시는 저작에 책임이 있는 저자명, 편자, 역자, 삽도자, 주석자 등을 포함한다. KORMARC에서 표제는 245필드에 부표목 여부와 인쇄방법에 따른 지시기호와 사항별 식별기호로 기재한다. 표제표목은 관련된 다양한 표제에 대한 기술과 표목에 관한 사항을 함께 기술할 수 있게 한 246필드를 연계시켜 제시하였다.

제1지시	0-표제를 부출 않음[8] 1-표제를 부출함 2-관제를 포함 표제를 부출함	제2지시	0-그대로 인쇄 1-원괄호를 제외하고 인쇄
식별	아래 식별기호 참조		

ISBD부호와 식별기호

▾a-본표제(R)	: ▾k-형식(R)
:: ▾b-표제관련정보(R)	. ▾n-권차 또는 편차(R)
/ ▾d-첫 번째 책임표시(R)	, ▾p-권제 또는 편제(R)
; ▾e-두 번째 이하의 책임표시(R)	▾s-판
, ▾f-수집된 자료의 전체포괄 연도 =	▾x-대등표제(parallel title)(R)
▾g-수집된 자료 중 대다수 자료의 포괄년도	
[ ] ▾h-[GMD][9]	▾8-필드 링크와 일련번호(R)

8) 제1지시기호 '0'은 표제를 부출하지 않거나 1XX 기본표목이 없이 표제기본표목형식으로 기재될 때 지시한다.

9) GMD(자료유형표시)는 각괄호'[ ]'로 묶어 본표제(▾a), 권차(▾n), 권제(▾p) 다음에 위치한다.

[본표제가 있는 저작]

245 0❷ ▾a본표제 / ▾d저작자 ... [등저]

245 0❷ ▾a본표제, 일명, 별표제 = ▾b대등표제 : ▾b표제관련정보 / ▾d저작자 ... [등저] ; ▾e역할을 달리한 저작자

245 0❷ ▾a본표제. ▾n편차, ▾p편제 / ▾d저작자 ... [등저]

245 0❷ ▾a본표제. ▾n편차 : ▾b표제관련정보 / ▾d편저자 ; ▾e역할을 달리한 저작자

245 0❷ ▾a본표제 : ▾b표제관련정보 = ▾x대등표제 : ▾b대등표제의 표제관련정보 / ▾d저작자 ... [등저]

245 0❷ ▾a본표제, 작품번호 / ▾d편저자

245 0❷ ▾a본표제, 포함범위나 연도 / ▾d저작자 ... [등저]

245 0❷ ▾a본표제 . ▾n부(part)나 절(section) / ▾d편저자

[종합표제나 대표표제가 없는 저작(A2R.5.1G1)]

245 0❷ ▾a본표제A = ▾x대등표제 : ▾b표제관련정보 ; ▾a본표제B = ▾x대등표제 : ▾b표제관련정보 / ▾d저작자 ... [등저]

245 0❷ ▾a본표제A. ▾n편차, ▾p편제 : ▾b표제관련정보 ; ▾a본표제B. ▾n편차, ▾p편제 : ▾b표제관련정보 / ▾d편저자

245 0❷ ▾a본표제. ▾a본표제

245 0❷ ▾a본표제A = ▾xA대등표제 : ▾bA표제관련정보 / ▾dA편저자. ▾a본표제B = ▾xB대등표제 : ▾bB표제관련정보 / ▾dB편저자

245 0❷ ▾a본표제A. ▾p편제 / ▾dA편저자. ▾a본표제B. ▾p편제 / ▾dB편저자

245 0❷ ▾a본표제A. ▾n편차, ▾p편제 : ▾b표제관련정보 / ▾dA편저자 ; ▾eA공편자. ▾a본표제B. ▾n편차, ▾p편제 : ▾bB표제관련정보 / ▾dB편저자

┌ 1XX(기본표목) 없이 표제줄머리잡기로 기재될 때는 언제나 '0'을 지시
│ ┌ 본표제의 원괄호로 기재된 '3인수필집'을 제외한 표제로 표목출력 지시

245 01 ▾a(3인수필집) 산문산책 / ▾d김진태, ▾e김시헌, ▾e장인문 합저

245 01 ▾a(The) Story of Moravian missions in Greenland and Labrador / ▾dby H. L. L.

┌ 출력은 괄호를 제외한 관제를 포함한 표제로 출력

<출력> The Story of Moravian missions in Greenland and Labrador / by H. L. L.

┌ 부출표목은 ()로 기재된 관제를 제외한 표제로 출력
<표목> Story of Moravian missions in Greenland and Labrador / by H. L. L.

245 00 ▾ a合同年鑑

245 00 ▾ aAPA style : ▾ b주·참고문헌 / ▾ d김남석 편저

245 00 ▾ a학교와 사회 = ▾ xThe School and society / ▾ d황종건 ... [등저]

245 00 ▾ a아라비안나이트, [일명], 千一夜話 = ▾ xFairy tales from the Arabian nights

245 00 ▾ aValues and policy in American society / ▾ d[by] Russell E. Bayliff ...

245 00 ▾ aPrinceton encyclopedia of poetry and poetics / ▾ ded. by Alex Preminger

[여러 형태의 표제]

246필드는 개별표제와 관련된 표제를 기술하는 것으로 다양한 표제를 가진 자료에서 본표제와 다른 경우, 개별자료를 식별하는 데 도움이 되는 표제를 기술한다. 그 대상은 ① 한 저작만 있는 경우, 본표제의 다양한 형식의 표제, ② 종합표제가 있는 둘 또는 그 이상의 저작의 경우, 다양한 종합표제는 246필드를 사용한다.

<table>
<tr><td>제1지시</td><td>0－주기함, 표제부출 않음
1－주기함, 표제부출함
2－주기 않음, 표제부출 않음
3－주기 않음, 표제부출함</td><td>제2지시</td><td>b̸－[표출어를 생성하지 않음]
0－[검색을 위한 부분표제][10)]
1－대등표제:
2－식별표제: 6－권두표제:
3－기타표제: 7－난외표제:
4－표지표제: 8－책등표제:
5－부표제지표제: 9－원표제:</td></tr>
<tr><td>식별</td><td colspan="2">▾a－본표제/간략표제
▾b－표제관련정보
▾f－권·연차표시
▾g－기타정보
▾h－GMD</td><td>▾i－설명어구 표시
▾n－권차·편차(R)
▾p－권제·편제(R)
▾5－필드 적용기관
▾8－필드 링크와 일련번호(R)</td></tr>
</table>

246 ❶❷ ▾ i설명어구표시: ▾ a본표제/간략표제 : ▾ b표제관련정보. ▾ f권 · 연차표시 : ▾ g기타정보

246 ❶❷ ▾ a본표제/간략표제. ▾ n권차.편차, ▾ p권제.편제 : ▾ g기타정보

10) 제2지시기호 ‘b̸’는 표출어를 자동 생성하지 않고, ‘0’는 표출어도 주기도 생성하지 않는다.

1. 4인 이상의 공저서

20세기문명연구 총서

현대기호학의 발전

김치수 · 김성도 · 박인철 · 박일우

서울대학교출판부

현대기호학의 발전

1998년 10월 20일 초판 제1쇄 인쇄
1998년 10월 25일 초판 제1쇄 발행

저자 김치수 · 김성도 · 박인철 · 박일우
발행인 선우중호

발행처 서울대학교출판부
151-742 서울시 관악구 신림동 산 56-1
판매과 (02) 889-4424, 880-7995
팩시밀리 (02) 888-4148

E-mail: snubook@chollian.net
snubook@plaza.snu.ac.kr
Internet home-page: http://plaza.snu.ac.kr/~snubook
전화사서함 (02) 151(사서함 번호)8890

출판등록 제 15-3 호

ISBN 89-7096-320-0

값 16,000원
© 김치수 외 1998
저자와의 협의하에 인지는 생략합니다.
잘못된 책은 바꾸어 드립니다.

이 책의 무단전재나 복제 행위는 著作權法 98條에 따라 처벌받게 됩니다.

```
.....nambb22.....bcb4500
007 ta
008 ......s1999bbbbulkabbbbbbbbbbb000abbkorbb
020 bb ▾a8970963200
090 bb ▾a174 ▾b현23
            |    └ 표제줄머리잡기에서는 작품표시난은 공란
            └ 기본표목된 '현대기호학의 ...'의 처음문자와 저자번호
                      ┌ K4.1.1.6.2.7)에서는 으뜸정보원의 저작자를 전부 기재할 수 있게도 규정
245 00 ▾a현대기호학의 발전 / ▾d김치수, ▾e김성도, ▾e박인철, ▾e박일우 [공저]
700 1b ▾a김치수 ──────────┘        |          |          |
700 1b ▾a김성도 ────────────────────┘          |          |
700 1b ▾a박인철 ───────────────────────────────┘          |
700 1b ▾a박일우 ──────────────────────────────────────────┘
```

```
┌ 4인 이상의 공저서를 표제줄머리잡기로 기술할 때는 제1지시기호를 '0'으로 지시
|                  ┌ 대표저작자만을 기재할 때 석점줄임표로 '외', '등'을 []로 부기
245 00 ▾a현대기호학의 발전 / ▾d김치수...[등저]
700 1b ▾a김치수
```

246 30▾a기호학의 발전
<출력> 검색을 위한 부분표제: 기호학의 발전
ㄴ 제2지시기호 '0'에 의해 '검색을 위한 부분표제:'라는 표출어 자동 생성

260 ƀƀ▾a서울 :▾b서울대학교출판부,▾c1999
300 ƀƀ▾axiii, 496 p. ;▾c21 cm
440 00▾a20세기문명연구 총서 ;▾v5
=440 00▾a20[i.e. 이십]세기문명연구 총서 ;▾v5

490 10▾a20세기문명연구 총서 ;▾v5
830 ƀ0▾a이십세기문명연구 총서 ;▾v5
ㄴ 숫자로 된 표제의 발음문자의 통일을 위해 해당 숫자를 한글로 표기한 총서표제부출표목

504 ƀƀ▾a참고문헌 및 색인: p. 465-496
650 ƀ4▾a기호학
ㄴ 제2지시기호 '4'는 특정 주제명표목표에 의하지 않은 목록작가 작성한 경우 지시

LECTURES IN CRITICISM

EDITED BY ELLIOTT COLEMAN

Introduction by Huntington Cairns

R. P. BLACKMUR • BENEDETTO CROCE

HENRI M. PEYRE • JOHN CROWE RANSOM

HERBERT READE • ALLEN TATE

HARPER TORCHBOOKS The Bollingen Library

HARPER & BROTHERS, NEW YORK

LECTURES IN CRITICISM

Copyright 1949 by Bollingen Foundation Inc., New York, N. Y.
Printed in the United States of America

This volume is the sixteenth in a series of books sponsored by Bollingen Foundation.

This book was first published in 1949 by Pantheon Books, Inc., New York, for Bollingen Foundation, and is reprinted by arrangement.

First HARPER TORCHBOOK edition published 1961

.....namƀƀ22.....ƀcƀ4500

007 ta

008 ......s1949ƀƀƀƀusƀaƀƀƀƀƀƀƀƀƀƀƀ000aƀƀ engƀƀ

090 ƀƀ ▾a809 ▾bL471

↓ 표제줄머리잡기는 표제 'Lectures ...'의 처음문자(대문자)와 저자번호

245 00 ▾aLectures in criticism / ▾d[by] R. P. Blackmur ...[and others] ; ▾eed. by Elliott Coleman ; ▾eintroduction by Huntington Cairns ← 4인 이상은 처음 저자명에 'and others'를 [ ]로 부기

260 ƀƀ ▾aNew York : ▾bHarper & Brothers, ▾cc1949

300 ƀƀ ▾aviii, 209 p. ; ▾c22 cm

┌ 490필드는 부출표목되지 않는 총서표제나 다르게 부출표목되는 총서표제를 기술

│ ┌ 제1지시기호 '0'은 부출되지 않은 총서표제일 때 지시

490 00 ▾aHarper torchbooks. The Bollingen library

┌ 제1지시기호 '8'은 'Contents:'라는 표출어를 직접입력할 때 지시

│┌ 제1지시기호 'ƀ'은 기본형으로 주기사항을 식별기호 없이 띄어쓰기로 기재할 때 지시

505 8ƀ ▾aContents: The literary criticism of Aristotle / by John Crowe Ransom -- Longinus / by Allen Tate -- Coleridge as critic / by Herbert Read -- The Criticism of contemporary writing: a French view / by Henri M. Peyre -- The condition of criticism in Italy / by Benedetto Croce -- A Burden for critics / by R. P. Blackmur

┌ 제2지시기호 '2'은 내용의 표제와 저자명을 분출표목할 것을 지시

700 12 ▾aRansom, John Crowe. ▾tLiterary criticism of Aristotle

700 12 ▾aTate, Allen. ▾tLonginus

700 12 ▾aRead, Herbert. ▾tColeridge as critic

700 12 ▾aReyre, Henri M. ▾tCriticism of contemporary writing

700 12 ▾aCroce, Benedetto. ▾tCondition of criticism in Italy

700 12 ▾aBlackmur, R. P. ▾tBurden for critics

700 1ƀ ▾aColeman, Elliott ← 편저자명의 부출표목

700 1ƀ ▾aCairns, Huntington ← 서문저자명의 부출표목

2. 편저서

世界名著解題

— 政治·經濟·法學 —

趙南轍編著

隆宇社

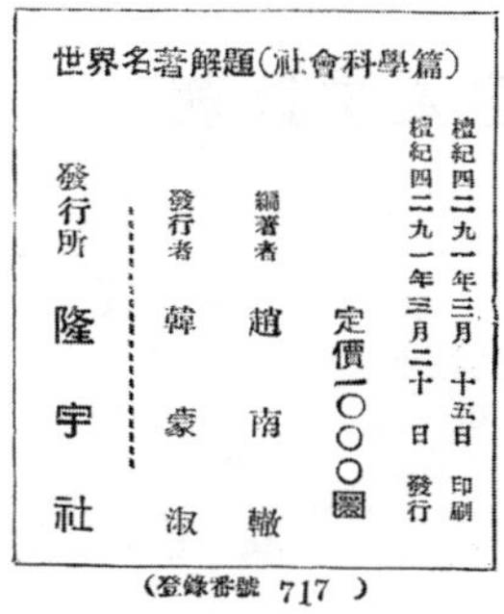

世界名著解題(社會科學篇)

檀紀四二九一年三月 十五日 印刷
檀紀四二九一年三月二十 日 發行

定價一〇〇〇圜

編著者 趙南轍
發行者 韓豪淑
發行所 隆宇社

(登錄番號 717)

.....namƀƀ22.....ƀcƀ4500
007 ta
008 ......s1958ƀƀƀƀulkaƀƀƀƀƀƀƀƀƀƀƀ000aƀƀ
korƀƀ

090 ƀƀ ▾a016 ▾b세54
↓ 표제줄머리잡기의 '世界名著...'의 처음문자와 저자번호
↘ 표제 중심의 도서기호에서는 저작표시난은 공란

245 00 ▾a世界名著解題 : ▾b政治, 經濟, 法學 / ▾d趙南轍 編著
246 30 ▾a정치
246 30 ▾a경제
246 30 ▾a법학
└ 제2지시기호 '0'은 '검색을 위한 부분표제'라는 표출어를 위한 지시
└ 245필드에 기재된 사항이므로 제1지시기호 '3'으로 부출표목으로만 지시
┌ 제1지시기호 '1'은 '▾a'의 표제를 주기하고 부표목할 것을 지시
┌ 제2지시기호 'ƀ'은 '▾i'로 정형화되지 않은 표출어를 입력할 때 지시

246 1ƀ ▾i판권기표제: ▾a世界名著解題(社會科學篇)

> [판권기표제를 일반주기한 예]
>
> 500 ƀƀ ▾a판권기표제: 世界名著解題(社會科學篇)
> 740 ƀƀ ▾a세계명저해제(사회과학편)
> └ 본표제와 다른 판권기표제를 일반주기한 경우는 740필드로 부출표목

260 ƀƀ ▾a서울 : ▾b隆宇社, ▾c檀紀 4291[1958]
└ 서기년도 이외는 기년명과 함께 기재, 서기년도를 [ ]로나 ( )로 부기
300 ƀƀ ▾aiv, 296, 18 p. ; ▾c18 cm
500 ƀƀ ▾a原名·原書索引. p. 1-18
700 1ƀ ▾a조남철 ← 책임표시에 기재된 편저자의 부출표목

集簡書人文鮮朝

編庚相徐

版社　文　三 城京

```
.....namƀƀ22.....ƀcƀ4500
007 ta
008 ......s1937ƀƀƀƀulkaƀƀƀƀƀƀƀƀƀƀƀ000aƀƀkorƀƀ
090 ƀƀ ▾a816 ▾b조54
          ┌────┘
245 00 ▾a朝鮮文人書簡集 / ▾d徐相庚 編
260 ƀƀ ▾a京城[서울] : ▾b三文社, ▾c昭和 12[1937]
          |                  └ 일본기년은 기년명과 함께 발행년을 기재하고 해당 서기
          |                    년도를 []나 ()로 부기
          └ 구지명은 정보원의 지명을 기재하고 []로 현재 지명을 보기
300 ƀƀ ▾a223 p. ; ▾c19 cm
         ┌ 부록자료는 '권말부록:'이라는 표출어로 정보원의 기술사항을 그대로 기재
525 ƀƀ ▾a권말부록: 끌키, 궤데, 톨스토에프스키
700 1ƀ ▾a도스토예프스키, F. M.
         └ 부록자료의 필요한 인명부표목은 통일된 표기법으로 기술
700 1ƀ ▾a괴에테, J. W.
740 ƀ0 ▾a톨스토에프스키
740 ƀ0 ▾a궤데
740 ƀ0 ▾a끌키
         └ 부록의 표제로 부표목할 때는 자료에 나타난 명칭으로 기재
700 1ƀ ▾a서상경
```

CONFLICT PROCESSES AND THE BREAKDOWN OF INTERNATIONAL SYSTEMS
MERRIAM SEMINAR SERIES ON RESEARCH FRONTIERS

Dina A. Zinnes
Editor

Volume 20
Book 2

MONOGRAPH SERIES IN WORLD AFFAIRS

Graduate School of International Studies
University of Denver
Denver, Colorado 80208

.....namƀƀ22.....ƀcƀ4500
007 ta
008 ......s1983ƀƀƀƀusƀaƀƀƀƀƀƀƀƀƀƀ
000aƀƀengƀƀ
020 ƀƀ ▾a0879400730
090 ƀƀ ▾a349.9 ▾bC748
└ 표제줄머리잡기 'Conflict ...'의 처음문자(대문자)와 저자번호
245 00 ▾aConflict processes and the breakdown of international systems : ▾bMerriam seminar series on research frontiers / ▾ded. by Dina A. Zinnes
┌ 246(여러 형태의 표제)필드는 본표제와 상이한 정보원의 표제를 기술
| ┌ 제1지시기호 '1'(주기함, 표제 부출)은 주기와 표제부출을 지시
| |┌ 제2지시기호 'ƀ'는 '▾i'로 정형화되지 않는 표출어를 입력할 때 지시
246 1ƀ ▾iSpine title: ▾aConflict processes
<출력> Spine title: Conflict processes
┌ 발행지명이 도시명만으로 식별되지 않을 때 상위지명을 부기
260 ƀƀ ▾aDenver, Colo. : ▾bGraduate School of International Studies, Universityu of Denver, ▾c1983
300 ƀƀ ▾aix, 160 p. : ▾billus. ; ▾c21 cm
┌ 두 개 이상의 독립된 총서표제는 표목여부에 따라 440필드나 490필드를 반복하여 기술
440 00 ▾aMonograph series in world affairs ; ▾vv. 20, bk. 2
2중의 총서번호는 큰 것을 먼저 기술 ─┘ └ 총서번호 내의 연번을 기술
440 00 ▾aMerriam seminars on research frontiers in international and cross international politics series ; ▾vv. 1
504 ƀƀ ▾aIncludes bibliographies
700 1ƀ ▾aZinnes, Dina A. ← 기본표목되지 않은 편자명의 부출표목

.....namƀƀ22.....ƀcƀ4500

007 ta

┌ 008/15-17자리는 German의 발행국부호<부속서 1. 발행국 부호표>

008 ......s1975ƀƀƀƀgwƀaƀƀƀƀƀƀƀƀƀƀ000aƀƀgerƀƀ

|| └ 008/11-14자리는 'ƀƀƀƀ'로 표시 └ 독일어의 언어구분부호<부속서 3. 언어구분부호표>

|└ 008/07-10자리는 단권의 발행년을 표시

└ 008/06자리 's'는 단일년도를 위한 유형부호

┌ 본표제로 작성되는 도서기호의 저자번호 다음 작품표시난은 공란

090 ƀƀ ▾a854 ▾bD485

└ 표제줄머리잡기로 기재되는 본표제 'Deutsche ...'의 처음문자(대문자)와 저자번호

┌ 표제는 독일어의 어법에 따라 명사는 처음문자를 모두 대문자로 기재

245 00 ▾aDeutsche Erzählungen aus drei Jahrzehnten : ▾bDeutschprachige Prosa saity 1945 / ▾dherausgegeben von Martin Gregor-Dellin

└ 'herausgegeben von'은 'edited by'의 의미로 역할어를 나타낸 것이므로 저자명 앞에 기재

┌ 245필드에 기재된 사항의 검색을 위한 부분표목은 주기하지 않고 부출표목으로만 지시

246 3ƀ ▾iPortion of title: ▾aDeutschprachige Prosa saity 1945

| └ 부출표목되는 부분표제는 '▾a'로 기재

└ 제2지시기호 'ƀ'는 '▾i'로 정형화되지 않은 표출어를 입력할 때 지시

260 ƀƀ ▾aTübingen : ▾bHorst Erdmann Verlag, ▾c1975

└ 발행처(사)는 고유명사이므로 단어의 처음문자는 대문자로 기재

300 ƀƀ ▾a542 p. ; ▾c21 cm

┌ 복합성은 정보원에 나타난 형식으로 기재

700 1ƀ ▾aGregor-Dellin, Martin ← 편저자명의 부출표목

└ 복합성을 가진 저자명은 KORMARC에서는 제1지시기호 2로 구분하였으나 'KORMARC-통합서지용'에서는 성을 가진 인명을 제1지시기호 '1'로 통일

投射法 시리이즈 3

BGT 性格診斷法

The Bender Gestalt Test

李 相 魯
邊 昌 鎭 編著
李 熙 道

中央適性出版社

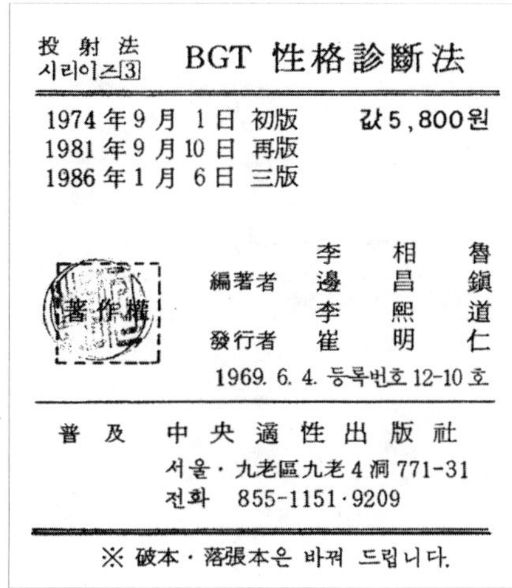

投射法 시리이즈3 BGT 性格診斷法

1974年9月 1日 初版 값5,800원
1981年9月10日 再版
1986年1月 6日 三版

編著者 李 相 魯
邊 昌 鎭
李 熙 道
發行者 崔 明 仁

1969. 6. 4. 등록번호 12-10호

普及 中央適性出版社
서울 · 九老區九老4洞 771-31
전화 855-1151 · 9209

※ 破本 · 落張本은 바꿔 드립니다.

.....namƀƀ22.....ƀcƀ4500
007 ta
008 ......s1986ƀƀƀƀulkaƀƀƀƀƀƀƀƀƀƀƀ000aƀƀkorƀƀ
020 ƀƀ ▾c₩5,800 ← ISBN이 없이 가격만을 기술한 예
090 ƀƀ ▾a181.12 ▾bB458
└ 표제줄머리잡기로 기재된 표제 'BGT...'의 처음문자(대문자)와 저자번호
편저자는 3인까지 기재하고 부출표목 ┐
245 00 ▾aBGT性格診斷法 = ▾xThe Bender Gestalt test / ▾d李相魯, ▾e邊昌鎭, ▾e李熙道 編著
┌ 제1지시기호 '3'은 '주기하지 않고, 부표목 작성'을 지시
│ ┌ 영어표제는 대등표제 앞의 'The'(관사)를 제외한 표제로 기재
246 31 ▾aBender Gestalt test
<출력> 대등표제: Bender Gestalt test
└ '대등표제:'라는 표출어는 제2지시기호 '1'의 지시에 의해 자동 생성
260 ƀƀ ▾a서울 : ▾b中央適性研究所, ▾c1986
300 ƀƀ ▾a334 p. : ▾b삽도 ; ▾c24 cm
440 00 ▾a投射法시리즈 ; ▾v3
504 ƀƀ ▾a참고문헌 및 색인: p. 319-334
700 1ƀ ▾a이상로 ← 편저자명의 부출표목
700 1ƀ ▾a변창진
700 1ƀ ▾a이희도 ← 책임표시에 기재된 편저자는 필요한 경우 3인까지 각각 부출표목

3. 총서

하버마스의 비판적 사회이론

계명대 철학연구소
이진우 엮음

文藝出版社

哲學思想叢書

하버마스의 비판적 사회이론

하버마스의 비판적 사회이론

1판 인쇄 —— 1996년 4월 20일
1판 발행 —— 1996년 4월 30일

엮은이 —— 이진우
펴낸이 —— 전병석
펴낸곳 —— 문예출판사
주소 —— 서울특별시 서대문구 충정로 3가 32-11
대표전화 —— 393-5681
팩시밀리 —— 393-5685

등록 —— 1996. 12. 2. 제 1-134호
〈엮은이와의 협약에 의해 검인 생략〉

값 —— 9000원

ISBN 89-310-0292-0 03160

.....namƀƀ22.....ƀcƀ4500
007 ta
008 ......s1996ƀƀƀƀulkaƀƀƀƀƀƀƀƀƀƀƀ000aƀƀkorƀƀ
020 ƀƀ ▾a8931002920 ▾g03160 : ▾c₩9000

┌ 연구대상이 된 'Habermas'의 개인명 처음문자(대문자)와 저자번호

090 ƀƀ ▾a165.8 ▾bH114o

└ 작품표시는 타서전과 같이 편자 '이진우'의 성(초성)

┌ 본서는 편저서이기 때문에 표제줄머리잡기로 기재

245 00 ▾a하버마스의 비판적 사회이론 / ▾d이진우 엮음

└ 편저자는 책임표시에 기재하고 700필드로 부표목 해야 하나 내용저자로 700필드에 부표목되었으므로 생략

246 30 ▾a비판적 사회이론
<출력> 검색을 위한 부분표제: 비판적 사회이론

└ 제2지시기호 '0'의 지시에 의해 '검색을 위한 부분표제:'라는 표출어는 자동 생성

┌ 발행사항은 정보원의 문자를 전사

260 ƀƀ ▾a서울 : ▾b文藝出版社, ▾c1996
300 ƀƀ ▾a294 p. ; ▾c23 cm
440 00 ▾a哲學思想叢書

┌ 제1지시기호 '0'(완전내용주기)은 '내용:'이라는 표출어 생성 지시
│┌ 제2지시기호 'b̸'(기본형)는 내용사항을 식별기호 없이 기재할 때 지시

505 0b̸ ▾a하버마스의 비판적 해석학 / 김용일 -- 하버마스의 의사소통적 합리성 / 한자경 -- 하버마스의 담론이론과 진리이념 / 백승균 -- 하버마스에서 공론영역의 양면성 / 김재현 -- 비판적 사회이론의 방법론적 전략 / 한승완 -- 급진민주주의의 규범적 토대 / 이진우 -- 담론이론의 사회철학 / 윤평중 -- 개체성립과 탈형이상학 / 김득룡 -- 하버마스와 한국 / 권용혁

600 1b̸ ▾aHabermas, J. ← 연구대상 인명은 주제명 부출표목

700 12 ▾a이진우. ▾t급진민주주의의 규범적 토대

└ '이진우'는 편자이면서 내용의 저자이기 때문에 중복되지 않게 내용의 저자로 해당 표제와 함께 분출표목

700 12 ▾a김용일. ▾t하버마스의 비판적 해석학

700 12 ▾a한자경. ▾t하버마스의 의사소통적 합리성

700 12 ▾a백승균. ▾t하버마스의 담론이론과 진리이념

700 12 ▾a김재현. ▾t하버마스에서 공론영역의 양면성

700 12 ▾a한승완. ▾t비판적 사회이론의 방법론적 전략

700 12 ▾a김득룡. ▾t개체성립과 탈형이상학

700 12 ▾a권용혁. ▾t하버마스와 한국

│ │ └ 내용주기된 표제는 해당 저자명과 연계시켜 '▾t'로 기재
│ └ 내용주기된 인명(저자명)을 '▾a'로 기재
└ 제2지시기호 '2'는 내용주기된 사항을 분출표목할 때 지시

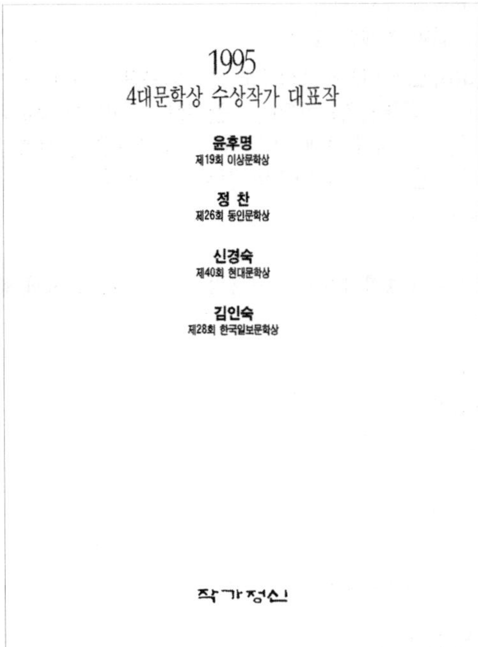

1995
4대문학상 수상작가 대표작

윤후명
제19회 이상문학상

정 찬
제26회 동인문학상

신경숙
제40회 현대문학상

김인숙
제28회 한국일보문학상

작가정신

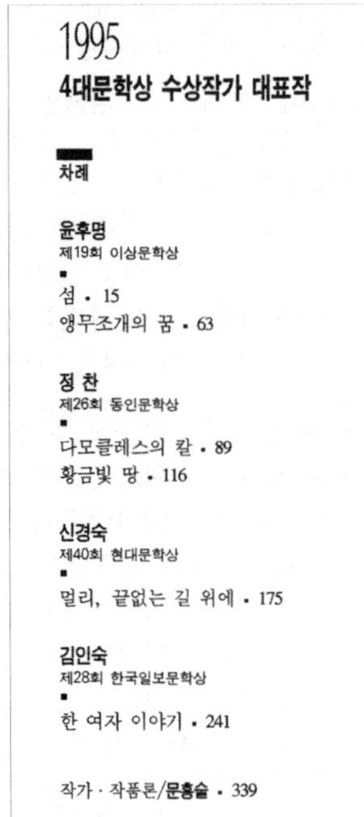

1995
4대문학상 수상작가 대표작

차례

.....namƀƀ22.....ƀcƀ4500
007 ta
008 ......s1995ƀƀƀƀulkaƀƀƀƀƀƀƀƀƀƀƀ000aƀƀkorƀƀ
020 ƀƀ ▾a8973651358 ▾g03810 : ▾c₩7,000
090 ƀƀ ▾a811.3608 ▾b사52
　　└ 표제줄머리잡기 '4(사)대문학상...'의 처음문자와 저자번호
245 00 ▾a4대문학상 수상작가 대표작, ▾f1995
　　└ 관제인 년도는 '▾f'으로 포함년도로 기재
260 ƀƀ ▾a서울 : ▾b작가정신, ▾c1995
300 ƀƀ ▾a357 p. : ▾b삽도, 사진 ; ▾c23 cm
　　┌ 자료 이용에 참고할 수 있는 사항의 제목과 저자명을 기재
525 00 ▾a권말부록: 작가·작품론 / 문흥술. p. 339-357
　　┌ 동일 저자의 작품과 작품 간에는 ';'으로 기재.
　　│　　┌ 저자명 간에는 '--'로 구분
505 0ƀ ▾a섬 ; 앵무조개의 꿈 / 윤후명 -- 다모클레스의 칼 ; 황금빛 땅 / 정찬 -- 멀리, 끝없는 길 위에 / 신경숙 -- 한 여자 이야기 / 김인숙
650 ƀ4 ▾a소설
700 12 ▾a윤후명. ▾t섬
700 12 ▾a윤후명. ▾t앵무조개의 꿈
700 12 ▾a정찬. ▾t다모크레스의 칼
700 12 ▾a정찬. ▾t황금빛 땅
700 12 ▾a신경숙. ▾t멀리, 끝없는 길 위에
700 12 ▾a김인숙. ▾t한 여자 이야기
　　│ └ 분출표목의 저자명은 '▾a'로, 내용표제는 '▾t'로 기재
　　└ 제2지시기호 '2'는 내용주기된 저자명과 표제의 분출표목을 지시

한국소설문학대계 1

신소설

이인직/이해조/안국선/신채호

동아출판사

한국소설문학대계 1

초판 인쇄 1995년 1월 10일
초판 발행 1995년 1월 20일

저 자 · 이인직 / 이해조 / 안국선 / 신채호
발행인 · 권 태 명
발행처 · (주) 동아출판사
㊫ 152-600 서울시 구로구 독산 1동 295-15
TEL. (02) 866-8800(대표)
FAX. 862-0410
등록 1951년 9월 19일 제12-3

ISBN 89-00-03523-1 03810
ISBN 89-00-03522-3 03810(세트)

* 잘못 제책된 책은 바꾸어 드립니다.

.....namɓɓ22.....ɓcɓ4500
007 ta
008 ......s1995ɓɓɓɓulkaɓɓɓɓɓɓɓɓɓɓ000aɓɓkorɓɓ
020 ɓɓ ▾a8900035281 ▾g03810 : ▾c₩7,000
020 ɓɓ ▾a8900035223 ▾g03810 (세트)
090 ɓɓ ▾a811.36 ▾b신55
└ 표제줄머리잡기의 본표제 '신소설'의 처음문자와 저자번호

245 00 ▾a신소설.
| └ 종합표제를 표제줄머리잡기로 본표제로 기재
└ 표제줄머리잡기로 기술할 때는 제1지시기호는 '0'으로 지시

260 ɓɓ ▾a서울 : ▾b동아출판사, ▾c1995
300 ɓɓ ▾a566 p. ; ▾c23 cm
440 00 ▾a한국소설문학대계 : ▾v1
500 ɓɓ ▾a해설: p. 539
504 ɓɓ ▾a작가연보: p. 553 ← 참고자료의 명칭과 수록면수를 주기
504 ɓɓ ▾a참고서지: p. 563
= 500 00 ▾a해설, 작가연보, 참고서지가 수록되어 있음
└ 참고서지사항을 서술적인 일반주기로 500필드에 기재할 때

505 0ɓ ▾a혈의 누 ; 귀의 성 ; 은세계 / 이인직 -- 구마검 ; 자유종 / 이해조 -- 금수회의록 / 안국선 -- 꿈하늘 ; 용과 용의 대격전 / 신채호

<출력> 내용: 혈의 누 ; 귀의 성 ; 은세계 / 이인직 -- 구마검 ; ...
ㄴ 제1지시기호 '0'에 의해 '내용:'이라는 표출어 자동생성

650 ƀ4 ▾ a소설.
700 12 ▾ a이인직, ▾ d1862-1916. ▾ t혈의 누
700 12 ▾ a이인직, ▾ d1862-1916. ▾ t귀의 성
700 12 ▾ a이인직, ▾ d1862-1916. ▾ t은세계
700 12 ▾ a이해조. ▾ t구마검
700 12 ▾ a이해조. ▾ t자유종
700 12 ▾ a안국선. ▾ t금수회의록
700 12 ▾ a신채호, ▾ d1880-1936. ▾ t꿈하늘
700 12 ▾ a신채호, ▾ d1880-1936. ▾ t용과 용의 대격전.
ㄴ 한 작가의 두 개 이상의 작품명은 700필드를 반복하여 저자명과 내용표제를 짝지어 각각 분출표목

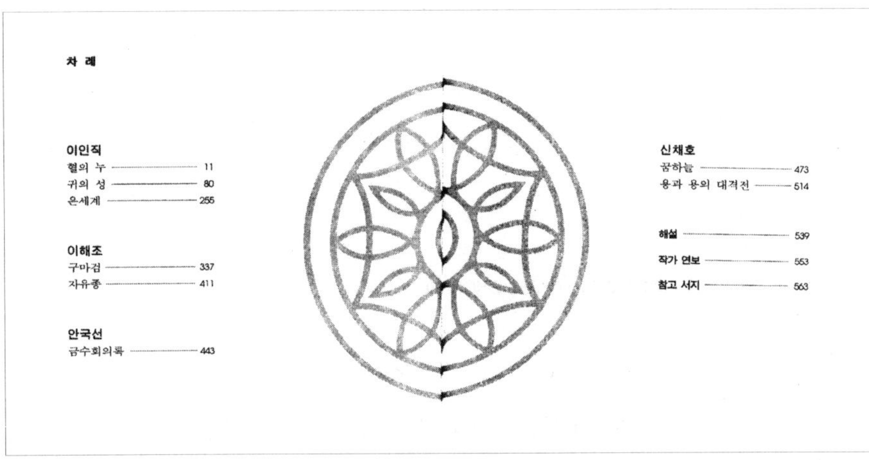

차 례

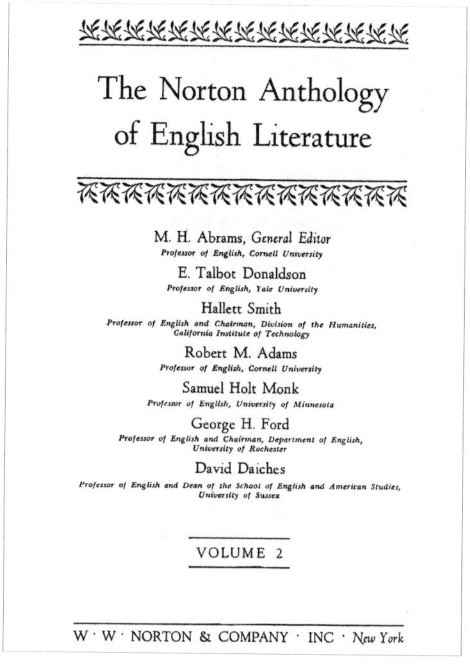
The Norton Anthology of English Literature

M. H. Abrams, *General Editor*
Professor of English, Cornell University
E. Talbot Donaldson
Professor of English, Yale University
Hallett Smith
Professor of English and Chairman, Division of the Humanities, California Institute of Technology
Robert M. Adams
Professor of English, Cornell University
Samuel Holt Monk
Professor of English, University of Minnesota
George H. Ford
Professor of English and Chairman, Department of English, University of Rochester
David Daiches
Professor of English and Dean of the School of English and American Studies, University of Sussex

VOLUME 2

W · W · NORTON & COMPANY · INC · *New York*

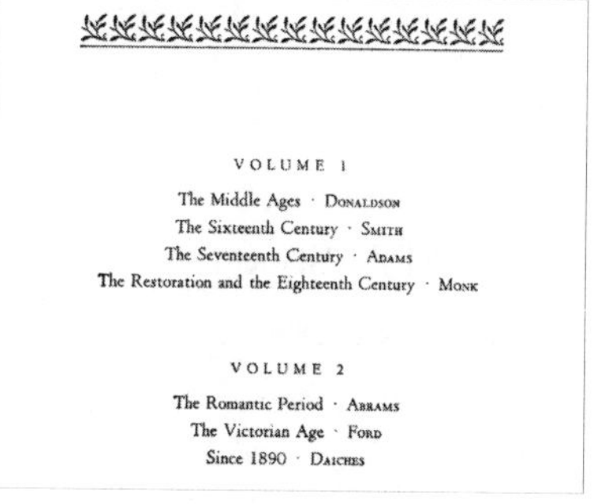
VOLUME 1
The Middle Ages · DONALDSON
The Sixteenth Century · SMITH
The Seventeenth Century · ADAMS
The Restoration and the Eighteenth Century · MONK

VOLUME 2
The Romantic Period · ABRAMS
The Victorian Age · FORD
Since 1890 · DAICHES

.....namȸȸ22.....ȸcȸ4500
007 ta
008 ......s1962ȸȸȸȸusȸaȸȸȸȸȸȸȸȸȸȸ000aȸȸ engȸȸ
090 ȸȸ ▾a840.8 ▾bN882 ← 표제줄머리잡기의 본표제 'Norton ...'처음문자와 저자번호
245 00 ▾aNorton anthology of English literature / ▾ded. by M. H. Abrams ...[and others]

*표제줄머리잡기는 앞의 관사를 제외한 표제를 본표제로 기재

*공편자가 4인 이상일 때는 처음 편자나 책임 편자명을 적고 'and others'나 'et al.'을 부기 2번째 이하의 공저자명은 모두 생략. 책임편자명은 부출표목

*표제줄머리잡기로 기술되는 표제 앞의 관사(A, An, The)는 필요한 경우 이외는 생략하거나 관제일 때는 표제관련정보로 기재

260 ȸȸ ▾aNew York : ▾bNorton, ▾c1962
300 ȸȸ ▾a2 v. : ▾billus. ; ▾c23 cm

└ 2책 이상으로 된 자료는 권표시로 영어는 volume의 약자 'v'로 기재

504 ȸȸ ▾aSelected Bibliographies and index. v. 1, p. 1735-1766; v. 2, p. 1661-1694

┌ 제1지시기호 '8'은 한국어 이외의 표출어 'Contents:라는 용어를 기재할 때 지시
│┌ 제2지시기호 'ȸ'(기본형)는 내용주기되는 사항별 식별기호 없이 기재할 때 지시

505 8ȸ ▾aContents: v.1. The middle ages. The sixteenth century. The seventeenth century. The Restoration and the eighteenth century -- v. 2. The Romantic period. The victorian age. Since 1890

*동일 권내의 내용표제 간에는 '.'로 구분하고, 권과 권 사이는 '--'로 구분

700 1ȸ ▾aAbrams, M. H.
740 ȸ2 ▾aMiddle ages. ▾nv. 1
740 ȸ2 ▾aSixteenth century. ▾nv. 1
740 ȸ2 ▾aSeventeenth century. ▾nv. 1
740 ȸ2 ▾aRestoration and the eighteenth century. ▾nv. 1
740 ȸ2 ▾aRomantic period. ▾nv. 2
740 ȸ2 ▾aVictorian age. ▾nv. 2
740 ȸ2 ▾aSince 1890. ▾nv. 2

학술논문 서지기술 시리즈 I

APA Style

- 주·참고문헌 -

김 남 석 편저

계명대학교 출판부
2006

학술논문 서지기술 시리즈 I
APA Style
인쇄 | 2006년 1월 20일
발행 | 2006년 1월 25일
편저자 | 김남석
펴낸이 | 이진우
펴낸곳 | 계명대학교출판부
704-701 대구시 달서구 신당동 1000번지
전화 053-580-6233 팩스 053-583-5213
등록 | 1970. 9. 1. (신고번호 제347-1998-1호)
ISBN 89-7585-345-4 93000
값 5,000원

학술논문 서지기술 시리즈 VI
Vancouver Style
인쇄 | 2006년 8월 20일
발행 | 2006년 8월 25일
편저자 | 김남석, 이영철
펴낸이 | 이진우
펴낸곳 | 계명대학교 출판부
704-701 대구시 달서구 신당동 1000번지
전화 053-580-6233 팩스 053-583-5213
등록 | 1970. 9. 1. (신고번호 제347-1998-1호)
ISBN 89-7585-368-3 93000
값 6,000원

.....namƀƀ22.....ƀcƀ4500
007 ta
008 ......s2006ƀƀƀƀt하ƀaƀƀƀƀƀƀƀƀƀƀ000aƀƀkorƀƀ
020 ƀƀ ▾a8975853454 (제1권) ← 각권에 대한 ISBN은 ( )로 권수를 부기
020 ƀƀ ▾a8975853462 (제2권)
020 ƀƀ ▾a8975853470 (제3권)
020 ƀƀ ▾a8975853489 (제4권)
020 ƀƀ ▾a8975853497 (제5권)
090 ƀƀ ▾a802 ▾b학56
245 00 ▾a학술논문 서지기술 시리즈 : ▾b주·참고문헌 / ▾d김남석 편저
246 30 ▾a주·참고문헌
246 30 ▾a참고문헌
700 1ƀ ▾a김남석
260 ƀƀ ▾a대구 : ▾b계명대학교 출판부, ▾c2006
300 ƀƀ ▾a5책 : ▾b삽도 ; ▾c26 cm
500 ƀƀ ▾a색인 수록

일반주기는 내용의 원본이 된 사항을 '원본:'이라는 표출어로 주기
약어에 대한 완전명은 필요한 경우 500필드에 일반주기

500 ƀƀ ▾a원본: APA style: Publication manual of the American Psychological Association; Chicago style: The Chicago manual of style; MLA style: MLA handbook for writers

of research papers; Turabian Style: A manual for writers of term papers, theses, and dissertations; ACS style: The ACS style guide: manual for authors and editors

┌ 제2지시기호 '␢'는 기본형으로 내용주기 되는 사항별 식별기호 없이 기재

505 0␢ ▾a제1권. APA style / American Psychological Association -- 제2권. Chicago style / University of Chicago -- 제3권. MLA style / Modern Language Association -- 제4권. Turabian style / Kate L. Turabian -- 제5권. ACS style / American Chemical Society -- 제6권. Vancouver style

700 12 ▾aTurabian, Kate L. ▾n제4권

710 ␢2 ▾aAmerican Psychological Association. ▾tAPA style. ▾n제1권

710 ␢2 ▾aUniversity of Chicago. ▾tChicago style. ▾n제2권

710 ␢2 ▾aModern Language Association. ▾tMLA style. ▾n제3권

710 ␢2 ▾aAmerican Chemical Society. ▾tACS style. ▾n제5권

│ └ '▾a'로 단체명, └ '▾t'로 내용표제, '▾n'으로 권차를 기술

└ 저작 단체명과 내용표제의 분출표목은 710필드로 짝지어 기술

740 ␢2 ▾aVancouver style. ▾n제6권

│ └ 내용주기된 사항의 분출표목은 제2지시기호 '2'로 지시

└ 기본표목이 없이 내용표제를 바로 기재할 때는 740필드에 '▾a'로 기재

4. 연감, 명감

1) 연감

2005

동아연감

2004년 1월 1일~12월 31일

동아일보사

동아연감 2005년판(통권 제35호)
2005년 5월 30일 발행

발행·편집·인쇄인 金 學 俊
출 판 국 장 崔 孟 浩
발 행 처 동아일보사ⓒ
서울시 종로구 세종로 139(110-715)
전 화 (영업) 361-1092~7
(편집) 361-0990
조 판·인 쇄 처 한컴닷컴
값 150,000원(별책부록 한국·외국인명록)

```
.....nasƀƀ22.....ƀcƀ4500
007 ta
008 ......s2005ƀƀƀƀulkaƀƀƀƀƀƀƀƀƀƀƀ000aƀƀkorƀƀ
                               ┌ 표제 '동아연감'의 처음문자(대문자)와 저자번호
090 ƀƀ ▾a059.51 ▾b동62 ▾c2005
       ┌──────────┘          └ 발행년도를 권차로 표시한 경우
245 00 ▾a동아연감. ▾n2005
                               └ 발행년도를 권차로 기재할 때는 본표제와 함께 기재
250 ƀƀ ▾a2005년도판
```

[발행년도를 판차로 표시]

```
                                ┌ 판차표시를 위한 임의부호 'ㄱ'을 기재
090 ƀƀ ▾a059.51 ▾b동62ㄱ'05
       ┌──────────┘           |└ 발행년도를 간략히 판차로 표시
245 00 ▾a동아연감              |
250 ƀƀ ▾a2005년도판 ───────────┘ 250필드의 판차사항으로 기재
```

단권으로 정리할 때는 해당 년도를 기재 ┐
260 ƀƀ ▾a서울 : ▾b동아일보, ▾c2005
┌ 별책부록을 포함하여 2책임을 ()로 부기
300 ƀƀ ▾a2책 (별책부록 포함) : ▾b삽도 ; ▾c27 cm + ▾eCD-ROM 1매
└ 딸림자료의 표시
┌ 별책부록의 표제를 표출어와 함께 주기
│ 하고 부록표제를 740필드로 부출표목
525 ƀƀ ▾a별책부록: 한국·외국인명록
740 ƀ0 ▾a한국인명록 ┘
740 ƀ0 ▾a외국인명록 ──┘
└ 별책부록의 표제가 두 개의 제목으로 혼합되어 있을 때 각각의 제목으로 부출표목

[단일 목록]

008 ......c19uu9999ulkaƀƀƀƀƀƀƀƀƀƀƀ000aƀƀkorƀƀ
090 ƀƀ ▾a059.51 ▾b동62
245 00 ▾a동아연감 / ▾d동아일보사
260 ƀƀ ▾a서울 : ▾b동아일보, ▾c19 -
└ 연속간행물은 '창간년-종간년'으로 기재, 연속간행되고 있는 것은 종간년을 공란
┌ 책수는 완결된 전체의 책수를 기재. 연속간행물은 완간시 전체권수를 적을 수
│ 있도록 공란
300 ƀƀ ▾a 책 (별책부록 포함) : ▾b삽도 ; ▾c27 cm
310 ƀƀ ▾a연간
┌ 별책부록의 모체자료에 대한 식별을 위해 발행년도 부기
525 ƀƀ ▾a연도별 별책부록: 한국·외국인명록
980 ƀƀ ▾a1986, 1988, 2000, 2002, 2003, 2005-
└ 소장자료의 권차(연도)를 표시, 또는 '본관소장:'이라는 표출어로 기재

THE AUTHORITY SINCE 1868

THE WORLD ALMANAC AND BOOK OF FACTS 1986

NEA

Published annually by
NEWSPAPER ENTERPRISE ASSOCIATION INC.
New York

THE WORLD ALMANAC & BOOK OF FACTS 1986
Copyright© Newspaper Enterprise Association, Inc. 1985
Library of Congress Catalog Card Number 4-3781
International Standard Serial Number (ISSN) 0084-1382
Newspaper Enterprise Association, Inc. (softcover) ISBN 0-911818-94-4
Newspaper Enterprise Association Inc. (hardcover) ISBN 0-911818-95-2
Doubleday and Co., Inc. ISBN 0-385-23292-6
Ballantine Books ISBN 0-345-32659-8
Windward/W.H. Smith & Son Ltd. ISBN 0-7112-0428-4
Microfilm Edition since 1868: Bell and Howell Co.
Printed in the United States of America
The Ballantine paperback edition distributed in the United States by Ballantine Books, a division of Random House, Inc. and in Canada by Random House of Canada, Ltd.

NEWSPAPER ENTERPRISE ASSOCIATION, INC.
A division of United Media Enterprises
A Scripps Howard Company
200 Park Avenue, New York, NY 10166

.....nasƀƀ22.....ƀcƀ4500
007 ta
008 ......s1985ƀƀƀƀusƀaƀƀƀƀƀƀƀƀƀƀ000aƀƀengƀƀ
┌ 동일자료가 제본형식에 따라 다른 ISBN을 ( )로 구분 기재
020 ƀƀ ▾a0911818944 (softcover)
020 ƀƀ ▾a0911818952 (hardcover)
<출력> ISBN 0-911818-94-4 (softcover)
ISBN 0-911818-95-2 (hardcover)
022 ƀƀ ▾a0084-1382 <출력> ISSN 0084-1382
└ 정보원의 ISBN과 함께 표시된 ISSN을 기재
090 ƀƀ ▾a059 ▾bW927A'82
└ 판차표시를 위한 임의부호 A와 연도로 표시한 판차
245 00 ▾aWorld almanac & book of facts, ▾f1986
└ 표제줄머리잡기는 본표제 앞의 관사(관제)를 필요한 경우 이외는 생략

090 ƀƀ ▾a059 ▾bW927A'82
245 01 ▾a(The) World almanac & book of facts
└ 제2지시기호 '1'을 지시, 표제의 앞에 관제를 제외한 부출표목 지시

260 ƀƀ ▾aNew York : ▾bNewspaper Enterprise Association, Inc., ▾c1985
300 ƀƀ ▾a928 p. : ▾billus. ; ▾c23 cm
└ 단권으로 정리하기 때문에 해당 자료의 면수를 표시

[단일 목록]
008 ......c19689999usƀaƀƀƀƀƀƀƀƀƀƀ000aƀƀengƀƀ
040 ƀƀ ▾a222003 ▾c222003 ▾eK4판
090 ƀƀ ▾a059.51 ▾bW927
245 00 ▾aWorld almanac & book of facts
260 ƀƀ ▾aNew York : ▾bNewspaper Enterprise Association, Inc., ▾c1968-
300 ƀƀ ▾a v. : ▾billus. ; ▾c23 cm
310 ƀƀ ▾aAnnual ← 간행빈도를 표시
980 ƀƀ ▾aLibrary has: 1982, 1986, 1988
└ 소장사항은 '본관소장:', Library has:'로 권차를 기재

2) 명감

'76
大邱商工名鑑

大邱商工會議所

'79~'80
大邱商工名鑑

大邱商工會議所
DAEGU CHAMBER OF COMMERCE & INDUSTRY

1976年版
大 邱 商 工 名 鑑
1976年 3月 10日 印刷
1976年 3月 15日 發行
發行人 吳 一 龍
編輯人 李 鍾 旺
發行處 大 邱 商 工 會 議 所
大邱市 東區 新川洞 五區 107
TEL ⑤ 0041 ~ 6
印刷處 中 外 出 版 社

.....namƀƀ22.....ƀcƀ4500
007 ta
008 ......s1976ƀƀƀƀtgaƀƀƀƀƀƀƀƀƀƀ000aƀƀkorƀƀ

┌ 특정지역과 관계되는 자료일 때 지역부호 입력
043 ƀƀ ▾a27000--
　　　└ 지역구분부호는 7자리로 사용되지 않은 자리는 '--'로 채운다
└ 한국은 <부속서 5. 한국지역구분부호표>의 숫자부호로 기술
외국은 <부속서 6. 외국지역구분부호표>의 문자부호로 기술

┌ 단체명 '대구상공회의소'의 처음문자와 저자번호
090 ƀƀ ▾a059.51 ▾b대16ㄷ'76
　　　└ 발행년도를 간략형으로 판차 표시
110 ƀƀ ▾a대구상공회의소

┌ 본표제는 정보원의 문자로 기재
│ ┌ 내용의 범위를 나타낸 년도는 '▾f'로 기재

245 00 ▾a大邱商工名鑑, ▾f1976 / ▾d大邱商工會議所

┌ 245필드에 기록된 사항을 주기하지 않고 표목부출을 위한 지시
│┌ 표제의 일부에 대한 표목이므로 '검색을 위한 부분표제:'라는 표출어 생성을 지시

246 30 ▾a상공명감(대구)
<출력> 검색을 위한 부분표제: 상공명감(대구)

┌ 245필드에 기록되지 않은 사항이므로 주기와 표목부출을 위한 지시
│┌ 제2지시기호 '1'은 '대등표제:' 생성 지시

246 11 ▾aDirectory of Daegu business
<출력> 대등표제: Directory of Daegu business
250 ƀƀ ▾a1976년도판
260 ƀƀ ▾a대구 : ▾b대구상공회의소, ▾c1976
300 ƀƀ ▾a326 p. : ▾b삽도 ; ▾c26 cm

[단일 목록]

008 ......c19uu9999tgaƀƀƀƀƀƀƀƀƀƀƀ000aƀƀkorƀƀ

┌ 내용의 포함년도를 표시하지 않음

090 ƀƀ ▾a059.51 ▾b대16ㄷ
110 ƀƀ ▾a대구상공회의소
245 10 ▾a大邱商工名鑑 / ▾d大邱商工會議所

└ 포함년도를 표시 않음

246 30 ▾a상공명감(대구)
246 11 ▾aDirectory of Daegu business
260 ƀƀ ▾a대구 : ▾b대구상공회의소, ▾c19 -

┌ 전체 책수 표시를 위한 공란 └ 계속 권표시 open dash

300 ƀƀ ▾a 책 ; ▾c27 cm
310 ƀƀ ▾a부정기
980 ƀƀ ▾a1976, 1979-1980, 1981-1982, 1983-1984

└ 980필드로 소장권호표시로 소장자료의 연도를 표시

Who's Who
OF
TWENTIETH-
CENTURY
NOVELISTS

Tim Woods

London and New York

First published 2001
by Routledge
11 New Fetter Lane, London EC4P 4EE

Simultaneously published in the USA and Canada
by Routledge
29 West 35th Street, New York, NY 10001

Routledge is an imprint of the Taylor & Francis Group

Typeset in Sabon by Taylor & Francis Books Ltd
Printed and bound in Great Britain by TJ International Ltd,
Padstow, Cornwall

British Library Cataloguing in Publication Data
A catalogue record for this book is available from the British Library

Library of Congress Cataloging in Publication Data
Woods, Tim.
Who's who of twentieth-century novelists/ Tim Woods.
p. cm – (Who's who)
Includes bibliographical references and index.
1. Fiction–20th century–Bio-bibliography–Dictionaries.
I. Title: Who's who of 20th century novelists. II. Title: Who is who of twentieth century novelists. III. Title. IV.
Who's who series.

PN3503 .W66 2001
809.3'0403–dc21

[B] 2001019313

ISBN 0–415–16506–7

.....namɓɓ22.....ɓcɓ4500
007 ta
008 ......s2001ɓɓɓɓukɓaɓɓɓɓɓɓɓɓɓɓ000aɓ
ɓengɓɓ

020 ɓɓ ▾a0415165067 (hbk.)
090 ɓɓ ▾a809.3 ▾bW897w ▾c2001
└ 수시로 발행되는 연간자료는 발행년을 권차로 표시
100 1ɓ ▾aWoods, Tim
245 10 ▾aWho's who of twentieth century novelists / ▾d[by]Tim Woods
┌ 정형화되지 않은 표출어는 제2지시기호 'ɓ'와 식별기호 '▾i'로 표출어 입력
246 3ɓ ▾iPortion of Title: ▾aTwentieth century novelist
└ 검색어로 필요한 표제 일부의 부출표목
260 ɓɓ ▾aLondon : ▾bRoutledge, ▾c2001
300 ɓɓ ▾ax, 374 p. ; ▾c25 cm
┌ 제2지시기호 '1'은 총서표제 앞에 ()로 기재된 관칭을 제외한 총서명 부출 지시
┌ 표목되는 총서표제 앞의 관칭은 배열의 기준이 되지 않으므로 ()로 기재
440 01 ▾a(The) Routledge who's who series
440 00 ▾aWho's who series ← 총서표제가 2개 이상일 때는 440필드를 반복하여 기재
504 ɓɓ ▾aIncludes bibliographical references
└ 해당 자료에 참고문헌이나 인용자료가 수록되어 있을 때 504필드에 명칭과 수록면수를 기재
525 ɓɓ ▾aAppendix. p. 371–374
650 00 ▾aFiction ▾y20th century ▾xbibliographies

5. 색인, 목록

1) 색인

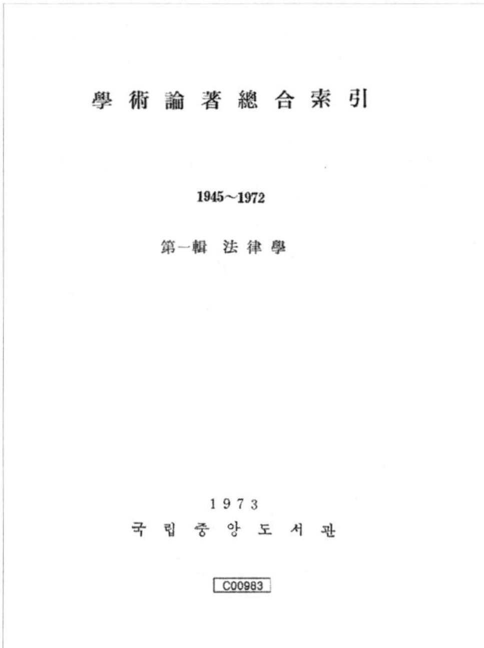
學 術 論 著 總 合 索 引

1945~1972

第一輯 法 律 學

1 9 7 3

국 립 중 앙 도 서 관

C00983

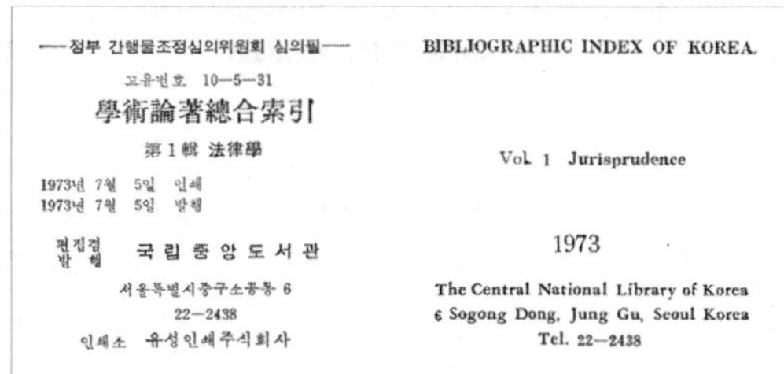
—정부 간행물조정심의위원회 심의필—

고유번호 10—5—31

學術論著總合索引

第1輯 法律學

1973년 7월 5일 인쇄
1973년 7월 5일 발행

편집겸 발행 국립중앙도서관

서울특별시중구소공동 6

22—2438

인쇄소 유성인쇄주식회사

BIBLIOGRAPHIC INDEX OF KOREA.

Vol. 1 Jurisprudence

1973

The Central National Library of Korea
6 Sogong Dong, Jung Gu, Seoul Korea
Tel. 22—2438

.....namꝥꝥ22.....ꝥcꝥ4500

007 ta

┌ 'm'은 다권본의 복수연도를 위한 발행년 유형표시

008 ......m1973uuuuulkaꝥꝥꝥꝥꝥꝥꝥꝥꝥꝥꝥ000aꝥꝥkorꝥꝥ

└ 008/7-10자리는 최초권의 발행년, 008/11-14자리는 최종권의 발행년으로 미상이거나 확인되지 않은 것은 'uuuu'로 표시

090 ꝥꝥ ▾a081 ▾b국29ㅎ

└ 본표제 '學術論著...'의 처음문자(초성)

110 ꝥꝥ ▾a국립중앙도서관

245 10 ▾a學術論著總合索引, ▾f1945-1972 / ▾d국립중앙도서관

└ 내용의 포함범위를 나타낸 년도는 본표제에 ','구분하여 '▾f'로 기재

┌ 발행년은 첫 번째 권의 발행년과 종간년 기재

260 ꝥꝥ ▾a서울 : ▾b동 도서관, ▾c1973-

300 ꝥꝥ ▾a 책 ; ▾c26 cm └ 종간년도를 기재하기 위한 공란

└ 책수를 알수 없거나 계속간행되고 있는 자료는 확인 시 기입할 수 있게 공란

┌ 제1지시기호 '2'는 부분내용으로 내용의 일부가 내용주기될 때

│┌ 제2지시기호 'ꝥ'은 기본형으로 각 사항별 식별기호 없이 주기할 때 지시

505 2ꝥ ▾a第1輯. 法律學 --

740 ꝥ2 ▾a법률학. ▾n제1집

└ 제2지시기호 '2'는 내용주기된 표제을 분출표목할 때 지시

AN INDEX TO
ENGLISH LANGUAGE NEWSPAPERS
PUBLISHED IN KOREA
1896-1937

J. McRee Elrod

National Assembly Library
Seoul, Korea
1966

.....namƀƀ22.....ƀcƀ4500
007 ta
008 ......s1966ƀƀƀƀulkaƀƀƀƀƀƀƀƀƀƀƀ000aƀƀengƀƀ
090 ƀƀ ▾a018.7 ▾bE48i

| └ 저작표시는 표제 'Index ...'의 처음문자(소문자)
└ 개인의 저작은 저자명 'Elrod, ...'의 성(대문자)과 저자번호

100 1ƀ ▾aElrod, J. McRee
245 11 ▾a(An) Index to English language newspapers published in Korea, ▾f1896-1937 / ▾dJ. McRee Elrod

┌ 정형화되지 않은 표출어를 '▾i'로 입력할 때 제2지시기호 'ƀ'로 지시
| ┌ '▾a'는 부출표목되는 부분표제를 기재

246 3ƀ ▾iPortion of title: ▾aEnglish language newspaper published in Korea

┌ 영어형식으로 목록하기 때문에 한국지명도 영어로 기재

260 ƀƀ ▾aSeoul : ▾bNational Assembly Library, ▾c1966

└ 단체명도 '국회도서관'으로 기재하지 않고 영어명으로 기재

300 ƀƀ ▾a66 p. ; ▾c19 cm

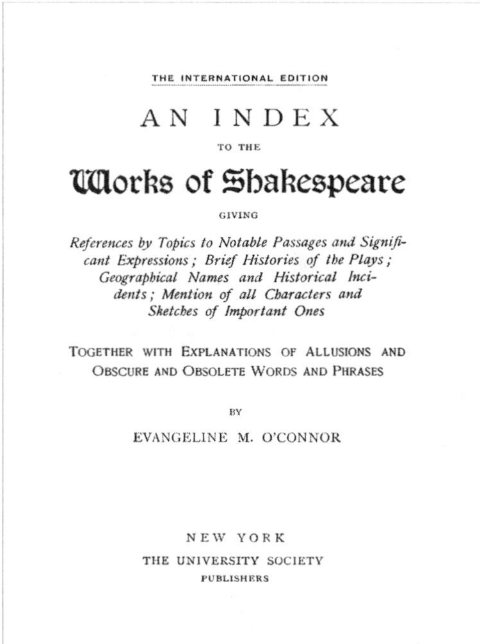

THE INTERNATIONAL EDITION

AN INDEX

TO THE

Works of Shakespeare

GIVING

References by Topics to Notable Passages and Significant Expressions; Brief Histories of the Plays; Geographical Names and Historical Incidents; Mention of all Characters and Sketches of Important Ones

TOGETHER WITH EXPLANATIONS OF ALLUSIONS AND OBSCURE AND OBSOLETE WORDS AND PHRASES

BY

EVANGELINE M. O'CONNOR

NEW YORK

THE UNIVERSITY SOCIETY

PUBLISHERS

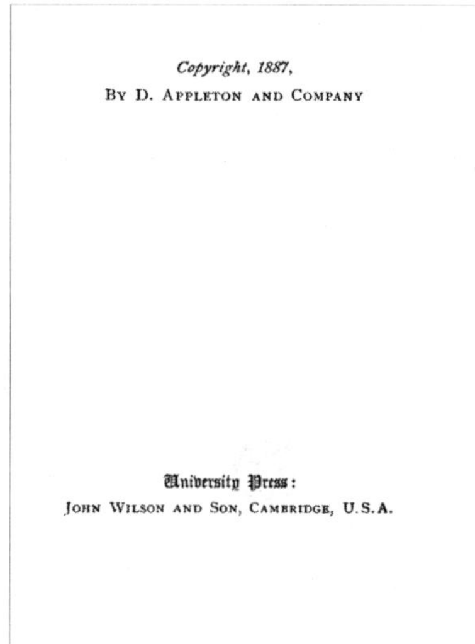

Copyright, 1887,

BY D. APPLETON AND COMPANY

University Press:

JOHN WILSON AND SON, CAMBRIDGE, U.S.A.

.....namƀƀ22.....ƀcƀ4500

007 ta

008 ......s1901ƀƀƀƀusƀaƀƀƀƀƀƀƀƀƀƀ000aƀ
ƀkorƀƀ

090 ƀƀ ▾a822.33 ▾bAZo

| | └ 색인저자명 'O'Connor, ...'의 성(처음문자 소문자)

| └ 'Z'는 색인표시를 위한 대문자

└ 색인의 대상인 Shespeare의 분류표(DDC)에 나타난 도서기호

└ 한 사람의 저작에 대한 색인은 원작자의 작품에 분류

100 1ƀ ▾aO'Connor, Evangeline M.

└ 색인의 저자명을 기본표목으로 기재

245 11 ▾a(A) Index to the works of Shakespeare : ▾bTogether with explanations of allusions and obscure and obsolete words and phrases / ▾d[by] Evangeline M. O'Connor.

246 3ƀ ▾iPortion of title: ▾aShakespeare, the works of:

└ 표제의 일부를 검색어로 한 부분표제의 표목 (도치된 형태로 표목)

250 ƀƀ ▾aThe international edition

260 ƀƀ ▾aNew York : ▾bUniversity Society, ▾c1901

300 ƀƀ ▾avi, 419 p. : ▾billus. ; ▾c20 cm

┌ 표제관련정보가 길 때는 일반주기, 그대로 전사할 때는 " "으로 기재

500 ƀƀ ▾a"Giving References by topics to notable passages and significant expressions ; Brief histories of the plays ; Geographical names and historical incidents ; Mention of all characters and sketches of important ones"

600 14 ▾aShakespeare, William ▾vindex

<출력> Shakespeare, William--index

└ 색인의 대상이 된 원작품의 저자명은 600필드로 주제명부출

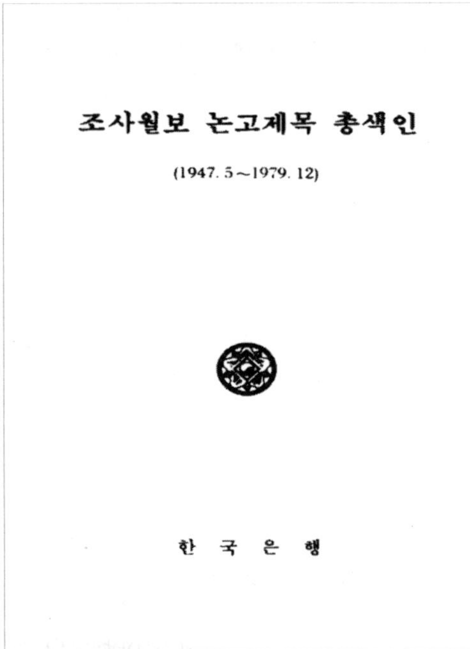

.....nam%%22.....%c%4500
007 ta
008 ......s1970%%%%ulka%%%%%%%%%%%000a%%kor%%
090 %% ▾a018.5 ▾b한16ㅈZ
| | └ 색인이나 사전을 위한 표시문자(대문자)
| └ 색인의 대상이 된 연속간행물명 '조사월보'의 처음문자(초성)
└ 기본표목된 단체명 '한국은행'의 처음문자와 저자번호
110 %% ▾a한국은행
245 10 ▾a조사월보 논고제목 총색인, ▾f1947.5-1979.12 / ▾d한국은행 [편]
└ 수록된 자료의 전체 포함연도를 기재
260 %% ▾a서울 : ▾b한국은행, ▾c1970
300 %% ▾a109 p. ; ▾c27 cm
┌ 식별이 필요한 간행물명은 발행단체명을 []로 함께 기재
740 %0 ▾a[한국은행]조사월보
└ 연속간행물명이 표목될 때는 []로 잡지라는 자료유형을 부기, 그러나 지명만으로 식별될 때는 부기치 않음

> 740 %0 ▾a조사월보(한국은행)
> └ 식별을 위한 기관명을 연속간행물명의 후부에 ()로 기재한 예

2) 목록

> 韓國著述
>
> **셰익스피어 關係文獻目錄**
>
> -圖書 및 論文-
>
> <國會圖書館報, 第5卷, 第4號, 別冊附錄>
>
> 大韓民國國會圖書館

.....namƀƀ22.....ƀcƀ4500
007 ta
008 ......s1968ƀƀƀƀulkaƀƀƀƀƀƀƀƀƀƀƀ000aƀƀ korƀƀ

090 ƀƀ ▾a822.33 ▾bAZ ㅂ
| └ 색인표시인 'Z'와 색인 편자 박희영의 표시
└ 색인 대상인 Shespeare를 중심한 도서기호 작성(DDC의 분류표)

245 00 ▾a세익스피어關係文獻目錄 :▾b圖書 및 論文 :▾b韓國著述 /▾d朴熙永 編
└ 관제가 부제적인 성격은 '▾b'로 표제관련정보로 기재

┌ 모체자료명을 통일표목으로 기재한 예
130 ƀ0 ▾a국회도서관보(1968)
245 10 ▾a세익스피어關係文獻目錄 :▾b圖書 및 論文 :▾b韓國著述 /▾d朴熙永 編

260 ƀƀ ▾a서울 :▾b大韓民國國會圖書館, ▾c1968
300 ƀƀ ▾a35 p. ;▾c21 cm
┌ 연속간행물의 별책부록은 모체자료명과의 관계를 주기
500 ƀƀ ▾a國會圖書館報, 第5卷, 第4號, 別冊附錄
600 14 ▾aShakespeare, William ▾v색인
<출력> Shakespeare, William--색인
700 1ƀ ▾a박희영 ← 편저자명은 700필드로 부출표목
740 ƀ0 ▾a국회도서관보 ▾h[잡지]
└ 모체자료가 연속간행물이므로 자료의 유형을 []로 부기, 그러나 자료명 자체로 식별될 때는 기재치 않음

(高麗大學校藏書目錄. 第12輯)

景 和 堂 文 庫 目 錄

CATALOGUE
OF
THE GYEONG-HWA-DANG COLLECTION

高麗大學校 中央圖書館

KOREA UNIVERSITY LIBRARY

1975

.....nam𝑏𝑏22.....𝑏c𝑏4500
007 ta
008 ......s1975𝑏𝑏𝑏𝑏ulka𝑏𝑏𝑏𝑏𝑏𝑏𝑏𝑏𝑏𝑏𝑏000a𝑏𝑏
kor𝑏𝑏

090 𝑏𝑏 ▾a019 ▾b고29ㄱ
| └ 저작표시로 표제 '景和堂...'의 처음문자(초성)
└ 기본표목된 '고려대학교'의 처음문자와 저자번호

110 𝑏𝑏 ▾a고려대학교. ▾b중앙도서관
| └ 단체명은 '▾b'로 하위표목으로 기재
└ 한 단체에 소속한 기관명은 상위단체명을 상위표목으로 기재

┌ 본표제는 정보원의 문자로 전사
245 10 ▾a景和堂文庫目錄 = ▾xCatalogue of the Gyeong-Hwa-Dang collection / ▾d高麗大學校 中央圖書館
└ 책임표시는 정보원의 문자와 순서로 기재

┌ 제1지시기호 '3'은 245필드에 기재된 사항이므로 주기 않고 부출표목할 것을 지시
|┌ 제2지시기호는 '1'은 '대등표제:'라는 표출어 생성
246 31 ▾aCatalogue of the Gyeong-Hwa-Dang collection
<출력> 대등표제: Catalogue of the Gyeong-Hwa-Dang collection

┌ 책임표시의 단체명과 동일한 발행처는 간략히 기재
260 𝑏𝑏 ▾a서울 : ▾b同 圖書館, ▾c1975
300 𝑏𝑏 ▾a138 p. : ▾b사진 ; ▾c26 cm
440 00 ▾a高麗大學校 藏書目錄 ; ▾v第12輯
└ 총서주기는 정보원의 총서표제와 권차로 기재

계명대학교 개교50주년기념

古書綜合目錄

계명대학교 동산도서관

2004

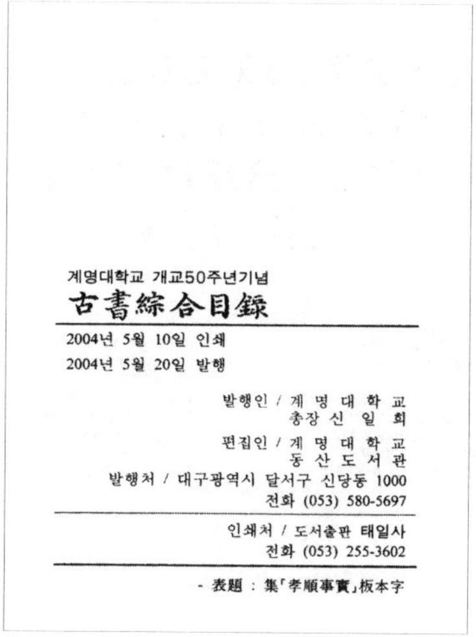

계명대학교 개교50주년기념

古書綜合目錄

2004년 5월 10일 인쇄

2004년 5월 20일 발행

발행인 / 계 명 대 학 교
총장 신 일 희

편집인 / 계 명 대 학 교
동 산 도 서 관

발행처 / 대구광역시 달서구 신당동 1000
전화 (053) 580-5697

인쇄처 / 도서출판 태일사
전화 (053) 255-3602

- 表題 : 集「孝順事實」板本字

.....namƀƀ22.....ƀcƀ4500
007 ta
008 ......s2004ƀƀƀƀulkaƀƀƀƀƀƀƀƀƀƀƀ000aƀƀkorƀƀ
090 ƀƀ ▾a017.1311 ▾b계34

└ 본표제 '古書綜合目錄'의 처음문자(초성)

110 ƀƀ ▾a계명대학교. ▾b동산도서관

┌ 본표제는 정보원의 표제를 전사

┌ 표제 앞의 관제를 표제관련정보로 기재

245 10 ▾a古書綜合目錄 : ▾b계명대학교 개교50주년기념 / ▾d계명대학교 동산도서관

책임표시의 단체명은 정보원의 문자와 순서로 기재 ┘

┌ 제1지시기호 '1'은 245필드에 기재되어 있지 않을 때 주기하고 부출표목을 지시

┌ 제2지시기호는 '1'은 '대등표제:'라는 표출어 생성

246 11 ▾aGeneral list of old and rare books
<출력> 대등표제: General list of old and rare books

┌ 책임표시와 발행단체명을 간략형으로 기재한 예

260 ƀƀ ▾a대구 : ▾b同 도서관, ▾c2004
300 ƀƀ ▾a1346 p. : ▾b사진 ; ▾c26 cm

A CATALOGUE OF RENAISSANCE PHILOSOPHERS

(1350-1650)

Compiled by

ROBERT A. BAKER
ANDREW J. BAKULA
THOMAS H. BARRY
DAVID E. LA BISSONIERE
LESTER J. LA MOTTE
ARTHUR LUCARELLI
ROBERT T. McGRAW
WILLARD C. McKINNON
WILLIAM H. MILLMANN
GEORGE E. PAPUGA
VELMA C. PRANGE
WILLIAM F. SCHOLL
NORBERT L. SIEWERT
ROSE STERLING
RUTH R. SUESS
ROBERT E. WALTER
THOMAS J. WOODS

Under the Direction of

JOHN O. RIEDL, Ph.D.

MARQUETTE UNIVERSITY PRESS
MILWAUKEE
1940

Second Printing 1961
Third Printing 1982

Copyright, 1940, 1982
by the
Marquette University Press
Milwaukee, Wisconsin

ISBN 0-87462-434-7

.....namƀƀ22.....ƀcƀ4500
007 ta
008 ......s1982ƀƀƀƀusƀaƀƀƀƀƀƀƀƀƀƀ000a
ƀƀengƀƀ
020 ƀƀ ▾a0874624347
090 ƀƀ ▾a016.18 ▾bC357
└ 표제줄머리잡기의 본서명은 관사를 제외한 'Catalogue ...'의 처음문자(대문자)와 저자번호
내용에 포함된 범위는 '▾f'로 기재 ┐
245 01 ▾a(A) Catalogue of renaissance philosophers, ▾f1350-1650 / ▾dcompiled by John O. Riedl ... [and others]
└ 3인 이상의 공편자는 처음편자나 책임편자를 적고 '...'으로 2번째 이하의 저자명을 생략하는 대신 [and others]나 [et al.]을 부기
*제2지시기호 '1'은 ()로 기재된 관제(관사)를 제외한 표제의 부출표목 지시
┌ 정형화되지 않은 표출어는 제2지시기호 'ƀ'와 식별기호 '▾i'로 기재
246 3ƀ ▾iPortion of title: ▾aRenaissance philosophers
| └ '▾a'로 표목사항을 기재
└ 본표제의 일부를 검색표제로 기재할 때는 246필드에 정형화되어 있지 않은 것은 표출어와 함께 기재
260 ƀƀ ▾aMilwaukee : ▾bMarquette Univ., ▾c1982
300 ƀƀ ▾a179 p. ; ▾c24 cm
500 ƀƀ ▾aTable of universities. p. 165-166
504 ƀƀ ▾aBibliography and index: p. 167-170
700 1ƀ ▾aRiedl, John O.
└ 기본표목되지 않은 '245/▾d'로 기재된 대표저작자나 처음저자명의 부표목

6. 기념논문집

無華堂崔達鉉敎授
定年紀念論文集

情報資料의 組織

定年紀念事業推進委員會
1999

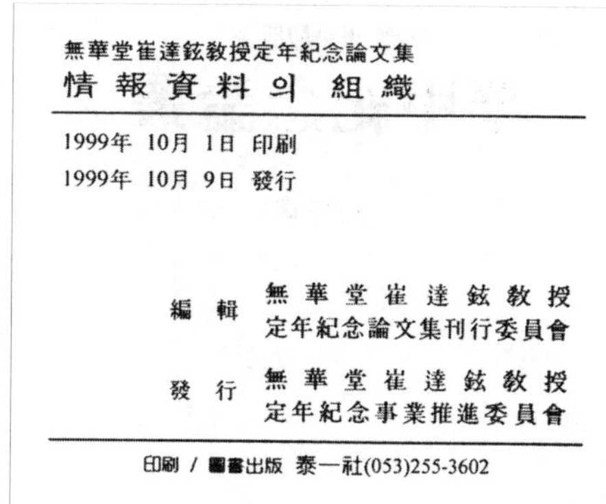

無華堂崔達鉉敎授定年紀念論文集
情 報 資 料 의 組 織

1999年 10月 1日 印刷
1999年 10月 9日 發行

編 輯 無華堂崔達鉉敎授 定年紀念論文集刊行委員會

發 行 無華堂崔達鉉敎授 定年紀念事業推進委員會

印刷 / 圖書出版 泰一社(053)255-3602

.....namƀƀ22.....ƀcƀ4500
007 ta
008 ......s1999ƀƀƀƀt하aƀƀƀƀƀƀƀƀƀƀ000aƀƀkorƀƀ
090 ƀƀ ▾a020.4 ▾b최22ㅁ

| ㄴ 식별을 위해 책임표시에 기재되는 단체명의 처음문자(초성)
ㄴ 피기념자 '崔達鉉'의 성과 저자번호

245 00 ▾a情報資料의 組織 : ▾b無華堂崔達鉉敎授定年紀念論文集 / ▾d同 論文集刊行委員會 編

ㄴ 표제의 설명적 어구는 표제관련정보로 기재

*책임표시에 기재되는 단체명이 '▾c'로 기재된 표제관련정보의 일부와 일치하기 때문에 '동', 영어의 'The' 등으로 간략히 기재
*개인의 기념논문집과 같이 일시적인 발행단체에서 저작한 자료는 단체명으로 기본표목하지 않고 본표제를 줄머리잡기로 기술

245 00 ▾a情報資料의 組織 : ▾b無華堂崔達鉉敎授定年紀念論文集 / ▾d無華堂崔達鉉敎授定年紀念論文集刊行委員會 編
ㄴ 단체명의 앞부분이 표제나 표제관련정보와 동일할 때에도 생략하지 않고 기록한 예

260 ƀƀ ▾a대구 : ▾b定年紀念事業推進委員會, ▾c1999
300 ƀƀ ▾a532 p. ; ▾c23 cm
600 14 ▾a최달현 ← 피기념자는 600필드에 주제명부출

中齋 張忠植博士
華甲紀念論叢
歷史學 篇

中齋 張忠植博士
華甲紀念論叢刊行委員會

中齋張忠植博士華甲紀念論叢(上)
歷史學篇

1992年 7月 20日 印刷
1992年 7月 25日 發行

編輯 中齋張忠植博士
華甲紀念論叢刊行委員會
發行 檀國大學校出版部
印刷 단 웅 미 디 어

登錄年月日 : 1968.2.27. 登錄番號 : 가제 3-95 (비매품)

.....namƀƀ22.....ƀcƀ4500
007 ta
008 ......s1992ƀƀƀƀulkaƀƀƀƀƀƀƀƀƀƀƀ000aƀƀkorƀƀ
020 ƀƀ ▾a8973830228
090 ƀƀ ▾a041 ▾b장86
└ 피기념자인 '장충식'의 성과 저자번호
┌ 제1지시기호 '0'은 표제줄머리잡기로 기재할 때 지시
| ┌ '中齋張忠植博士'는 표제의 관제로 되어 있지만 인명을 포함하고 있고 완전한 표제를 위해
| | 이를 포함한 표제를 본표제로 기재
245 00 ▾a中齋 張忠植博士 華甲紀念論叢 / ▾d中齋 張忠植博士 華甲紀念論叢刊行委員會 編輯
└ 논문집 발간을 위한 일시적인 단체명은 책임표시에 기재하되 부표목하지 않음
260 ƀƀ ▾a서울 : ▾b檀國大學校出版部, ▾c1992
┌ 2책 이상의 다권본은 면수를 기재하지 않고 책수를 기재
300 ƀƀ ▾a3책(上,中,下) : ▾b삽도, 그림, 사진 ; ▾c26 cm
└ 다권본의 권표시가 식별이 필요한 경우는 권에 관한 사항을 ()로 보기
┌ 권차의 표시는 정보원의 문자로 기재. 그러나 필요에 따라서는 아라비아숫자로 변경 기재
| 가능
505 0ƀ ▾a上. 歷史學篇 -- 中. 人文·社會科學篇 -- 下. 自然科學·藝術·體育篇
└ 내용표제는 정보원의 문자와 권차로 기재

┌ 제2지시기호 '0'(확장형)으로 주기된 내용사항은 색인어가 되기 때문에 740필드를
| 반복 부출표목 않아도 됨

505 00 ▾n상. ▾t歷史學篇 -- ▾n중. ▾t人文·社會科學篇 -- ▾n하. ▾t自然科學·藝術·體育篇

600 14 ▾a장충식 ← 피기념자는 타서전과 같이 주제명부출
740 ɓ2 ▾a역사학편. ▾n상 ← 내용주기된 표제의 분출표목
740 ɓ2 ▾a인문과학편. ▾n중
740 ɓ2 ▾a사회학과학편. ▾n중
740 ɓ2 ▾a자연과학편. ▾n하
740 ɓ2 ▾a예술편. ▾n하
740 ɓ2 ▾a체육편. ▾n하

守愚齋 崔井石 博士

古稀紀念 文學選集

1993

崔井石 博士 古稀紀念 文學選集 刊行委員會

崔井石 박사 고희기념 문학선집

1993년 12월 5일 인쇄
1993년 12월 11일 발행

엮은이
최정석 박사 고희기념 문학선집 간행위원회
발행인 장 호 병
발행처 도서출판 대일

(등록번호 제1-5호, 1982. 6. 26)
대구직할시 중구 남산동 2110-3
Tel. 252-9114(代), fax. 252-9334

〈값 10,000 원〉

ⓒISBN 89-7787-008-9 03800

□ 연락처
705-0110
대구시 남구 이천동 650 상아맨션 102-610
Tel. 474-1712(자)

.....namƀƀ22.....ƀcƀ4500
007 ta
008 ......s1993ƀƀƀƀtgkaƀƀƀƀƀƀƀƀƀƀƀ000aƀƀ korƀƀ
020 ƀƀ ▾a8977870089 ▾g03800
090 ƀƀ ▾a814 ▾b최74ㅅ
　　└ 본표제 '守愚齋...'의 처음문자
　　└ 피기념자 '최정석'의 저작집이므로 일반도서와 같이 도서기호 작성
　　└ 수록된 내용이 동일 주제의 작품집이기 때문에 해당 주제로 분류
100 1ƀ ▾a최정석 ← 피기념자 저작집이므로 저작에 책임이 있는 인명을 기본표목
　　┌ 인명이 포함된 관제는 그대로 표제로 기재
245 00 ▾a守愚齋 崔井石 博士 古稀紀念 文學選集 / ▾d崔井石 博士 古稀紀念 文學選集 刊行委員會 엮음
246 3ƀ ▾i판권기 표제: ▾a崔井石 박사 고희기념 문학선집
<출력> 판권기 표제: 崔井石 박사 고희기념 문학선집
260 ƀƀ ▾a대구 : ▾b대일, ▾c1993
300 ƀƀ ▾a388 p. : ▾b삽도, 그림, 사진 ; ▾c23 cm
525 ƀƀ ▾a권말부록: 崔井石(正錫)博士 略年譜. pp. 386-388
505 0ƀ ▾a제1부. 評論, I. II -- 제2부. 隨筆, I. II
<출력> 내용: 제1부. 評論, I. II -- 제2부. 隨筆, I. II
　　└ 내용표제 자체의 연번표시가 필요할 때는 표제로 기재

505 00 ▾n제1부. ▾t評論, I. II -- ▾n제2부. ▾t隨筆, I. II. └ 제2지시기호 '0'(확장형)은 내용주기되는 각 사항을 식별기호로 기재

740 ƀƀ ▾a최정석박사 약년보 ← 부록의 제목은 필요에 따라 740으로 부표목
740 ƀ2 ▾a평론, I. II. ▾n제1부
740 ƀ2 ▾a수필, I. II. ▾n제2부

JANUA LINGUARUM

STUDIA MEMORIAE
NICOLAI VAN WIJK DEDICATA

SERIES MAIOR
XXXI

1967
MOUTON
THE HAGUE. PARIS

TO HONOR
ROMAN
JAKOBSON

ESSAYS ON THE OCCASION
OF HIS SEVENTIETH BIRTHDAY

11 October 1966

VOLUME I

1967
MOUTON
THE HAGUE·PARIS

.....namƀƀ22.....ƀcƀ4500

007 ta

008 ......s1967ƀƀƀƀfrƀaƀƀƀƀƀƀƀƀƀƀ000aƀƀengƀƀ

┌ 피기념자 'Jakobson'의 성(처음문자, 대문자)과 저자번호

090 ƀƀ ▾a990 ▾bJ25

┌ 표제줄머리잡기로 기재될 때는 제1지시기호는 '0'으로 지시

┌ ': ▾b'로 표제관련정보를 기재

245 00 ▾aTo honor Roman Jakobson : ▾bessays on the occasion of his seventieth birthday, 11 October 1966.

┌──┬ 두 개 이상의 출판지명 기재는 '▾a'를 반복하여 정보원의 문자와 순서로 기재

260 ƀƀ ▾aHague ; ▾aParis : ▾bMouton, ▾c1967

└ 두 번째 이하의 출판지는 세미콜론 ';'으로 구분

300 ƀƀ ▾a3 v. : ▾billus. ; ▾c26 cm

└ 영어에서 '삽도'는 'illus.'로 기재

└ 'v.'는 volume의 약자로 전체권수표시는 책수 뒤, 한 책의 표시는 권수 앞에 부기

예: 전2권 = 2 v. 제2권 = v. 2

440 00 ▾aJanua linguarums ; ▾vseries maior 31-33

┌ 서양인명의 주제명표목은 인명표목 형식인 '성, 이름'으로 기재

600 14 ▾aJakobson, Roman

└ 피기념자의 주제명부출은 하나의 언어로 통일하여 기재

21세기에 있어서의

國立中央圖書館의 機能과 責任

- 國立中央圖書館 開館50周年 記念論文集 -

國 立 中 央 圖 書 館

1995

In the 21st Century

The Functions and Responsibilities
of
the National Library

— Papers in Commemoration of the 50th Anniversary
of the National Library of Korea —

The National Library of Korea

1995

21세기에 있어서의
국립중앙도서관의 기능과 책임-국립중앙도서관 개관50주년 기념논문집-

1995년 10월 10일 인쇄
1995년 10월 16일 발행
발행자 김 용 문
발행처 국 립 중 앙 도 서 관
(서울시 서초구 반포동 산60-1)
인 쇄 대 광 인 쇄 공 사

ISBN 89-7383-022-8

.....namƀƀ22.....ƀcƀ4500
007 ta
008 ......s1995ƀƀƀƀulkaƀƀƀƀƀƀƀƀƀƀ000aƀƀkorƀƀ
020 ƀƀ ▾a8973830228

┌ 기본표목된 단체명 '국립중앙도서관'의 처음문자와 저자번호
┌ 본표제에 ()로 기재된 관제를 제외한 '國立中央...'의 처음문자(초성)

090 ƀƀ ▾a026.1 ▾b국298┐

110 ƀƀ ▾a국립중앙도서관

└ 단체를 기념하기 위해 해당 단체가 발행한 자료는 기념 대상이 된 단체명을 기본표목으로 기재

┌ 제1지시기호 '2'는 관제를 포함한 표제와 제외한 표제로 부표목 지시
|┌ 제1지시기호 '2'일 때는 제2지시기호는 언제나 '0'으로 지시
|| ┌ 목록되는 자료의 으뜸정보원 표제를 본표제로 기재. 관제는 9자까지는 표제 앞에 ()로 기재
|| | 하고, 9자를 넘을 때는 표제의 표제관련정보로 기재

245 20 ▾a(21세기에 있어서의) 國立中央圖書館의 機能과 責任 : ▾b國立中央圖書館 開館50周年記念論文集 / ▾d국립중앙도서관 개관50주년 기념사업추진위원회 편

└ 논문집 발간을 위한 일시적인 단체명은 책임표시에 기재하되 부표목 않음

┌ 제2지시기호 'ƀ'는 정형화되지 않은 표출어를 '▾i'로 입력할 때 지시

246 3ƀ ▾i부표제: ▾a국립중앙도서관 개관50주년기념논문집

260 ƀƀ ▾a서울 : ▾b국립중앙도서관, ▾c1995

300 ƀƀ ▾a248 p. ; ▾c25 cm

┌ 대등표제가 길 때는 일반주기하고 740필드로 부출표목

500 ƀƀ ▾a대등표제: In the 21st century the functions and responsibilities of the National Library : papers in Commemoration of the 50th Anniversary of the National Library of Korea

┌ 740필드에 부출표목되는 표제는 관제를 생략한 표제를 기재

740 ƀ0 ▾aFunctions and responsibilities of the National Library : ▾bIn the 21st century

*검색표목을 위해 관제형식으로 표시된 표제의 일부를 도치하여 부출표목

[대등표제를 246필드로 기재한 예]

┌ 제1지시기호 '0'은 주기로 출력되게 하고 표제를 부출할 필요가 없을 때 지시

246 01 ▾aThe functions and responsibilities of the National Library of Korea : ▾bIn the 21st century

┌ 제2지시기호 '1'은 '대등표제:'라는 표출어 생성을 위한 지시

<출력> 대등표제: The functions and responsibilities of the National Library of Korea : in the 21st century

┌ 부록에 관한 중요사항은 525필드로 주기하고 필요한 사항은 740필드로 부출표목

525 ƀƀ ▾a권말부록: 1. 세계주요 국립도서관 현황. p. 153-216. 2. 국립중앙도서관 연표 (1945-1995). p. 217-248

740 ƀƀ ▾a세계주요 국립도서관 현황. ▾n부록 1

740 ƀƀ ▾a국립중앙도서관 연표(1945-1995). ▾n부록 2

└ 740으로 부록의 각 표제를 부출표목 └ '▾n'은 표제의 연번인 부록 번호를 기재

7. 사전(사전, 백과사전)

1) 사전(辭典)

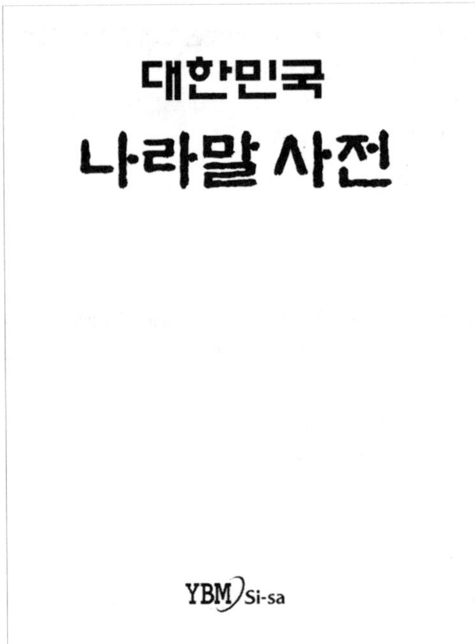

대한민국

나라말 사전

YBM/Si-sa

가죽표지

대한민국

나라말 사전

대한민국 나라말 사전

2003년 1월 5일 초판인쇄
2003년 1월 10일 초판발행 값 32,000원

편자 : YBM/Si-sa 사전편찬실
발행인 : 민선식

YBM/Si-sa

서울특별시 종로구 종로2가 55-1
Tel.(02)2000-0515

■등록일자 : 1964. 3. 28 ■등록번호 : 제1-214호

낙장 · 파본은 교환하여 드립니다.
ISBN 89-17-16674-1

•인터넷홈페이지 http://www.ybmsisa.co.kr
•인터넷주문도서 http://book.ybmsisa.co.kr

.....namƀƀ22.....ƀcƀ4500

007 ta

008 ......s2003ƀƀƀƀulkaƀƀƀƀƀƀƀƀƀƀ000aƀƀkorƀƀ

020 ƀƀ ▾a8917167071

090 ƀƀ ▾a411.3 ▾b대92

└ 표제줄머리잡기로 기재된 '대한민국 ...'의 처음문자와 저자번호

245 00 ▾a대한민국 나라말 사전 / ▾dYBM/Si-Sa사전편찬실 편

| └ 발행사(영리단체)가 편찬한 자료는 기본표목으로 기재하지
| 않고 책임표시에 기재하고 필요에 따라 710필드로 부출표목 가능

└ 관제가 국명일 때는 이를 포함한 표제를 본표제로 기재

┌ 제2지시기호 '0'은 245필드에 기재된 일부를 부출표목으로 할 때 지시

246 30 ▾a나라말 사전

<출력> 검색을 위한 부분표제: 나라말 사전

└ 제2지시기호 '0'의 지시에 의해 '검색을 위한 부분표제:'라는 표출어 자동 생성

260 ƀƀ ▾a서울 : ▾bYBM/Si-Sa, ▾c2003

└ 발행단체명은 고유명사이므로 정보원의 문자(영어)로 기재

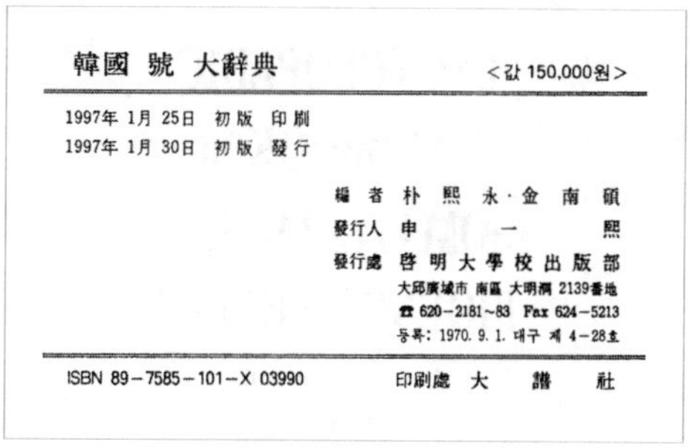
韓國 號 大辭典 <값 150,000원>

1997年 1月 25日 初版 印刷
1997年 1月 30日 初版 發行

編者 朴熙永·金南碩
發行人 申一熙
發行處 啓明大學校出版部
大邱廣域市 南區 大明洞 2139番地
☎ 620-2181~83 Fax 624-5213
등록: 1970. 9. 1. 대구 제 4-28호

ISBN 89-7585-101-X 03990 印刷處 大譜社

.....namƀƀ22.....ƀcƀ4500
007 ta
008 ......s1997ƀƀƀƀtgkaƀƀƀƀƀƀƀƀƀƀƀ000aƀƀkorƀƀ
└ 'tgk'는 발행지 대구의 부호<부속서 1. 발행국부호표>
020 ƀƀ ▾a897585101X ▾g03990 : ▾c₩150,000
090 ƀƀ ▾a991.1 ▾b한16
└ 표제줄머리잡기로 '韓國號大辭典'의 처음문자와 저자번호
┌ 첫 번째 저자명은 '/▾d'로 기재
┌ 기본표목되지 않은 저자명은 각각 700필드로 부표목
245 00 ▾a韓國號大辭典 / ▾d朴熙永, ▾e金南碩 共編
└ 본표제는 정보원의 문자로 기재
└ 역할어는 해당 저작표시의 말미에 자료에 표시된 대로 기재
└ 공저자명은 ', ▾e'로 기재
260 ƀƀ ▾a대구 : ▾b啓明大學校 出版部, ▾c1997
300 ƀƀ ▾axix, 1322 p. ; ▾c26 cm
500 ƀƀ ▾a호 색인. p. 1031-1319
504 ƀƀ ▾a참고문헌: P. 1321-1322
700 1ƀ ▾a박희영 ← 편저자명의 부출표목
700 1ƀ ▾a김남석 ← 공편저자명의 부출표목

ENCYCLOPEDIC HANDBOOK OF BIOMATERIALS AND BIOENGINEERING

Part A: Materials

Volume 1

edited by

Donald L. Wise
Northeastern University
Boston, Massachusetts

Debra J. Trantolo
Cambridge Scientific, Inc.
Belmont, Massachusetts

David E. Altobelli
Harvard School of Dental Medicine
Boston, Massachusetts

Michael J. Yaszemski
United States Air Force
Lackland Air Force Base, Texas

Joseph D. Gresser
Cambridge Scientific, Inc.
Belmont, Massachusetts

Edith R. Schwartz
National Institute of Standards and Technology
Gaithersburg, Maryland

Marcel Dekker, Inc. New York•Basel•Hong Kong

The publisher offers discounts on this book when ordered in bulk quantities. For more information, write to Special Sales/Professional Marketing at the address below.

This book is printed on acid-free paper.

Copyright © 1995 by Marcel Dekker, Inc. All Rights Reserved.

Neither this book nor any part may be reproduced or transmitted in any form or by any means, electronic or mechanical, including photocopying, microfilming, and recording, or by any information storage and retrieval system, without permission in writing from the publisher.

Marcel Dekker, Inc.
270 Madison Avenue, New York, New York 10016

Current printing (last digit):
10 9 8 7 6 5 4 3 2 1

PRINTED IN THE UNITED STATES OF AMERICA

E166362

.....namɓɓ22.....ɓcɓ4500
007 ta
008 ......s1995ɓɓɓɓusɓaɓɓɓɓɓɓɓɓɓɓɓ000aɓ
ɓkorɓɓ
020 ɓɓ ▾a0824795938(v. 1 : alk. paper)
020 ɓɓ ▾a0824795946(v. 2 : alk. paper)
020 ɓɓ ▾a0824795954(v. 1 : alk. paper)
020 ɓɓ ▾a0824795962(v. 2 : alk. paper)
090 ɓɓ ▾a550 ▾bE56

영어형식의 역할어는 저자명 앞에 간략형으로 기재

245 00 ▾aEncyclopedic handbook of biomaterials and bioengineering / ▾ded. by Donald L. Wise ...[et al.]

└ 4인 이상의 공저자는 처음 저자나 대표저작자를 기재하고 '... 외', '... et al.'를 []로 부기(A2R.1.1F5)

246 3ɓ ▾iPortion of title: ▾aBiomaterials and bioengineering

└ 본표제의 일부를 검색어로 표목: 제2지시기호 'ɓ'와 식별기호 '▾i'로 정형화되지 않은 표출어 입력, '▾a'로 검색표목을 입력

┌ 발행지가 수 개의 지명으로 나타나 있을 때는 처음 발행지명을 기재

260 ɓɓ ▾aNew York : ▾bMarcel Dekker, Inc., ▾c1995
300 ɓɓ ▾a4 v. (2 parts) : ▾billus. ; ▾c26 cm

└ 2 parts를 4 volume으로 구성한 자료이기 때문에 Volume수를 기재하고 part수는 ()에 부기

┌ 제1지시기호 '8'(표출어 생성 않음)은 정형화되지 않은 표출어를 입력할 때 지시
│┌ 제2지시기호 'ɓ'(기본형)는 내용주기를 식별기호 없이 기재할 때 지시

505 8ɓ ▾aContents: pt. A., v. 1-2. Materials -- pt. B., v. 1-2. Applications

└ 권차의 표시로 정보원의 문자 part와 v.를 기재

*내용주기된 표제가 검색어로 적합하지 않을 때는 분출표목하지 않고 내용주기로만 기재

700 1ɓ ▾aWise, Donald L. ▾q(Donald Lee)

└ '▾q'는 불완전한 인명에 대한 완전명을 ()로 기재

2) 백과사전

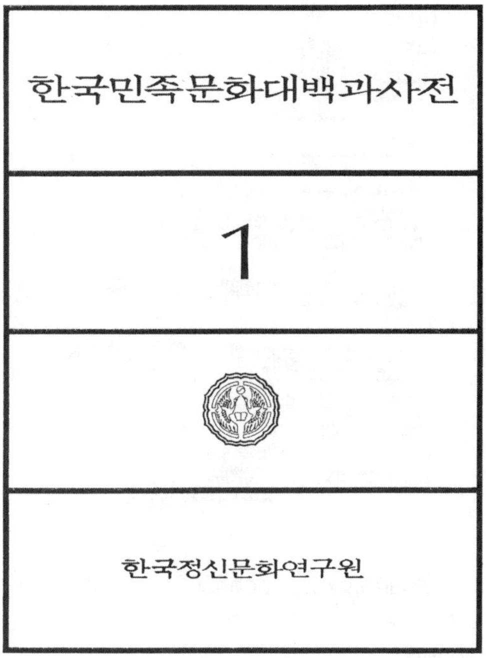

한국민족문화대백과사전

1

한국정신문화연구원

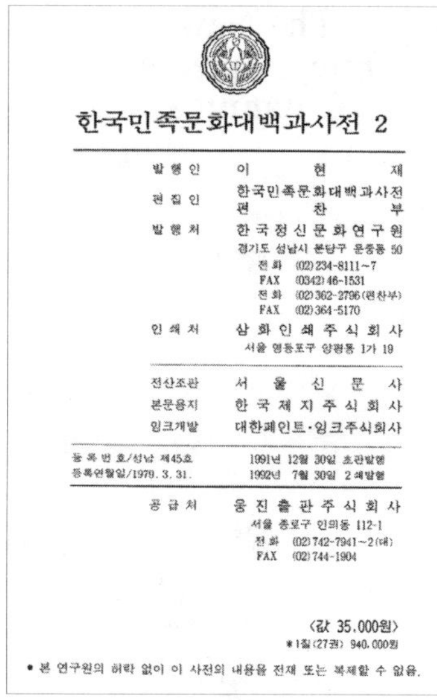

한국민족문화대백과사전 2

발행인	이 현 재
편집인	한국민족문화대백과사전 편찬부
발행처	한국정신문화연구원 경기도 성남시 분당구 운중동 50 전화 (02)234-8111~7 FAX (0342)46-1531 전화 (02)362-2796(편찬부) FAX (02)364-5170
인쇄처	삼화인쇄주식회사 서울 영등포구 양평동 1가 19
전산조판	서울신문사
본문용지	한국제지주식회사
잉크개발	대한페인트·잉크주식회사
등록번호/성남 제45호 등록연월일/1979. 3. 31.	1991년 12월 30일 초판발행 1992년 7월 30일 2쇄발행
공급처	웅진출판주식회사 서울 종로구 인의동 112-1 전화 (02)742-7941~2(대) FAX (02)744-1904

〈값 35,000원〉
*1질(27권) 940,000원

● 본 연구원의 허락 없이 이 사전의 내용을 전재 또는 복제할 수 없음.

.....namȼȼ22.....ȼcȼ4500

007 ta

008 ......s1992ȼȼȼȼulkaȼȼȼȼȼȼȼȼȼȼȼ000aȼȼkorȼȼ

020 ȼȼ ▾c₩940,000 (1질)

090 ȼȼ ▾a031 ▾b한16

└ 표제줄머리잡기의 '한국민족문...'의 처음문자와 저자번호

245 00 ▾a한국민족문화대백과사전 / ▾d한국민족문화대백과사전 편찬부 편

└ 일시적인 단체명은 기본표목하지 않고 저자표시에 기재

245 00 ▾a한국민족문화대백과사전 / ▾d동 편찬부 편 └ 앞부분이 본표제와 동일한 단체명은 간략형으로 기재

246 30 ▾a백과사전.

|└ 제2지시기호 '0'은 '검색을 위한 부분표제:'라는 표출어를 위한 지시

└ 제1지시기호 '3'은 본표제로 기재된 사항이므로 주기하지 않고 부표목으로 지시

┌ 발행지명이 도시명으로 식별되지 않을 때는 상위지명을 ()로 부기

260 ȼȼ ▾a성남(경기도) : ▾b한국정신문화연구원, ▾c1992.

300 ȼȼ ▾a28책 : ▾b삽도, 그림, 사진 ; ▾c28 cm.

505 0ȼ ▾a제1권-제25권. ㄱ-힐향곡 -- 제26권. 연표/편람 -- 제27권. 색인 -- 제28권. 보유판

└ 제2지시기호 'ȼ'로 사항별 식별기호 없이 주기하고, 검색어로 부적합할 때는 부표목하지 않음

710 ȼȼ ▾a한국정신문화연구원 ← 발행처명의 부출표목

The New Encyclopædia Britannica

Volume 1

MICROPÆDIA

Ready Reference

FOUNDED 1768
15TH EDITION

Encyclopædia Britannica, Inc.
Jacob E. Safra, Chairman of the Board
Ilan Yeshua, Chief Executive Officer

Chicago
London/New Delhi/Paris/Seoul
Sydney/Taipei/Tokyo

First Edition	1768–1771
Second Edition	1777–1784
Third Edition	1788–1797
Supplement	1801
Fourth Edition	1801–1809
Fifth Edition	1815
Sixth Edition	1820–1823
Supplement	1815–1824
Seventh Edition	1830–1842
Eighth Edition	1852–1860
Ninth Edition	1875–1889
Tenth Edition	1902–1903

Eleventh Edition
© 1911
By Encyclopædia Britannica, Inc.

Twelfth Edition
© 1922
By Encyclopædia Britannica, Inc.

Thirteenth Edition
© 1926
By Encyclopædia Britannica, Inc.

Fourteenth Edition
© 1929, 1930, 1932, 1933, 1936, 1937, 1938, 1939, 1940, 1941, 1942, 1943, 1944, 1945, 1946, 1947, 1948, 1949, 1950, 1951, 1952, 1953, 1954, 1955, 1956, 1957, 1958, 1959, 1960, 1961, 1962, 1963, 1964, 1965, 1966, 1967, 1968, 1969, 1970, 1971, 1972, 1973
By Encyclopædia Britannica, Inc.

Fifteenth Edition
© 1974, 1975, 1976, 1977, 1978, 1979, 1980, 1981, 1982, 1983, 1984, 1985, 1986, 1987, 1988, 1989, 1990, 1991, 1992, 1993, 1994, 1995, 1997, 1998, 2002
By Encyclopædia Britannica, Inc.

© 2002
By Encyclopædia Britannica, Inc.

Copyright under International Copyright Union
All rights reserved under Pan American, Berne and Universal Copyright Conventions by Encyclopædia Britannica, Inc.

M1058353

No part of this work may be reproduced or utilized in any form or by any means, electronic or mechanical, including photocopying, recording, or by any information storage and retrieval system, without permission in writing from the publisher.

Printed in U.S.A.

Library of Congress Control Number: 2001089897
International Standard Book Number: 0-85229-787-4

Britannica may be accessed at http://www.britannica.com on the Internet.

.....namƀƀ22.....ƀcƀ4500
007 ta
008 ......s2002ƀƀƀƀusƀaƀƀƀƀƀƀƀƀƀƀ000aƀƀengƀƀ
020 ƀƀ ▾a0852297874
090 ƀƀ ▾a034 ▾bB862A15
| | └ 판차표시 '15th ed.'를 아라비아숫자로 표시
| └ 'A'는 판차표시를 위한 임의부호
└ 통일표목 'Britannica ...'의 처음문자(대문자)와 저자번호
130 ƀ0 ▾aBritannica encyclopaedia
└ 백과사전이 판(번역판 포함)에 따라 다르게 나타난 표제는 백과사전명을 통일표목 기재
245 11 ▾a(The) New encyclopaedia Britannica / ▾dvice president and editor, Dale H. Hoiberg ; ▾eexecutive editor, Theodore Pappas
└ 역할을 달리한 편저자를 기재하고 700필드로 부출표목
246 3ƀ ▾iPortion of title: ▾aEncyclopaedia Britannica
250 ƀƀ ▾a15th ed. ← 090필드의 판차표시와 연계시켜 기재
┌ 2곳 이상의 출판지명은 처음 표시된 출판지명을 기재
260 ƀƀ ▾aChicago : ▾bEncyclopaedia Britanica, Inc., ▾c2002
┌ 32권에는 색인 등이 포함된 권수임을 밝힘
300 ƀƀ ▾a32 v.(includes index & guide to Britannica) : ▾billus. ; ▾c29 cm
500 ƀƀ ▾aIncludes index & guide to Britannica
500 ƀƀ ▾a"Founded 1768"
700 1ƀ ▾aHoiberg, Dale H. ← 편저자명의 부출표목
700 1ƀ ▾aPappas, Theodore ← 편저자명의 부출표목

3) 개인작품사전

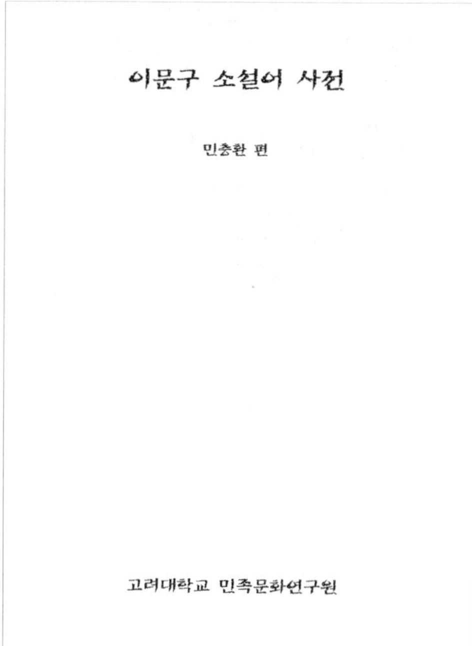

이문구 소설어 사전

민충환 편

고려대학교 민족문화연구원

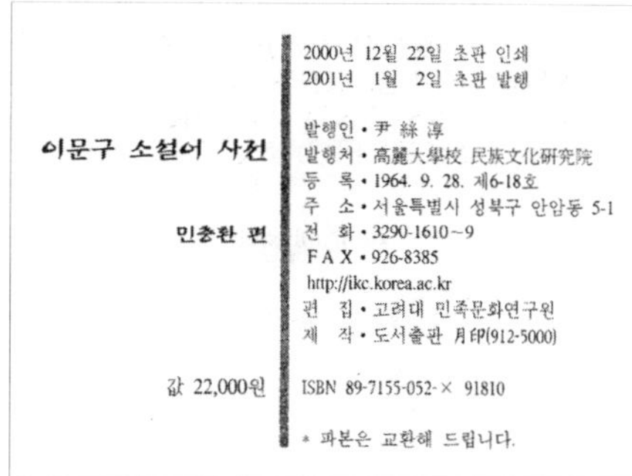

이문구 소설어 사전

민충환 편

값 22,000원

2000년 12월 22일 초판 인쇄
2001년 1월 2일 초판 발행

발행인 • 尹 絲 淳
발행처 • 高麗大學校 民族文化硏究院
등 록 • 1964. 9. 28. 제6-18호
주 소 • 서울특별시 성북구 안암동 5-1
전 화 • 3290-1610~9
F A X • 926-8385
http://ikc.korea.ac.kr
편 집 • 고려대 민족문화연구원
제 작 • 도서출판 月印(912-5000)

ISBN 89-7155-052-× 91810

* 파본은 교환해 드립니다.

.....nambb22.....bcb4500
007 ta
008 ......s2001bbbbulkabbbbbbbbbbb000abbkorbb
020 bb ▾a897155052X▾g91810 :▾c₩22,000
090 bb ▾a813.6▾b이36Z▭
| | └ 자료의 편저자 '민충환'의 성(초성)
| └ 개인사전표시로 'Z'를 표시하여 작품의 마지막에 배열케 함
└ 개인의 작품사전은 원저자 '이문구'의 성과 저자번호로 작성
245 00▾a이문구 소설어 사전 /▾d민충환 편저
└ 자료의 저작자가 편저자이기 때문에 표제줄머리잡기로 기재
246 30▾a소설어사전
<출력> 검색을 위한 부분표제: 소설어사전
└ 제2지시기호 '0'에 의해 '검색을 위한 부분표제:'라는 표출어 생성
260 bb ▾a서울 :▾b고려대학교 민족문화연구원,▾c2001
300 bb ▾a410 p. ;▾c23 cm
┌ 일반세목으로 '사전'을 기재
600 10▾a이문구▾x사전 <출력> 이문구--사전
└ 원저작자는 600필드로 주제명으로 부출표목: 본예는 표목되는 본표제의 처음에 원작자명이 있으므로 원작자명을 위한 주제명표목을 생략할 수도 있다.
700 1b▾a민충환 ← 기본표목되지 않은 편저자명의 부출표목

A DICTIONARY OF SHAKESPEARE'S SEXUAL PUNS AND THEIR SIGNIFICANCE

Frankie Rubinstein

Second Edition

M
MACMILLAN

First edition 1984
Second edition 1989

Published by
THE MACMILLAN PRESS LTD
Houndmills, Basingstoke, Hampshire RG21 2XS
and London
Companies and representatives
throughout the world

Printed in Hong Kong

British Library Cataloguing in Publication Data
Rubinstein, Frankie
A dictionary of Shakespeare's sexual puns and their significance.—2nd edn
1. Drama in English. Shakespeare, William, 1564–1616. Puns. Special subjects, Sex relations—Encyclopaedias
I. Title
822.3'3
ISBN 0–333–48865–2 (hc)
ISBN 0–333–48866–0 (pbk)

.....namɓɓ22.....ɓcɓ4500
007 ta
008 ......s1989ɓɓɓɓurɓaɓɓɓɓɓɓɓɓɓɓɓ000aɓɓengɓɓ
020 ɓɓ ▾a0333488652 (hc)
020 ɓɓ ▾a0333488660 (pbk)
090 ɓɓ ▾a822.33 ▾bG1r2

- └ 판차표시로 개정의 횟수를 아라비아숫자로 기재
- └ 저자명 'Rubinstein, ...'의 성(처음문자 소문자)
- └ 'G'라는 부호 내의 서열번호(수입순)
- └ Shakespeare의 Concordance의 도서기호(DDC 822.33 참조)
- └ Shakespeare개인을 위한 분류번호(DDC 822.33 참조)

100 1ɓ ▾aRubinstein, Frankie

└ 저자명을 기본표목, 대상이 된 저작자는 600필드로 주제명부출표목

> ┌ Shakespeare개인을 위한 분류번호가 아닐 때
> ┌ 원작자 'Shakespeare'의 성(대문자)과 저자번호
> ┌ 'Z'는 개인사전표시
> 090 ɓɓ ▾a822.3 ▾bS527Zr2
> └ 판차는 개정의 회수를 아라비아숫자로 기재
> 100 1ɓ ▾aRubinstein, Frankie

245 11 ▾a(A) Dictionary of Shakespeare's sexual puns and their significance / ▾dFrankie Rubinstein

250 ƀƀ ▾a2nd ed.

260 ƀƀ ▾aLondon : ▾bMcMillan, ▾c1989

300 ƀƀ ▾axxiii, 372 p. ; ▾c25 cm

┌ 504필드는 참고문헌에 관한 사항을 수록면수와 함께 기재
│ ┌ 제목과 면수는 ':'으로 구분
504 ƀƀ ▾aBibliography and Index: p. 353-372

525 ƀƀ ▾aSupplement. p. 317-352
└ 부록주기는 '부록:', 'Supplement:'라는 표출어로 부록명과 수록면수를 주기. 본자료는 별도 부록명이 없으므로 'Supplement'로 주기

┌ 기본표목되지 않은 원작자는 600필드로 '성, 이름'형식으로 주제명부출표목
│ ┌ 제2지시기호 '0'는 미국의회도서관 주제명표목표에 의한 주제명 작성을 지시
600 10 ▾aShakespeare, William, ▾d1564-1616 ▾xdictionary

<출력> Shakespeare, William, 1564-1616 -- dictionary
│ └ '▾x'로 입력된 일반세목은 '-'로 구분 출력
└ 저자의 생몰년

셰익스피어 연극 사전

초판 1쇄 발행 · 2005년 8월 30일

지은이 · 한국셰익스피어학회

발행인 · 이성모

발행처 · 도서출판 동인 | 등록 · 제1-1599호 | 주소 · 서울시 종로구 명륜동2가 237 아남주상복합빌딩 104호
전화 · 02-765-7145, 55 | 팩스 · 02-765-7155
이메일 · dongin60@chol.com | 홈페이지 · donginbook.co.kr

ISBN · 89-5506-258-3
정 가 · 50,000원

잘못된 책은 구입하신 곳에서 바꿔드립니다.

.....namƀƀ22.....ƀcƀ4500
007 ta
008 ......s2005ƀƀƀƀgwƀaƀƀƀƀƀƀƀƀƀƀ000 aƀƀkorƀƀ

090 ƀƀ ▾a843 ▾bS527Zㅎ
　| 　| 　| └ 기본표목된 단체명 '한국셰익스피어학회'의 처음문자(초성)
　| 　| └ 'Z'는 사전표시
　| └ 원저자 'Shakespeare'의 처음문자(대문자)와 저자번호
└ Shakespeare의 저작에 대한 분류번호(KDC)

110 ƀƀ ▾a한국셰익스피어학회
└ 저작단체명을 기본표목, 대상이 된 저작자는 600필드로 주제명부출표목

245 10 ▾a셰익스피어 연극 사전 / ▾d한국셰익스피어학회 지음

246 30 ▾a연극사전 　　<출력> 검색을 위한 부분표제: 연극사전

260 ƀƀ ▾a서울 : ▾b동인, ▾c2005

300 ƀƀ ▾a938 p. : ▾b삽도, 사진 ; ▾c25 cm

500 ƀƀ ▾a"이 저서는 2004년도 한국학술진흥재단의 지원에 의하여 연구되었습니다"

504 ƀƀ ▾a참고문헌: p. 900-906

┌ 권말부록의 각각의 명칭이 중요할 때는 525필드를 반복하여 기재

525 ƀƀ ▾a권말부록: 셰익스피어 생애, 작품, 수용 등에 관한 축약연표: p. 877-885; 셰익스피어 사극의 왕가: p. 886-887; 한국 셰익스피어 극 공연 연표: 888-889; 주제별 표제어 일람표: p. 907-935; 편찬인 소개: p. 936-938
└ 본예는 각각의 명칭을 ';'으로 구분하여 함께 기재

600 10 ▾aShakespeare, William ▾x사전
└ 기본표목되지 않은 원저작자는 600필드에 '성, 이름'형식으로 주제명부출표목

<표 17> 권호(卷號)관계 약어

- bulletin → bull.
- fascicle, fascicule → fasc.
  - Lieferung → Lfg.
  - sešit → šes.(체코슬로바키아)
  - zeszyt → zesz.(폴란드)
- number,-s → no.
  - cislo → čis.(체코슬로바키아)
  - number → nr.(폴란드)
  - numéro → no(불란서)
  - numero → n.(이탈리아)
  - número → no.(스페인)
  - Nummer → Nr.(독일)
  - szám → sz.(항가리)
- Part,-s. → Pt., Pts.
  - Abteilung, Abtheilung → Art., Abth.
  - afdeling → afd.(화란)
  - čast → č.(체코슬로바키아)
  - czesc → cz.(폴란드)
  - livraison → livr.(불란서)
  - parte → pt.(이탈리아, 스페인)
  - partie → ptie.(불란서)
  - Teil, Theil → T., Th.
- report → rept.
- series → ser.
  - série → sér.
- supplement → suppl.
  - Erganzungsband → Erg. Bd.
  - Ergamzimgsheft → Erg. Hft.
  - uzupelnione → uzup.(폴란드)
- volume,-s → v., vol., vols.
  - Bändchen → Bdchn.
  - Bände → Bde.
  - Band → Bd.
  - band → bd.(스웨덴)
  - Halbband → Halbbd.
  - Heft → Hft.
  - kötet → köt.(항가리)
  - svazek → sv.(체코슬로바키아)
  - TOM → T.
  - tome → t.(불란서)
  - tomo → t.(이탈리아, 스페인)
- year
  - årgang → årg.(스웨덴)
  - jaargang → jaarg.(화란)
  - Jahrgang → Jahrg.
  - rok → r.(체코슬로바키아, 폴란드)
- new series → new ser.
  - neue Folge → n.F.

8. 별책부록

1) 별책부록을 독립적으로 기술한 예

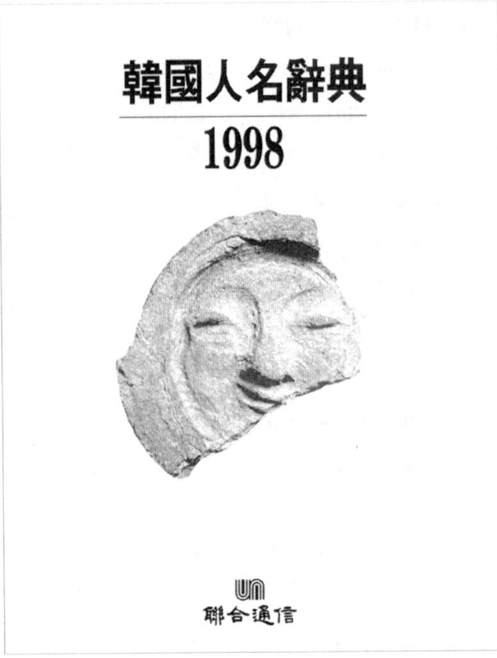

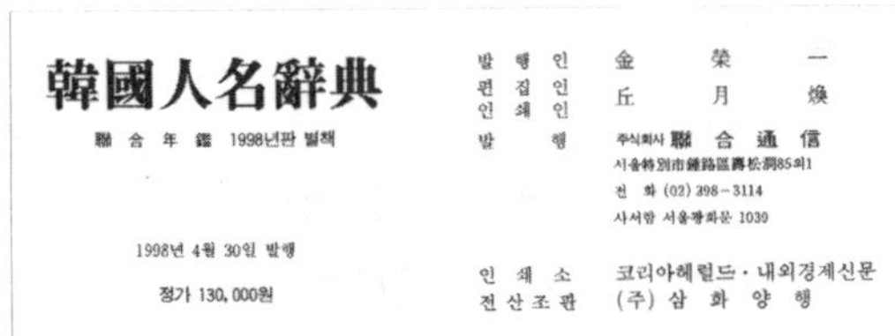
韓國人名辭典
聯 合 年 鑑 1998년판 별책

1998년 4월 30일 발행
정가 130,000원

발 행 인 金 榮 一
편 집 인 / 인 쇄 인 丘 月 煥
발 행 주식회사 聯 合 通 信
서울特別市鍾路區壽松洞85의1
전 화 (02) 398－3114
사서함 서울광화문 1039
인 쇄 소 코리아헤럴드·내외경제신문
전산조판 (주) 삼 화 양 행

.....namƀƀ22.....ƀcr4500
007 ta
008 ......s1998ƀƀƀƀulkaƀƀƀƀƀƀƀƀƀƀ000aƀƀ
korƀƀ

090 ƀƀ ▾a991.1 ▾b연92ㅎ
↓ 별책부록의 내용을 주제로 한 분류번호(A2.1.9)
↘ 통일표목된 모체자료명 '연합연감'의 처음문자와 저자번호
↙ 245필드에 기재된 본표제 '韓國人名辭典'의 처음문자(초성)

130 ƀ0 ▾a연합연감 ← 저자가 없는 자료는 모체자료명을 통일표목으로 기재
245 10 ▾a韓國人名辭典, ▾f1998
└ 딸림자료의 정보원 표제를 본표제로 기재(A2.1.9)
246 11 ▾aYonhap yearbook
260 ƀƀ ▾a서울 : ▾b聯合通信, ▾c1998
300 ƀƀ ▾a1007 p. : ▾b삽도 ; ▾c27 cm
┌ 부록자료가 독립적으로 목록될 때 모체자료의 기술을 위한 필드(A2R.12.7B8g)
┌ 제1지시기호 '0'은 주기로 출력할 것을 지시
┌ 제2지시기호 '0'은 '모체자료:'라는 표출어 생성을 위한 지시
┌ 모체자료명은 '▾t'로 정보원의 문자로 기술
┌ 모체자료와 본자료와의 관계를 '▾g'로 기재
772 00 ▾7nnas ▾t聯合年鑑, ▾g1998
└ ▾7/3(서지수준): 's'는 연속간행물
└ ▾7/2(레코드유형): 'a'는 문자로 된 인쇄자료
└ ▾7/1(이름의 형식)3: 'n'은 적용불가(▾7/0이 'u'나 'n'일 때)
└ ▾7/0(기본표목 유형): 'n'은 기본표목이 없는 경우
└ ▾7은 제어관련식별정보를 제공하기 위한 식별기호
<출력> 모체자료: 聯合年鑑, 1998

[모체자료레코드에서 따로 정리된 별책부록자료의 주기]

```
            ┌ 모체본의 내용을 주제로 한 분류번호
            │          ┌ 245필드에 기재된 본표제의 처음문자와 저자번호로 작성
            │          │        ┌ 계속간행물의 단권별목록은 년도를 권차로 표시
090 ƀƀ ▾a059.1 ▾b연92 ▾c1998
            ┌──────────┘   └ 표제로 작성되는 저자번호는 작품표시 않음
245 00 ▾a聯合年鑑, ▾f1998
     │                 └ 연도를 내용의 포함연도로 '▾f'에 표제와 함께 기재
     └ 표제줄머리잡기는 제1지시기호를 '0'로 지시
 ┌ 부록자료에 관한 사항을 기술하는 필드
 │  ┌ 제1지시기호 '0'은 주기로 표시할 것을 지시
 │  │┌ 제2지시기호 'ƀ'은 '부록/보유자료:'라는 표출어 생성을 지시
 │  ││          ┌ '▾a'로 기본표목된 통일표목을 기재
 │  ││          │        ┌ '▾t'로 부록자료명, '▾g'로 모체자료와의 관계
770 0ƀ ▾7nnaa ▾a연합연감. ▾t韓國人名辭典, ▾g1998年度 別冊附錄
          │ │││└ ▾7/3(서지수준): 'a'는 모본에서 분리된 단행본성격의 구성요소
          │ ││└ ▾7/2(레코드유형): 'a'는 문자로 된 인쇄자료
          │ │└ ▾7/1(이름의 형식)3: 'n'은 적용불가(▾7/0이 'u'나 'n'일 때)
          │ └ ▾7/0(기본표목 유형): 'u'는 통일표제가 기본표목되었을 때
          └ ▾7은 제어관련식별정보를 제공하기 위한 식별기호
<출력> 부록/보유자료: 연합연감. 韓國人名辭典, 1998年度 別冊附錄
```

[별책부록자료의 525필드 주기]

```
             ┌ 부속자료를 모체본의 청구번호로 모체본과 함께 배열
090 ƀƀ ▾a059.1 ▾b연92 ▾c1998
             ┌──────────┘
245 00 ▾a聯合年鑑, ▾f1998
260 ƀƀ ▾a[서울] : ▾b聯合通信, ▾c1998
300 ƀƀ ▾a2책(별책부록 포함) : ▾b삽도 ; ▾c27 cm
310 ƀƀ ▾a年刊
 ┌ 부록자료에 관한 사항을 기술을 하는 필드
 │          ┌ 별책부록이라는 표출어로 정보원의 부록명을 전사
 │          │          ┌ 모체자료와의 관계표시
525 ƀƀ ▾a별책부록: 韓國人名辭典. 1998年度 別冊附錄
740 ƀƀ ▾a학국인명사전, ▾g1970
│                    └ 해당 년도는 권차로 기재
└ 525필드로 주기된 별책부록명은 740필드로 부출표목
```

SECOND EDITION

Strategic Brand Management

Building, Measuring, and Managing Brand Equity

Kevin Lane Keller

Amos Tuck School of Business
Dartmouth College

Prentice Hall

Upper Saddle River, New Jersey 07458

Library of Congress Cataloging-in-Publication Data

Keller, Kevin Lane
Strategic branding management : building, measuring, and managing brand equity / Kevin Lane Keller.—2nd ed.
p. cm.
Includes bibliographical references and index.
ISBN 0-13-041150-7
1. Brand name products—Management. I. Title

HD69.B7 K45 2002
658.8'27—dc21

2002025164

Senior Editor: Wendy Craven
Editor-in-Chief: Jeff Shelstad
Assistant Editor: Melissa Pellerano
Editorial Assistant: Danielle Serra
Media Project Manager: Anthony Palmiotto
Marketing Manager: Michelle O'Brien
Marketing Assistant: Christine Genneken
Managing Editor (Production): John Roberts
Permissions Coordinator: Suzanne Grappi
Associate Director, Manufacturing: Vincent Scelta
Production Manager: Arnold Vila
Manufacturing Buyer: Michelle Klein
Photo Researcher: Teri Stratford
Image Coordinator: Valerie Gold
Cover Design: Blair Brown
Cover Illustration: George Abe
Full-Service Project Management: Compset
Printer/Binder: Hamilton

Credits and acknowledgments borrowed from other sources and reproduced, with permission, in this textbook appear on page 769.

Copyright © 2003, 1998 by Pearson Education, Inc., Upper Saddle River, New Jersey, 07458. All rights reserved. Printed in the United States of America. This publication is protected by Copyright and permission should be obtained from the publisher prior to any prohibited reproduction, storage in a retrieval system, or transmission in any form or by any means, electronic, mechanical, photocopying, recording, or likewise. For information regarding permission(s), write to: Rights and Permissions Department.

Pearson Education LTD.
Pearson Education Australia PTY, Limited
Pearson Education Singapore, Pte. Ltd
Pearson Education North Asia Ltd
Pearson Education, Canada, Ltd
Pearson Educación de Mexico, S.A. de C.V.
Pearson Education–Japan
Pearson Education Malaysia, Pte. Ltd

M1175056

Prentice Hall

10 9 8 7 6 5 4 3 2 1
ISBN 0-13-041150-7

BEST PRACTICE CASES IN BRANDING:
Lessons from the World's Strongest Brands

STRATEGIC BRAND MANAGEMENT
Second Edition

Kevin Lane Keller
Dartmouth College

Pearson Education

Upper Saddle River, New Jersey 07458

Acquisitions editor: Wendy Craven
Associate editor: Melissa Pellerano
Production editor: Carol Zaino
Manufacturer: Technical Communication Services

Copyright ©2003 by Prentice-Hall, Inc., Upper Saddle River, New Jersey, 07458. All rights reserved. Printed in the United States of America. This publication is protected by copyright, and permission should be obtained from the publisher prior to any prohibited reproduction, storage in a retrieval system, or transmission in any form or by any means, electronic, mechanical, photocopying, recording, or likewise. For information regarding permission(s), write to: Rights and Permissions Department.

Prentice Hall

ISBN 0-13-100670-3
10 9 8 7 6 5 4 3 2

.....nam♭♭22.....♭cr4500
007 ta
008 ......s2003♭♭♭♭us♭a♭♭♭♭♭♭♭♭♭♭000a♭♭eng♭♭
020 ♭♭ ▾a0130411507
090 ♭♭ ▾a325 ▾bK29s2

↓ 모체본의 저자 'Keller, ...'의 성(대문자)와 저자번호
↘ 모체본의 본표제 'Strategic ...'의 처음문자(소문자)
↙ 판차표시 'Second edition'의 개정회수를 아라비아숫자로 표시

100 1♭ ▾aKeller, Kevin Lane

245 10 ▾aStrategic brand management : ▾bBuilding, measuring, and managing brand equity / ▾d[by] Kevin Lane Keller

250 ƀƀ ▾a2nd ed.

260 ƀƀ ▾aNew Jersey : ▾bPrentic Hall, ▾cc2003

└ 발행지는 발행처가 소재한 도시명 └ 'c'는 copyright의 약자로 판권년을 발행년에 기재할 때 표시

300 ƀƀ ▾axxvii, 788 p. : ▾billus. ; ▾c24 cm

504 ƀƀ ▾aIncludes bibliographical references and index

┌ 제2지시기호 '8'과 식별기호 '▾i'로 정형화되지 않은 표출어 입력

│ 부록 표제가 없을 때 본표제에 부록임을 [ ]로 보기(A2.12.7B8g) ┐

770 08 ▾iHas supplement: ▾tStrategic brand management. [Supplement] : ▾cbest practice cases in branding: lessions from the world's strongest brands. ▾h218 p. ▾x0131006703 '▾h'는 모체자료와 상이한 부록의 형태기술사항을 기술 ┘

└ 부록의 ISBN을 숫자를 이어서 기재

*별책부록이 별도의 표제가 없을 때는 모체자료의 표제에 '부록', 'supplement'임을 보기

<출력(주기)> Has supplement: Strategic brand management. [Supplement] : best practice cases in branding: lessions from the world's strongest brands. 218 p. ISBN 0-13100-670-3

└ ISBN과 번호간의 '-'는 자동 생성

2) 별책부록자료를 모체자료에 일반주기

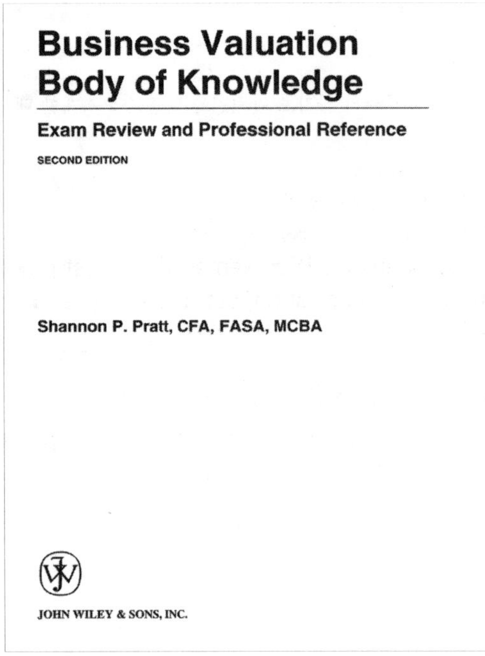

Business Valuation
Body of Knowledge

Exam Review and Professional Reference

SECOND EDITION

Shannon P. Pratt, CFA, FASA, MCBA

JOHN WILEY & SONS, INC.

Business Valuation
Body of Knowledge

Second Edition

Workbook

Shannon P. Pratt, CFA, FASA, MCBA
with
Alina V. Niculita and Doug Twitchell

JOHN WILEY & SONS, INC.

.....namƀƀ22.....ƀcƀ4500

007 ta

008 ......s2003ƀƀƀƀusƀaƀƀƀƀƀƀƀƀƀƀƀ000aƀƀengƀƀ

020 ƀƀ ▾a0471403075

090 ƀƀ ▾a325 ▾bP917b2

100 1ƀ ▾aPratt, Shannon P.

245 10 ▾aBusiness valuation body of knowledge : ▾bExam review and professional reference / ▾d[by] Shannon P. Pratt

250 ƀƀ ▾a2nd ed.

260 ƀƀ ▾aNew Jersey : ▾bJohn Wiley & Sons, Inc., ▾cc2003

300 ƀƀ ▾a362 p. ; ▾c23 cm + ▾e1 workbook (167 p. ; 24 cm)

└ 딸림자료를 '+ ▾e'로 자료별 명칭과 해당 형태사항을 ()로 기재(A2.1.5E) 하고, 딸린자료명을 포함한 서지사항은 500필드에 일반주기

┌ 딸림자료를 위한 표출어 ┌ 딸림자료명

500 ƀƀ ▾aAccompanied by pamphlet: Business valuation body of knowledge. Workbook / [by] Shannon P. Pratt, with Alina V. Niculita and Doug Twitchell. ISBN 0-471-27066-0

*본자료와 다른 딸림자료의 저자명은 딸림자료의 표제에 '/'로 기재

┌ 딸림자료명과 저자명을 짝지어 기술하고, 본표제와 동일한 딸림자료명은 저자명으로만 표목되게
| 제2지시기호를 'b̸'로 부출표목 지시

700 1b̸ ▾aNiculita, Alina V. ▾t Business valuation body of knowledge. Workbook

┌ 모체명과 상이한 딸림자료명은 저자명과 딸림자료명이 각각 분출표목될 수 있게 제2지시기호를 '2'로
| 지시

700 12 ▾aTwitchell, Doug. ▾t Business valuation body of knowledge. Workbook

*100필드에 기본표목된 딸림자료의 저자명은 검색어의 중복을 피해 부표목하지 않았음

*딸림자료의 공저자명은 한 사람만 딸림자료명과 짝지어 분출표목하고, 그 외 공저자명은 딸림자료명과 짝지어 입력하되 제2지시기호 'b̸'로 부출표목하였다.

찾아보기 (국문)

ㅁ

ㅂ

ㅅ

ㅇ

ㅈ

ㅊ

ㅎ

찾아보기(영문)

A

B

C

D

E

F

G

I

김 남 석

경남 남해 태생, 교육학 박사
계명대학교 문헌정보학과 교수를 지냈으며,
현재, 계명문화대학 학장으로 재직중이다.
저서로, 비도서자료의 조직이론<개정증보판>(공저, 2007), KORMARC(통합서지용)과 목록규칙(공편, 2007), 학술논문서지기술시리즈 Ⅰ~Ⅵ[APA, Chicago, MLA, Turabian, ACS, Bancouver Style](편저, 2006), 비도서자료편목법(2003), 도서기호<제3개정증보판>(1999), 한국 호 대사전(공편저, 1996), 연속간행물편목법(1996), 문헌정보학 연구 입문(공역편, 1995), 연속간행물의 정리(1993), 일제하 공공도서관의 사회교육활동(1991), 비도서자료(1984), 도서편목법(1983), 목록학(1978), 도설도서편목법(1975) 등 다수가 있다.

도서편목법

인쇄 | 2007년 3월 1일
발행 | 2007년 3월 5일

지은이 | 김남석
펴낸이 | 이진우
펴낸곳 | 계명대학교출판부
704-701 대구시 달서구 신당동 1000번지
전화 053-580-6233 팩스 053-583-5213
등록 | 1970. 9. 1. (신고번호 제347-1998-1호)

ISBN 978-89-7585-385-2 93020

값 17,000원